介護保険白書

施行15年の検証と2025年への展望

介護保険白書編集委員会

（芝田英昭、矢部広明、桑本文幸、柴崎祐美、濱畑芳和、吉田満）［編］

～プロローグ～

　2015年で、介護保険制度は施行15年目の節目となる。社会保障制度審議会1995年勧告「社会保障体制の再構築」において介護保険構想が初めて公にされ、その後1997年の法成立までの2年間、活発な議論が交わされた。介護保険制度は、高齢化社会の下で増大してきた社会的入院の解消、家族の介護負担からの解放（介護の社会化）を標榜して導入された。また、「負担と給付を明確化」させるとの発想から、税負担方式ではなく社会保険方式を採用した。その結果、給付の拡大が、保険料負担増に繋がった。もちろん介護保険構想は「介護問題」を社会的問題化する大きなきっかけとなったことは言うまでもない。

　ただ、介護保険制度を巡る議論は今日に至っても決着を見たとはいいがたい。さまざまな団体が、介護保険制度をどう改善していくのか、一方で、介護保険制度を廃止し税負担による介護保障を推進すべきとの考えも存在する。この様な状況のもとで、法施行15年を振り返り、介護保険・介護保障の課題を詳らかにし、その将来展望を示すことができれば、と本の泉社よりこのたび『介護保険白書　施行15年の検証と2025年への展望』を発刊することとなった。

　『介護保険白書』なるものは、自治体レベルでの介護保険実施報告書にその名称を冠しているものはあるが、意外にも介護保険制度を俯瞰した単独の書籍としては存在しない。類似の書籍は、『介護白書』（全国老人保健施設協会）、『介護経営白書』（ヘルスケア総合政策研究所）等である。このことからも、今回『介護保険白書』を発行することは極めて意義深いと思われる。

　2014年12月の衆議院解散総選挙において、自民党・公明党与党は326議席という絶対的多数である3分の2以上の議席を獲得したことで、少なくとも今後4年間は、社会保障における「自助・自立」路線は継続されることとなる。介護保険においても、給付削減と自己負担増は必至である。今一度、厳しい社会情勢の下で、介護保障制度の未来を読者の皆さんと考えたい。

　今回、多くの執筆者・団体から執筆して頂きここに白書が完成した。また、出版事情の厳しき折、出版をお引き受けいただいた本の泉社、執筆者、ご協力団体に、この場を借りて感謝する。また、執筆者が極めて多いため、文言の統一等は最低限に止めているが、ご容赦願いたい。

2015年4月1日
介護保険白書編集委員会
編集委員長　芝田　英昭

目　次

◆ プロローグ ……………………………………………………………………………… 2

◆ 座談会　　介護保険施行 15 年を制度面からふりかえる ……………………… 5
　　　　佐藤 信人／熊谷　茂／廣末 利弥／吉田　満／横山 壽一／芝田 英昭

◆ 論　文　第一部　　介護保険施行 15 年間の検証 ……………………………… 31

第1章　医療・介護総合確保法と介護保険 ……………………… 日下部 雅喜　32
　　〈コラム〉きょうされん 43／日本社会福祉士会 44

第2章　介護保険はなぜ導入されたのか ─介護保険導入の目的と制度改革のゆくえ
　　　　　　　　　　　　　　　　　　　　　　　　　　　…………… 伊藤 周平　46
　　〈コラム〉障害者の生活と権利を守る全国連絡協議会（障全協）54／新生会 55

第3章　介護保険制度を巡るこれまでの経過 ………………… 服部 万里子　56
　　〈コラム〉全国移動サービスネットワーク 66／全国特定施設事業者協議会 67

第4章　社会保障改革の現段階と介護保障の今後 ……………… 芝田 英昭　68
　　〈コラム〉全国訪問介護協議会 78／全国保険医団体連合会 79

第5章　変容する福祉市場と地域における福祉供給 ─介護保険をめぐって
　　　　　　　　　　　　　　　　　　　　　　　　　　　…………… 石倉 康次　80
　　〈コラム〉全国福祉保育労働組合 92／全国福祉用具専門相談員協会 93

第6章　地域包括ケアの現状と展望 ……………………………… 鶴田 禎人　94
　　〈コラム〉全国訪問看護事業協会 102／21 世紀・老人福祉の向上をめざす施設連絡会（21・老福連）103

第7章　利用者負担からみた介護保険 ………………………… 濱畑 芳和　104
　　〈コラム〉全国老人福祉問題研究会 109／日本ケアラー連盟 110

第8章　介護保険と権利擁護 …………………………………… 濱畑 芳和　112
　　〈コラム〉全国労働組合総連合（全労連）119／全日本民主医療機関連合会（全日本民医連）120

◆論文 第二部　介護労働を巡る動向 …………………………………………………… 121

第9章 介護労働の実態 ……………………………………………………… 森永 伊紀　122
　　　　〈コラム〉全労連介護ヘルパーネット 131／日本弁護士連合会（日弁連）132

第10章 介護労働の課題 ……………………………………………………… 曽我 千春　134
　　　　〈コラム〉中央社会保障推進協議会（中央社保協）142／日本医療福祉生活協同組合連合会 143

第11章 家族介護と家族介護支援事業の現状と課題 ………………………… 柴崎 祐美　144
　　　　〈コラム〉日本医療労働組合連合会 154／日本介護予防協会 155

第12章 「生活援助」の重要性 —「生活課題」を協働する在宅実践の現場から
　　　　　　　　　　　　　　　　　　　　　　　　　　　……………………… 藤原 るか　156
　　　　〈コラム〉日本看護協会 166

◆論文 第三部　諸外国の介護保険 ……………………………………………………… 167

第13章 オランダの医療・介護保険制度 ……………………………………… 大森 正博　168
　　　　〈コラム〉日本歯科医師会 182／日本障害者協議会 183

第14章 ドイツ介護保険の現状と課題 ………………………………………… 森 周子　184
　　　　〈コラム〉日本訪問リハビリテーション協会 193／日本慢性期医療協会 194／日本薬剤師会 195

第15章 韓国の介護保険 ……………………………………………………… 森 詩恵　196
　　　　〈コラム〉認知症の人と家族の会 204／お泊りデイサービス協会 205

第16章 台湾の介護保険制度案をめぐる議論と課題 ………………………… 荘 秀美　206

◆資 料 ……………………………………………………………………………………… 217
　　　概　要／年　表／参考文献／統　計

◆政党アンケート ………………………………………………………………………… 233
　　　自由民主党／民主党／公明党／日本共産党／次世代の党／社会民主党／沖縄社会大衆党

◆エピローグとしての座談会 —15年を振り返り2025年を展望する ……… 246

座談会

介護保険施行15年を制度面からふりかえる

~ panelists ~
佐藤信人　吉田　満
熊谷　茂　横山壽一
廣末利弥　芝田英昭
（司会）

介護保険施行15年を制度面からふりかえる

施行15年を一区切りとして

●司会　介護保険法が2015年で施行15年ということで、一区切りつくかと思います。

当初、介護保険の導入にあたってはさまざまな議論がありました。例えば、「措置制度を解体していいのか」「介護に社会保険システムが馴染むのか」などです。当時は前例としてドイツやイスラエルなど国連に加盟する190数カ国中1、2カ国しかない制度を日本にも導入するのかといった議論もありました。当時は、病状は安定したにもかかわらず、家に帰っても介護をする人がいない高齢者の「社会的入院」の問題が大きくクローズアップされたことや、「介護を社会化すべき」ではないのかなどの国民的議論もありました。

1995年から1997年にかけての新聞記事検索をしますと、それ以前は「介護」関連の記事はまばらにしか出てきませんが、1995年から急激に「介護」や「介護保険」という言葉が検索に引っかかります。そういう意味では当時、介護問題がかなり大きな問題であり、喫緊の課題として採り上げられていたのだと思います。結果的に1995年に構想が発表されてから2年という歳月を議論に費やし介護保険が導入されました。

当時、介護保険の導入に当たって、厚生省の中でケアマネジメントの基礎を作るのにご尽力された佐藤さんからまずお伺いします。

構想から法制定まで濃厚な議論展開

●佐藤　私は介護保険制度を作るに当たり、ケアマネジメントの部分を担当していました。介護保険制度の必要性が指摘されたのは1994年、平成6年の社会保障制度審議会の社会保障将来像委員会報告でした。そこから数えると介護保険制度は構想段階から今日までで20年経過したということになります。構想から法律制定までは、各種の研究会や審議会などでかなり濃厚な議論が行われたと思います。

制度の必要性ですが、日本で女性の平均寿命が80歳を超えたのが1984（昭和59）年のことで、「人生80年時代」と言われ、世界の最長寿国になったわけです。本格的な高齢社会の対応を政府レベルで考えるようになったのは、ちょうどこの昭和60年代の初頭からのことになろうかと思います。

「在宅中心主義」へ

社会保障制度審議会が当時、「老人福祉の在り方について」という建議を出し、地方分権を前提にして自立、ノーマライゼーションを基本理念に、介護施設も増やすが、一方で在宅サービスも充実させていかなければならないということを示した時期です。その後、福祉関係三審議会合同企画分科会を平成元年に設置して議論がなされ、ゴールドプランでは在宅三本柱としてのヘルパー、デイ、ショートステイの拡充も行われます。その後の福祉八法改正でも在宅中心主義が強く打ち出されました。平成6年の新ゴールドプランでも在宅ケアを基本に、保健、医療、福祉の総合的なサービスを提供するとされ、「利用者本位」、「自立支援」という言葉が出てくるのもこの時からです。

このようにしてサービスは充実していきますが、ゴールドプランも新ゴールドプランも消費税をきっかけに財源を見出してきました。

介護需要をどう支えるか

しかし、サービスが足りない。しかも今後は人口は減少していくが高齢者は増えていく。

とりわけ心身に支障が生じやすい後期高齢者が増えていくなかで要介護高齢者が増えていく。社会的入院の問題もあるし、支える家族の機能が弱くなっている。したがって介護の社会化を行わなくてはならないというなかで、介護需要をどのようにして支えていくのかが大きな課題だったと思います。

介護の社会化をしなくてはならない。しかし一方でサービスを提供するための財源をどこから確保するの

佐藤　信人（さとう　のぶと）

東洋大学大学院社会学研究科（修士）、中部学院大学大学院人間福祉学研究科（博士）、厚生労働省介護支援専門官、武蔵野大学教授を経て、2013年より認知症介護研究・研修東京センター副センター長。著書「介護保険制度と仕組み」（建帛社）、「ケアプラン作成の基本的考え方」（中央法規）ほか。

かが問題になるわけです。そのような中で高齢者介護自立支援システム研究会と社会保障制度審議会の報告で介護保険制度を作るということがうたわれることになり、そして、1997（平成9）年には介護保険法が成立します。保険料という安定的な財源が確保される社会保険方式で介護を支えるということです。社会保険であれば負担と給付の関係も明確ではないかという流れでした。法律の成立後はさらに3年間の準備期間を設けましたので、2000（平成12）年に施行、いままでに4回の制度改正をしたということになります。

持続可能性、給付の重点化、効率化

この間に受給者の人数もサービスも伸びてきていますが、現在は社会保障全体の視点から制度の持続可能性を高めていかなくてはいけないと、給付の重点化、効率化ということが盛んに

言われるようになりました。

財源を確保する方法として、1つは保険料と自己負担を引き上げる。2つめが公費負担、いまは5割ですが、この負担率を増やす。3つめは保険給付を抑制する。4つめは要介護認定者、つまり利用者が増えないようにいわゆる介護予防を重点的にやっていく。といったことが考えられます。2015年度の改定はいま申し上げた4つのなかの自己負担と介護予防、この2つが少しずつ行われた改正だったと思います。

総括が必要

なお、いま一番足りないと思っていることは、介護保険の基本から実施状況、この制度が日本の社会にどのような影響を与えたのか、についての総括をしていないということです。全体を俯瞰して振り返ってみてどうだったのかとかが議論されていないのではないか。例えば介護保険で民間参入を促進しましたが、本当に民間参入がなかったら介護需要を賄えなかったのか。介護は特殊な仕事だと思いますが、福祉ミックスということで営利部門が担うのは本当にいい選択だったのかについては、一度振り返ってよく考えてみなければならないことだと思います。

●**司会** 介護保険導入当初の2000年で給付支出が約3兆6000億円、それが2013年で約9兆6000億円と十数年で約3倍に膨れ上がっています。要介護認定を受ける人が65歳以上の18％弱で、実際にサービスを受ける人がそのうちの8割と言われています。

小さく生んで大きく育てると当時は言われましたが、思いのほか、利用者も介護給付も一気に増えています。実際に介護保険施設を経営しておられる方にとって、介護保険施行14年間をどのように見られているのかお伺いします。

自己決定権確保は評価

●**熊谷** 私がこの仕事に就いたのは1977（昭和52）年ですので、措置制度を20年あまり経験したことになります。措置制度は利用する者に自己決定権がなかったので、市町村が申込み者それぞれの入所する施設を振り分けていました。それが介護保険制度によって自己決定権を確保できたことは素晴らしかったと思います。

ただ介護保険制度が始まるときに、我々に対しては「いつでも誰でもどこでも利用できる」、「そのために国民が負担して社会的介護をしましょう」という話でしたが、実際にスタートしても、希望通りに介護サービスを受けられるということにはなっていません。介護保険料は納めてもサービスは使えないということがいまも続いています。

課題がますます浮き彫り

さらに介護保険制度が始まってもう十数年になりますが、介護にまつわる課題がますます浮き彫りになってきています。たとえば老老介護や認認介護、あるいは特養を利用できない介護難民、介護にへとへとになって起きる介護殺人と介護自殺あるいは親を看る人がいないために仕事を辞めて看る介護離職。その他、私の法人では地域包括支援センターを運営していますので確認できますが、高齢者虐待もあの頃以上に

熊谷　茂（くまがい　しげる）

1954年生まれ。東北福祉大学社会福祉学部産業福祉学科卒。現在社会福祉法人つくし会理事長を兼ねながら特別養護老人ホーム明生園施設長などに就く。著書「人生の岬、1998年」（同時代社）、「老いの風景、1993年」「老い模様、1996年」「老いの窓辺、1999年」「老いの旅路、2008年」（いずれも萌文社）ほか。

増えています。ですから、社会みんなで高齢者を支えると言いながら、片方では解決できない課題が次々と浮かび上がってきているものですから、果たして理想的な制度だったのだろうかとも考えます。

地域の絆が弱まる

　私は岩手県で介護事業を経営しています。都会もそうだと思いますが、独居世帯と老夫婦世帯がきわめて多く、孤独死・孤立死があり、地域のコミュニティケアが必要なはずなのに、地域での介護力が少しずつ失われてきています。介護保険制度ができてから、より地域との絆が弱まってきたのではないかと感じます。

　3年ごとに介護報酬改定がありますが、その度に収支差額が8％だ、10％だと儲けた方は改定のときに下げて、差額の低いところは上げるという数字のやりくりだけで経営が左右され、事業者としては困ります。

　本当にまじめにやっているところはそんなに財政が余るはずはないのですが、厚労省が毎年3月の収支だけを抜き出して、特養は黒字だ、あそこは赤字だと言うので、介護報酬改定のたびに毎回頭を悩ませています。

人材確保が困難

　その他には、人材確保が非常に困難だということです。団塊の世代が後期高齢者になる2025年には、介護人材をあと100万人くらいは増やさなければならないという数の確保の問題が分かっています。しかしそれに対するグランドデザインがずっと前からなされていなかったものですから、今頃になってバタバタしても人材は集まりません。

　私の施設のある岩手県では介護福祉専門学校はここ7～8年くらい前から定員割れを起こしています。卒業した生徒たちが地元で働かず、みんな都会へ行ってしまいます。これも人口減少に拍車をかけています。これをどうしたらいいのかも大きな課題です。去年はわれわれ県の施設と介護福祉専門学校との協力で多額の費用をかけて介護の魅力を伝えるテレビコマーシャルを作りましたし、県の方でもコマーシャルを作ったのですが、効果はゼロに近いものでした。お金をかけても集まらないことで、もともとそういった人材がいないことに気付きました。さらに2011年の震災がそれに輪をかけています。打つべき手は全部打ってしまいましたので、今後はなにをしたらいいのか困っている状況です。

事業者も人口減少問題に直面

　増田寛也さんの「地方消滅」という本で、我々岩手県の市町村の殆どが消滅可能性都市に入っていまして、あの本の数値はぶれないという話ですからとても不安です。私の施設のある一関市はいま人口12万4000人ですが、26年後の2040年には7万5000人になります。そうすると人口減少でいまの介護サービス量は飽和状態になり、必ずや法人間の統廃合や合併が始まります。

　ですから今後介護のいろいろな問題が発生するなかで、経営する側も10年先20年先も本当に地域で生き残れるのか真剣に考えなければなりません。すでに営利法人などでは撤退しているところもあります。事業者にとって大変な修羅場だと思います。

介護サービス量は飽和状態に

　われわれ小さな地方都市に限って言えば、新しい介護保険事業計画のなかで、「施設サービスは増やさない」というところが増えてきまし

た。これは介護保険料が上がるという理由だけではなく、人口が減ると同時に高齢者が減ってくるためでもあるようです。いまは特養待機者が100人、200人いても、将来的には確実に高齢者数も減っていきますから、これを考えた時に、「施設増床一辺倒でやるべきでない」という意見が多くなってきているのを感じます。

ですからこれからは2040年に向けて、将来の人口推移を見ながら事業計画、経営計画を立てなければなりません。

人材確保は喫緊の課題

●司会　実際、全国的に介護福祉士養成の専門学校・短大が軒並み定員割れを起こしている現状があります。2015年度も介護報酬はマイナス改定になるなかで、事業所経営者にとって厳しい経営を強いられるのは明白ですが、そのなかで優秀な人材をどう確保するか、介護保険事業者にとっては喫緊の課題かと思われます。

2015年度改訂で、特養入所を要介護3以上に原則として限定されるという、経営的にも厳しい方向性が出ています。あるいは要支援の通所介護、訪問介護に関して新設する市町村新総合事業に組み入れられ、介護保険給付から除外されるため、事業運営はますます厳しくなってくると思います。

「豊かな援助実践と公的福祉の確立」めざす

●廣末　介護保険制度ができる前からできる頃までの話をまず最初にします。

私が理事長を務める施設は京都にあり、特別養護老人ホームをはじめ老人保健施設やグループホーム、小規模多機能型施設、24時間ヘルパーなど多岐にわたって事業を行っています。また私が代表幹事の一人を務めます「21世紀・老人福祉の向上をめざす施設連絡会」（略称・21老福連）には、多くは地域住民の支援や募金などの運動によってできた事業所が多く加盟しています。21老福連は「豊かな援助実践と公的福祉の確立を」というのが基本的な理念・目標で、現場で培われている高齢者に寄り添った豊かな援助実践を多くの人に理解して頂いたり、お互いに交流を深め、学びあって、より一層質の高いサービスを提供することを目指して職員間の交流を図っているところです。

あわせて、「公的福祉の確立を」というのがもう一つの基本的理念です。14年前に介護保険制度になったのですが、顧みますと、もともとは公費による公的な福祉事業として特別養護老人ホームや養護老人ホームがありました。1990年からは消費税の導入との駆け引きとも言われているゴールドプランが生まれました。

未来の高齢社会も公費では？

当時、在宅福祉元年とも言われましたが、国が在宅福祉に舵をきったのは紛れもない事実かと思います。ただそのときも財源は公費で行う、すなわちそのために消費税を導入したというのが当時の説明ではなかったかと記憶しています。ですから多くの皆さんは、ゴールドプランは公費によって作られ、公費によって運営され、未来の高齢社会も公費によって支えられるのだと考えられたのではないかと思います。

新ゴールドプランの時代も、初期には措置制度の解体や、介護保険というのが、少し論議に

ひろすえ　としや
廣末 利弥

1946年生まれ。社会福祉法人七野会理事長、立命館大学非常勤講師、総合社会福祉研究所理事、21世紀・老人福祉の向上をめざす施設連絡会代表幹事。

なってきましたが、「まだ公費で続けてやっていく」と言われていたのではないかと思います。ところが介護保険制度が国会を通過して2000年から導入されるということになりました。

基盤整備の先行と十分な国民的論議を

私ども21老福連は当時、拙速な制度導入は避けて基盤整備を先行させ、十分な国民的論議をと訴えました。その頃はゴールドプランによって施設サービスも在宅サービスも計画的に整備は進んでいたのですが、それだけでは当然国民・市民の皆さんのご期待に応えられるだけの量ではない。保険あってサービスなしという状態はちょうど医療保険が国民皆保険制度として導入された時代にも似かよっています。当時、過疎の地域や村では「保険あって医療なし」と言われました。全国くまなくサービスが行きわたるかまだ不明瞭な時代に、拙速な決定と拙速な実施は避けて、まず基盤整備を優先しつつ十分な国民的論議を求めてきました。

保険財源移行は大きな問題点

日本の福祉制度のなかで、制度の根幹としての財源を税財源で行うか保険財源で行うかについては、制度によっていろんな方策があるかと思います。障がい福祉も保育も一時、保険制度への移行のような話が浮上しましたが、現在もなお公費財源で行っていますので、保険財源に移ったのは一つの大きな課題をはらんでいるのではないかと考えています。すなわち保険は、公費も入りますが当然国民負担が伴ってきます。社会保険ですから公的な責任も一定、伴うわけですが、税財源と保険財源の一番大きな違いは、保険制度は「負担なければ給付なし」という原則が貫かれることです。

たとえば健康保険でもそうですが、保険証を取り上げられたり保険が適用できないなど、負担と給付の関係がきわめて明瞭だと言われ、ある意味そのとおりです。私どもは負担できない人も含めて国民の暮らしと権利と福祉をどうしていくのかを考えるのが社会福祉の本来の筋だと考えます。ところが負担なければ給付なしという原則があります。その上にもう一つの税財源と保険財源の大きな違いとして、税には国民の三大義務と言われる納税義務がありますが、減免や非課税という税を払わなくてもいい人がいます。それでも国民としての権利は全て保障されています。

しかし、保険の場合は軽減制度がごくわずかにあるものの、免除は基本的にありません。従って著しい国民負担となります。誰にとっての負担増かというと、やはり所得の少ない、とりわけ国民年金だけで生活する高齢者など低所得の皆さん方にとっては大きな負担になっている、そういった財源で本当にいいのか、と一つの大きな課題として老福連では訴えてきたのです。これが私たちの基本的な考え方であり、介護保険制度についての根本的な課題と考えています。

●司会　つい先日（2014年9月下旬）、東京新聞に介護保険料の未納・滞納者が増えていることが大きく報じられました。実はかなり多くの人が払えないし、払っていない問題があります。それはいまの指摘のように、介護保険料には「免除制度」がないという問題が大きいのではないかと思われます。

●吉田　1994年は私が医療生協に入職した年で、まだ27歳でした。東大阪生協病院に配属後すぐに入院係に勤務しましたが、社会的入院の方もおられました。医師を中心としながらリハビリ技師、看護師、ケースワーカー、地域の方と一緒にカンファレンスを行い、その方が退院されるまでのプロセスと退院後の生活支援を1件1件丁寧に援助する現場に身を置いていたことを覚えております。

　医療福祉生協連（当時は日本生協連医療部会）は生協法（1948年）に基づいて「国民の自発的な生活協同組織の発達を図り、もつて国民生活の安定と生活文化の向上を期することを目的」として組織され、私たちは、いのちや暮らし、健康を守る取り組みを続けてきました。なかには、約50年以上の歴史をもった生協もあります。

1030の介護施設を運営

　2008年に生協法の施行により生協法第10条の「事業種類」で、初めて「組合員に対する医療に関する事業」と「高齢者、障害者等の福祉に関する事業であって組合員に利用させるもの」が明記されました。そして、2010年に日本生協連から独立して医療福祉生協連が設立されました。

　全国で110の生協と1つの連合会（日本生協連）が医療福祉生協連の会員となりました。地域・職域で組合員として活動する方々が284

吉田　満

1966年生まれ。立命館大学産業社会学部社会学研究科前期課程中退。1994年東大阪医療生協入協（現、医療生協かわち野）。2010年日本生協連医療部会入職（現、医療福祉生協連）。2012年 同特命課長（新規医療福祉生協設立支援担当、奈良県医療福祉生協専務理事代行）。2014年同事業部課長（現職）。

万8000人います。会員生協の出資金総額が758億円、事業高は3195億円です。なかでも福祉事業は609億円です。病院は77、診療所342、訪問看護ステーション199、介護保険制度のなかで1030の介護施設が全国展開しています。最近はサービス付き高齢者向け住宅を含めて、住まいの要求に応える事業も広がってきています。

低い介護報酬で運営難

　職員は3万4857人いますが介護分野は7340人で、この15年の介護保険制度の歴史とともに医療福祉生協の事業拡大がなされてきました。施設数は生協の事業体全体の71％、職員数でも21％を占めるまでになりました。しかし、事業高に占める比率は19％ですから、たくさんの施設をつくって事業をすすめてきてはいますが、介護報酬が低く、事業運営には非常に苦労しています（数字は2014年3月末現在）。

　日本生協連医療部会が、1996年に公的介護保障についての基本的なスタンスを発表しました。ちょうど国会への「介護保険制度案大綱（案）」提出が断念されたときでした。

「保険あって介護なし」を危惧

　私たちは、その当時の介護サービス基盤のま

ま介護保険制度ができても、きっちりとしたサービス提供ができないのではないかという不安を持っていました。制度ができて保険料を払って実際に動き出したら、受けられるサービスが不足している、「保険あって介護なし」にならないかという不安です。1989年にゴールドプラン、1994年に新ゴールドプランがだされましたが、その不安を裏付けるように多くの自治体では、それらが実施できていない、もしくは実現できていない状況でした。

「介護保険制度案大綱（案）」の抜本的見直しを要求

しかし、当時は社会的入院の実態に加えて、家族の介護負担も非常に重いものがありました。私たちは、「介護保険制度案大綱（案）」に対して「重大な欠陥があり、抜本的な見直し」を求めましたが、上述したような現実がありましたので、やはり反対だけではだめだということで、介護問題は国民の切実な問題という視点を持って、重要な課題として取り組もうと全国の生協に呼びかけました。

そのためには、まずゴールドプラン、新ゴールドプランを介護保険制度待ちにならずに各自治体としっかり話し合いをして、それらの前倒し実施を要求していくことにしました。

公的保険制度で介護を提供することについては、医療福祉生協としては公的な介護保障制度の確立を希望していますし、その点においては「介護保険制度＝介護保障制度」ではないという認識を持っていました。

7つの視点を提起

介護を公的保険制度で行うとしても保険料や利用料負担の心配なくサービスが受けられること、制度運営にきちんと住民が参加できる組織づくり、財源に国と企業の負担でサービス財源が確保されることなど利用者にとっての7つの視点を提起して、そのことが前提であれば保険制度もやむなしというスタンスを持ちました。

介護保障制度の確立は、やはり時間をかけた論議が必要で、高齢化の進行もありますが、拙速に施行してしまっては国民・住民の介護要求に応えられないのではないかと考えました。そして、沢山の方々と国民的議論や運動を進めていこうということで、個人、団体を含めて呼びかけをさせていただきました。そのなかで国の財政制度をきちんと住民本位に抜本的に組み替えることが大切ではないかと考えました。

1997年10月には「介護保険法案の問題点と今後のとりくみ」を発表しました。ここでは、財源負担と保険料負担の問題、介護度によっての給付利用限度額設定と全額自己負担が発生する問題点を指摘しました。

現金給付化が問題

また、なかでも医療は混合診療は認められていませんが介護では「混合介護」が制度の最初から認められている問題、つまり現物給付ではなく現金給付になるという問題が一番重要なことと指摘しました。さらに保険者である市町村、都道府県の事務に住民の参加をきちっと位置づけた運営をしていかなければいけないし、基盤整備もしっかりしていくことが必要だと訴えました。

2015年度から地域包括ケアシステムがスタートします。全国で医療福祉生協の取り組みが始まっています。国民、住民にとって、どのようなやり方が医療や介護が安心していつでもどこでも受けられるようになるのかということを多くの方と議論することが大切だと考えています。

社会保障の民営化・市場化

●司会　2015年には介護保険施行15年目に入りますが、戦後の社会保障制度のなかでは最後にできた社会保険制度で、まだ若い制度ですが、さまざまな課題が浮かび上がってきました。ところで、4人の方々からあまり話題に上らなかったのですが、介護保険は社会保障の民営化・市場化の問題が大きな課題でした。社会福祉分野に株式会社が一気に参入できるという制度化を図った最初が介護保険制度でした。

●横山　私は社会保障政策を経済政策との関連を視野に入れながら研究しています。1980年代はご承知のように増税なき財政再建を掲げた臨調行革があり、社会保障、福祉にとっても大変厳しい局面が続いてきました。

80年代から介護が社会問題化

同時にその過程で人口高齢化が進み、要介護の高齢者が増えていき、家族形態や家族機能が変化していくなかで介護問題が深刻化していき、きました。そのため全体としては福祉制度、特に介護についてはそのニーズの増大に制度が追いついていかない状況が続いて、80年代後半には介護問題が社会問題として認識をされ

るようになりました。介護心中だとか介護殺人が採り上げられるようになったのもその時期だったと思います。

社会全体としてそうした増大する介護ニーズに対して、何らかの形で対応していかざるを得ないということで、新しい介護システムの構築が議論されました。そのなかで21世紀の福祉ビジョンの策定、社会保障制度審議会の勧告など、新たな動きが出てきます。

新産業分野に医療、介護、健康

これまでとは違う新しい仕組みを作ることが検討されていくという時期ではなかったかと思います。

1980年代後半から1990年代前半の時期は、日本の経済社会も大きく動きました。バブルが崩壊して日本経済のあり方が問われ、1995年には橋本内閣が構造改革へと踏み出していきます。日本経済の転換と新しい産業の育成が課題になり、そのなかで医療や介護、健康といった分野が新しい産業分野として注目されていく時期でもありました。増大する介護ニーズへの対応をめぐって、市場の可能性にも注目した形で、新しい介護の在り方が模索され、具体化されたのが介護保険でした。

新政策移行への大きな契機に

介護保険は、こうした経緯を反映して、社会保障構造改革の第一歩あるいは突破口と位置付けられました。その意味では、社会保障政策の側面からみても、経済政策の面から見ても、新しい政策へ移行していく非常に大きな契機だったと思います。介護保険に盛り込まれた仕組み

は、その後の日本の社会保障制度にも大きな影響を及ぼし、そして転換をもたらしてきたと言っていいと思います。

すでに話に出ました措置制度から契約制度への転換、現物給付から現金給付への転換、非営利原則から営利・非営利問わない原則への転換、応能負担から応益負担への転換、これらの仕組みがそれぞれの制度ごとに違いはありますが、障害や保育の分野にも導入されていったその後の状況を考えると、介護保険の創設は、やはり非常に大きな転換であったと思います。そして、司会から指摘があったように、産業の分野から見ても、営利法人の参入を認めたことで介護の市場化・営利化が一気に進み、ビジネスとして大きく変貌していく契機になりました。

負の側面を抱え込む

構造改革の具体化としての新しい仕組みの導入は、社会保障の大きな転換をもたらしましたが、それは非常に大きな負の側面を抱え込むことでもありました。介護保険は、契約に基づいてサービスを利用・提供する仕組みですので、自治体の責任は間接的になり、大きく後退していかざるを得ない状況になってきました。実際にどれだけサービスが利用できているか、それによってニーズが満たせているかどうかは、利用者の側が選択をした結果であって、自治体の与り知らないこととされ、把握すらされなくな

りました。

制度がニーズを満たしているかどうかを絶えずチェックしてニーズの充足に努めることは社会保障の基本ですが、それが放棄されたことはやはり大きな負の側面と言わざるを得ません。

営利的方向に傾斜

市場原理を福祉・介護の分野へ大々的に持ち込んだことも負の側面を大きく広げました。これまでは、非営利の原則がともかくも維持されてきましたが、施設を除いて営利・非営利を問わない原則に変わり、営利法人の大量参入を招きました。いまや訪問介護事業は6割以上が株式会社によって占められる状況になっています。もちろんNPOや協同組合などの非営利の組織も新たに参入し、一定のシェアを確保していますが、介護を営利の対象として構わないという環境に変えましたから、非営利の事業体も営利の事業体との競争関係に立たされています。

結局は営業優先にならざるを得ず、全体として営利的な方向へと傾斜していくことになりました。

医療ソーシャルワーカーも「収入」を念頭に

介護保険によってケアマネージャーの仕事を担うことになった医療ソーシャルワーカーは、いままではケースワーカーとしてこの人の福祉ニーズをどう満たしていくかだけを考えて仕事をしてきましたが、ケアマネージャーになると、「この人へのサービス提供はどれだけの収入になるか」「利用料は支払ってくれる人かどうか」といったことを考えながら仕事をするようになり、すっかり仕事の仕方が変わってしまったと話します。

横山 壽一 よこやま　としかず

1951年生まれ。立命館大学大学院経済学研究科博士後期課程単位取得満期退学。専門は社会保障論。現在、金沢大学人間社会学域地域創造学類教授。金沢大学地域連携推進センター長を兼務。著書『社会保障の市場化・営利化』（新日本出版社、2003年）、『社会保障の再構築』（新日本出版社、2009年）ほか。

制度にニーズを合せる

　また、ニーズがあっても限度額が決まっているので、その枠のなかでプランを立てて対応していかざるを得ず、これまでならばニーズに制度を合わせていたのを、逆に制度にニーズを合せるようになり、その意味でも仕事の仕方が変わってしまったと話しています。

　利用者の側も、外見上は保険料を納めてサービスを買い取るという関係になっていますので、ある種の損得勘定だとか市場的な感覚で物事をとらえていくような変化が生まれています。

問題を金銭で解決

　それは、一面では利用に対する権利意識の強まりとして評価できる面もありますが、地域全体、社会全体の介護の問題解決能力をどう高めていくか、という発想が非常に弱まってしまい、個別に金銭で解決をしていく方向へ向かうという点では、社会保障にとっては明らかに後退だと言わざるを得ません。市場化のこうした影響も無視できない状況になっていると思います。

2006年のコムスン問題

●司会　経済政策との関わりで見ていくという点においては、単に介護や介護保険の問題というよりは社会保障のなかで介護保険制度が導入されたことによって、社会保障における市場化が一気に進んだ面があるとの指摘でしたが、私も同感です。居宅サービス分野においては約7割が株式会社等の経営で、ここで大きな問題としては2006年のコムスン問題があると思います。

　介護保険施行年の2000年に全国で約2400カ所の支店を作り、コムスンの株価はその年に一気に上昇しましたが、数年で支店数を縮小しなければならなくなり、利益を上げるために多くの職員を非正規化し、それでも利益が出ないので最終的には不正請求にまで手を染めて結局、事業廃止に至りました。コムスン撤退により、利用者は他の事業所に振り分けられてしまいました。株式会社には撤退の自由がありますが、公的性格を有する社会福祉法人や自治体は、儲からないと言って目の前の利用者を放って撤退することができない。この部分の違いがやはりかなり大きいと思われます。

　2014年7月に政府から社会福祉法人の在り方についての報告書が出ましたが、この中で内部留保を低所得者向け事業や、介護事業所にあっては給与に使えと言っています。これは、事業所を経営する社会福祉法人にとって死活問題になるのではないかと思います。

「地域貢献」はすでにやっていること

●熊谷　社会福祉法人の地域貢献活動ですが、これまでも地域において、介護教室を開いたり、お金にもならない給食サービスをやったり、実習生を受け入れたり、あるいは生活困窮者に対して物品を配ったりといろいろな形でやってきています。それでも国が「もっと地域貢献のためにお金も人も出しなさい」とたたみかけるように言ってくるのは、いかがなものかと思います。何もやってきていないのであれば分かりますが、そうではありませんから。

特養50床作るのに10億円

　特養に3億円もの内部留保があるのはけしからんと言いますが、儲けているのはほんの一部だけです。いまは特養を整備しようと思っても従来のような補助金は出ません。50床作る

のに大体10億円近くかかりますから、2億、3億円持っていても残りは自前で借入をしなければならず、それを償還するだけの体力はないのです。

　各法人も自己防衛のために最低でも国の補助金が廃止された分は貯めて、30年後40年後の建て替えの準備金に回すというのが本音だと思います。措置制度の時は3分の1が国、3分の1が県、3分の1が市町村もしくは法人の負担でしたが、介護保険制度の導入によって県や市の補助金は無くなったのです。その上に土地の確保も自分たちでやれというのですから、内容も精査せず一部の内部留保だけを見て、「けしからん」というのは、とても納得できません。

営利法人と社会福祉法人は異なる

　社会福祉法人は株主に配当金を出すことが目的の営利法人とは全く違います。経営が困難になれば法人の残余財産は国に帰属します。

　大阪で行っている法人間でお金を出し合って生活弱者を支える、という事業もありますが、これからは地域でいろいろ困っているところを一法人だけでなく多くの法人が集まって課題を浮き彫りにして、それに投資していくことが大切だと思います。たとえば岩手県で考えているのは、介護人材が不足しているので、自分たちが初任者研修の研修機関を作って、しかも受講料などは無料にして、修了者を就職までつなげるという方法です。また震災で学校にも行けない、鞄も買えない子供たちがいるのであれば、法人で鞄を買ってあげるとか、奨学金の形で学資・学費に回してあげるとか、そういったことも考えられます。ただ先ほど言ったように国から頭越しに地域貢献にお金も人も出せと言われることは、とても納得できません。

ケアプランで枠をはめる

●司会　ケアマネジメントあるいはケアマネージャーが果たす役割は大きいと思います。医療も介護も社会保険システムで運営されていますが、決定的に違うのは医療の場合であれば医師に裁量権があって、この人に対してどういう治療を行えばいいかとその場で判断してサービス行為ができます。

　しかし、介護保険の場合はケアプランを作るなかで枠をはめてしまう、その地域にある限られた資源を配分するという概念が入っていると思います。また、事業所に所属するケアマネージャーがその事業所に都合のいいようにケアプランを作らされるという圧力がかかると何度か報道されたました。介護保険と同時に初めてケアマネジメントも導入されたわけですが、その陰の部分も光の部分もあるかと思いますが、この14年を振り返って、ケアマネジメントとはいったい何だったのでしょうか。

3条件でケアマネジメント成立

●佐藤　ケアマネジメントの必要性について言いますと、在宅中心主義とその地域での多様なサービス、それと代理受領で実質的な現物給付の3つの条件がそろって初めてケアマネジメントの機能が成立しやすくなります。もし介護保険の給付が現金給付のみだったり、いわゆるバウチャー方式というものだったりしたら、ケアマネジメントはおそらく成立しなかったと思います。ただケアマネジメント機能というのは社会保険方式でなくても成立しますので、その点は注意を要します。

措置制度下でもケアマネジメントは可能

　ケアマネジメントのニーズとサービスをつな

ぐという機能は措置制度でも導入は可能だったはずです。現に1962年に高齢者サービス調整チームというのがありました。そのチームでも個々の高齢者のニーズに見合う最も適切なサービスを提供するために、保健・医療・福祉のサービスを総合的に調整するとされていました。これはケアマネジメントの原型です。1989（平成元）年には在宅介護支援センターができますが、ここでもニーズを評価してサービスの計画を作ることが業務として位置づけられていました。これもケアマネジメントの原型の一つです。

措置制度でもサービス選択できた

　介護保険制度の中身を検討した老人保健福祉審議会でも、措置制度ではサービスの選択がしにくいとして社会保険方式を後押しした経緯がありますが、あれはあまりよろしくなかったと私は思います。サービスの供給が需要よりも大きければ選択はできたはずです。だから措置制度だとサービスの選択ができないという理屈はないと思いますし、措置制度の第一線で頑張っておられた方々には大変失礼にあたるものの言い方であると私は残念に思っておりました。

　私は1995（平成7）年度からケアマネジメントの指導者研修を始めましたが、その当時は法律が成立するかすら全然分からないタイミングでした。しかし、当時から在宅部門には民間営利企業が参入していましたから、今後介護需要は伸びて市場化が進むということでした。ニーズとサービスをつなげる仕組みはその際に大変重要ですから、措置のままでもケアマネジメントが定着すればいいと思いながら指導者研修を行っていました。

ケアマネジメント制度化で連携統合が進む

　介護保険制度ができてから、民間参入が加速度的に促進され、巨大なマーケットができたことによって、それまでずっと言われながら実現してこなかった保健・医療・福祉の連携統合が全国で実施されるようになりました。ケアマネジメントの制度化によってこういう結果が生まれたことについては、私はよかったと思っています。保健・医療・福祉の連携がその後進んだのかは議論があるのかもしれませんが。

　なお、医療と介護の特性の違いから保険給付には上限がセットされましたが、その上限を要介護認定で決めるか、ケアマネージャーが決めるかは議論のあるところかもしれません。ただし、ケアマネージャーとしては、利用者の自己負担もありますから、利用者の立場に立って、最小の投資で最大の効果をあげるべきなのは当然です。

●**司会**　介護保険導入以後の社会保障改革のなかで、2000年の新会計基準などが象徴的かと思いますが、社会福祉法人に対して、いわゆるイコールフッティングという形で株式会社とも競争できるように経営努力をしろとか、内部留保を持っていいとか、さまざまな経営事業をやっていいとか、株式会社に似た形で社会

福祉法人経営をして頑張れば生き残れるとかいわれてきました。そして今回出された社会福祉法人の在り方に関する検討会報告では、低所得者対策や社会貢献を行え、それをやらないと指導の対象にする、退場させるという、いままでと全く違う強硬な方針が出されています。社会福祉法人が今後どうなっていくのか展望をお聞かせ願います。

社会福祉法人の展望は？

●廣末　展望はあまりないのですが、イコールフッティング論にはいくつかの問題点があります。一つは、そもそもは社会福祉事業を営むために社会福祉法人があり、社会福祉事業を営む限りは社会事業ですから単に貢献とか寄与するといったことではなく、本筋の仕事をすることで社会事業そのものを行っているのだと自負しています。

ではいま社会福祉法人が行っている仕事は社会福祉事業ではないのかということが問われますが、このことが一番大きな問題だと思います。すなわち介護保険制度施行後は「介護事業」といわれるようになって「社会福祉事業」ではなくなったかのような位置づけになっています。

営利企業参入の条件が作られる

ではなぜ介護事業は社会福祉事業ではなくなったのか、先ほど佐藤さんが仰られた真に利用者本位で適切なマネジメントの必要性は確かに重要なことだと思いますが、そのときの条件のなかで一つだけ私は違う意見があります。

私は介護保険になって現物給付から現金給付に変わったと考えています。ただ個人に現金が給付されるのではなく、代理受領方式という新しい手法が持ち込まれて、形の上では個人に給付されるのを事業所が代理受領する、そのことによって憲法89条の公の支配の規定に抵触しない形が作られました。つまり、事業所・施設に公金を出そうとすれば公の支配に属さなければならないけれども、個人に渡すべきお金が代理受領によって事業所に渡るのは個人への給付の後のことですから公の支配に属さないということとなりました。

このようにして公の支配に属さない民間の営利企業が参入することができる条件が作られたのだと考えています。仕組みと仕掛けが介護保険では大きく変わったというのが一つめの問題です。

特養「内部留保」はあくまで累積額

二つめのイコールフッティングの話の前に、社会福祉法人が内部留保を貯め込んでいるとの話ですが、国の発表では最初、特養の内部留保の平均は3億円ほどあると言っていたものが再調査の結果1.6億円だったと言っています。個人の生活から見れば大きな金額ですが、特養の場合、100人定員の特養の年間経常経費は概ね4億円程度になります。1.6億円もの金額は1年で捻出したのではなく累積で積み上げたものです。ということは率からすれば、年収500万円のサラリーマン家庭に200万円の預貯金があるのと同様の話です。サラリーマン家庭ですと子供の教育費、車のローン、家の改築費、病気になったとき、と考えると200万円くらいを持っている家庭は少なくありませんし、それくらいの預貯金がなければ不安だと思います。

特養でたかだかそれくらいのお金を億がつくからといって、多いとか貯め込んでいるとか使えと言われるのは筋違いではないでしょうか。熊谷さんが仰られたように社会福祉事業の拡大再生産、地域社会に貢献する公益的事業、職員の給与改善、建物設備の修繕、大改修などを考

えると、いくらかは資金を持ってないとやっていけないと思います。

社会福祉法人はすでにさまざまな活動を実践

　施設の社会化ということが20年も30年も前から言われてきましたが、多くの社会福祉法人は地域社会の一員として市民生活を守り発展させるためにさまざまな活動しています。一部、活動していない法人があるのも事実でしょうが、それを針小棒大に言うこともないでしょう。

　私のところの法人で言いますと、たとえば京都では昼食の配食サービスが制度としてあるのですが、夕食の配食サービスはありません。少し前までは日曜日も配食サービスはありませんでした。そこで私たちは日曜日も盆も正月も、昼と夕食の1日2食を配食することにしました。夕食の配食サービスには補助金がないので事業所には非常に大きな負担ですので、法人が助成をしています。去年1年間に夕食サービスに出した助成金が580万円、社会福祉法人の軽減制度で特養と在宅サービスの利用料の軽減を図ったのが220万円。老人保健施設の無料低額療養制度で減額したのが150万円です。

過疎の村にデイサービス開設

　そのほかにも、たとえば地域で防災協定を結んで福祉避難所として必要時にはいつでも施設を開放すると約束も交わしていますし、サロン活動や生活困窮者に対する住宅提供や居場所づくり、過疎地域で事業者がだれも行かないところに事業所を作ったりしています。今般400人ほどしか人口のない過疎の村にデイサービスを作るのですが、そのようなことも含めて営利企業ではしないことを社会福祉法人はやっています。そのようなことに取り組むのが社会福祉法人の本当の姿ではないかと考えています。ですからイコールフッティングとはもともと企業が制度改定で作り上げてきたもののなかで土台を一緒にしようというものです。

　社会福祉法人は補助金があるからとか税の優遇措置があるからといろいろ言われますが、十分に社会的な寄与・貢献、社会的な存在としての役割を果たしていると考えています。

●司会　廣末さんが言われた憲法89条（公金支出禁止条項）に関するところはとても重要な部分で、そのことを理解すると、介護保険は「現物給付」ではなく法的には「現金給付」となります。しかし、現実には個人に現金を配るのではなく、一括して事業所に「法定代理受領」として給付されます。法律上は本人に9割の費用を払って1割の自己負担を加えて10割で介護サービスを購入するという概念です。これが、憲法89条違反にならない形で運営されることで、株式会社が大量に参入できるようになりました。

　このように株式会社大量参入の端緒を作ったのがやはり介護保険だったのですが、そういうなかでもやはり社会福祉法人が福祉分野の仕事を担う役割は大きいし、医療福祉生協などもそうです。医療福祉生協連として介護保険をどのように見ていくのか、今後はどうあるべきと考えているのでしょうか。

●吉田　医療福祉生協連を代表してのお話はできませんが、私なりのお話をします。もともと介護保険制度の出発は医療で担っていた一部を介護に移したという認識を持っています。ですから、そもそも医療も介護もサービスについては現物給付するというのが原則だと思います。

金がなく命が続かない

しかし、医療については、この20余年の間で医療保険料が払えずに保険証が取り上げられる、もしくは短期保険証交付というペナルティが課され、なかには保険料を払えない人の財産を差押える自治体もあります。

今回のテーマは介護ですが、そういうことで言えば本来人間として必要な部分が受けられなくなるということが医療のなかでも問題になっています。我々は、そういうところに要求も掲げながら運動しています。なかでも日本は世界と比べても自己負担の高い国で患者の自己負担問題は深刻です。お金がないために命が続かないという患者がいるというジレンマをもって我々は医療事業に携わっています。

利用したくても利用できない制度

介護保険は、サービスを受けられる期間や内容が決められているという保険制度で、医療保険とは全く違う中身です。保険料は40歳以上の方が納付されますが第2号被保険者（40歳から64歳まで）は、特定疾患でないと利用できません。保険料を納付しても利用できないのは医療保険ではそもそも考えられない仕組みで、そういう意味では利用したくても利用できない制度です。

「家族介護」に戻る？

当初、介護保険制度というのは家族介護の軽減や、社会的入院の解消であったりと、「介護の社会化」ということを目的にしたのですが、昨今どうも「介護の社会化」からまた「家族介護」に戻りつつあるのではないかという危惧を持っています。

病院や施設で亡くなるのではなく自宅で最期を迎える政策がすすめられています。そのために自宅で介護する、つまり、家族で介護をする社会に逆戻りしたのではないかとさえ感じます。それぐらいに現在の介護保険制度では対応しきれない事例が出てきています。また、介護給付費では賄いきれないので、その部分は国ではなく自治体に移すという動きも非常に危惧しています。

介護サービス拡充がねがい

医療福祉生協の組合員は280万人です。この間、医療福祉生協の介護施設が拡大した大きな要因は組合員、患者、利用者の願いでした。医療だけでは十分ではない、介護施設や付随する施設やサービスをつくってほしいという願いが多く寄せられました。

組合員は、医療や介護を充実させるために組合員をふやし、自分たちで出資金を集めて事業を広げてきました。そして、介護職員の確保、養成もしてきました。

しかし、2013年度で一番増えた事業は通所介護ですが、それでも全国で8か所しかなく、訪問看護はほんの数か所にすぎません。本来、人口高齢化がすすみ必要なサービスはもっと増えなければならないはずです。

利用縮小せざるを得ない生活実態

なぜそのようになっているのか？確かに介護職員の確保が厳しくなっていることもあります。しかし、私は介護を必要とする方々の生活実態が影響していると考えています。介護保険料が高い、利用料が高い、そして医療保険料も医療費も高い、年金も下がっています。そのなかで介護保険の一部負担金が払うとなると厳しい。無理やりにでも介護サービス利用を縮小せざるを得ない。

利用抑制が事業の伸びにリンク

　このようなことが全国的に起こっていったときに、やはり介護事業の伸びともリンクをしてくるのではないかと思います。

　私たちは本当に安心して医療・介護を受けられる社会をつくることを目指しています。その点から言いますと展望は大いに持っていますが、このまま社会保険の制度を維持するために給付対象者を減らしたり、介護給付費総額を圧縮するということになると、国民が求める介護保障制度にならないという認識を持っています。

介護離職いまも年10万人

　●司会　介護の社会化であったはずが実は介護の家族化に戻ってきているのではないかという指摘は、非常に重要だと思います。この間の厚労省の調査でも大体毎年10万人前後が介護離職する事態がまだ続いている。本来なくなるはずだったこのような事態がまだ現実としてあるのは非常に大きな問題だと思います。

　また、自助・自立を強いる問題もあります。2013年8月の社会保障制度改革国民会議の報告書では、いわゆる社会保障の基本は自助・自立で、それでもどうにもならない場合は共助で、最終的に公助という順で書かれています。この自助・自立を具体的に法案に落とし込む前段階として、プログラム骨子が閣議決定され、後のプログラム法へと繋がりました。しかし、プログラム法では、自助・自立にだけ触れ、共助や公助には一切触れておりません。その結果、社会保障全体が自助・自立という方向性になってきています。

　調べてみて、ほとんど報道されていないことに驚いたのですが、2014年5月23日に健康医療戦略推進法とそれを具体的に推進するための日本医療機構法の2つの法律が通っています。同年7月にはいわゆる健康医療戦略が閣議決定され、介護と医療に触れているほかウェルネス産業についても触れています。このような法律が可決・成立したことすら知らない方が多いと思いますが、いわゆる医療や介護分野の市場化を大々的に推進することを国が宣言した法律や戦略ではないでしょうか。

　●横山　アベノミクスの成長戦略のなかで、健康・医療の分野は戦略的に位置づけられ、重視されています。

医療、介護、健康分野は成長産業

　医療、介護、健康の分野は、潜在的な成長の可能性をもっているので、特にバブル崩壊以降、なんとか産業として育成し、日本の経済をけん引していくような存在に育てていきたいという意向が強く働いてきました。実際にも規制緩和や優遇措置などを通じて育成策が実施されてきました。

　そうした動きは、民主党政権の下でも、「国民生活の抱える問題を解決することによって成長を実現する」という言い方で継続されてきました。さらに安倍政権の下での推進策は、民主党政権とも、それ以前の自民党政権とも違う、やや次元を異にした取り組みになっていると言っていいと思います。

"病院丸ごと輸出"も

　特に医療の分野については、国際展開を含めて「輸出競争力を持つ産業」として育成をしていくことが戦略目標になっており、「健康・医療戦略」のなかにもそのことがうたわれています。実際に最近では「病院丸ごと輸出」といった動きがあります。これは医療機器と医薬品・

医療材料、経営ノウハウなどをセットにして輸出していく方式です。それを可能にするための資金的な援助だとか相手国への市場開拓のための援助なども含めて、新たな施策が展開されつつあります。

セルフメディケーションの推進

　健康については、セルフメディケーションの推進による市場創造が謳われています。これは、健康に対する自己責任を徹底させ、自ら健康管理を行って医療には頼らないからだを作ることで介護費用や医療費を抑制する、それを後押しするさまざまな事業を展開して、それをビジネスとして立ち上げるという戦略です。介護保険との関係でいえば、若い世代も含めた自己管理型の介護予防の徹底による介護費用の削減ということかと思います。

地域包括ケアもビジネスチャンス

　地域包括ケアの構築も、新たなビジネスチャンスとして位置付けられています。すでに動き出しているサービス付き高齢者向け住宅をはじめ、さまざまな在宅サービスの展開を介護保険本体の部分と周辺部分、生活支援や予防も含めて積極的に後押しし、新たな成長産業として

育成していく戦略です。ここでは介護保険の本体と周辺部分が丸ごと健康・医療戦略のなかに位置づけられています。

困っている人たち置き去りに

　市場ベースでの医療や介護の提供は、当然ながら負担能力のある人、もっといえば負担能力が高い人が対象ですから、負担能力がない人たちはニーズがあっても市場は相手にしません。そうすると、医療・介護・健康の分野でも、負担能力による格差が一段と広がっていきます。

　市場でカバーしていく範囲が広がれば広がるほど、本当に困っている人たちが利用できず、置き去りにされていく状況が進み、深刻になっていくことは必至です。

　もちろん医療・介護のニーズに応えていくいろいろな事業を立ち上げ、それを経済の発展に寄与させていくというその道筋は決して否定されるべきものではありませんが、どのような事業体を担い手にして、どのような仕組みのもとで実施していくのかが問題です。医療・介護は、文字通り国民の生命や健康に直接かかわることですから、その責任を担っていくに相応しい提供体制と仕組みを作り上げていかなければなりません。いま、「老後破産」も含めて高齢者の生活の深刻な状況がかなり広がっていますので、市場化・営利化に走ると、大変危険な状況を作り出していくことになるのではないかと危惧しています。

●司会　最後に、介護保険・介護保障の将来に対しての思いをお話しください。

都会から戻った息子たちが引きこもりに

●熊谷　地方にいていま懸念していることが2つあります。1つは引きこもりの問題です。年老いた親がだんだんと弱ってくるので、心配した息子たちが都会から地元に帰ってきて親と同居するわけですが、親をみながら仕事に就けず、親の年金で生活しながら5年後、6年後に引きこもりになっていく。親を心配して戻ってきたはいいけれども、人間としての生活基盤を失っていく状況に陥るという問題があります。

増加する高齢者の万引き

　もう1つは高齢者の生活困窮者がとても多いということです。年金を5～60万円しかもらっていないのに、その中から介護保険料や医療保険料を払ったうえ、介護サービスを使えば自己負担金を支払い、それでもなおかつ毎日生活しなければならない。そういった人たちの中には犯罪に至るケースもあります。食料品やちょっとした日用品の万引きが多いのです。戦前戦後にはお金がない子供たちが万引きしたことはよくありましたが、現代においては本当にお金がない高齢者がおにぎりやアンパンの一つを万引きしている。

　人間として生まれてきたけれど、人並みな生活ができなくて結局、万引きに手を染める。理由を聞くと、まず「お金がない」ということと、「地域のなかで孤立している」という2つが見えてきます。

地域と高齢者の関わり希薄に

　高齢者の周りにコンビニやスーパーなどの生活上便利になったものができて、その結果、地域の関心が高齢者に向かなくなったことも要因としてあります。

　介護保険制度が導入される前は地域のコミュニティがうまく機能していましたが、制度ができたことで公がすべてするものだという意識になり、ますます、地域と高齢者との関わりが希薄になっています。

　高齢者が困っていることが見えてこないため、結局地域から孤立したような状態になってしまいます。昔は万引きは少年の犯罪と言われていましたが、いまは少年の万引きの数を上回ってきました。これが本当に社会福祉国家を目指す日本としてのあるべき姿なのか、警鐘を鳴らすべきと思います。

　介護保険制度ばかりが注目を浴びて、高齢者の心や生活を支える高齢者福祉の部分が見失われていると私はあらためて思います。

社会福祉の範囲とは

●佐藤　イコールフッティングや市場化の話と、保険を利用しにくい方々の措置の問題ですが、これは共通の根っこがあるのではないかという気がしていて、最終的には、社会福祉の範囲とはなんだというところに行き着くのでは、と思います。介護というサービスを営利と非営利に差別化して、どちらが担当するのがふさわしいのか、あるいはミックスするか、という議論かという気がします。

　介護のサービスを営利部門が担うとなにが問題なのか、営利部門は撤退の自由があると言われましたけれど、そういうことがあるから辛うじて施設への営利部門の参入を回避している部分があります。

営利企業参入でサービス量が拡大

　在宅福祉サービスは実は以前から民間営利企業が参入できている仕組みで、介護保険がスタートして一気に加速し、マーケットが成立したということだと思います。その結果、おそら

くサービス量は爆発的に増え、その恩恵に浴した人も少なくない。そういうメリットは確認されて然るべきだと私は思います。

措置との組み合わせ、検討が必要

　ただ、介護サービスは要介護者に行われますので、介護を要する人にどのようなサービスをするかがその人の生活や人格に多大なる影響を与えてしまう。そういう特性が介護にはある。根本的な問題としてそういったものを本当に営利の対象にしていいのか、対象にしたとして利用が難しい人々への措置との組み合わせをどうするのか、これらが検討される必要があるのではないかと思います。

　あるべき介護保障への展望として、介護保険に特化して2つ挙げたい。1つは当面の改良としてケアマネジメントの公営化が一つ考えられるかということ。もう1つは、私は2060年問題に非常に関心を持っていまして、その対応として福祉と公衆衛生の充実によって介護保険をもっとシンプル化していくことについてです。

ケアマネジメントの公営化

　ケアマネジメントは利潤追求のために行われてはならない。ケアマネージャーは営業マンであってはならない、というのが私の基本的な考え方で、したがって非営利部門で担当した方がいいと考えています。

　具体的には、たとえば都道府県の社会福祉事業団でケアマネージャーを一括して雇用し、自治体の社会福祉協議会のような非営利部門に配置していくということも考えられると思います。準公務員としての身分保障をしっかりやった上で、公的な存在として定めます。担当ケース数も私は当初の原案は25ケースくらいと思っていましたが、その程度に減らして、その代わり対人援助に向かない質の悪い介護支援専門員には退場していただく、というのがいいかなと考えています。

介護保険シンプル化

　介護保険のシンプル化についてですが、2060年と申しましたのは、その年の高齢化率が39.9％、約4割になると国の社会保障・人口問題研究所で推計されていて、国民の2人に1人が高齢者に近い人口構造をやがて迎えるようになるからです。2055年が34％ですから、あと40年後くらいには全国平均でも約4割が高齢者という国になってしまいます。その状態はおそらく確実にやってくる。そんなときに果たして国や地方自治体が経営できるのかと危惧しています。よほど大胆な社会経済の仕組みの変更をやらないとこの国はもたないと私は思います。そんなときになっても、経済的や物質的には豊かではないが、「まあまあ幸せに暮らしていけますよ」という国を作らなくてはいけない。そういう意味で介護保険は、要介護の人に特化した形にシンプル化して、重点的に給付をしていく。程度の軽い人は、積極的な社会参画と公的な保健・医療・福祉サービス、とりわけ地域福祉でがっちり支えていくということも考えられる。

　たとえば、要支援の方々の介護予防について、2015年度の改正では地域支援事業や新たな総合事業に取り込んでいますが、本来は公衆衛生分野とか地域福祉分野の仕事ではないかと思います。

　そちらをどんどん伸ばしていって介護保険とうまく組み合わせて役割分担するのがいいと思います。今後はコミュニティオーガニゼーション、コミュニティディベロップメントが大いに伸びなくてはいけない、そういう時期なのではないかと思います。

領域が狭くされた「地域包括ケア」

地域包括ケアも、「2015年の高齢者介護」という報告書からきていますが、これはコミュニティオーガニゼーションのことだなと私は感じました。それが今回、生活支援などの狭い領域に閉じ込められてしまって、公的責任を住民に転嫁するように見えてしまうのはとても残念です。いまの日本では大変困難な課題だとは思いますが、今後、社会福祉領域でのコミュニティオーガニゼーション、ディベロップメントの発展にチャレンジをする価値が大いにあると思っています。

●**司会** 人口減少社会の中で、今後は地域住民の組織化が大事だというのは一理あるかと思います。このような現状を踏まえて、施設経営者としてどのように改革していく展望を持っておられるのでしょうか。

●**廣末** 2つの意見があります。大枠の1点目、もっとも大きな意見としては、介護保険制度になってから15年を振り返ると、3つの逸脱と約束違反があるということです。

創設の理念逸脱と約束違反

まず1つは介護保険制度創設の理念からの逸脱と約束違反です。介護保険制度は「介護の社会化」を理念にスタートしました。では介護の社会化とは何かというと、家族がいてもいなくてもいつでもどこでも必要な時に必要なサービスを自由な選択によって受けられる、自由な選択だ、それを社会で支えるということだったわけです。しかし、自助・互助といういうことが言われる今日の状況は介護保険の創設の理念から大きく後退しているのではないかと思います。

保険制度原則逸脱と約束違反

2つめはそもそも保険制度の原則からの逸脱と約束違反です。保険制度は保険者がいて被保険者がいて、負担があって給付があってそして保険事故といわれるものが存在するわけです。介護保険はこの保険事故が要介護認定という仕組みで認定されることとなります。ではなぜ保険に入ることが安心なのかというと、それは給付があるからで、そのあるはずの給付が突然「あなたは受けられません」となる。たとえば「要支援1、2の予防給付は介護保険給付から外れて地域支援総合事業に変わります」とされ、特養の申請は要介護1と2の方はできなくなる。生命保険が死亡時1000万円と言われていたものを「500万円に減額します」というのも、この亡くなり方では出せませんと言うのも一緒です。

本来保険は給付を目的に構成されているはずなのに、その給付内容や要件が勝手に変えられるのは、保険という制度の原則からの逸脱だと思います。

福祉の原理原則逸脱と約束違反

　3つめは社会福祉の原理原則からの逸脱と約束違反です。要介護認定制度と区分支給限度額によって、必要な人に必要なサービスを提供することになりません。また2006年の改定で食費、住居費の原則本人負担が導入されました。すなわち社会福祉の領域から食事や住居といったものが対象外とされたわけですが、そもそも社会福祉の領域は生活のすべてを対象にするものです。ましてや、住居があって住民票があって初めて国民としての権利が保障されるというのが、日本のあらゆる制度の原理原則の出発点だと思います。その居住費が自己責任ということになったり、家賃払って当たり前ということになるのはいかがなものかと思います。

　こういった3つの逸脱と約束違反は社会福祉の原理原則に戻す必要があるというのが大枠の1点目の意見です。

現場は維持していけるか

　大枠の2点目としては、職員の身分、給与の改善や社会的評価の向上、これらを土台とした職員の確保をなんとかしなければならないと思います。2060年の話がありましたが、現場はこれから5年、10年先もつのか、と正直憂えています。

　これだけ職員が集まらない、あるいは離職をしていく現状をどう防いでいくのかが課題だと思います。介護保険制度では正職員ではなくても、フルタイムで働く人は身分の如何にかかわらず常勤と規定されて職員配置基準を満たしたことになります。常勤換算方式が持ち込まれて非正規職員がどんどん増えていく。その上に24時間365日交代勤務で過酷な労働と言われながら、それに見合うような身分や給与が保障されていません。他産業との比較でいろいろ言われますが、客観的にその労働に報いるような処遇とならなければなりません。

　その実現のための根本は何かといえば、それはやはり社会的評価の高まりだと思います。では何によって社会的評価が表せるのかといえば、労働に見合った職員の身分・給与を保障する、現行制度で言えば介護給付の額です。「介護給付が増えるのは当たり前だ」とか、「こんなに援助してもらってこれくらい出してもいいよね」という国民的合意が得られるようなものを作っていかなければと思います。

公費負担増やすしか道はない

　そうすると利用者の1割負担が増えたり保険料が増えたりしますから、そこは公費負担を増やす以外の道はありません。介護現場は3K、つまり、キツイ・汚い・危険と言われますが、もともとは昔の看護師の仕事がそう言われました。しかし医療現場はその後、ずいぶん改善されました。社会的評価を高めるためには医療保険給付も含めた医療界の歴史を踏まえることが重要だと思います。

　そのためにどうするか、21老福連では、まず介護給付の積算根拠を国が明らかにすべきだと考えています。儲かっているから減らすとか大変だから増やすとかでなく、もともと介護給付を決めるときに職員配置基準があって、それを基に人件費と事務費が算出され、また事業費を想定して定員で割って1人当たりの介護給付が算定されているはずなので、これを明らかにして国民的論議をしたらどうかと思います。そもそもの積算根拠を明確にすることで社会的評価が明らかになるわけですから、介護給付を上げていく取り組みをしなければ福祉の現場の未来はないと思います。国民にとっても利用者にとっても働く職員にとっても、夢のある制度にしていきたい考えています。

●司会 身につまされるご意見でした。ご指摘のように介護労働の社会的評価はまだまだ緒についたばかりで、専門性との関わりもあるのかもしれませんが、非常に低い評価しかされていません。介護報酬の積算根拠のお話も国の態度が非常に厳しいですが、21老福連としてもぜひとも強く要求していっていただきたい。

認知症診断・治療の早期アプローチ

●吉田 新聞などでも報じられましたが、医療福祉生協連は「認知症者の生活支援実態調査」を2012年から行っています。2013年には全国生協会員の101生協の296居宅介護支援事業所・地域包括支援センターのケアマネジャーから3474名分の調査票を回収することができました。

調査の結果、在宅サービスの利用者約3万人のうち75％が認知症という結果が出て、認知症の方が増えていることをあらためて数字の上でも実感しました。

また、デイサービス利用者で認知症の早期診断をされた方は、早期診断されてない方と比べ1.23倍の率でその後も在宅での生活が長く続けられるという結果が出ました。さらに、デイサービスを利用することで、日常的な生活のリズムが作れ、在宅生活継続につながったという調査結果も出ています。

私たちは、一人ひとりの国民がより健康で長生きし、自分らしく生きていけるよう支えていくことを非常に大切にしています。その観点から行くと、アンケートの結果からも早期の診断や治療などのアプローチをしっかりやっていかなければいけないと思います。

これは「公」だけに任せていてはできない話です。私たちは生活協同組合ですから、地域のなかに組合員組織を持ち、医療や福祉の専門家ではない組合員がそれぞれの地域で事業を起こすとりくみを全国に広げることで組合員の要求を実現することができます。

厚生労働省に改善の提案

現在、切り詰められようとしている介護サービスの提供を、逆にしっかり提供することによって介護度が落ちることをとどめたり、元気な高齢者を増やしていけることがわかりましたので、この調査をもとに全国に発信して、これからも厚生労働省に改善の提案を行っていきたいと考えています。

全国組織ですから実態調査をもとにどこをどう改善していけばよいか提案できますし、そのことをすすめながら公的な介護保障がしっかりと根づくような社会づくりをみなさんと議論しながらすすめていきたいと思います。

「要支援」は他国にない優れた制度

●司会 振り返って介護保障・介護保険を考えてみますと、世界で初めて介護保険を導入したのはイスラエルで、その次にドイツ、日本、韓国と続き台湾がもうすぐ導入ですが、実は世界でこのたった5ヵ国しかありません。

そのなかでも介護保険給付に要支援者への給付があるのは唯一日本だけです。ほかの国は「要介護という保険事故」が起こらないかぎりサービス給付はないので、要支援を正規の介護保険給付にしたのは他に見られない優れた点でした。その部分が非常に大事なのに、少しずつ自治体の総合支援事業に組み入れられていき、ボランティアがやってもいいような流れを作ると、短期的には認定を受ける人は少なくなりますが、長期的に見れば要介護者を増やすことになるのではないかと危惧しています。吉田さんの話を聞きながら、要支援者サービスは非常に

大事だし、そこをどのように制度的に拡充していくのかが要だと思います。

介護中心に組み替えを

●横山　いまの要支援、介護予防の話に補足しますと、佐藤さんも公衆衛生、老人保健、社会福祉制度を拡充していくことで、介護保険が担うべき部分をもう少し軽減すべきだと話されていましたが、確かに介護保険は、予防の部分や老人福祉の部分も含めて担う分野がかなり広がってきていますから、介護保険全体としては介護中心に組み替えていくというのは、検討すべき選択肢だと思います。

　介護保険の実施に伴って公衆衛生や老人福祉の分野が拡充されたかというと必ずしもそうではなく、むしろ介護保険に取り込むことで縮小・削減されたり、介護保険によってゆがめられた部分があります。

　介護予防も、老人福祉かどうか議論もあるかと思いますが、どちらにしても公衆衛生だとか介護保険以外の生活支援も含めた老人福祉の分野をもっと拡充していかないといけません。介護保険だけで問題を全部解決しようとするのは、決して最良の方法ではないことも考えておく必要があると思います。

制度の仕組みに構造的欠陥

　この15年ふり返ってみて、増大する介護のさまざまなニーズに対して介護保険が十分に応えられてきたかというと、必ずしもそうではないということが皆さんのお話でも明らかになったと思います。その大きな要因として、介護保険制度の仕組み自体に、いわば構造的に欠陥とでもいうべき問題がある、したがって制度自体を根本的に見直していかなければ本来の役割は果たせない状況にあるということだと思います。

　例えば、医療保険と比べてみるとよくわかりますが、介護保険制度は幾重にもわたって利用を制限したり抑制する仕組みが組み込まれています。年齢制限があり、第2号被保険者への制限があり、認定基準による制限があり、利用限度額による制限があり、さらには定率1割の自己負担が生み出す自己抑制があります。つまり、ニーズがあってもなかなか利用できない仕組みが初めから組み込まれているわけです。せめて医療保険並みに利用しやすい仕組みに変えていかないと、制度とニーズとの乖離はどんどん広がって行ってしまう。しかも、2015年度以降さらに利用制限を広げていくことになりますから、ますますニーズとの乖離が広がっていくことは必至です。

　いまや制度のあり方、給付のあり方そのものを根本から問いかえさなければならないところに来ていると思います。

財政の仕組みと関わる構造的欠陥も

　介護保険の構造的欠陥は、財政の仕組みとも関わっています。保険方式にしたことで保険料が財源を構成することになりましたが、実際の制度では、公費と保険料で利用料分を控除した費用を折半し、公費は国と自治体で折半する仕組みになりました。その保険料は、第1号被保険者と第2号被保険者がそれぞれ担うべき部分を被保険者数の比率で按分する方式がとられ、そのうえで第1号被保険者の保険料は、市町村単位（保険者単位）で給付に係る費用を賄えるように設定することになったわけです。

　ところが、この仕組み自体がいろいろと問題を含んでいます。まず、公費と保険料を折半し、公費をさらに国と自治体が折半する方式は、介護保険以前の国庫補助率2分の1を機械的に半分ではありませんが大幅に引き下げ、国庫負担

を削減する仕組みですから、その分の負担が被保険者へ転嫁されました。また、被保険者数による按分方式をとることによって、第1号被保険者の負担が相対的に重くなりました。年金世代である第1号被保険者と現役世代である第2号被保険者では負担能力に開きがありますから、単純に按分してしまうと負担能力の低い側の負担の方が重くなるわけです。

保険料が給付にリンクするジレンマ

さらには、第1号被保険者の保険料が給付に直接リンクする仕組みとなった点も見逃せません。この仕組みによって、給付を増やためには保険料を上げざるを得ない、保険料を据え置くのであれば給付を増やすことをあきらめざるを得ない、という二者択一を迫られることになりました。もともと第1号被保険者の保険料は割高になっていますし、非課税の人にも課していますから、保険料引き上げは慎重にならざるを得ません。そうなると、ニーズが増えてもそれに見合う給付の増大は難しいということになります。

こうしたジレンマを打ち破るためには、何よりも公費負担、なかでも国庫負担の引き上げが欠かせません。今回の制度改正にあたっても公費負担の割合を増やすべきだという意見が出されましたが、その選択はされませんでした。しかし、このまま推移すると、保険料は限界に近い水準に近づいていますから、早晩行き詰まらざるを得ません。簡単ではありませんが、やはり財政のあり方を正面から見直し、改革に乗り出さなければなりません。

国際的経験から学ぶ

私たちは、国際的経験からも学ぶ必要があります。制度は違いますが、イギリスの当時の首相ブレアは、サービスの質の改善を迫られていたNHS（国民保健サービス）の改革のために、予算を大幅に増やす決断をし、成果を挙げました。国民にとって最優先の課題であることを踏まえての英断でした。

高齢化が急速に進んでいる日本にとって、介護への対応は非常に優先度の高い課題です。その課題に対して、本当に現行の財政のままでいいのか、介護保険があっても介護を受けられない高齢者が大量に出てくることが現実になろうとしているなかで、給付を容易に増やせない仕組みのままで本当にいいのか、真剣に考えてみなければなりません。

財源のあり方は、介護保険だけでなく社会保障、さらには税・財政のあり方も含めて丁寧に議論しなければなりませんが、少なくとも、日本経済が作り出す富のうち、社会保障へ振り向ける割合をヨーロッパ並みにするだけで、現在の社会保障の予算規模を1.2倍から1.5倍程度に増やすことが可能です。作り出された富をどう使うのか、経済成長の伸びを税収増へどう結び付けるのか、そのことが問われています。最終的には政治が決断しなければならないことですが、いまこそ人口高齢化の最優先課題である介護そして医療の拡充へ向けて、英断を求めたいと思います。

●司会　非常にわかりやすくまとめて頂きありがとうございました。皆様、お忙しいなか本当にありがとうございました。

論文 第一部

介護保険施行 15 年の検証

第1章

医療・介護総合確保法と介護保険

日下部雅喜（大阪社会保障推進協議会　介護保険対策委員）

はじめに

　2014年6月18日、「地域における医療及び介護の総合的な確保を推進するための関係法律の整備等に関する法律」（以下「医療介護総合確保法」）が与党の賛成により成立した。19本もの法律を一括して「改正」するというきわめて強引な方法であるが、医療と介護を一体で改革するという政府の狙いを明瞭に表している。いわゆる「団塊の世代」が75歳以上となる「2025年」を目標に医療と介護の提供体制を再編することである。この再編計画は二つの柱からなっている。第1は、「効率的な医療提供体制」と称して、2025年に向けて病床数を削減していくことである。

　第2の柱が、「地域包括ケアシステム」である。病院から追い出された患者・要介護高齢者の受け皿として、在宅でぎりぎりまで生活させるための医療・介護などの提供体制の構築である。

　そして、これらの再編は、医療費抑制を目標とし、介護保険制度では「制度の持続可能性」を確保するためと称して、サービス提供側には「効率化」を求め、利用者側には「費用負担の強化」を求めるというものである。さらに、「自助」の名による保険外・自費サービスの促進、「互助」の名による住民相互の助け合い・支え合いへの転嫁をも狙っている。

　本章では、「医療介護総合確保法」による介護保険制度改定の概要を明らかにしつつ、介護保険制度が今後どのようになっていくのか、国民の立場から考えることとする。

1．2025年の医療・介護の将来像がめざすもの

（1）入院から在宅へ、医療から介護へ、施設から地域へ

　「医療はかつての『病院完結型』から、患者の住み慣れた地域や自宅での生活のための医療、地域全体で治し、支える『地域完結型』の医療、実のところ医療と介護、さらには住まいや自立した生活の支援までもが切れ目なくつながる医療に変わらざるを得ない」〔社会保障制度改革国民会議（2013）〕―社会保障改革の「指南書」となった社会保障制度改革国民会議報告書はこのようにのべた。そして、高度急性期医療を「川上」、在宅介護を「川下」と表現し、あたかも、水が上流から下流に流れるように、入院・医療から在宅・介護へと患者・要介護高齢者を押し流していく仕組みをめざしている。

　政府は、全国の高齢化率が30％を超え、入院医療の需要が高まる2025年の「一般病床」必要数を129万床と推計しながら26万床を削減し、103万床に抑え込み、「療養病床」は34万床必要と推計しながら6万床削減し

表1-1　病床数の推計必要数と改革シナリオ

	2012年	2025年		
		推計必要数	改革シナリオ	削減数
一般病床	109万床	129万床	103万床	26万床
療養病床	24万床	34万床	28万床	6万床

出典：厚生労働省資料より作成。

28万床に抑えるシナリオを描いている。1日当たり入院患者数も162万人に増加すると推計しながら、在院日数を短縮することで20％削減し33万人を減らすとしている。

（2）医療削減は都道府県、市町村は受け皿づくりの「地域包括ケア」

　医療介護総合確保法では、都道府県が医療計画において、地域医療ビジョン（地域の医療提供体制のあるべき姿）を定め、医療機関には、病床機能（高度急性期、急性期、回復期、慢性期）を報告させるという仕組みを持ち込んだ。医療計画に定める以上の病床を整備させないためにペナルティも課すことができるようになる。さらに都道府県の事業計画に記載した医療・介護の事業（病床機能の分化・再編や在宅医療・介護の推進）のために、消費税増税分を活用した新たな基金（「地域医療介護総合確保基金」2014年度903.7億円）を設置し、「財政支援」の仕組みをつくった。

　一方、市町村には、「在宅医療・介護連携事業」をはじめ、「受け皿」となる在宅介護を支える「地域包括ケアシステム」の本格的な構築を求めている。

（3）介護保険制度見直しの概要と実施時期

　医療介護総合確保法によって介護保険制度はどう変わるのか。政府（厚生労働省）は次のように説明している。

　第1に、高齢者が住み慣れた地域で生活を継続できるようにするため「地域包括ケアシステム」を構築するとして、「地域支援事業」に①在宅医療・介護連携の推進、②認知症施策の推進、③地域ケア会議の推進、④生活支援サービスの充実・強化を制度化する。一方で、①全国一律の予防給付（訪問介護・通所介護）を市町村が取り組む地域支援事業に移行し、多様化　②特別養護老人ホームの新規入所者を、原則、要介護3以上に限定（既入所者は除く）する。

　第2に、「費用負担の公平化」を図るとして、公費を投入し、低所得者の保険料の軽減割合を拡大することを盛り込んだ。一方で、①一定以上の所得のある利用者の自己負担を引上げ、②低所得の施設利用者の食費・居住費を補填する「補足給付」の要件に資産などを追加する。

　このほか、「2025年を見据えた介護保険事業計画の策定」、「サービス付高齢者向け住宅への住所地特例の適用」、「居宅介護支援事業所の指定権限の市町村への移譲・小規模通所介護の地域密着型サービスへの移行」などが制度見直しとして法で規定された〔厚生労働省（2014.2）〕。

　これらは、介護保険制度の全体にわたる改革で制度始まって以来最大の見直しといえるものである。その施行時期は、2015（平成27）年4月以降であるが、「地域支援事業の充実」は2018年4月までの猶予期間があり、

表1-2　医療介護総合法のうち、介護保険制度に関係する主な内容の施行期日

施行期日	改正事項
2015年4月1日	○地域支援事業の充実（2018年4月までに全市町村で実施） ・在宅医療・介護連携の推進 ・生活支援サービスの充実・強化 ・認知症施策の推進 ○予防給付の見直し（2017年4月までに全市町村で実施） ○特別養護老人ホームの機能重点化 ○低所得者の保険料軽減の強化 ○サービス付き高齢者向け住宅への住所地特例の適用
2015年8月1日	○一定以上の所得のある利用者の自己負担の引上げ、補足給付の支給に資産等を勘案
2016年4月1日	○地域密着型通所介護の創設（小規模のデイサービスを対象）
2018年4月1日	○居宅介護支援事業所の指定権限の市町村への移譲

出典：厚生労働省資料より筆者作成。

予防給付の見直しについても2017年4月までの猶予期間があるなど、改正内容全体が全国の市町村で実施・具体化されるには3年間程度かかる。

2．要支援者サービスの見直し

（1）要支援者サービスの移行先となる「新総合事業」の概要と問題点

改正介護保険法では、要支援1、2の人への訪問介護（ホームヘルプサービス）と通所介護（デイサービス）を介護保険給付（予防給付）の対象から外し、市町村の実施する地域支援事業へ移行するとしている。

要支援者のホームヘルプ・デイサービスの移行先となる事業の概要について、厚生労働省が示した「総合事業ガイドライン案」（以下「ガイドライン案」）〔厚生労働省（2014.7）〕に沿って見てみよう。

①介護予防・生活支援では「住民の助け合い」が担い手に

第一に、サービスの担い手を、介護保険の指定事業者から「住民主体の助け合い」など「多様なサービス」に委ねようとしていることである。

改正介護保険法では、地域支援事業の中に「新しい総合事業（介護予防・日常生活支援総合事業）」が設けられ、その中に「介護予防・生活支援サービス事業」（以下「サービス事業」）がつくられ、「訪問型サービス」「通所型サービス」「生活支援サービス（配食等）」、「介護予防支援事業（ケアマネジメント）」がつくられた。

ガイドライン案では、要支援者のホームヘルプ・デイサービスが総合事業に移行した場合におけるサービス多様化の「参考例」として、①「現行相当サービス」に加えて、②緩和した基準の「サービスA」、③ボランティアによる「サービスB」、④専門職による短期集中予防の「サービスC」をあげている。

「訪問型・通所型サービスB」は、「有償・無償のボランティア等による住民主体の支援」とされた。実施方法は、ＮＰＯ等住民主体の支援実施者に対する補助（助成）を市町村が行う方式である。厚生労働省の「ガイドライン案」では、人員・設備について基準を一切示しておらず、わずかに「清潔保持」「秘密保持」「事故対応」などを運営基準に書いているだけである。しかし、その主体が任意の「ボランティアグループ」ならば、そのような基準が厳守されるかどうかも疑問だ。このような「善意」「自発性」に基づく行為を、法令に基づく「サービス事業」に位置づけること自体に大きな無理があると言わざるをえない。

表1-3　予防訪問介護・通所介護の総合事業への移行

	総合事業移行後	
	サービス種類例	担い手
介護予防訪問介護 介護予防通所介護 （全国一律の基準に基づく指定事業者）	①現行の介護予防訪問介護・介護予防通所介護に相当するサービス	現行の事業者（見なし指定）
	②緩和した基準による生活支援、ミニデイサービス（訪問型・通所型サービスA）	無資格者による提供可能
	③ボランティアなどによる生活支援、通いの場（訪問型・通所型サービスB）	住民ボランティア
	④保健師やリハビリテーション専門職等が行う短期集中予防サービス（従来の2次予防事業に相当）（訪問型・通所型サービスC）	専門職

出典：厚生労働省「ガイドライン案」より筆者作成。

②利用手続き　市町村窓口での申請抑制の水際作戦

　第2に、介護保険利用の「入口」である市町村窓口で、要介護認定申請が抑制されるおそれがあることである。

　これまで、市町村窓口では、高齢者や家族から相談があった場合は、要介護認定を受ければ介護保険サービスが利用できることを説明し、認定申請を受け付けてきた。厚生労働省ガイドライン案では、窓口担当者は、サービス事業などについて説明した上で、「明らかに要介護認定が必要な場合」は、要介護認定等の申請の手続につなぐか、「総合事業によるサービスのみ利用する場合は、要介護認定等を省略して基本チェックリストを用いて事業対象者とし、迅速なサービスの利用が可能」と説明し、誘導するよう図示している。さらに、基本チェックリストを活用し「利用者本人の状況やサービス利用の意向を聞き取った上で、振り分け」を判断する。そして、その窓口担当者は「専門職でなくてもよい」としている。

　これでは、専門職でない窓口職員が、介護保険利用希望者の要介護認定申請を封じ込めたまま、総合事業へ誘導し、介護保険サービスを使わせないという事態が引き起こされる危険性がある。ガイドライン案には、一応「必要な時は要介護認定申請ができることを説明」とは記載しているが、市町村窓口を訪れる多くの高齢者は、要介護認定が何かも知らないことも多い。市町村窓口の態度一つで要介護認定という入口を封じ込められてしまう可能性があり、認定申請権の侵害につながりかねない。

③サービスからの「卒業」迫るケアマネジメントと「規範的統合」

　第3に、ケアマネジメントを通じた「互助サービス」への誘導とサービス打ち切りの危険である。厚生労働省ガイドライン案では、「住民主体の支援等『多様なサービス』の利用を促進する」とし、認知症など一部を除き、既存のサービス（現行相当サービス）を使わせず、安上がりの「互助サービス」（住民ボランティア）へと誘導することをケアマネジメントの基本としている。さらに、サービスは『目標達成期間』を徹底し、短期集中的なアプローチにより自立につなげる」として、短期間で「卒業」を迫るような位置づけをしている。これらの前提に「規範的統合」と称して、「健康の保持増進」「能力の維持向上」についての国民の努力義務（介護保険法第4条）を一面的に強調し、これを市町村、関係者、住民、利用者間で「自立支援や介護予防の理念・意識の共有」をはかることを強要しようとしているのである。

（2）2015年度から3年間で移行　　問われる市町村の姿勢

　サービス基準、単価、利用者負担などが全国一律に決められた介護保険サービスから、市町村ごとの「事業」となるため、各市町村では、実施時期、実施方法などを自ら決定することになる。

　しかし、施行時の2015年度に実施する市町村は少数にとどまっている。厚生労働省調査でも2015年度実施は全国で市町村の7％（114）にとどまり、1069市町村（67.7％）は、猶予期間の最終年度である「2017年度移行」である。もともと要支援者のサービスを地域支援事業に移行することについては、市町村にも多くの異論があり、圧倒的多数の市町村の同意がないまま介護保険法改正で一方的に押し付けた施策に市町村が積極的になれるわけがない[1]。この現状は、国が号令をかける「生活支援・介護予防は住民主体の助け合いなど多様なサービスへ移行」という方向がそもそも現実を無視したものであることを証明している。法改正後の2014年9月〜11月に行われた自治体アンケートでは、「多様なサービス確保のめどがたたない」との回答は9割に上っていた（中央社保協調査）。

（3）財政的締め付けと課題

　ホームヘルプ・デイサービスが介護保険給付から総合事業に移行することで、あらたに費用の「上限管理」の仕組みが設けられる。これが、市町村に対し「兵糧攻め」となって、国の描く「住民主体サービスへの移行促進」へと駆り立てられることになる。

　総合事業は、市町村では一般会計と区分された介護保険特別会計の中で経理がなされる。財源構成は、介護保険給付と同様（国25％、都道府県12.5％、市町村12.5％、保険料50％）だが、事業費に「上限」を付けられる。その上限は、事業開始の前年度の介護予防訪問介護と介護予防通所介護、介護予防支援に介護予防事業の総額をベースとするが、伸び率は、その市町村の「75歳以上高齢者数の伸び以下」の増加率しか認めないとしている。

　予防給付では、毎年5～6％の自然増予測がなされていたが、後期高齢者の伸び（全国平均3～4％）以下に抑え込まれ、市町村は、現行相当サービスから、より費用の低い「緩和基準」のサービスA、さらに安上がりな「住民主体」のサービスBへと利用者を移行させていくことになる。まさに、財源の上限管理で、市町村を追い込み、費用のかかる現行相当サービスから安上がりな「住民主体サービス」への移行を強要する仕組みである[2]。

　こうした「兵糧攻め」を許さないために、国に対し、総合事業の「事業費上限設定」については撤廃し、必要な費用を保障するよう求めていくことが必要である。必要な国庫負担を要求すると同時に、自治体にも必要な財政支出を要求していくことが重要であろう。改正法が成立する際に参議院で採択された付帯決議でも政府に「財源の確保を含めた必要な支援」を求めており、国会に対する政府の責任というべきものである。

3．一定以上の所得者の2割負担化

（1）合計所得160万円以上が2割負担に

　今回の改定では、利用者負担を、所得によって「2割負担」に引き上げる。対象となる所得金額は、高齢者人口の2割にあたる「合計所得160万円」以上の人々とされる。在宅サービス利用者の15％（約60万人）、施設利用者の5％（5万人）の人々の負担が一挙に最大2倍の負担増加になる[3]。

　さらに高額介護サービス費の負担上限額の最高額を「現役並み所得者」（年収383万円以上）については、「3万7200円」→「4万4400円」へと大幅に引き上げることにしている。

（2）求められる負担軽減策

　参議院での付帯決議では、「一定以上所得者の利用者負担割合の引上げに際し、基準額を決定するに当たっては、所得に対して過大な負担とならないようにするとともに、必要なサービスの利用控えが起きないよう十分配慮すること」と求めていた。政府が政令で定める基準額は、まさに「過大な負担とならない」所得水準にすべきであるにもかかわらず、「合計160万円」としたことは重大な問題である。厚生労働省は、「世帯の1号被保険者の年金収入等とその他の合計所得金額の合計が単身で280万円、2人以上世帯で346万円未満の場合は、1割負担に戻す」というわずかな「救済策」を示したにすぎない[4]。今後、「必要なサービスの利用控えが起きないよう十分配慮」した救済・軽減策を要求していくべきである。

4. 特別養護老人ホーム入所の重点化

(1) 膨大な待機者を締め出す特養重点化

　介護保険法改定では、特別養護老人ホームへの入所を原則「要介護3」以上に限定する。全国で52万人以上に上る入所待機者のうち、要介護1、2の人は17万8000人で待機者全体の34％を占める。これらの人々は制度改定によって待機者からも除外され切捨てられることになる。在宅での生活が困難になった要介護高齢者の居場所がないという「介護難民」問題が深刻化している中で、要介護1、2の人を入所申込の対象からも排除すれば、行くあてのない介護難民が大量に「漂流」することになってしまう。

表1-4　特別養護老人ホーム入所申込者の内訳

要介護1～2	要介護3	要介護4～5	計
17.8万人	12.6万人	21.9万人	52.4万人
34.10%	24.10%	41.80%	100%

出典：厚生労働省資料より筆者作成。

(2) 一定の要件で例外的入所も

　改定後介護保険法では、特別養護老人ホーム入所の要介護者について、「厚生労働省令で定める要介護状態区分に該当する要介護状態である者その他居宅において日常生活を営むことが困難な者として厚生労働省令で定める者に限る」という規定を新たに設けた（介護保険法第8条21項、26項）。

　厚生労働省は、入所対象者を要介護3・4・5に限定し、要介護1、2については「居宅において日常生活を営むことが困難なことについてやむを得ない理由があると認められるもの」については特例的に「入所判定対象者」にするとした。具体的には　①認知症である者であって、日常生活に支障を来すような症状・行動や意思疎通の困難さが頻繁に見られる　②知的障害・精神障害等を伴い、日常生活に支障を来すような症状・行動や意思疎通の困難さ等が頻繁に見られる　③家族等による深刻な虐待が疑われること等により、心身の安全・安心の確保が困難な状態である　④単身世帯である、同居家族が高齢又は病弱である等により家族等による支援が期待できず、かつ、地域での介護サービスや生活支援の供給が不十分である―の事情をあげた〔厚生労働省（2014.11）〕。

5. 低所得の施設利用者の食費・部屋代補助の対象厳格化

　自宅以外で介護をうけようとすると居住費（部屋代）と食費の負担が発生する。介護保険3施設（特別養護老人ホーム、老人保健施設、介護療養型医療施設）では、低所得者（非課税世帯）には、居住費（部屋代）と食費の補助があり、自己負担が軽減されている。

表1-5　現行の低所得者に対する補足給付による食費・部屋代の自己負担額

利用者負担段階	対象	部屋代（ユニット型個室）	食費
第4段階	一般世帯	5万9100円	4万1400円
第3段階	非課税世帯	3万9300円	1万9500円
第2段階	非課税世帯で年金収入＋合計所得が80万円以下	2万4600円	1万1700円
第1段階	生活保護等	2万4600円	9000円

出典：筆者作成（特別養護老人ホームの場合。月30日で計算）。

制度改定では、低所得の施設利用者の居住費・食費の補助（補足給付）の対象要件を厳しくする。①世帯分離しても戸籍上夫婦であれば配偶者が住民税課税の場合は対象としない　②低所得者でも預貯金などが一定額（単身1000万円以上）あれば対象としない　③段階決定にあたっては非課税年金（遺族年金・障害年金）も算定対象に入れるという、厳しい内容となっている。

補足給付の対象者は100万人以上で、施設入所者のほかに在宅生活を続けながら短期入所（ショートステイ）を利用する人々も含む。もし、新たな要件（預貯金、配偶者）に抵触して、補足給付が打ち切られれば、食費・部屋代が一挙に全額自己負担となり、施設から退所せざるを得ない人や、ショートステイの利用を控える人が続出することになりかねない。

また、補足給付を受けるための役所への申請手続きも複雑になる。現行制度では申請者の「世帯と所得」だけを確認するだけで給付決定（「負担限度額認定」という）ができるが、制度改定後は、新たに、①戸籍上の配偶者の有無とその課税状況確認、②預貯金等の額の申告とその確認調査、などが必要になる。申請するには貯金通帳等のコピーや金融機関調査の同意書なども提出しなければならない。不正受給があった場合のペナルティも給付額の2倍の加算金と非常に重いこともあり、役所窓口での審査も厳しくなることも危惧される。

6. 介護保険料問題

（1）介護保険料　2025年には1.6倍以上に

介護保険料は、制度開始当初の第1期と比べ、現在（第5期）は1.7倍に跳ね上がり、基準月額は全国平均4972円となっている。さらに、2015年度〜17年度の第6期には大幅な引上げとなる見込みである。

政府は、保険料の上昇を抑えることを今回の制度改定の口実にしてきた。しかし、こうした「改革」をおこなったとしても、厚生労働省の推計（改革シナリオ）では、2025年度にはさらに現在の1.6倍の約8200円程度になるとしている。

高齢者の負担の限界をはるかに超えて上昇を続ける介護保険料をどうするかは介護保険最大の問題となっている。

（2）公費投入による低所得者軽減を法制化

今回の介護保険法の改定で、「公費投入による低所得者の保険料軽減」が初めて法制化された[5]。給付費の5割の公費に加えて別枠で公費を投入し、低所得者の保険料の軽減割合を拡大するというもので、軽減例では、非課税世帯の年金収入80万円以下の場合現行5割軽減→7割軽減に拡大する、としている。軽減対象は、市町村民税非課税世帯の被保険者で65歳以上の約3割に当たるもので、政府は当初は「2015年度から実施」と明記していた。

しかし、これは、消費税増税に伴う低所得者対策という側面があり、実際に投入される公費の財源は「消費税による増収分」を当て込んでいた。このため、消費税10％引き上げ時期の延期（2015年10月→2017年4月）により、その実施の大部分が2017年4月へと先送りされてしまった（2015年1月11日厚生労働省老健局介護保険計画課事務連絡）。2015・16年度は、わずかに、第1・2段階のみ　現行0.5→0.45とする微々たる軽減だけになってしまった。

すでに第6期の介護保険料引上げ額を試算していた多くの市町村は「はしごを外された」格好にな

図1-1 介護保険の1号保険料の低所得者軽減強化

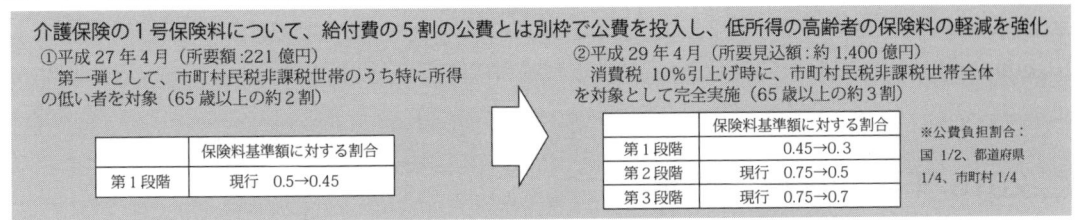

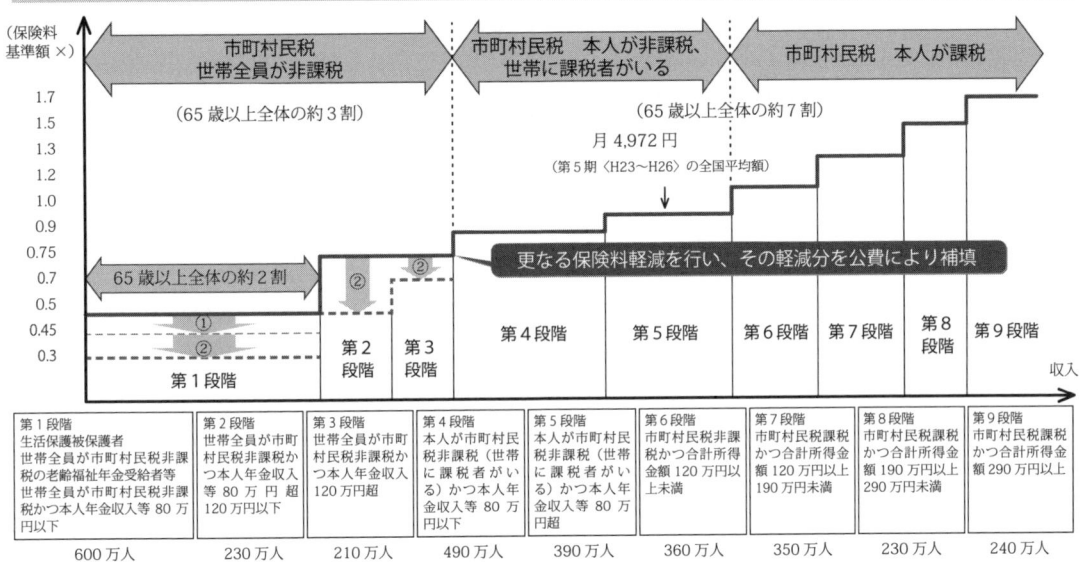

介護保険の1号保険料について、給付費の5割の公費とは別枠で公費を投入し、低所得の高齢者の保険料の軽減を強化

①平成27年4月（所要額：221億円）
第一弾として、市町村民税非課税世帯のうち特に所得の低い者を対象（65歳以上の約2割）

	保険料基準額に対する割合
第1段階	現行 0.5→0.45

②平成29年4月（所要見込額：約1,400億円）
消費税10％引上げ時に、市町村民税非課税世帯全体を対象として完全実施（65歳以上の約3割）

	保険料基準額に対する割合
第1段階	0.45→0.3
第2段階	現行 0.75→0.5
第3段階	現行 0.75→0.7

※公費負担割合：国1/2、都道府県1/4、市町村1/4

市町村民税 世帯全員が非課税（65歳以上全体の約3割）
市町村民税 本人が非課税、世帯に課税者がいる
市町村民税 本人が課税
（65歳以上全体の約7割）

月4,972円（第5期〈H23～H26〉の全国平均額）

更なる保険料軽減を行い、その軽減分を公費により補填

65歳以上全体の約2割

保険料基準額×：1.7, 1.5, 1.3, 1.2, 1.0, 0.9, 0.75, 0.7, 0.5, 0.45, 0.3

第1段階　第2段階　第3段階　第4段階　第5段階　第6段階　第7段階　第8段階　第9段階

段階	内容	人数
第1段階	生活保護被保護者 世帯全員が市町村民税非課税の老齢福祉年金受給者等 世帯全員が市町村民税非課税かつ本人年金収入等80万円以下	600万人
第2段階	世帯全員が市町村民税非課税かつ本人年金収入等80万円超120万円以下	230万人
第3段階	世帯全員が市町村民税非課税かつ本人年金収入等120万円超	210万人
第4段階	本人が市町村民税非課税（世帯に課税者がいる）かつ本人年金収入等80万円以下	490万人
第5段階	本人が市町村民税非課税（世帯に課税者がいる）かつ本人年金収入等80万円超	390万人
第6段階	市町村民税課税かつ合計所得金額120万円未満	360万人
第7段階	市町村民税課税かつ合計所得金額120万円以上190万円未満	350万人
第8段階	市町村民税課税かつ合計所得金額190万円以上290万円未満	230万人
第9段階	市町村民税課税かつ合計所得金額290万円以上	240万人

※被保険者数は平成24年度末実績を基に推計　※保険料段階は平成27年度からの新段階で表示　※具体的軽減幅は各割合の範囲内で市町村が条例で規定
出典：厚生労働省。

り、苦肉の策として、自治体独自で2年間、保険料段階を調整して低所得者軽減を当初案どおり実施しようとするところや、一般財源を投入して2015年度から軽減を実施しようとする動きが広がった。

すると、厚生労働省は、そのような自治体措置軽減について「できない」とする文書を出して、独自軽減の動きに干渉するという事態となった（2015年1月16日厚生労働省老健局介護保険計画課事務連絡）。厚生労働省が自ら示してきた軽減措置が延期にしておきながら、逆に市町村の独自権限にストップをかけるという許し難い干渉である。

地方自治体たる市町村が、自らの一般財源を議会の議決を得て、介護保険会計に繰り入れることは、何ら法に反せず、介護保険法に禁止規定もない、厚生労働省は、法的根拠のない「恫喝文書」は直ちに撤回し、当初案どおりの軽減措置を速やかに実施すべきである。

（4）介護保険財政への公費投入要求を本格的に

介護保険は、公費で給付費の50％（在宅サービスの場合は国が25％、都道府県、市町村がそれぞれ12.5％）を賄い、のこり50％が介護保険料負担（第6期の場合、65歳以上は22％、40歳～64

図1-2 介護保険制度の財源構成（第6期2015年度～2017年度）

保険料50%		公費（税金）50%		
65歳以上（第1号被保険者）	40歳～64歳（第2号被保険者）	国	都道府県	市町村
22%	28%	25%	12.5%	12.5%

注1）25％負担の内5％は調整交付金であり、市町村の状況により増減され、増減分は65歳以上の第1号被保険者負担割合で調整する。
注2）保険料の第1号被保険者と第2号被保険者の割合は3年毎に見直しに変更される。
出典：筆者作成。

歳は28％）となっている。

　介護保険財政の「制約」は、第1号保険料が高齢者の負担能力を超えた額になってしまっていることにある。その解決方法は、公費部分を拡大し、保険料に依存する仕組みを改革していく以外にない。

7. 2015年度介護報酬改定

　介護事業所・施設に支払われる介護報酬は、3年に一度改定されるが、介護保険制度改定と同時に改定される介護報酬の2015年4月改定は、きわめて厳しい内容となった。

　第1に、大幅なマイナス改定である。基本報酬部分を平均4.48％引き下げ、介護職員処遇改善加算の引上げ分（＋1.65％）と重度・認知症対応関連の加算部分（＋0.56％）を加味してもマイナス2.27％となった。

　第2に、特定のサービスに対する集中的な減額である。基本報酬は、訪問看護（診療所・病院）と通所リハビリ、居宅介護支援を除く全サービスが引き下げられたが、デイサービスは小規模型の最大9.8％引下げを始め大幅な引下げであり、特別養護老人ホームも最大6.3％もの大幅引下げとなった（特養の多床室は、居住費徴収により2015年8月からはさらに報酬減となる）。

　第3に、あからさまな要支援者と軽度者の切捨てである。要支援者の通所系サービスは、介護予防通所リハビリテーションで要支援1がマイナス25.5％、介護予防通所介護もマイナス20％以上と、かつてない切り下げとなった。これは、制度改定による要支援者のデイサービスの地域支援事業への移行を見越して、要支援者が既存の通所サービスから「敬遠」されるように仕向けることを狙ったものである。また、他のサービスも要介護1、2が要介護3以上よりも引き下げ率が多く、介護報酬上も軽度者を「冷遇」する扱いとなっている。

　全産業平均よりも9万円程度月額賃金が低く、人材確保が困難となっている介護従事者の処遇改善問題については、政府は、「処遇改善加算を拡充することで可能」との説明を行っている。しかし、大幅な基本報酬減は事業所経営に大きな打撃を与え、賃金・労働条件の悪化につながり、サービス内容にもマイナスとなる。さらには小規模通所介護など零細事業所を中心に撤退・廃業を呼び起こしかねない。

　「地域包括ケアシステム構築」を言いながら、このような介護報酬切り下げは、地域におけるケアの担い手から基礎体力を奪い、脆弱化させるものである。

おわりに

　医療・介護総合確保法は、社会保障改革の「短期改革」（消費税増税期）に対応したものである。今後「2025年」を目標に10年間に及ぶ「中長期改革」としてさらなる改革が予定されている。したがって、本章で見てきた医療・介護総合確保法による介護保険制度改定もこれにとどまるものではない。今回の改定を足掛かりに、その対象範囲をさらに拡大した第2弾・第3弾の制度改定が狙われている。3年に一度の介護報酬改定はその機会となる。

　どのような姿の「2025年・介護保険制度」か。その方向性は、今回の制度改定の中に見ることができる。

第1は、軽度者の保険給付からの除外である。今回の要支援1、2のサービスの一部の保険給付を廃止し、要介護1、2を特別養護老人ホーム入所から排除した。この延長線上には、さらに広範なサービスを要支援者と要介護1、2の「軽度者」を対象から除外していく制度改定である。最終目標は、「介護保険給付の対象を要介護3・4・5」に限定するというものであろう。これは、すでに2008年に財務省の財政制度等審議会（財政制度分科会財政構造改革部会）で財政効果試算がなされている〔財務省（2008）〕。軽度者の生活支援や介護は、自助（自費サービス、家族）、近隣や住民主体の「互助サービス」に委ねられていくことになる。今回の新総合事業の「住民主体のサービス」はその原型である。

　第2は、利用者負担のさらなる引上げである。今回の2割負担導入は、「負担可能な一定以上の所得」という線引きを可能とした。負担可能な根拠もペテン的なものであった。今回の「合計所得160万円」という基準が今後の改定で、引き下げられ、さらに多くの層が2割負担へと拡大していくことが狙われている。これも最終目標は、「負担は原則2割」であろう。医療の自己負担は2014年度からすでに70歳〜74歳は2割の負担となったことを見ても、中長期的な狙いが浮かび上がってくる。

　第3は、低所得の施設利用者の補足給付（食費・部屋代補助）の廃止である。厚生労働省は、補足給付について「福祉的・経過的措置」であり、居住費（滞在費）と食費は「自己負担が原則」と強弁している。今回の要件厳格化を手始めにさらなる対象の縮小、そして最終的には、全廃へすすんでいくことになる。介護保険施設（特別養護老人ホーム、介護老人保健施設、介護療養型医療施設）以外の「居住」サービスの全てが部屋代・食費が完全自己負担であること、サービス付き高齢者住宅も同様であることを考えればその方向性は明白である。

　まとめて表現すれば、①要介護3以上でないと介護保険サービスは利用できず、②利用すれば2割の自己負担　③低所得者でも食費・部屋代は全額自己負担という介護保険制度である。一方で、介護保険料は、少なくとも現在の1.6倍以上を徴収される。まさに、「保険料あって介護なし」である。

　2025年に向かって、介護保険制度を「持続可能」とするために、「給付の重点化・効率化」、「負担の適正化」を推し進めれば、介護保険の給付は制度的・経済的に利用が縮小し、介護の公費支出は削減できる。しかし、在宅サービスも施設サービスもその範囲を大きく縮小すれば、地域の介護基盤はまったく整備されない。地域状況からみても「住民主体の互助」がそれにとってかわることなど現実にはあり得ない。こうして、政府が目標とする「地域包括ケアシステム」はその基盤さえ確保できず絵空事におわる。

　高齢化率30％を超え、後期高齢者が多数となり、単身高齢者、老老世帯が半数以上を占めるような地域でそのような「介護保険制度」が維持されたとしても、意味がない。

　そのような道を歩まないためにも、医療・介護総合確保法に基づく医療・介護の「改革」は中止させなければならない。

【注】
1）中央社会保障推進協議会が2013年11月〜12月に実施した調査でも「移行可能」と答えた市町村は17.5％にとどまり、「不可能」31.9％、「判断不可」38.9％という結果であった。（中央社会保障推進協議会　季刊「社会保障」2014年春号№453　全国市町村介護保険見直しに関する緊急調査結果）

2）事業移行後の「専門的サービス」と「多様なサービス」の利用割合について、2014年6月11日に国会に対し、厚生労働省老健局が提出した資料では次のように述べている。「○事業移行前に既にサービスを受けている要支援者については、サービスの継続性にも配慮し、その方の心身の状態等を踏まえ、必要に応じ、専門的サービスにつなげていく考えであることや時間が経過すれば受け皿の整

備が進んでくること等から、一般的な傾向としては、全国的には、制度施行当初は専門的サービスが比較的高い割合を占め、時間が経過すれば多様なサービスの利用が拡がり、その割合が高まってくると想定している。」「専門的サービスのサービス量については、多くとも現状維持であり、基本的には一定程度減っていく」「仮に、専門的サービスのサービス量を現状維持とし、今後サービス量が増える分（過去の要支援認定者の伸び率（7％程度）で利用者が伸びると仮定）を多様なサービスとして計算した場合、2025年度の専門的サービスと多様なサービスは、それぞれ5割程度と計算される」。

3）「所得」とは、収入額から必要経費を差し引いたものを言う。所得＝収入－経費　年金収入の場合は「公的年金控除」を差し引いた額が「所得額」になる。所得160万円＝年金収入280万円－公的年金控除120万円。

4）2014年8月27日に、厚生労働省は、「高齢者本人の合計所得金額により判定を行い、160万円以上（年金収入に換算すると280万円以上）の所得を有する方のみ利用者負担を引き上げることとする。しかし、収入が給与収入、事業収入や不動産収入といった年金収入以外の収入を中心とする場合には、実質的な所得が280万円に満たないケースがあること、夫婦世帯の場合には、配偶者の年金が低く、世帯としての負担能力が低いケースがあること　という理由で、その世帯の1号被保険者の年金収入等とその他の合計所得金額の合計が単身で280万円、2人以上世帯で346万円未満の場合は、1割負担に戻すこととする」との通知を出した。

5）改定後の介護保険の規定は次のとおり、一般会計の繰り入れ規定が設けられた。

「介護保険法124条の2（新設）

　市町村は、政令で定めるところにより、一般会計から、所得の少ない者について条例の定めるところにより行う保険料の減額賦課に基づき第1号被保険者に係る保険料につき減額した額の総額を基礎として政令で定めるところにより算定した額を介護保険に関する特別会計に繰り入れなければならない。

　2　国は、政令で定めるところにより、前項の規定による繰入金の2分の1に相当する額を負担する。

　3　都道府県は、政令で定めるところにより、第1項の規定による繰入金の4分の1に相当する額を負担する。」

6）2014年7月28日　全国介護保険担当課長会議資料では、厚生労働省は「こうした制度化された仕組み以外の保険料の減免（いわゆる単独減免）については、被保険者間の公平性の確保や、健全な介護保険財政の運営と財政規律の保持の観点から、従前から申し上げてきているとおり、保険料の全額免除・収入のみに着目した一律減免・保険料減免分に対する一般財源の投入については、適当ではないため、第6期を迎えるにあたっても、引き続きこのいわゆる3原則の遵守に関し、各保険者において適切に対応していただきたい。」としている。

【参考・引用文献】

- 厚生労働省（2014.2）『平成26年2月25日全国介護保険・高齢者保健福祉担当課長会議資料』厚生労働省老健局
- 厚生労働省（2014.7）『介護予防・日常生活支援総合事業のガイドライン案』厚生労働省老健局振興課
- 厚生労働省（2014.11）『2014年11月10日全国介護保険担当課長会議資料』厚生労働省老健局介護保険計画課
- 財務省（2008）『財政制度等審議会 財政制度分科会財政構造改革部会平成20年5月13日 資料2－2 社会保障（2）（介護制度の現状と課題）(2)軽度者に対する介護給付費見直しによる影響額試算（機械的な試算）』財務省
- 社会法制度改革国民会議（2013）『社会保障制度改革国民会議報告書〜確かな社会保障を将来世代に伝えるための道筋〜』社会保障制度改革国民会議

    http://warp.ndl.go.jp/info:ndljp/pid/1022127/www.mof.go.jp/singikai/zaiseido/siryou/zaiseib200513/2-2-b.pdf　（最終閲覧日2014年12月19日）

Column

障害分野からみる介護保険制度の課題

きょうされん　常務理事　赤松英知

　一般的には介護保険はなくてはならない制度として社会に定着したようにいわれることが多いが、本当にそうだろうか。障害分野では「65歳の壁」が全国で問題になっている。64歳までの障害のある人が障害者総合支援法にもとづいて働く場に通う、グループホームで暮らす、ホームヘルプを利用する等様々な支援を受ける場合、住民税非課税の低所得者は利用料が免除されている。これは、障害者自立支援法が導入しようとした応益負担に反対して、全国で巻き起こった運動の大きな成果だ。

　しかし、65歳を迎えると介護保険優先原則が適用され、介護保険に同種の支援メニューがある場合には強制的にそちらに移行させられる。その結果、それまでは必要な支援を無料で利用できていたのに、65歳を境に一律に1割負担が適用される、支援の量が減らされる等の事態が起きている。運動によって不十分ながらも能力に応じた負担を認めさせる特例を勝ち取ったのに、年齢によって機械的に容赦なく応益負担の世界にひきずりこまれる形だ。ここには介護保険そのものの矛盾が反映していると思えてならない。一般論として、高齢施策と障害施策を同じ枠組みで講じることは、ヨーロッパの例などをみてもあり得ることだろう。しかし、日本の介護保険に障害施策を統合することは、障害のある人の暮らしを壊すことにつながる。

　障害のある人は収入が少なく、また年齢を重ねても資産を蓄積できない人が圧倒的に多い。さらに障害が重い人ほど多くの支援が必要だということは、誰が考えても分かる現実だ。こうした実態を考えた時、日本の介護保険が採用している応益負担、すなわち受けた支援の量に応じて利用料を支払う仕組みは障害のある人の暮らしにとって致命的だ。障害者自立支援法が導入しようとした応益負担を命がけで棚上げさせた運動の成果がいとも簡単に無きものにされてしまうことへの怒りは大きい。

　このように、応益負担の矛盾は障害分野というフィルターから見れば分かりやすいが、そもそも介護保険を利用する高齢者にとっても切実な問題だ。すなわち、要介護や要支援区分ごとに設定されている支給限度額に対して、実際のサービス利用率は4〜5割程度にとどまっているという。これは、限度額いっぱいまで支援を利用したくても負担が重く利用できないことの表れだ。こうした実態を「利用率が低いのはケアマネジメントが機能しているからだ」「利用料の9割は保険から出るので自己負担は1割だけだ」等と分析することは、あまりに暮らしの現実を見ない姿勢だ。

　他にも、給付削減のためのツールとなっている医学モデルに片寄った要介護認定の在り方や重い保険料負担等の問題が指摘される日本の介護保険は、安心とは程遠い仕組みといわざるを得ない。高齢や障害などのために生活上の困難を抱える人を支える仕組みを抜本的に見直すことは、障害のある人だけではなく国民全体の課題だ。

地域包括ケアシステム構築とソーシャルワーク実践

公益社団法人　日本社会福祉士会

　高齢社会が本番を迎える2025年を目前に、基礎自治体では「地域包括ケアシステム」の構築が課題となっている。地域包括ケアシステム構築の目的は、日本社会の少子高齢化の進展のなか、誰もが地域で尊厳のあるその人らしい生活が継続できることである。具体的には、本人の希望にかなった「住まい」を確保した上で、心身の状況や家族・近隣・友人との関係性の変化等に応じて、地域の多様な社会資源による「支援」「サービス」を柔軟に組み合わせて提供することができるような地域での体制づくりである。

　2014年6月に成立した「地域における医療及び介護の総合的な確保の促進に関する法律」では第2条において地域包括ケアシステムを以下のように定義している。「地域の実情に応じて、高齢者が、可能な限り、住み慣れた地域でその有する能力に応じ自立した日常生活を営むことができるよう、医療、介護、介護予防（要介護状態若しくは要支援状態となることの予防又は要介護状態若しくは要支援状態の軽減若しくは悪化の防止をいう。）、住まい及び自立した日常生活の支援が包括的に確保される体制」。住み慣れた地域で継続して暮らしていけるよう日常生活圏域で医療・介護・生活支援・予防・住宅支援等を一体的に提供する「地域づくり」という側面と、今後の医療・介護ニーズの増大に対応しうる「効率的なサービス提供体制への再編」という両側面がある。

　入院期間の短縮化、病院の機能分化、在宅医療の推進といった医療政策の流れも同時に見ていく必要がある。介護保険制度も改正され、在宅医療・介護連携の強化、認知症施策の推進、生活支援の体制整備等の地域包括ケア構築に向けた推進策が盛り込まれたが、その一つの手段として地域ケア会議の活用が介護保険法に位置づけられた。地域ケア会議とは、個別課題解決のために本人、家族、地域住民、専門職等の関係者で検討を行い、さらには住民に身近な生活圏域、自治体単位等で共通の地域課題を共有し、その解決に向けて関係者のネットワークや資源開発、施策化を図っていくものである。単に会議を開催することを目的とするのではなく、地域包括ケアシステムを構築するための一つのツールとして、各地域の実状に基づいて開催する必要がある。

　本人のニーズに基づいたアセスメントとマネジメント、そして支援から見えてきた地域課題を意識的に把握し、地域に働きかけ、社会資源を創出し、現状で対応できていない地域社会の課題に関しては政策提言を行う。

　つまり、地域ケア会議は、ミクロ（本人・家族）、メゾ（地域）、マクロ（社会）に対して連続的に働きかける機能を持った会議の総称であり、地域を基盤として人を支援していくソーシャルワーク実践・機能の一つと言うことができる。そして、ソーシャルワークを実践できる社会福祉士は地域包括ケアシステム構築において、重要な役割を担うことができると確信している。

　地域包括ケアの基本は「専門機関・専門職のネットワークと住民主体のネットワークを組み合わせて地域の支えあいの仕組みをつくる」ことであり、各自治体、各地域の特色を活かした多様な社会資源間のネットワーク形成がその土

台となる。このようなネットワークを活用した一連のソーシャルワーク実践を行うことで、最終的には尊厳のあるその人らしい生活の継続が可能となるのである。

　地域包括ケアシステムの構築には様々な側面がある。例えば前述した急性期から回復期、慢性期へと至る医療分野における機能分担と退院後の在宅医療・介護・生活支援体制との連携のための仕組みづくりであり、これらを住民に身近な生活圏域で構築していくことである。このような医療と福祉の2つの側面を地域生活支援の視点から統合するためには、地域包括ケアシステムを構成する行政、福祉、医療、介護関係者、地域住民、その他市民活動団体等が地域生活を支えるという目的の共有（規範的統合）を図り、主体的に取り組みを行うことが必要とされている。地域包括ケアシステムに関しては、抽象的なモデルや、先進地域の事例を示すことができても、基礎自治体ごとに住民の意識や社会資源の多寡などの状況が異なっているため、こうすれば成功するという画一的で標準化したノウハウを指し示すことは不可能である。地域包括ケアシステムの構築は、個々の自治体で、それらの主体が汗をかきながら、一緒に考え、協働するなかで解決策は生まれてくる。

　これから日本社会は超高齢社会の本番を迎え、家族構成数の減少のなかで独居世帯や高齢者のみの世帯が急増していくことが予想される。身近に頼れる親族や知人がいない人が増加していく状況への対応、権利擁護の理念の普及と仕組みづくり、地域基盤の構築が必須となってくる。一方で、元気に高齢期を過ごす人も増えており、社会活動・地域活動・ボランティア活動等に参加する、就労を可能な範囲で継続して社会に関わっていく、多世代交流の場をつくる、互いに声を掛け合う、といった参加型の地域社会を構築していくことが健康寿命を延ばし、広い意味での予防や健康増進につながっていく。個人の尊厳を尊重しながら、互いにつながっていける、声を掛け合えるコミュニティの形成が、今後の地域福祉推進や住民主体の地域包括ケアシステム構築の一つの鍵となる。一方で介護保険をはじめとした社会保障関連制度がますます複雑化しており、住民に分かりやすく簡潔な仕組みづくりも重要となる。

　日本社会福祉士会は、地域包括ケア構築の要となる地域包括支援センターがスタートした当初から、センター職員を対象とした現任研修の開催、自らの実践を振り返り実践力を向上させるための「評価シート」や地域ネットワークづくりのための「企画シート」を開発し、配置された専門職がその役割を担えるよう支援をおこなってきた。また、それと平行して、全国の先進事例を共有するため「地域包括支援センター全国実践研究集会」の開催等を通じ、ミクロ・メゾ・マクロの視点を持つソーシャルワークが地域包括ケアシステム構築に果たす役割が大きいことを示してきた。これからも地域包括支援センターへの支援、及び全国の各地域や組織で活動する社会福祉士や関係機関・団体とのネットワークを活かして、地域包括ケアシステム構築の一翼を担っていきたいと考えている。また社会福祉士は、社会の課題や人々の生活課題への広い意味での権利擁護の取り組みとともに、環境のなかの人を支える専門職である。人々が暮らす環境としての地域社会の形成に、それぞれが活動する多様な福祉の各分野から参加し、関係各位と協働しながら関与していく所存である。

第2章 介護保険はなぜ導入されたのか
── 介護保険導入の目的と制度改革のゆくえ

伊藤周平（鹿児島大学法科大学院教授）

1．問題の所在－増税された消費税と安倍政権の社会保障改革

　2014年4月、17年ぶりに、消費税の税率が引き上げられ8％となった。もともと、今回の消費税の増税は、社会保障の充実を名目にしていたが、いまの安倍政権のもとでは、充実どころか、社会保障の削減が進められている。すでに、2013年8月から、生活保護基準の引き下げが断行され、同年10月からは老齢・障害・遺族年金給付が1％引き下げられた（14年4月から物価上昇分を差し引いて0.7％引き下げられ、15年4月にも0.5％引き下げ予定）。母子世帯などに支給される児童扶養手当や障害のある子どもへの手当、被爆者への健康管理手当なども連動して減額されている（2013年から3年間で1.7％減額）。

　2014年7月に、厚生労働省が発表した2013年の国民生活基礎調査（2012年の所得）によれば、日本の相対的貧困率（以下「貧困率」という）[1]は、厚生労働省が貧困率を算出し始めた1985年以来、最悪の16.1％に達した（人口換算で2053万人に相当）。なかでも、子どもの貧困率は、子育て世代の非正規雇用の増大などの影響で、前回より0.6ポイント悪化し、16.3％とこれまた過去最悪となっている。ＯＥＣＤ（経済開発協力機構）諸国の中で、最悪水準のひとり親世帯の貧困率も前回50.8％から54.6％へと悪化した。これに消費税の増税と円安による物価の上昇が加わり、しかも年金・手当の削減では、ひとり親世帯や子どもの貧困率はさらに上昇し、貧困の世代間連鎖が加速することは確実といえる。

　2013年8月には、社会保障制度改革国民会議が「確かな社会保障を将来世代に伝えるための道筋」と題する報告書をまとめ（以下「国民会議報告書」という）、それを受けて、安倍政権は「持続可能な社会保障制度の確立を図るための改革の推進に関する法律案」を、同年10月に国会に提出、12月5日に成立した（以下「プログラム法」という）。翌日成立した特定秘密保護法のかげに隠れて、プログラム法については、マスコミでほとんど報道されなかったが、同法の成立により、2014年から2017年にかけて、医療制度改革をはじめ社会保障制度改革のための関連法案が順次、国会に提出され改革が実施に移される[2]。その第一弾として、2014年2月には、医療法や介護保険法などを一括して改正する「地域における医療及び介護の総合的な確保を推進するための関係法律の整備等に関する法律案」が国会に提出され、6月18日に成立した（以下「医療・介護総合確保法」という）。

　成立した医療・介護総合確保法のうち、介護保険法の改正は、それ単独で改正法案として国会で審議されるべき内容であり、2006年の介護保険法改正に匹敵する大幅な改正といえる（2015年4月施行）。「介護の社会化」を掲げた介護保険制度の変質という点では、介護保険法施行以来の大改定といってもよい。

　本章では、以上のような状況を踏まえ、介護保険導入の本当の目的と本質を明らかにするとともに、改正介護保険法の内容と問題点を考察し、制度改革のゆくえを展望する。

2. 介護保険導入の目的とその本質

(1)「介護の社会化」という理念

　まず、介護保険はなぜ導入されたのか。その本質は何かについて明らかにしておく。

　介護保険制度は「加齢に伴って生ずる心身の変化に起因する疾病等により要介護状態となり、入浴、排せつ、食事等の介護、機能訓練並びに看護及び療養上の管理その他の医療を要する者等について、これらの者が尊厳を保持し、その有する能力に応じ自立した日常生活を営むことができるよう、必要な保健医療サービス及び福祉サービスに係る給付を行う」ことで、「国民の保健医療の向上及び福祉の増進を図ること」を目的としている（介護保険法１条）。2005 年の介護保険法の改正において「尊厳を保持」の文言が付け加えられたが、その基本的目的に変化はない。

　介護保険法制定当時（1997 年 12 月。実施は 2000 年 4 月から）には、介護保険の導入により、これまで家族介護に依存してきた日本の介護保障制度が大きく転換され、「介護の社会化」が達成されると語られてきた。介護保険の導入で、介護を担ってきた女性が介護労働から解放されると主張する評論家もいた。

　しかし、少なくとも、介護保険法をみる限り、「介護の社会化」という言葉は目的条項には出てこないし、制度的にも、介護保険の給付水準は、在宅で 24 時間介護を保障するものには程遠く、明らかに家族介護を前提としている。介護保険の給付には、要介護度ごとに給付上限（支給限度額）が設定されており、それを超える利用については、保険がきかず全額自己負担となる。たとえば、最重度の要介護 5 の人で支給限度額は月額約 36 万円で、身体介護の訪問介護の単価が、45 分で約 4000 円だから、1 日 3 時間強利用して 1 万 2000 円、30 日毎日利用すると、月 36 万円の支給限度額に達する。最も重い要介護者が 1 日 3 時間強の訪問介護しか保険で利用できないのである。不足するサービスを全額自費で購入できる人でなければ（そうした人はごく一部の富裕層に限られるだろう）、重い介護負担を担う家族介護者がいないと、在宅生活は不可能である。

　このように、介護保険がはじまってからも、家族介護者の負担は依然として重く、実際、2004 年以降、年間 10 万人以上の人が、親族の介護を理由に離職しており、親族の介護を苦にした介護心中・介護殺人事件は、2006 年以降、毎年 50 件以上、つまり週 1 件の割合で起きている（この件数も、おそらく氷山の一角と考えられる）。

　介護保険は、月額 1 万 5000 円以上の年金から天引きされる介護保険料負担に加えて、サービス利用の際の 1 割負担、支給限度額を超えるサービスは全額負担となる制度であり、所得の低い人ほど、介護保険サービスの利用を控え家族介護へ依存するしかなくなる。所得格差がそのまま介護格差につながる制度といってよく、「介護の社会化」が実現されたのは、一部の富裕層にすぎない。では、介護保険導入の本当の目的、ねらいは何だったか。

(2) 高齢者医療費の抑制と医療の安上がり代替

　介護保険導入の目的の第 1 は、医療費（主として高齢者医療費）の抑制と介護保険による医療の安上がり代替にある。

　介護保険法 1 条にもあるように、介護保険の給付対象者は、介護のみならず「その他の医療を要する者」であり、「保健医療サービス」に係る給付を行うとされている。老人保健施設や介護療養型医療

施設（介護保険適用の療養型病床）が介護保険施設とされ、訪問看護も介護保険サービスに含まれる。つまり、介護保険は、従来は医療保険の給付で行っていた保健医療サービスの一部を介護保険サービスとして、介護保険の給付で行うことにより、増え続ける医療費、とくに高齢者医療費を抑制するために構築された制度といえる。実際、介護保険制度が始まった 2000 年には高齢者医療費が減少した。高齢者医療費の一部が介護費として介護保険の給付に移ったのだから当然ではある。しかし、その後、高齢化の進展などにより、また高齢者医療費が増大したので 2008 年から介護保険の財政構造をモデルとした後期高齢者医療制度が導入されたのである[3]。

　同時に、介護保険には、医療の安上がり代替という狙いもあった。同じ医療行為を、医師や看護師が行うのと、介護福祉士など介護職が行うのとでは、診療報酬と介護報酬の差を見れば、後者の方が安上がりなのは一目瞭然である。また、医師が必要と判断した治療には原則すべて保険がきく医療保険の給付と異なり、介護保険の給付には、前述のように、保険がきく上限（支給限度額）が存在するため、給付費を抑制することができる。この目的に沿って、2011 年に、社会福祉士及び介護福祉士法が改正され、介護福祉士も、たんの吸引などの一部の医療行為を業務として行うことが可能となった。しかも、業務として行える医療行為は「たんの吸引、経管栄養等」となっており、省令で定めるため、法改正なしに、医療行為の範囲が際限なく拡大されていくおそれがある[4]。

（3）給付金方式・直接契約方式の導入と「介護の商品化」

　そして、第2の目的が、従来の福祉措置制度（市町村委託・補助金方式、自治体責任による入所・利用の仕組み、応能負担による税方式）を解体し、①給付金方式（要介護者への現金給付の支給）、②直接契約方式（要介護者の自己責任による利用の仕組み）、③応益負担の社会保険方式に転換することであった。認定を受けた要介護者への給付金を事業者・施設が代理受領することで、従来の補助金のような使途制限がなくなる（つまり、株式会社であれば、株主の配当に回せる）。在宅事業への企業参入を促し、供給量の拡大を図るとともに、市町村の直接的な介護サービス提供義務をなくすことを意図して構築された制度といえる。その意味では、介護保険導入は「介護の社会化」というより「介護の商品化」をめざした制度改変といった方が正確だろう。

　確かに、介護保険の導入で、在宅事業には多くの株式会社が参入し、供給量の増大がはかられた。しかし、本来、介護職員の人件費に配分されるべき介護報酬（原資は私たちの払った保険料や税金）が、株式会社であれば、まずは株主の配当などに優先的に配分されるため、企業参入に依存した介護保険制度のもとでは、介護職員の労働条件は急速に悪化し、深刻な人材難にみまわれた。認知症の高齢者の増加に伴い、厚生労働省は、2025 年までに介護職員をあと 100 万人増やす必要があるとしているが、見通しは全く立っていない。

　また、前述のように、在宅介護だと、支給限度額を超えると保険がきかなくなるが、特別養護老人ホームなど介護保険施設に入れば、24 時間 365 日の介護が保障されるので（支給限度額は、施設に支払われる給付費に相当する）、要介護者（とその家族）の施設志向が強まっている。しかし、介護保険施設については、株式会社による運営＝企業参入が認められていないので、在宅事業のような供給量の増大は図られていない。とくに、需要の多い特別養護老人ホームの不足が目立ち、厚生労働省の調査結果（2013 年 10 月 1 日時点で、都道府県が把握している入所申込状況。14 年 3 月 25 日に発表）では、特別養護老人ホームの入所待機者は、全国で 52 万 1688 人にのぼっている。これまで、国は、特別養護老人ホーム建設への国庫補助を廃止して一般財源化し、介護保険の施設給付費への国の負担を減らし自治体の負担を増大させるなど、特別養護老人ホームの増設を抑制してきたからだ。

一方で、サービス付き高齢者住宅の建設を促進し、訪問看護・介護の外付けサービスで対応する政策を進めている。2009年から4年間で、サービス付き高齢者住宅は7万999人分建設され（2011年より建設開始）、特別養護老人ホームの増設分（5万7500人分）を上回っている。しかし、サービス付き高齢者住宅は、家賃、共益費、食費、生活費に加えて、外付けサービスの利用料が必要で月20万程度円の自己負担がかかる。国民年金のみの高齢者が入所できる負担水準ではなく、結果的に、行き場を失う低所得の高齢者が増えている。

3．改正介護保険法の内容と問題点

（1）予防給付の見直しの概要

ついで、改正された介護保険法の内容と問題点について考察していく。

第1に、今回の改正の最大の問題ともいえる予防給付の見直しがある。これは、要支援者への訪問介護（ホームヘルプサービス）と通所介護（デイサービス）を保険給付から外し、2017年4月までに市町村事業に段階的に移行するという内容である。

介護保険法を改正して、訪問介護・通所介護にかかわる予防給付から要支援者を強制的に外し、市町村の行う新たな介護予防・日常生活支援総合事業（以下「新総合事業」という）に移行させるもので、要支援者（介護保険料を払っている被保険者）の保険給付の受給権の剥奪といえる。現在の要支援者は約160万人、要介護認定者の27％にのぼる。

これらの人の受給権を剥奪する以上、それなりの合理的な理由が必要なはずだが、厚生労働省からは「市町村が地域の実情に応じた取り組みができる」程度の説明しかなされていない。この案を審議した社会保障審議会介護保険部会には、当初、要支援者の利用するサービスすべてを保険給付から外し市町村事業とする案が示されていた。しかし、介護関係者や自治体などから批判や不安の声が噴出したため、同年11月、厚生労働省は、予防給付から外すサービスを訪問介護・通所介護だけに限定し、それ以外のサービスについては、介護保険給付に残す案に変更した経緯がある。もともと、予防給付の見直し自体、介護保険の給付費を抑制することが目的で、訪問介護・通所介護に限定したのは、要支援者の利用が一番多く、給付費（両者で予防給付費の6割を占める）の抑制効果が最も見込めるからといえよう[5]。

厚生労働省は、市町村事業に移行しても「必要な人には専門サービスが提供される」とし、形式が変わるだけで介護保険制度の枠内から外れない、保険外しには当たらないとの説明を繰り返している。しかし、保険給付の場合は、前述のように、受給権が発生するので、市町村（保険者）には給付義務が生じる。保険給付の対象となるサービスには、法令により基準が決められ、質が担保されている上に、予算が足りなくなっても、市町村に給付義務がある以上、補正予算を組んででも給付する必要がある。これに対して、市町村事業は、予算の範囲内で行うもので、市町村には給付義務はなく、予算が足りなくなったら、そこで事業は打ち切りになる。法令により統一的な基準が決められているわけではなく、専門サービスが提供される保障もない。両者はまったく異なるものといってよい。

（2）厚生労働省のガイドライン案にみる新総合事業のサービス事業

新総合事業では、事業の内容や基準について、厚生労働省から新総合事業のガイドライン案が示されている（2014年7月）。それによると、新総合事業の中に「介護予防・生活支援サービス事業」（以

下「サービス事業」という）が設けられる。同事業は、訪問型サービス、通所型サービス、生活支援型サービス（配食等）、介護予防支援事業（ケアマネジメント）からなり、このうち、訪問型・通所型サービスが、予防給付の訪問介護と通所介護の移行先として想定されているもので、①現行相当サービス、②訪問型・通所型サービスＡ（緩和した基準によるサービス）、③訪問型・通所型サービスＢ（住民主体による支援）、④訪問型・通所型サービスＣ（短期集中予防サービス）の４つに分けられている。

①の現行相当サービスは、これまで通り指定事業者によるサービス提供で、指定事業者は、移行時に「みなし指定」を受けた扱いになる。事業の単価は、国が定める単価（予防給付の訪問介護、通所介護の単価）を上限として市町村が定め、下限はなく、国基準より低い単価とすることができる。問題は、②のサービスＡで、基準が緩和され、ホームヘルパーの資格がなくても一定の研修さえ受ければ（つまり無資格者でも）訪問サービスが提供でき、訪問事業責任者も無資格者でよいとされている。通所サービスＡに至っては、看護職員も生活相談員も機能訓練指導員も配置の必要がなく、従事者（資格不問）が「利用者15人に１人」配置されるだけでよいという基準だ。指定事業者によるほか、市町村の委託による事業が可能で、前者の場合は、現行相当サービスと同様、国が定める単価を上限として市町村が定める。下限はなく、国基準より低い単価とすることができる。無資格者によるサービス提供が可能になることから、市町村は、現行相当サービスに比べて、かなり低い単価を設定することが予想される。③のサービスＢは、有償、無償のボランティア等による住民主体の支援とされ、ＮＰＯなどの支援実施主体に対する補助方式をとっている。人員・設備についての基準は示されておらず、わずかに「清潔保持」「秘密保持」「自己対応」などが運営基準に書かれているだけである。

利用者負担については、介護給付と同じ１割負担を下回らない範囲で市町村が決めることとなる。結局は、ボランティアや無資格者を使って低廉なサービスを提供することが常態化するだろう。サービスの質の低下は避けられず、資格者の専門性と社会的評価を低め（無資格者でもできる仕事！）、いまですら劣悪な介護労働者の労働条件の引き下げにつながるおそれが指摘されている[6]。また、低い単価設定では、指定事業者の撤退が予想され、住民主体による支援もボランティアなどの担い手不足で十分機能せず、このままでは、必要な介護が保障されない要支援者が続出する可能性がある。

さらに、ガイドライン案では、市町村の窓口担当者は、高齢者や家族などから相談があった場合、サービス事業などについて説明したうえで、明らかに介護保険サービスが必要な場合は、要介護認定の申請の手続につなぐが、そうではなく総合事業によるサービスのみの利用が想定される場合は、要介護認定を省略して、要介護・要支援状態に陥るおそれの高い高齢者を把握するための簡略化された「基本チェックリスト」（25の質問項目からなる）を用いることができると説明している。しかも、その窓口担当者は専門職でなくてもよいとされている。要支援者については、要介護認定の申請すらさせず介護保険サービスを利用させない方向に誘導していく政策志向が鮮明となっている。

（３）上限が設定される新総合事業と予想される要介護認定の厳格化

総合事業の財源にも問題がある。厚生労働省は、新総合事業の事業費については、当初は、予防給付から移行する訪問・通所介護と現在の予防事業の合計額を基本に設定するとしていたが、中期的には、75歳以上の後期高齢者数の伸び率（年間３～４％）を勘案した額に抑えるとしている。現在の予防給付の自然増は年間５～６％の伸びだから、このことは、実質的に、要支援者に対する事業費を年間３％ずつ抑制していくことを意味する。これでまともな事業ができるとは思われない。

もともと、要支援者への保険給付（予防給付）によるサービスは、重度化を防ぎ日常生活を維持する、まさに予防的な効果をもっており、要支援者には認知症の高齢者も多数いる。介護保険の給付費

抑制（介護保険料の引き上げ抑制）を目的とした、要支援者の保険給付外しだろうが、要支援者への保険給付費は、訪問・通所介護をあわせても、介護保険給付費全体（約9兆円）の3％余りにすぎず、介護保険料の抑制効果もわずかである。

　長期的にみれば、要支援者の重度化が進み、むしろ給付費の増大につながる懸念がある。そのことを見越してか、すでに、現場からは、要介護認定が厳しくなり、これまで要介護であった人も、要支援と認定される事例が増えているとの声があがっている。かりに要支援者が重度化しても、認定を厳しくし、要支援者のままにしておけば給付費の増大が防げるわけだ。要介護認定の厳格化については、今後、市町村の現場で、要介護認定の恣意的な運用をやめさせるなどの取り組みが必要となるだろう。

（4）居宅・施設サービスの見直し

　第2に、居宅・施設サービスの見直しとして、通所介護のうち利用定員が一定数以下のものについては地域密着型通所介護として地域密着型サービスに位置付けること、居宅介護支援事業者の指定権限などを市町村に移すこと、特別養護老人ホーム（介護老人福祉施設）の入所対象者を厚生労働省令で定める要介護状態区分に該当する者その他居宅において日常生活を営むことが困難な要介護者とすることが規定された。

　このうち、とくに問題なのが、特別養護老人ホームの入所資格を、要介護3以上の認定者（厚生労働省令で定める）に限定する改正である。この案を審議した前述の社会保障審議会介護保険部会では、要介護度が低くても、認知症などで在宅での介護が困難な人も多いなど異論が噴出したため、「介護保険制度の見直しに関する意見」（2013年12月20日）では、要介護1・2の認定者でも、やむを得ない事情があれば特例的に入所を可能とするとされ、改正法では「その他居宅において日常生活を営むことが困難な要介護者」と規定された。

　厚生労働省は、市町村の適切な関与のもと施設ごとの入所検討委員会を経て特例的に入所を可能とすると説明し（「全国介護保険担当課長会議」2014年2月25日）、特例の場合として、①知的障害・精神障害等も伴って、地域での安定した生活を続けることが困難、②家族等による虐待が深刻であり、心身の安全・安心の確保が不可欠、③認知症高齢者であり、常時の適切な見守り・介護が必要、④独居で、家族が高齢病弱で支援が期待できず、かつ地域の介護サービスなども不十分であること、の4例を列挙している。しかし、これらの事例は、②のように市町村の責任による措置入所（老人福祉法11条）の必要な事例も含まれており、限定的すぎる。そもそも、高齢者福祉行政における責任主体としての市町村の能力が低下しており[7]、それに自治体の財政難も加わり、措置入所に大半の市町村が消極的な現状があるなかで（いわゆる「措置控え」と呼ばれる）、こうした限定的な運用では、特例がほとんど認められないことが考えられる。また、自治体ごとに運用の違いがでてくる可能性もある。今回の改定は、要介護1・2の認定者にとっては、施設サービス給付費に対する受給権の一方的な剥奪であり、制度後退にあたる。そうである以上、特例的に入所できる基準は、できるだけ緩和する必要があろう。

　前述のように、厚生労働省の調査結果では、特別養護老人ホームの入所待機者は、約52万人にのぼり、そのうち、要介護1・2の認定者は17万7526人と3割以上もいる。改正介護保険法の施行で、これらの人は、もはや入所待機者にすらカウントされなくなる。

（5）費用負担の見直し

　第3に、費用負担の見直しとして、①一定以上の所得を有する第1号被保険者（65歳以上の高齢者）にかかる利用者負担の割合を2割に引き上げること、②補足給付（特定入所者介護サービス費）の支

給要件について、所得のほか資産の状況も斟酌し、偽りその他の不正行為によって補足給付を受けた場合には、市町村は、その給付額に加え2倍に相当する額以下の金額を徴収することができること、③市町村が低所得者の第1号保険料の軽減を行い、国がその費用の2分の1、都道府県が4分の1を負担することが規定された。

このうち、①の利用者負担の2割負担化は、年金収入で年間280万円（120万円の公的年金控除があるので、年間所得では160万円）以上の者が予定されている。しかし、1割負担ですら利用の差し控えが生じている現状での2割負担化は、確実に利用抑制をもたらすだろう。これでは、高齢者が必要な介護保険サービスが利用できなくなる。

②の補足給付は、特別養護老人ホームなど介護保険施設入所者や短期入所（ショートステイ）利用者に対して、食費や居住費を軽減するもので、現在、特別養護老人ホームの入所者の約8割の人（住民税非課税の人）が受給している。この補足給付の受給要件については、これまで本人の所得だけであったが、今回の法改正で、2015年8月から、資産（単身で預貯金1000万円超、夫婦世帯では2000万円超）なども勘案されることとなる。実務上は、補足給付の申請時に、預貯金通帳などの写しの提出を求め、必要に応じて預貯金額を金融機関に照会できるようにする。住宅ローンなどの負債は預貯金額などと相殺して勘案されるが、非課税年金（遺族年金や障害年金）も収入とみなされる。しかも、施設入所に際して、世帯分離していても配偶者に所得があり課税されている場合は、補足給付の対象外とするという徹底ぶりである。結果として、収入が少なく住民税非課税世帯であっても、資産があるため補足給付（つまりは軽減措置）を受けられない高齢者が多数出てくる可能性がある。補足給付の対象外となれば、月約3～4万円の負担が、10万円超の負担となり、かりに単身者で1000万円の貯金があったとしても、10年で底をつく。

一方、介護保険の第1号被保険者の保険料は、所得段階別の定額保険料で、収入がなくても賦課され、低所得者の負担が重く極めて逆進性が強い[8]。そのため、従来から低所得者の保険料負担の軽減が求められていたが、今回の改正で、③の公費投入による保険料の軽減がはじめて法定化された。具体的には、[ⅰ]世帯全員が市町村民税非課税で本人の年金収入80万円以下の場合、現行基準額の5割軽減を7割軽減に拡大。[ⅱ]同じく80万円超から120万円以下なら、25％から50％に拡大。[ⅲ]同120万円超なら25％から30％に拡大というものである。軽減分の財源は、消費税率10％引き上げによる増収分1300億円を充てるはずであったが、10％の引き上げが2017年4月に先送りされたため、2015年度は、[ⅰ]の人のみ（約600万人）を対象に、軽減幅も55％に圧縮して実施されることとなった。

4．制度改革のゆくえと課題

介護保険法の改正を含む医療・介護総合確保法の目的は、医療・介護分野の改革を一体的に進め、「公費抑制型の医療・介護提供体制」[9]をつくりあげることにある。具体的には、病床削減と平均在院日数の短縮による医療費抑制を進め、それにより増大する退院患者の受け皿として、より安上がりな介護保険サービスや互助（ボランティア、地域の助け合い）からなる受け皿＝地域包括ケアシステムを構築するという構想である。

公費抑制を目的にした改革は、これまでも行われてきたが、医療・介護提供体制と医療・介護の給付抑制を一体的に打ち出した点、とくに介護保険については、徹底した給付抑制と、地域包括ケアシ

ステムの名のもとに、自助と互助を強調し、かつての「日本型福祉社会」論を彷彿させる介護の家族依存回帰の方向を鮮明にした点で[10]、安倍政権の社会保障改革が新たな段階に入ったとみることができる。それは、国の責任（公的責任）の放棄であり、自己責任・家族責任（自助・互助）を強調することで、改革により医療難民や介護難民が出ても、放置する「棄民」政策への転換といってもよい。名目的とはいえ介護保険法の理念とされてきた「介護の社会化」は、安倍政権の社会保障改革では、もはや完全に放棄されている。

こうした介護保険制度改革に対して、多くの批判や反対の声が広がっている。すでに、医療・介護総合確保法案の審議の段階で、要支援者の予防給付の一部を市町村事業に移行させる改正に関して、全国の210地方議会が「地域格差が生じる」や「受け皿がない」などとして反対や批判、強い懸念を表す意見書を可決していた。認知症の人と家族の会も、介護保険制度改革が早期発見・早期対応の認知症ケアの原則に反するとして、反対を表明した。

当面、介護保険制度改革については、地域支援事業（市町村事業）に移行しても、要支援者へのサービス水準を低下させない、不足している特別養護老人ホームの増設など、地域において「介護難民」を出さない取組みを積極的に進めていくべきと考える。利用者負担の2割化や特別養護老人ホームの入所資格の制限などは、介護保険給付に関する事項であり、自治体レベルでの修正などの裁量の余地は少ないが、自治体独自の軽減・緩和措置や手続の負担軽減などを自治体に対して求めていく運動が必要となろう。介護保険制度改革にとどまらず、安倍政権の社会保障改革の問題点を広く知らせ、対案を示しつつ、まずは自治体レベルで、対抗運動を拡大していくことからはじめるべきだろう。

【注】
1) 相対的貧困率とは、所得無しの層から最高所得層までを可処分所得順に並べた場合の真ん中の人の所得（所得中央値）の2分の1（貧困線）未満の所得層の人口比をいう。この貧困線自体も、1997年の149万円（月額12万4000円）から、調査のたびに下がり続け、2013年は122万円（月額10万2000円）となっている。
2) プログラム法についての具体的な検討は、伊藤周平「社会保障の論点－社会保障改革の展開と対抗運動の課題」現代思想41巻17号（2013年12月号）p.156以下参照。
3) 詳しい経緯については、伊藤周平『後期高齢者医療制度－高齢者からはじまる社会保障の崩壊』（平凡社新書、2008年）第2章参照。
4) 詳しくは、伊藤周平『保険化する社会福祉と対抗戦略－「改正」された障害者・高齢者の法と社会保障・税一体改革』（山吹書店、2011年）p.102参照。
5) 日下部雅喜『2015「改正」介護保険－要支援外し新総合事業に立ち向かう』（日本機関紙出版センター、2014年）p.53は、国民の反発の前に譲歩する結果となった厚生労働省が「名を捨てて実を取る」ことを狙ったと指摘している。
6) 日本弁護士連合会「『地域における医療及び介護の総合的な確保を推進するための関係法律の整備等に関する法律案』における介護保険体制に関する意見書」（2014年4月17日）p.4参照。
7) 豊島明子「高齢者福祉法制の大転換と公的介護保障の課題」三橋良士明・村上博・榊原秀訓『自治体行政システムの転換と法』（日本評論社、2014年）p.84は、介護保険法の施行などの「措置から契約へ」の制度改革の結果、市町村が要援護者の生活実態に触れる機会を次第に失い、高齢者福祉行政の責任主体としての市町村の能力が低下してきていることを指摘している。
8) 詳しくは、伊藤周平『介護保険法と権利保障』（法律文化社、2008年）p.248以下参照。
9) 林泰則「医療・介護総合法による医療改革の行方」住民と自治618号（2014年10月号）p.12。
10) 同様の指摘に、長友薫輝「社会保障制度改革と自治体病院－住民と専門職が展望する地域医療に向けて」季刊自治と分権57号（2014年秋号）p.43参照。

障害者総合支援法第7条の廃止とともに、介護保険の仕組みの見直しを!

障害者の生活と権利を守る全国連絡協議会(略称:障全協)　事務局長　白沢　仁

　介護保険制度の15年の歩みは、障害児者の福祉・医療制度見直しの歩みでもあった。この間の障害児者福祉医療施策は、措置(費)制度から契約制度に移行させた障害者支援費制度、応能負担から応益負担に変更させた障害者自立支援法、そして「新法」といいながら自立支援法の見直しでしかない障害者総合支援法と、短期間に3度の法「改正」が強行され、しかも従来からの施策を大きく変質させるものであった。

　一連の見直しの背景には、介護保険制度への「統合」があり、それゆえの契約制度、応益負担、障害程度区分、日割り単価等への変更であったことはいうまでもない。

　私たち障全協は、介護保険制度の導入時から制度見直しの全国的な運動に合流するとともに、いずれ介護保険制度に「統合」させることを前提とした障害者施策の見直しを許さない運動に全力でとりくんだ。とりわけ、障害者団体との共同を重視し、障害者自立支援法の廃止、応益負担の中止を求めた「全国大フォーラム」の連続開催、障害者自立支援法違憲訴訟など、障害者運動史上かつてない運動を展開し、世論と政治を動かした。結果、訴訟では民主党政権下とはいえ、障害者自立支援法の廃止、応益負担の中止、さらに「現行の介護保険制度との統合を前提とせず」などとの「基本合意」を国(厚生労働省)との間で取り交わした。この「合意」は、再び政権交代した安倍政権にも引き継がれ、「定期協議」を継続させている。

　安易な介護保険制度への「統合」は許さない運動の成果がある一方で、すでに介護保険制度に「優先」されている障害者の問題が現在大きな問題になりつつある。障害者総合支援法第7条(介護保険優先原理)の規定によって、65歳になった高齢障害者は、これまで利用してきた障害福祉サービスの継続ではなく、介護保険に「相当」「類似」するサービスは介護保険での提供とされ、また住民税非課税世帯に対し、障害福祉サービスの利用料が無料であるにもかかわらず、介護保険サービスは利用料を徴収されるなど、障害者総合支援法と介護保険制度上の年齢によるサービス利用の区分・格差の不合理な問題が、障害者・家族を混乱させ、サービスの利用における内容制限・時間短縮やあらたな負担問題などをつくり出している。

　「なぜ、障害者が65歳になると、従来受けてきたサービスを継続できないのか」「なぜ、無料が有料になるのか」。この問題をめぐって、岡山では「浅田訴訟」がたたかわれ、千葉などでも同様の訴訟が準備されている。要介護認定を拒否したことによって、サービスの全面打ち切りや、自治体独自基準によって、「適用関係通知」で認められているサービスの「上乗せ」が適用されないなど、あってはならない事態が全国各地で起こっている。

　私たちは、こうした問題をなくすために、障害者総合支援法第7条を廃止し、障害者本人の選択でサービス利用できるよう求めている。なによりも実施15年をむかえる介護保険制度そのものの仕組みを問い直す必要があることを痛感する。少なくとも、国庫負担の増額による保険料負担の大幅な軽減、住民税非課税世帯の無料化は早急に具体化すべきである。

介護保険 ～現場から発信～

社会福祉法人　新生会　榛名憩の園　園長　大美賀　亨

　今はもう故人となられたが、ある先輩施設長さんのささいな一言がいまだに忘れられない。デイサービスセンターでの朝のあいさつ。利用者に向かって「おはようございます、今日も元気？」が介護保険以前。職員に向かって「おはよう、今日は何人？」が介護保険以後。「こんなふうになってしまって本当に嘆かわしい」と。15年前も、そして現在も介護保険を象徴する一言だと思う。「福祉は人なり」という言葉があるが、「介護保険は金なり」と思えて仕方がない。

　介護保険以前、介護サービスは自治体や社会福祉法人などの公的機関で提供されていた。それが介護保険以後は、市場原理主義に基づき、株式会社等でも提供されるようになった。介護保険におけるサービス提供は、公的福祉から介護ビジネスとなった。またサービス利用者の負担も、これまでの応能負担から応益負担となり、経済的に余裕のない人にとって非常に利用しにくい制度となった。3年ごとの改定のたびに、ますます公的責任を縮小し、国民一人ひとりに重い負担を強いる制度である。そういえば、制度が始まるまでは「公的介護保険」という名称で議論されていたが、いざ制度がスタートすると「公的」は削除され、「介護保険」となっていたことを思い出す。これも忘れてはいけないことだ。

　介護保険以後、介護事業はすぐに始められ、事業主の都合次第で、すぐに撤退も可能となった。また介護従事者は、介護という仕事のやりがいを持ちつつも、低収入、重労働に耐え切れずに離職や転職をせざるを得ない状況にある。

現在、この国の社会保障は受ける人も、携わる人も不安定極まりない状態が続いている。

　また一方で、社会福祉法人の在り方をめぐっての議論がある。社会福祉法人の私物化、巨額の内部留保、透明性の確保等々。「非営利」ということを念頭に社会福祉法人で長く働いてきたわが身としては、何とも複雑な心境である。このような議論が起こるということは、ほんの一部にせよこのような問題を持つ社会福祉法人も存在するということであり、誠に残念なことである。襟を正すべきは正すという姿勢は必要と考える。

　介護保険施行15年を振り返って考えることは、介護という社会保障と市場原理主義は全くそぐわないということである。しかし政府は、医療法人と社会福祉法人を合併・規模拡大し、「非営利ホールディングカンパニー型法人」なるイメージまで提示して、さらに市場原理主義を推し進めようとしている。そして、その先にちらりと見えるのは、ＴＰＰ（環太平洋戦略的経済連携協定）であり、まるでアメリカとのイコールフッティングを目指しているように見えて仕方がない。

　我々、社会福祉に携わる者がなすべきことは、目の前にいる介護サービス利用者と、共に働く職員の権利を守ることである。一人の力は小さくとも、ゼロではない。小さい力がまとまれば、大きな力となり得る。国・制度に対しても、勇気を持って自らが、そして一人ひとりが声を上げていくことが、きっとこの国の福祉向上につながると考える。

第3章

介護保険制度を巡るこれまでの経過

服部万里子（NPO渋谷介護サポートセンター事務局長）

はじめに

　介護保険法は少子高齢化の進展に伴う要介護ニーズの増加と医療費高騰に対応するために、1997年橋本龍太郎内閣において成立し、2000年から施行され、15年が経過した。オランダ、イスラエル、ドイツに続く介護保険であり、介護が措置から保険制度（契約）に切り替えられたのである。また、雇用保険、医療保険、年金保険に続く保険制度であり、日本の高齢社会を保障するものとして誕生した。

　当時、「走りながら考える」と言われていたように、まず制度を成立させ、スタート後に、継続的に見直しをする方向であり、介護保険法は5年ごと、介護報酬は3年ごとに見直す予定であった。実際に、介護報酬と運営基準の改定は3年ごとに見直しがされ、2015年4月から5回目の制度報酬改訂がスタートする。

　介護保険法は2005年6月に第1回の法改正が行われ、「介護予防システムの確立」「事後規制」など大きな改正が実施された。2回目の介護保険法改正はコムスン問題に現れたような1回目の法改正の不備を修正するために2008年5月に法改正が行われた。第3回目の介護保険法改正は2011年6月にサービスの見直しなどが行われた。第4回目の介護保険法改正は2014年6月に医療保険など19をまとめた医療介護一括法（「地域における医療及び介護の総合的な確保を推進するための関係法律の整備等に関する法律」）が制定された。この間の経過を以下に概観する。

1. 介護保険前期　1989年〜1997年

　1989年日本に初めて消費税が導入された。その目的として10年後の高齢社会に向けた保健医療福祉の10ケ年戦略（通称ゴールドプラン）が出された。この年に厚生事務次官の懇談会として「介護対策検討会報告」が出された。ここでは今後の急速な要介護者の増加に対し、「財源、制度に関して保険に馴染むか、公費にするか、社会保険方式の場合には医療保険、老人保健制度、年金制度、単独制度などの方式にするか」が検討されている[1]。1994年2月に細川内閣が消費税を福祉目的税にして3％から7％にする国民福祉税を打ち出し、頓挫した。その後、厚生省介護対策本部の「新たな高齢者介護システムの構築を目指して」（1994年12月）では新介護システムの基本理念は、「自立支援」であり「専門家がケアプランに基づき全体を管理する」こと、さらに費用は「社会保険方式が最も適切」と提案された[2]。

　1996年4月には対象と保険料負担を65歳、40歳、20歳などを巡る論議が報告されている。同年、里見賢治らは『公的介護保険に異議あり─もう一つの提案』で公費負担方式を提案している[3]。厚生省は当初はドイツと同様に「在宅サービス先行、施設サービスは後にする」方向を示したが、結果と

して同時給付開始に変更した。

　1997年4月消費税が3⇒5％にアップし、拓銀、山一証券の経営破綻など経済が低迷する中で12月に介護保険法が成立し2000年4月からのスタートとなった。

2．スタート（2000年）から第1回報酬改定2002年……2.3％減額改定

　介護保険制度は別項で詳細があるが、保険料は取りはぐれがない年金天引き（第2号被保険者は健康保険上乗せ）で98％の徴収率が14年間堅持され、当初「保険あってサービスなし」の不安もサービス事業者の急増で改善された。要介護認定者は2000年の218万2千人から3年で302万9千人に38.8％増加した。介護保険給付額も2000年の3.2兆円から2002年に4.6兆円に増加した。

　第1回目の報酬改定は「財源の効率化と適正化」を目標に施設が－4.0％、居宅が＋0.15％で全体として－2.3％の減額改定であった。介護事業書の経営実態調査では、居宅介護支援が平均20.2％収入対比で支出が多い赤字で、訪問介護、訪問入浴も赤字であった。

　2003年の改定の大きな変化は訪問介護である。身体と生活援助をする「複合介護」がなくなり、90分を超えると大幅に下げる報酬に変わった。生活援助の対象が独居や介護者が障害などに限定された。通所介護は要介護1・2が減額になったが、当時は要支援～要介護2までが通所介護の7割を占めており、経営への影響は大きかった。20％赤字の居宅介護支援は介護度に関係なくケアプラン料が一本化された。また、質の向上を目指した運営基準を満たさないケアプランに30％減算が入った。

　介護保険料の第5段階（50％アップ）の対象者を年収250万円から200万円に下げた。平均保険料は2911円から3293円に13％アップした。

3．2003～2005年　第2回介護制度・報酬改定2006年

（1）2015年の高齢者介護

　厚生労働省老健局長の私的研究会「高齢者介護研究会」（座長 田中滋慶応義塾大学教授）は団塊の世代が65歳を迎える2015年に向け「高齢者の尊厳を支えるケアの確立に向けて」を打ち出した。この内容は「要支援者の予防給付が状態改善に繋がっていない」「特別養護老人ホーム申し込み者の急増」と現状を分析し、「介護予防」「在宅365日24時間対応サービス」「新しい住まい方」「認知症ケアモデル」「地域包括ケアシステムの確立」「サービスの質の向上」を打ち出したものであり、これが介護保険法改正の土台になった[4]。

（2）第1回介護保険法改正（2005年7月）

　介護保険法の第1回改正があり、介護保険は大きく変わった。第一は施設に居住費の導入と補足給付の新設である。（2005年10月実地）第二は「予防重視型システム」として要介護1は原則要支援2への変更で区分支給限度額も4割減になった。介護保険の給付対象が要介護等認定者から全65歳以上に拡大し「介護予防事業」を開始したことである。第三は小規模多機能などの包括報酬（パッケージ型）サービスの創設である。第四は地域包括支援センターの創設や地域密着型サービスの新設であ

る。全国一律の介護保険を市町村に移行していく動向の開始である。第五は事後規制として事業所指定を6年ごとに更新制、ケアマネジャーは5年ごとに更新、加えて、指定取り消しになった事業所と同一法人は5年間指定が受けられなくなる連座制が導入された。

(3) 2005年10月から施設に居住費、食費は材料費以外の人件費等負担

3施設の自己負担に居住費（家賃）が導入され、食事代も材料費から人件費等全額自己負担に変わった。介護保険の保険料の段階別に居住費が導入され、個室、多床室別に自己負担の国の補填基準額が出され、低所得者の負担を軽減し、その分は介護保険から施設に給付した。補足給付の対象は特定入所者と言う。介護老人福祉施設は住民票を移動するため世帯非課税になる比率が高く、特定入所者が85％、老人保健施設や介護療養型医療施設は住民票を移さないため、特定入所者は40％未満であり、負担の格差が拡大した。

図3-1　第1回介護保険改正の概要

明るく活力のある超高齢社会	1. 予防重視型システムの確立	①新予防給付創設　予防給付の対象、サービス、ケアマネジメントの見直し ②新予防給付の介護予防マネジメントは地域包括支援センターが実施 ③地域支援事業の創設　要支援になる恐れのある高齢者を対象に介護予防事業を介護保険制度に位置づける
	2. 施設給付の見直し	①居住費・食費の見直し、3施設は居住費や食費（材料費から人件費・水道ガス光熱費まで自己負担に変更 ②所得の低い人への配慮、補足給付で負担の軽減を図る
制度の持続可能性	3. 新たなサービス体系の確立	①地域密着型サービスの創設 　・小規模多機能型居宅介護・夜間訪問介護・認知症対応型共同生活介護、認知症対応型通所介護等 ②居住系サービスの充実・特定施設の充実・有料老人ホームの見直し ③地域包括ケア体制の整備：地域包括支援センター ④中重度の医療介護連携。機能分担
	4. サービスの質の向上	①介護サービス情報の公表 ②サービスの専門性（訪問介護）と生活環境の向上（ユニット化） ③事業者規制の強化：指定の欠格事項・指定更新制 ④ケアマネジメントの見直し：資格更新制、研修義務化・担当件数引き下げ等
社会保障の総合化	5. 負担のあり方・制度運営の見直し	①第2号保険料見直し・特別徴収に拡大 ②要介護認定の見直し、保険者機能の強化 ③介護保険施設等への給付費の負担割合の見直し・特定施設の事業指定の見直し
	介護保険事業計画は	・介護予防（地域支援・新予防給付） ・施設のユニット化・重度に重点化 ・多様な住まいの普及 ・第3期介護保険事業計画は平成26年を見据えた計画

出典：厚生労働省「介護保険制度改革の概要」より筆者作成。

(4) 2006〜2008年　2006年制度・報酬改定（2.4％減額改定）

第2回目の報酬改定は介護保険法改正に基づく制度改定と同時で大きな混乱を起こした。また、サー

ビス事業者の期待に反して、介護報酬は3年目に引き続き減額改定（全体改定－2.4％・在宅・軽度－5％・在宅・中重度：＋4％・施設－4％）であり、その後の介護職の離職・介護離れに繋がった。また、介護保険料は3293円から4090円へと24.2％アップした。

① 2006年4月介護保険制度と報酬改定の概要

居宅介護支援は介護度別単価に戻り、特定事業所加算：月5000円加算が新設されたが、予防プランを地域包括から予防プランの委託をうけると対象外になる。減算が2種導入され、1つは訪問介護・通所介護・福祉用具が1事業所90％以上は－2000円、2つ目は、モニタリングやサービス担当者会議開催等の運営基準の減算70％、2カ月後50％が導入された。訪問介護は生活援助が1.5時間上限、3級ヘルパーは3年後廃止、サービス提供責任者2級は3年後に廃止が出された。また、特定事業所加算が新設された。訪問介護員の82％がヘルパー2・3級の現状から見ると厳しい改定であった[5]。訪問看護は短期入所、外部サービス利用型の特定施設、認知症グループホーム、特養ホームの重度化対応加算など、新たなサービス提供が多様化した。通所介護は大規模（月900人以上）減算が入り、小規模（300人未満）通所介護や療養通所介護が新設された。

図3-2　2006年制度・報酬改定の概要

出典：筆者作成。

②要介護1は要支援2へ移行し「予防給付」に変わった

最も影響が大きいのは要介護認定の3割を占める要介護1が、認定更新と新規認定から原則、要支援2へ移行する改定である。移行に伴い介護度別限度額が下がり、ケアマネジャーが地域包括支援センターに移行し、サービス内容が変わり、福祉用具に制限が付き、施設入所から外れた。

③地域包括支援センターと地域支援事業の開始

介護支援センターへの老人福祉法による給付がなくなり、全市区町村に地域包括支援センターが配置され、要介護認定を受ける前の「特定高齢者」「一般高齢者」を選別し介護予防事業を行うことになった。また、地域包括支援センターの業務として権利擁護、虐待防止、包括的継続的ケアマネジメント事業等が導入された。

④地域密着型サービスが6種類誕生

図3-3　要介護認定の変更で要介護1は原則要支援2へ移行

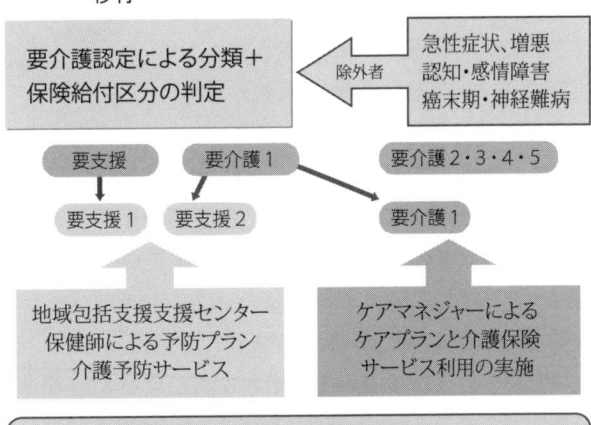

出典：筆者作成。

図3-4 介護保険の地域支援事業の概要

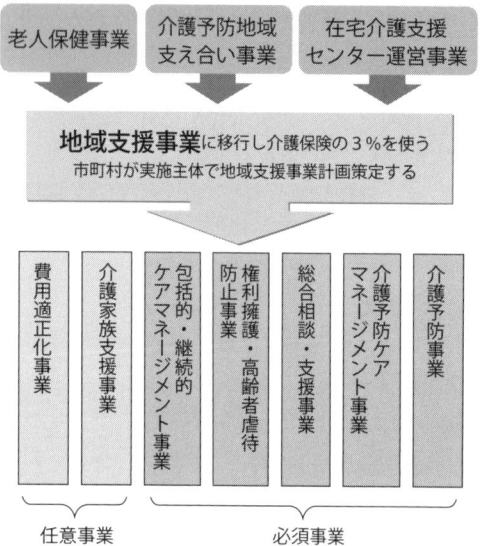

図3-5 小規模多機能型居宅介護の概要

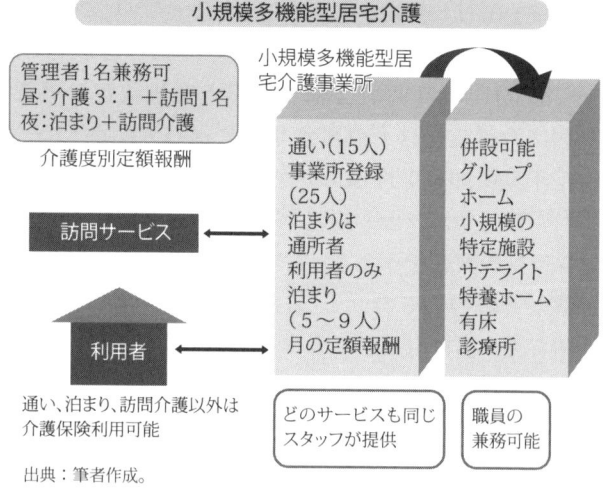

図3-6 夜間訪問介護の概要

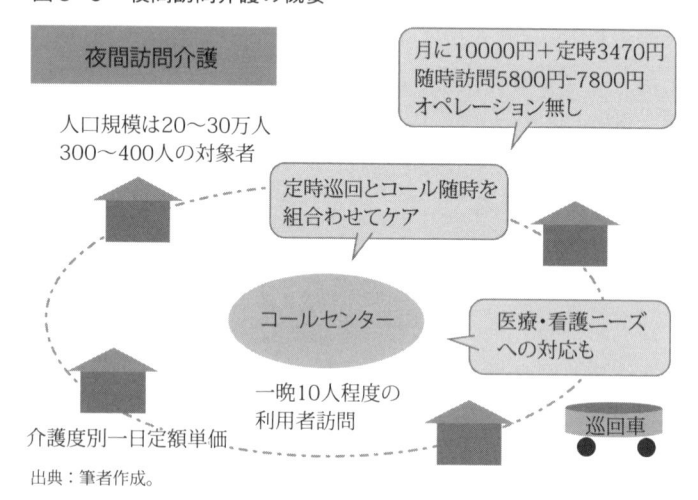

出典：筆者作成。

国から市町村へ権限（責任）移行がおこなわれた、市町村の住民だけが利用できる「地域密着型サービス」が誕生した。1つの事業所が訪問・通所・泊まりに対応し、月の定額報酬のサービスがパッケージされた小規模多機能型居宅介護や夜間の定時の訪問介護に臨時の対応もする夜間訪問介護が新設された。特定施設や介護老人福祉施設の30人未満も地域密着型サービスとなり、認知症対応型共同生活介護も、認知症対応型通所介護サービスも地域密着型サービスに移行した。

⑤介護サービス情報の公表、指定事業所の更新制、連座制導入

介護サービスの質向上と事業所への事後規制として「事業所指定の6年ごとの指定更新制」と「1事業所で指定取り消しになれば同一法人の指定は5年間受けられない連座制」が導入された。また、介護サービス情報の公表制度が義務化された。

ちなみに、指定事業所の指定取り消し数が198事業所と平成17年1月20日全国厚生労働関係部局長会議で報告されている。

⑥2008年5月第2回介護保険法改正、老人福祉法改正

⑤の連座制が2007年にコムスンに適用されようとした際に、指定取り消しを逃れるために自ら指定取り下げをした（できた）法の隙間や連座制の問題等が指摘された。その是正のために、介護保険法と老人福祉法の改定が行われた。本部への立ち入り権限や業務の改善勧告、改善命令を具体化し、連座制に関しては自治体が実施の可否を判断するなどの制度化が行われた。

4．2007〜2009年　制度・報酬改定 2009年は3％プラス改定

（1）第3回目の報酬改定は加算方式

　介護保険開始以来、初めてのプラス改定であったが、その特徴は以下である。
・地区加算で増減（通所・特定施設・認知対応型共同生活介護）を導入し、1単位10円換算を変更した。
・専門職配置と常勤率で特定事業所加算の見直しをした。
・医療系サービスは報酬アップ（看護・リハビリ等）し重度対応を手厚くした。
・18年度の特定事業所加算の条件を段階化して、取得しやすくした。
・中山間地区の小規模評価10％・越境サービスも5％アップと過疎地区対応をした。
　2006年度改正の影響が大きく、2009年改正は、基本単価は上げないが、人材や条件をクリアできれば報酬がアップする方向で緩和が図られた。

（2）2009年10月処遇改善交付金誕生……介護離れへ対応

　各サービス事業所の人件費割合に対応し、介護職の処遇を改善する企画書を出し、実施させて介護職の給与1.5万円アップをめざした処遇改善交付金が新設された。財源は100％国の税金で2年半を確保し、サービスごとに介護職の処遇改善で離職に歯止めをかけようとした。居宅介護支援、訪問看護、訪問リハビリ、福祉用具、居宅療養管理指導は対象外である。

5．2009〜2011年　制度・報酬改定 2012年は1.2％アップだが処遇改善交付金が介護給付になり実質減額改定

（1）2025年の地域包括ケア

　2006年の大規模改定以降は団塊の世代が75歳になる2025年に向け、医療費・介護給付費の増加、少子化による負担世代の減少、独居・認知症の増加、限界集落や崩壊市町村など多様な面から多様なデータで課題の設定が行われた。特に入院患者に占める70歳以上の割合が58％になり、医療費高騰がクローズアップされた[6]。また、年齢別介護保険の受給率も85歳を過ぎると急増することが明らかになった[7]。

（2）2011年6月介護保険法第3回目改正で新たなサービス

　前年から介護保険法改正論議や、財務省、経営団体などから介護給付削減案がだされていた。厚生労働省もどうすれば介護保険料が削減できるかの試案を作成するなど給付抑制論議が華々しく展開されていた。また看護・介護パッケージサービスなどがモデル実施された。2011年は3月に東日本大震災が発生し、国民が社会生活への不安を抱えていた。この時期、4月には「高齢者住まい法」が、6月には介護保険法が改正され、介護保険法と軌を一にして高齢者専用賃貸住宅がサービス付き高齢者住宅に変更になり、施設待機者の受け皿として位置づけられた。改定のポイントは以下である。
　①医療、介護、予防、住まい、生活支援サービスの地域包括ケアの推進
　②日常生活圏域ごとのニーズ調査で市町村は介護保険事業計画を作成する

③独居、重度中心の 24 時間定時巡回型＋随時サービス、複合型のサービス創設
④保険者判断の予防と生活支援の総合化
⑤介護療養型医療施設の廃止（2014 年廃止の期限の猶予）
⑥高齢者の住まいの整備……高齢者住まい法、社会医療法人による特別養護老人ホームの経営
⑦介護人材の確保と質として「介護福祉士等の介護職に『医療行為』」解禁（社会福祉士及び介護福祉士法の改正）、情報公表制度見直し
⑧介護保険料の急激なアップの緩和：財政安定化基金を取り崩し保険料に充当する法整備

（3）2012 年　第 4 回介護保険制度・報酬改定：実質－ 0.8％改定

　1.2％プラス改定と公表されているが、2009 年 10 月からの処遇改善交付金（2％）が介護給付（処遇改善給付）に変更になったために、実質マイナス改定である。介護保険料は 4160 円から 4972 円へ 19.5％アップしたが、財政安定化基金の取り崩しがおこなわれた。

①地区加算が公務員の基準に合わせて変更された。（5⇒7 段階）
②定期巡回随時対応型訪問介護看護の創設：目的は独居・老老世帯では現在の制度では在宅困難のため、施設希望が増えるのを防ぎ在宅継続をさせる。サービスは 1 日数回の短時間サービスを定時で提供、場合により随時提供、介護と看護の一体的提供する。看護は訪問看護ステーションとの連携でも看護師採用でも良い。24 時間コールセンターで相談・緊急対応等をする。月の定額報酬で、ショートステイ、通所サービスを使うと減額する。
③複合型サービスの誕生：小規模多機能型居宅介護に看護を加え定額報酬とした。目的は居宅の医療ニーズへの対応である。目的は重度要介護者やターミナルケア、医療機関から退院をするための受け皿としてのサービスである。
④訪問介護は生活援助が短くなり、報酬も下がった。20 分未満の身体介護が定期巡回随時対応型訪問介護看護への移行促進のため、導入された。
⑤訪問看護は初回加算新設、ターミナル加算見直し、特別管理加算を限度額から外し、理学療法士などを時間単位にアップ、退院時共同管理加算新設など医療ニーズへの対応でアップした。
⑥居宅介護支援は自立支援に繋がってないとし、保険者のケアプランチェック・ケアプラン評価・資格・研修を次回までに検討することとなった。

6．2012 〜 2014 年　第 5 回介護保険制度・報酬改定は 2.27％のマイナス改定

　2015 年度改定は消費税アップや社会保障全体の改革の方向を打ちだし、そこから基本を決めて、具体化する方式が取られた。医療保険と介護保険の一括制度改正を行い、介護保険法では制度の持続可能性を打ち出し、自己負担増、介護サービス対象の削減などの制度化改革と一体的な改正が行われた。

（1）2012 年 8 月社会保障改革推進法制定

　基本的な考えは、少子高齢化に伴う社会保障の給付増を、いかに抑えるかを目標とし、生活保護や医療、介護全体の見直しを行う方向が決まった。自助・共助・公助のバランスをとり、年金、医療、

介護は社会保険制度、公費負担の主要な財源は消費税とすることにし、1年以内に社会保障国民会議の審議で実施することが確定された[8]。

（2）2013年4月に「地域包括ケア研究会報告書」

厚生労働省は地域包括ケア研究会を立ち上げ介護保険に関しては以下の諸点を打ちだした[9]。
　①所得に応じた負担、自己負担を導入する。
　②軽度者の生活支援は保険給付→地域支援事業に移行する。
　③訪問介護は身体介護が適切に使用されてない→定期巡回随時対応介護看護の普及、20分未満の身体介護の活用を行う。
　④通所介護は給付の効率化→レスパイト、機能自立支援、認知症ケア、ナーシング機能に分類；預かりは減額、自立支援を重視、社会参加は有料サービスへ移行する。
　⑤ショートステイは機能低下や施設待機の見直しを行う。基本は中学校区、人口1万人、30分で移動できる範囲を日常生活圏域とし、サービスを完結させる方向である。

（3）2013年8月社会保障制度改革国民会議報告書

医療や生活保護、子育てと合わせて、2014年度の消費税3％アップ、2015年にさらに2％アップを予定し、介護保険制度には以下の提案がされた。その方向は「医療」から「介護」へ。「施設」から「地域」への移行促進である[10]。
　①要支援の介護給付の見直し
　②介護報酬・診療報酬の系統的見直しを行う
　③一定以上の所得のある利用者の負担は引き上げるべきである
　④施設補足給付に資産要件を見直し、自己負担を増やし給付削減をする
　⑤介護老人福祉施設（特別養護老人ホーム）は中重度へ、通所介護は重度化予防に重点を置く制度にする
　⑥低所得者（支援含む）の住宅確保をおこなう
　⑦1号保険料は段階化し、2号保険料は総報酬制にする

（4）2014年6月地域包括ケア推進のため医療・介護制度改正一括法案

医療法や介護保険法その他関連19本の法律改定が行われた。介護保険関連は以下である。ポイントは保険給額の抑制、自己負担増加やサービス対象者の限定、保険者機能強化、包括単価のサービスへの移行促進などである。
　①要支援の訪問介護と通所介護は地域支援事業へ移行する
　②2015年8月から在宅15％、施設5％は2割負担へ変更する
　③3施設の補足給付に資産要件、夫婦ともに非課税要件などを導入し厳しくする
　④特別養護老人ホームは要介護1⇒要介護3以上に入居条件を変更する
　⑤ケアマネジメントの見直し、居宅介護支援事業所指定は市町村へ、地域ケア会議は義務化、受講資格からヘルパーは外れるなど
　⑥福祉用具の専門相談員の見直し、研修強化
　⑦介護保険料は9段階で最低基準は3割にして、低所得者対応をする
　⑧地域包括支援センターの新たな業務に、生活支援コーディネーター配置、認知症初期集中支援チー

ム設置、地域ケア会議義務化、在宅医療介護連携の4つが追加になった。
⑨小規模デイサービスの基準が定員18人以下に変更になり、2015年から1年以内に地域密着型サービスか、通常デイサービスのサテライトか、小規模多機能型居宅介護のサテライトか決める。
⑩保健師助産師看護師法の改正で看護師に特定行為を認める。

（5）2015～2017年　第5回2015年制度・報酬改定はマイナス改定

衆議院選挙が入り、大幅に報酬改定論議が遅れ、2015年1月中旬の単価発表では3月に4月以降のケアプラン作成時のコンピュータシステムが間に合うか微妙である。

医療と介護の一体改革では2014年4月の診療報酬改定で全病棟の機能分化と在宅復帰率が導入され、医療保険から介護保険への移行促進が具体化された。70歳以上の入院患者が全病床の59％になり、老人医療費の高騰をもたらしている。高齢者は合併症もあり、退院に結びつきにくい。2014年度の報酬改定により、今後は医療ニーズの高い高齢者が介護保険に移行することが促進される。そこで、看護職に特定行為、介護職に医療行為が制度化されたのである。

図3-7　2014年診療報酬で全病棟に在宅復帰率、介護保険への移行

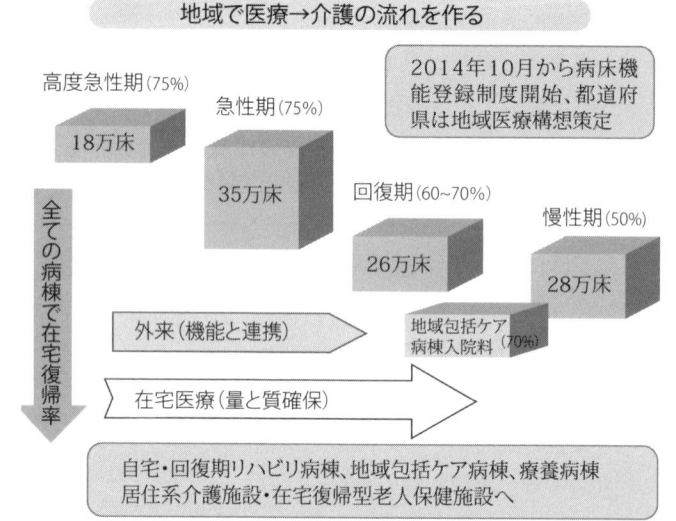

地域で医療→介護の流れを作る

高度急性期(75%) 18万床
急性期(75%) 35万床
2014年10月から病床機能登録制度開始、都道府県は地域医療構想策定
回復期(60～70%) 26万床
慢性期(50%) 28万床
全ての病棟で在宅復帰率
外来（機能と連携）
地域包括ケア病棟入院料(70%)
在宅医療（量と質確保）
自宅・回復期リハビリ病棟、地域包括ケア病棟、療養病棟居住系介護施設・在宅復帰型老人保健施設へ

出典：筆者作成。

2015年第5回目の介護報酬改定の特徴を国は、①中重度・認知症対応強化、②介護人材確保、③サービス評価と効率的な提供体制と3点強調している。個別の報酬の前に全体の特徴と第一にリハビリは生活機能の維持・向上が目的に明記され、在宅生活支援の効果が求められる。第二は集合住宅の減算見直しが行われた。集合住宅を養護老人ホーム・軽費老人ホーム・有料老人ホーム・サービス付き高齢者住宅と規定し、事業所併設外でも報酬減算や報酬の分化が導入された。第三はケアマネジメントの関連業務が、通所系サービスや包括報酬サービスに位置づけられたことである。詳細は以下である。

①介護職の処遇改善加算は1.2万円を目安にアップする。理由は2014年7月の介護サービスの有効求人倍率は2.1倍で全産業の0.95の2倍以上であり、介護職の平均給与は23.8万で、在宅訪問介護員は21.8万円、産業平均の32.4万より月額10万円程度安いためである。昇格昇給をルール化した賃金体系の整備事業者に限定し、基本給への反映も点検する。
②訪問介護は20分未満の身体介護の要件が変更、サービス提供責任者の見直し、重度者対応で加算。
③通所介護は小規模通所介護の制度見直しが大きく影響する。サービス提供時間は14時間まで延長になった。送迎時に30分以内の居宅内介護を通所時間へ加算、重度や医療ニーズを評価する（通所リハビリも同様）。
④認知症対応型共同生活介護は3ユニットまでなど緩和される、居間などを利用した通所介護はユニットごとに3名へ緩和された。その他、認知症の在宅支援は変わらず。
⑤小規模多機能型居宅介護、複合型（看護小規模多機能型に名称変更）、定期巡回随時対応型訪問介

護看護は運営基準緩和で誘導される。
⑥介護老人福祉施設（特別養護老人ホーム）は減額、老人保健施設は在宅復帰とターミナルを評価、介護療養型医療施設は医療ニーズ対応条件により評価し、廃止延長する。

2014年の医療報酬で医療保険から介護保険への患者の移行が全病床に導入され「医療が介護を統合した地域包括ケア」がスタートした。

【引用文献】
1）伊藤善市（1989）『介護対策検討会報告書』。
2）高齢者介護・自立支援システム研究会（1994）『新たな高齢者介護システムの構築を目指して』厚生省介護対策本部。
3）里見賢治他（1996）『介護保険に異議あり』ミネルヴァ書房。
4）高齢者介護研究会（2004）『2015年の高齢者介護』。
5）厚生労働省2003年度サービス事業所調査では、訪問介護員33万人の内訳はヘルパー2・3級が82％である。
6）70歳以上の入院患者比率は、1971年10.2％、1981年27.6％、1990年37.9％ 1999年45.8％、2002年50.6％、2005年55.0％、2008年57.8％であった。出典：厚生労働省『患者調査』各年度版より。
7）介護保険受給率：70~74歳6％、75~79歳14％、80~84歳29％、85~89歳50％、90~94歳71％、95歳以上84％　出典：24年11月介護給付費実態調査と社会保障人口問題研究所より。
8）社会保障制度改革推進法（平成二十四年八月二十二日法律第六十四号）。
9）地域包括ケア研究会（2013）『地域包括ケアシステムの構築における今後の検討のための論点』。
10）社会保障制度改革国民会議（2013）『確かな社会保障を将来世代に伝えるための道筋』。

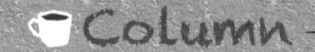

地域に必要とされる移動サービス

特定非営利活動法人　全国移動サービスネットワーク　　理事長　中根　裕

　移動サービスとは、要介護高齢者や障がいのある人等の移動困難者に対して、自動車を使って通院や買い物、余暇活動等の外出を支援するサービスである。移動困難者を対象とした非営利の移動サービスを、道路運送法では「福祉有償運送」として制度化している。2006年の法改正によって自家用自動車（白ナンバー）であっても、かつ、運転者が二種免許を持たなくても、活動団体が一定の登録手続きを踏み、運転者が指定された運転講習を受講すれば、利用者から運賃（タクシー運賃の概ね1/2を目安）を徴収してサービス提供できるようになった。また、過疎地域や交通空白地域では「過疎地有償運送」として移動困難者に限定せず、地域住民が利用対象となっている。地域事情と住民のニーズに合わせてサービスを選択できる仕組みである。

　しかし、全国の登録状況は、福祉有償運送が2400団体、車両数1万5031台となっており、過疎地有償運送に至っては団体数88団体、車両数574台と少ない（2014年3月末現在　国土交通省報告）。実は法整備以降、登録団体数はそれほど増えていない。これは、移動サービスは一見すると公共交通機関、特にタクシー事業者とのバッティングが懸念されることが一因である。「福祉有償運送」「過疎地有償運送」とも登録する際には当該市町村で「運営協議会」を設置しなければならないが、その中でタクシー事業者からの強い要望や行政によるタクシー業界への過度な配慮により「ローカルルール（国の制度以上の規制）」が設定され、移動サービス団体の活動が縮小もしくは休止に追い込まれている例もある。

　地域ニーズへの対応、つまり供給体制の確保が急務であるにもかかわらず、福祉有償運送、過疎地有償運送とも活動の広がりが進まない地域が全国には多々存在する。ここが現状の大きな課題である。

　今回の介護保険法改正で、移動サービスが介護予防・生活支援サービスの「訪問型サービスD」として位置づけられた。これまで、要介護者に対しては「通院等乗降介助」が設定されていたが、要支援者は対象外だった。要支援者や基本チェックリストでの該当者がサービス対象として位置づけられた意義は大きい。もともと道路運送法に基づく福祉有償運送では要介護・要支援者は両方とも利用対象であり、介護保険と連動しない福祉有償運送を実施している団体からは、ニーズは要介護者だけでなく要支援者や軽度の方も費用が高いとの声も多い。移動困難となる要因は身体状況だけでなく、居住環境や交通環境（公共交通機関が撤退または充足されていない等）、精神的要因（ひきこもり等）、経済的要因（タクシー代が払えない等）など様々で、だからこそ交通事業者による支援だけでなく、非営利・住民相互の助け合い団体等も不可欠である。全国の市町村には、既存の福祉有償運送を活用しつつ、地縁団体による互助型の移動サービスを育てるなどして、ぜひ「訪問型サービスD」に取り組んでほしい。今回の改正で、移動サービスに対する認識の広まりと移動困難者への支援の輪が広がることを期待している。

特定施設入居者生活介護の15年間

一般社団法人　全国特定施設事業者協議会　事務局長　長田　洋

「特定施設入居者生活介護」は、2000年の介護保険制度創設時に新しく設けられた、いわば「新サービス」である。有料老人ホームやケアハウスなどの高齢者向け住まい（特定施設）が、その入居者に対して、特定施設サービス計画に基づき、介護、機能訓練、療養上の世話等を包括的に提供する。「住まい」や「食事」は自費（有料老人ホーム）または別制度（ケアハウス・養護老人ホーム）で確保され、「住まい」や「食事」と分離した「ケア」を介護保険制度で提供する仕組みとなっている。（この考え方は、2005年の介護保険法改正における介護保険施設の居住費・食費の自己負担化につながっている。）0からスタートした「特定施設入居者生活介護」も、2015年現在、約5000施設において約20万人の方が利用しており、特別養護老人ホームが不足する都市部を中心に「終の棲家」としての役割を果たしている。

制度創設から2005年度までは、当時余剰となっていた社員寮の改修などにより「住まい」を提供し、介護サービスは特定施設入居者生活介護（正確には2005年介護保険改正までは「特定施設入所者生活介護」）を用いた有料老人ホームが急増した。しかし、2006年度からは、地方自治体の介護保険事業計画に基づく総量規制により、新設数は鈍化した。それでもなお、都市部では「終の棲家」の切実な需要を踏まえ着実に増加しており、民間市場による競争によりサービスの質の向上が進んでいる。

医療機関における入院期間の短縮や介護保険施設の不足から、入居者の要介護度・医療依存度が高まっている。2013年度の調査では特定施設への入居者のうち医療機関からの入居が37%である（特養は25%）。死亡による退去が55%（特養は64%）、そのうち50%が特定施設内での看取りとなっている（特養は不明）。このような状況と当協議会からの要望もあり、介護報酬に夜間看護体制加算（2006年度改定）、医療機関連携加算（2009年度改定）、看取り介護加算（2012年度改定）が設けられた。さらに2015年度改定では、サービス提供体制強化加算、認知症専門ケア加算が設けられる予定である。

一方で、景品表示法に基づく「有料老人ホーム等における不当な表示」（2006年）や入居一時金に関する規制強化（2012年）など消費者保護の高まりのほか、介護報酬改定や診療報酬改定（2014年特定施設入居時等医学総合管理料の適正化）など、制度改正・報酬改定により大きな影響を受けている。厳しい介護保険財政や人口構造からくる介護人材不足を踏まえると、今後は、人員配置基準や資格制度の規制緩和や外国人介護士の活用を訴えていく必要がある。

一般社団法人全国特定施設事業者協議会（特定協）は、2001年に特定施設事業者の任意団体「特定施設事業者連絡協議会」として発足し、2011年に法人化した。事業者相互が連携し、行政当局等との連絡・調整を行うとともに、サービスの質的向上及び特定施設事業の運営適正化のための調査・研究及び研修等を行っている。今後も現場の事業者の声を大切にしながら、特定施設が健全な運営ができるよう厚生労働省や地方行政に対して、現場の正直な意見を伝えていきたい。

第4章
社会保障改革の現段階と介護保障の今後

芝田英昭（立教大学コミュニティ福祉学部教授）

はじめに

　安倍首相は、2014年12月衆議院解散総選挙に打って出た。通常であれば、総選挙まで後2年を残すところであったが、選挙で自民党・公明党で衆議院議席の3分の2以上の326議席を確保し、あと4年政権を維持する事が可能となった。2012年発足の安倍政権は、社会保障改革に極めて熱心であったが、その下で制定された社会保障プログラム法（「持続可能な社会保障制度の確立を図るための改革の推進に関する法律」2013年12月5日成立）は、「政府は、住民相互の助け合いの重要性を認識し、自助・自立のための環境整備等の推進を図る」とし、社会保障における国の役割を「自助・自立」へと矮小化した。しかし、その本当の狙いは、国民に「自助・自立を強いる社会保障観」を植え付け、市場化を一気に進めることにある。

　本稿では、社会保障における自己責任論・市場化が、やがて社会保障が破壊されてしまう流れを批判的に検討し、介護保障の今後の方向性を示した。

1．社会保障プログラム法以後の動き

　安倍政権の下で矢継ぎ早に社会保障改革が進められたが、可決・成立した法律などは、「健康・医療戦略推進法」2014年5月23日、「独立行政法人日本医療研究開発機構法」2014年5月23日、「地域における医療及び介護の総合的な確保を推進するための関係法律の整備等に関する法律（医療・介護総合確保法）」2014年6月18日、「健康・医療戦略」2014年7月22日、「地域における医療及び介護を総合的に確保するための基本的な方針」2014年9月12日、などであり、まさにプログラム法が描いた様に「自助・自立に資する改革」が中心となっている。

（1）健康・医療の市場化と人権

　健康・医療戦略推進法は、その目的に「健康長寿社会の形成に資する新たな産業活動の創出及び活性化、…中略…それを通じた我が国経済の成長を図る」こととし、「健康・医療」分野を、経済成長の道具と位置づけている。人間の生命・生活の根幹をなす分野を市場化することは、「商品」としての同分野を購入できる者とできない者との格差を拡大させ、国民の健康破壊を推し進めることにしかならない。まさに、健康・医療における人権思想・倫理観が欠如しているといわざるをえない。

　「国は、健康長寿社会の形成に資する新たな産業活動の活性化を図るため、医療分野の研究開発の成果の企業化の促進その他の新たな産業活動の創出」と産官一体化も打ち出しており、財界の利益のためだけに国が奉仕する姿勢を鮮明にした。結局、利益の見込めない医療・健康分野は切り捨てられる

可能性が高い。
　また同法において、国の「健康・医療戦略」策定が法定化され、早速2014年7月に同戦略が閣議決定された。

（2）健康・医療戦略の中身
①国民を健康破壊に導く戦略
　戦略は、健康・医療分野を「戦略産業として育成し、我が国経済の成長に寄与できる、世界でも類を見ない安心と安全を前提にした医療福祉先進国として世界に広げていく」とし、健康・医療分野の国内での産業化に止まらず、戦略産業として他国に輸出し、他国民をも日本の財界の餌食にしようとしている。
　「疾病予防、慢性期の生活支援等を念頭に置いた公的保険外の新しいヘルスケアサービスの市場を創出」は、国民を健康破壊に導く戦略ではなかろうか。疾病は予防が極めて重要であるのは、周知の事実である。疾病予防を公的保険外の市場に委ねるとの言質は、経済格差を健康分野に持ち込むものであり、決して許されることではない。「公的保険外」とは、公的保険が適用されない分野を商品化するだけではなく、今後公的保険が適用されない範囲を拡大し、商品化を促進するのが狙いである。

②混合診療解禁の蟻の一穴
　そのひとつが、実質的混合診療である保険外併用療養制度に、第三番目の「患者申出療養」を加え拡大を図ろうとするものである。患者申出療養は、2014年6月16日に閣議決定され「新成長戦略」に盛り込まれた。通常、公的医療保険においては、保険が適用されない保険外診療部分があると、保険が適用される診療も含めて全額が自己負担となるが、日本ではいわゆる混合診療は原則認められていない。しかし、例外的に保険外診療を受けた場合でも、厚生労働大臣の定める「評価療養」と「選定療養」については、保険診療と自由診療の併用が認められている。評価療養は、約100種類の先進医療などの治療に限定して、将来の保険適用を前提に混合診療を認める制度。選定療養は、特別の病室の提供など患者の選定に係るものであるとして、この部分との保険診療を併用することを認めている。
　患者申出療養は、患者が試したい未承認薬や医療機器があれば、臨床研究中核病院を通じて国に申請でき、審査期間は2〜6週間に大幅短縮するとしている。また、対象疾病の種類は限定せず、リスクが低い治療であれば、地域の医療機関でも受けられるようにするとしている。しかし、結果的には、患者の自己責任のもと「自由診療」が拡大され、実質的に混合診療が解禁される道を開くことになる。
　混合診療解禁の方向は、米国も大いに歓迎するであろう。世界10大製薬会社の内5社が米国企業であり、言い値で薬剤等を販売できる混合診療が拡大すれば、膨大な利益は米国企業に流れ込む。
　また、米国は、大詰めを迎えるTPP交渉において、交渉参加国に先発医薬品の特許期間（通常20年）の伸張を迫っている〔芝田英昭（2014）pp.36-54〕。結果、高い価格の医薬品を長期にわたり購入せざるを得なくなり、米国製薬会社はこの場合も膨大な利益を得ることになる。

③国民の資金をウエルネス産業に吸い取らせる
　「医療分野のニーズをビジネスとマッチングできるイノベーション人材等の専門的人材の確保、育成の推進」とは何を意味するのか。医療を「儲かるビジネス」に誘導する人材の育成であり。国家が儲からない医療分野は切り捨てることを宣言したことに他ならない。そもそも、国民の健康を増進するための医療分野が、儲からなければ切り捨てることになれば、多くの国民の健康破壊が進行するのは必至。穿った見方をすれば同戦略は、実は国が「国民が不健康になることを願っている」のではな

いかと疑いたくなる。米国の経済学者ピルツァーは、米国の医療関連産業は約2兆ドルの売り上げで、米国経済の約6分の1を占めているとしている。他方、ウエルネス産業（健康増進産業）は約5,000億ドルであるが5年後には1兆ドル（約100兆円）を達成すると推計し、同産業を次代の成長産業と位置づけている〔Pilzer,P.Z.（2007）〕。わが国では2025年には団塊の世代が後期高齢期に突入し、超高齢社会の下で比較的に経済的余裕のある高齢者を対象にウエルネス産業を育成したいとの思惑が透けて見える。

④マイナンバーと医療情報の結合でペナルティ強化

「ICT及びデジタル基盤の利活用による質の高い効率的な医療サービス及び公的保険外のヘルスケアサービスの創出を推進する」としているが、政府が2015年10月から段階的実施予定の「マイナンバー制度（社会保障・税番号制度）」とのリンクを意図しているものと考えられる。マイナンバーに医療情報を取り込むことで、公的保険のカバー範囲が明白になり、有無を言わせずヘルスケア産業に誘導される可能性が高いし、個々の情報が民間事業者に垂れ流される危険性も極めて高い。また、社会保険料・税の支払い状況にリンクさせ、一般行政サービス・社会福祉サービス・医療保険・介護保険の利用制限などのペナルティを課す可能性がある。

2.「基本方針」の問題点

「地域における医療及び介護を総合的に確保するための基本的な方針」（以下、基本方針）は、2014年6月に成立した医療・介護総合確保法推進の具体的方向性を示した方針といえる。ただ、基底となる理念は、社会保障制度改革国民会議報告書、社会保障改革プログラム骨子、社会保障改革プログラム法に貫かれる「自助・自立、共助」の強調と「負担の見返りとしての受給権を保障する仕組み」であり、個人責任の強調と国家責任の捨象である。事実、基本方針は「国民自らも、…中略…医療及び介護の在り方に関心を持ち、疾病予防及び介護予防にも積極的に取り組んでいくことが望まれる」と健康自己責任論を強調し、また「医療保険制度及び介護保険制度については、給付と負担のバランスを図り」とあるように、負担無き者（保険料や自己負担できない・しない者）には給付無し、を徹底しようとしている。

基本的な方向性として、「限りある地域の社会資源を効率的に活用していく必要」があるとして、社会資源の拡充を前提にせず限定された範囲内でサービス供給を掲げており、2025年以降の超高齢社会の到来を前にしての国の姿勢としては余りにも無責任である。加えて、国の責任を「国は、医療計画基本方針及び介護保険事業計画基本方針を定め」「国は、…中略…より効果的な基金の配分と事業実施に資するよう、適正な評価指標の設定等を行う」として、計画策定、基金配分、評価指標の策定などと、極めて限定している。これでは、自治体や民間事業者にサービス実施を丸投げすることを公言したことに他ならない。

サービス利用者の役割として、「医療・介護サービスの利用者は、当該サービスを支える費用負担者でもあるため、サービス利用に当たっては限られた資源を効率的に利用するという視点も持つことが重要」と、利用抑制を迫っている。また、「元気な高齢者が生活支援等に携わるボランティアとして活躍する」と、介護保険の理念であった「介護の社会化（家族や住民による介護から、専門家による介護へと移行すること）」を真っ向から否定し、家族・住民への依存を奨励している。さらに、「元気な高齢者が生活支援等に携わるボランティアとして活躍する」として、現在問題になっている「老老介

護」ですら容認している。この背景には、政府内部での「介護は素人でもやれる」との家事代替論が主流を占めていることの現れである。ただ、超高齢化社会の下で、高齢者の介護をボランティア等の非専門家に依存すれば、結果的には重度化を促進し介護費用も増大する可能性が高く、政府のいう「介護費用の適正化」には逆にほど遠くなるのではなかろうか。

3. 介護予防・日常生活支援総合事業ガイドライン案の問題点

(1) 新総合事業とは

　2014年7月28日に開催された全国介護保険担当課長会議で、厚生労働省老健局は「介護予防・日常生活支援総合事業（以下、新総合事業）ガイドライン（案）」を発表した。現行の市町村が事業として行う介護予防事業又は介護予防・日常生活支援総合事業に、現行要支援者に対する介護保険給付の「訪問型サービスと通所型サービス」を新たに加えたのが新総合事業である。いわば、要支援者へのサービス費用の約6割を占める訪問介護と通所介護を介護給付から外して市町村事業に格下げするものである。

資料4-1　新総合事業の趣旨

- 市町村が中心となって、介護だけではなく、医療や予防、生活支援、住まいを一体的に提供する地域包括ケアシステムの構築が重要な政策課題（p1）
- 支援する側とされる側という画一的な関係性ではなく、地域とのつながりを維持しながら、有する能力に応じた柔軟な支援を受けることで、自立意欲の向上につなげていくことが期待される（p2）
- 従来予防給付として提供されていた全国一律の介護予防訪問介護及び介護予防通所介護を、市町村の実施する総合事業に移行し、要支援者自身の能力を最大限活かしつつ、介護予防訪問介護等と住民等が参画するような多様なサービスを総合的に提供可能な仕組みに見直す（p2）
- 総合事業の実施に当たっては、ボランティア活動との有機的な連携を図る等、地域の人材を活用していくことが重要である。60歳代、70歳代をはじめとした高齢者の多くは、要介護状態や要支援状態に至っておらず、地域で社会参加できる機会を増やしていくことが、高齢者の介護予防にもつながっていく（p2）
- 新総合事業は、2015年度からの導入を原則とするが、最大2年間の猶予がある（p3）

出典：厚生労働省老健局振興課「介護予防・日常生活支援総合事業ガイドライン（案）」2014年7月28日より。

(2) 新総合事業の趣旨

　確かに、地域包括ケアシステム構築が重要であることは、多くの国民の共通認識である。ただ、超高齢社会を見据えて、お金のかかる医療機関への入院や介護施設への入所を減らして、比較的安価な在宅に流していこうとの発想は、費用の効率化を図る観点からのみであり、本来の地域住民の望む地域ケアを充実するとのものではないことは明らかである。

　趣旨における重要な視点は、「住民等が参画するような多様なサービスを総合的に提供可能な仕組みに見直す」、「ボランティア活動との有機的な連携を図る等、地域の人材を活用していく」であるが、あくまでも新総合事業は、「自治体の事業」として位置づけられたにもかかわらず、住民等の参画、ボランティア活動で賄うとは、自治体の本来の責任を捨象する事を宣言したにも等しい。また、これでは、相互扶助の復活であり、介護保険の理念である「介護の社会化」の意義を曖昧にすることになる。

（3）介護予防

資料4-2　介護予防の推進とは

- 介護予防は、機能回復訓練などの高齢者本人へのアプローチだけでなく、生活環境の調整や、地域の中に生きがい・役割を持って生活できるような居場所と出番づくりなど、高齢者本人を取り巻く環境へのアプローチも含めた、バランスのとれたアプローチが重要である（p7）
- 支障のある日常の生活行為の多くは、生活の仕方や道具を工夫することで、自立をすることが期待できる。例えば、掃除であれば掃除機からほうきやモップに代える、買い物であればカゴ付き歩行車を活用するなど、環境調整やその動作を練習することで改善することができる（p7）

出典：厚生労働省老健局振興課「介護予防・日常生活支援総合事業ガイドライン（案）」2014年7月28日より。

　介護予防の推進の項目では、高齢者自身への予防意識改革を迫っている。現在の日本の地域社会では、共同体意識は既に崩壊して久しく、地域住民との関わりも極めて少なくなってきている。日本生活協同組合連合会が2013年に行った調査（図4-1）では、町内会・自治会は半強制的な組織であることから、半数以上が何らかの関わりを持っているが、自主的な組織である地縁を活かした会、ボランティア活動は大多数が関っていない。このような状況下で、「地域の中に生きがい・役割を持って生活できるような居場所と出番づくり」をしろと迫り、結果、予防に資するかの発想は安易すぎる。特に、ボランティア活動などは、国や自治体が強制すれば本人の自主的概念を損ねることは明らかである。

　また、「生活の仕方や道具を工夫することで、自立をすることが期待できる」としているが、掃除機をモップに代えたり、歩行車を使用すれば自立できるのであろうか。生活は、その人それぞれの人生観であるとか生活様式を尊重しトータルに支援していくべきであり、また本人の自己決定を尊重すべきである。

図4-1　地域コミュニティごとの交流状況（項目ごとに単一回答）

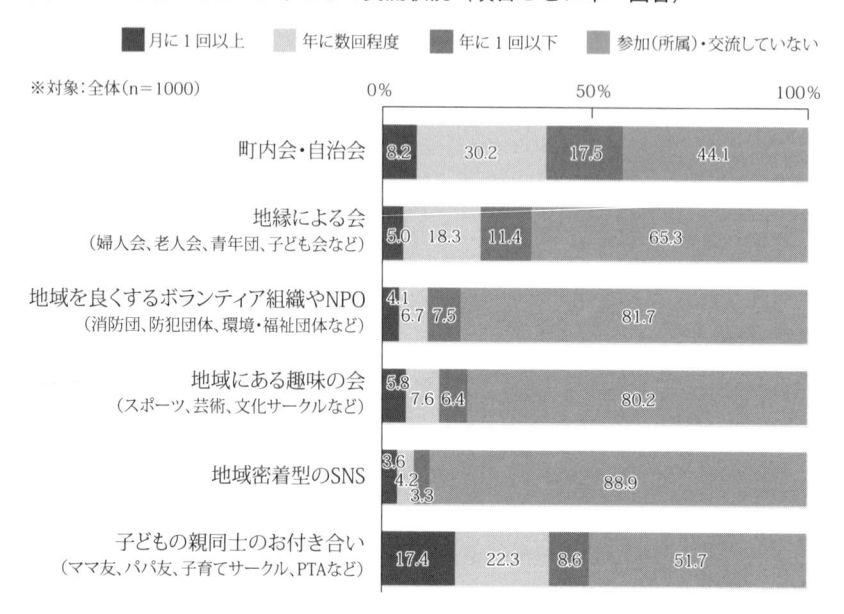

凡例：月に1回以上 ／ 年に数回程度 ／ 年に1回以下 ／ 参加（所属）・交流していない

※対象：全体（n=1000）

項目	月に1回以上	年に数回程度	年に1回以下	参加（所属）・交流していない
町内会・自治会	8.2	30.2	17.5	44.1
地縁による会（婦人会、老人会、青年団、子ども会など）	5.0	18.3	11.4	65.3
地域を良くするボランティア組織やNPO（消防団、防犯団体、環境・福祉団体など）	4.1	6.7	7.5	81.7
地域にある趣味の会（スポーツ、芸術、文化サークルなど）	5.8	7.6	6.4	80.2
地域密着型のSNS	3.6	4.2	3.3	88.9
子どもの親同士のお付き合い（ママ友、パパ友、子育てサークル、PTAなど）	17.4	22.3	8.6	51.7

出典：日本生活協同組合連合会（2013）「地域のコミュニティと交流に関する調査」p.5より。本調査は、2013年9月6日～9月12日の7日間、子どものいる20歳～59歳の男女に対し、「地域コミュニティと交流に関する調査」をモバイルリサーチで実施し、1,000名の有効サンプルを集計したものである。

> 資料4-3　新総合事業の対象者

- 市町村においては、基本チェックリストが、従来の2次予防事業対象者の把握事業のように、市町村から被保険者に対して積極的に配布するものではなく、支援が必要だと市町村や地域包括支援センターに相談に来た者に対して、要支援認定ではなく、簡便にサービスにつなげるために実施するものであることに留意する（p13）
- 予防給付に残る介護予防訪問看護、介護予防福祉用具貸与等のサービスを利用する場合については、引き続き要支援認定を受ける必要があるが、サービス事業のサービスのみを利用する場合は、要支援認定を受けず、上記簡便な形でのサービス利用が可能（p7）

出典：厚生労働省老健局振興課「介護予防・日常生活支援総合事業ガイドライン（案）」2014年7月28日より。

　2013年度までは、2次予防事業対象者全員に対して基本チェックリストが配布されていたが、新総合事業を利用希望する者に対して要支援認定に代わり基本チェックリストでの把握を勧めている。また、「サービス事業のサービスのみを利用する場合は、要支援認定を受けず、上記簡便な形でのサービス利用が可能」としているが、つまりは要支援認定をなるべくせず、結果として要支援認定者の数及び予防給付費を削減することが狙いであると理解できる。

> 資料4-4　効果的・効率的な事業実施とは

- 総合事業の実施に当たっては、市町村は効率的な事業実施につなげていくことが求められる（p15）
- 住民主体の多様なサービスの充実を図り、要支援者の選択できるサービス・支援を充実し、状態等に応じた住民主体のサービス利用の促進（サービス内容に応じた単価や利用料の設定。結果として、低廉な単価のサービスの利用普及）（p15）

出典：厚生労働省老健局振興課「介護予防・日常生活支援総合事業ガイドライン（案）」2014年7月28日より。

　新総合事業は、当然専門家を擁する指定事業者も実施できるにもかかわらず、「住民主体の多様なサービスの充実を図り」とし、住民による相互扶助のみを強調している。先にも触れたが、非専門家による介護予防事業が拡大することで、要支援者の重度化が進む可能性は否めない。事実、全日本民主医療機関連合会調査〔全日本民主医療機関連合会（2013）〕によれば、要支援者への訪問介護・通所介護が市町村の新総合事業に移行することで「日常生活ができなくなり、介護度が上がる」とみられる事例が60.8％に上ると指摘している。

> 資料4-5　サービスの類型

- 現行の介護予防訪問介護相当のサービスを利用する場合や訪問型サービスAを利用する場合については、一定期間後のモニタリングに基づき、可能な限り住民主体の支援に移行していくことを検討することが重要（p23）
- 通所介護事業者の従事者による現行の介護予防通所介護相当のサービスについては、…中略…一定期間後のモニタリングに基づき、可能な限り住民主体の支援に移行していくことを検討することが重要（pp23-24）

出典：厚生労働省老健局振興課「介護予防・日常生活支援総合事業ガイドライン（案）」2014年7月28日

　訪問型サービスも通所型サービスも、一定期間後には事業者指定による専門職によるサービスから「住民主体の支援に移行」するとして、基本的には専門職によるサービスを削減していくことを前提にしている。

（5）介護予防ケアマネジメント

資料 4-6　住民主体サービスへの誘導

・新しく総合事業によるサービスを利用する要支援者等については、住民主体の支援等の多様なサービスの利用促進を図っていくことが重要である（p26）

出典：厚生労働省老健局振興課「介護予防・日常生活支援総合事業ガイドライン（案）」2014年7月28日より。

資料 4-7　サービス利用終了を前提

・介護予防ケアマネジメントの考え方は、サービス利用を終了した場合においても利用者のセルフケアとして習慣化され、継続される必要がある（p55）

出典：厚生労働省老健局振興課「介護予防・日常生活支援総合事業ガイドライン（案）」2014年7月28日より。

　介護予防ケアマネジメントにおいては、新総合事業を利用する者を住民主体のサービス利用に誘導する旨述べられている。そもそも、介護保険は自己決定を重視したはずであり、ケアマネジメントにおいて、一定の方向性を強いることは理念にも反する。また、ケアマネジメントの公平・中立性を損ねることはいうまでもない。

　「介護予防ケアマネジメントの考え方は、サービス利用を終了した場合においても利用者のセルフケアとして習慣化され、継続される必要」があるとしているが、これでは新総合事業さえ「終了」を前提に実施されるとしている事に他ならない。また、ケアマネジメントの考え方を、利用者自身に身につけさせセルフケアを習慣化させるのは、理念としては理解できなくもないが、本音は一旦サービスを終了し「卒業」した者の再入学は認めない。結局、サービス費用が増える事を回避するための口実だと揶揄されても仕方ない。

（6）新総合事業の制度的枠組み

資料 4-8　住民主体のサービスに対する補助（助成）

・住民主体の支援の場合には、補助（助成）の方法で事業実施することが通常考えられるが、当該補助（助成）の対象や額等については、立ち上げ支援や、活動場所の借り上げ費用、間接経費（光熱水費、サービスの利用調整等を行う人件費等）等、様々な経費を、市町村がその裁量により対象とすることも可能とする。運営費の一部を補助するものであるが、例えば年定額での補助といったことも考えられる（p92）

出典：厚生労働省老健局振興課「介護予防・日常生活支援総合事業ガイドライン（案）」2014年7月28日より。

　住民主体のサービスに対する補助（助成）に関して、「様々な経費を、市町村がその裁量により対象とすることも可能」としているが、厚生労働省の基本的方針は「住民主体の主体的な取組みの活動を阻害しないよう、活動の基盤整備を想定しているところ、このような前提で、市町村が、地域の実情に応じて実施していただきたい。なお、施設整備に対する補助等は想定していない（下線筆者）」〔厚生労働省老健局振興課（2014）p.44〕としており、施設整備に関しては、住民組織が自前で確保しなければならない。このような状態で、2017年までの2年間の猶予期間に、全ての市町村は新総合事業を実施できるのであろうか。

　ちなみに、中央社会保障推進協議会が、2014年9月に全国1,579保険者（市区町村及び広域連合）を対象に行った調査〔朝日新聞（2014）〕によると、回答のあった650保険者のうち40保険者が、2015年4月から新総合事業を実施できるとした。また、回答の約8割の504保険者が多様なサービスの

確保に関し「見通しがたたない」とし、1割に満たない47保険者のみが「確保できる」としている。

> **資料4-9　総合事業の単価**
>
> ・（総合事業）委託契約においては、予防給付の場合と同様、一件当たりの介護予防ケアマネジメントごとの単価設定を行い、適切な介護予防ケアマネジメントにつなげていくことが望ましい（単価は予防給付における単価以下で設定）（p93）

出典：厚生労働省老健局振興課「介護予防・日常生活支援総合事業ガイドライン（案）」2014年7月28日より。

> **資料4-10　利用者負担**
>
> ・サービスの額や利用者負担については、食事代等の実費相当の費用を事業の対象費用から除くことや、介護給付の利用者負担割合（原則1割。一定以上所得者は2割）等を勘案して利用者負担を定める（p96）
> ・その下限は当該給付の利用者負担割合とする（p108）

出典：厚生労働省老健局振興課「介護予防・日常生活支援総合事業ガイドライン（案）」2014年7月28日より。

新総合事業の単価を、介護保険予防給付以下の単価に抑えるとしている。当然、国は高齢者介護に係る費用の抑制が目的であり、予想された事である。また、住民主体のサービスを中心に据え、非専門家集団によるサービスであり、専門家による予防給付以下の単価となるのは当然である。しかし、利用者負担の下限を介護保険予防給付の利用者負担割合とするとしているが、非専門家によるサービスを専門家によるサービスと同等の扱いとすることには承服しかねる。また、「下限」との文言は、予防給付による利用者負担割合を超えることを前提にしており、サービスは悪かろう、負担は従前より高負担だ、は詐欺に等しい。

（7）サービス基準

> **資料4-11　新総合事業の上限設定**
>
> ・改正前の地域支援事業では、…中略…地域支援事業全体で介護給付費見込額の3%を上限としていた（p119）
> ・総合事業への移行後は、年度ごとに75歳以上高齢者の伸び率を乗じて上限管理をしていくこととする。当該伸び率については、年度ごとに変動があるため、平均値として直近3か年平均の伸び率等をもちいる（p120）

出典：厚生労働省老健局振興課「介護予防・日常生活支援総合事業ガイドライン（案）」2014年7月28日より。

訪問型サービス、通所型サービス、どちらも人員配置基準は、緩和された基準によるサービス及び住民ボランティア・住民主体の自主活動共に不十分な配置といわざるを得ない。特に住民ボランティア・住民主体の自主活動においては、従事者は「必要数」とだけ記載があり、資格要件も示されていない。要支援者サービスは、本当に非専門家によるサービスで十分なのか、今後科学的に検証が必要となるであろう。

新総合事業費は上限設定されるが、最初から限られた予算に押さえ込む発想は、社会福祉における「必要即応の原則」に反する。

4. 介護保険改革の方向性

(1) 現金給付から現物給付への転換

介護保険における営利法人の参入は、訪問介護・通所介護を中心にかなりすすんでいる（表4-1）。介護保険は法律上「サービス利用者本人への現金給付」であり、現金給付と自己負担をプラスして全額負担で「サービスを購入」するとの概念であり、商品の購入と同列に扱われる。従って、サービス提供事業者は「だれでもよい」ことになる。ただし、介護施設に関しては「営利法人が参入できないよう」に法律で規制されている。

さて、二宮厚美は社会サービス労働（教育・福祉・医療労働）の「市場化、すなわち価値生産労働化に『失敗』の必然性がある」〔二宮（2014）p.138〕と指摘している。いわば、人間の生存・発達保障のための精神代謝労働には市場化はそぐわないとしているのである。社会福祉における市場化の第一歩は、介護保険の導入と介護サービスの現物給付から現金給付への転換であった。筆者は、医療・福祉領域は非営利性が原則であると考える。

表4-1　主な居宅介護サービス事業所に占める営利法人の割合（2013年度）

事業所の種類	営利法人の占める割合
訪問看護	28.7%
訪問介護	66.5%
通所介護	56.8%
福祉用具貸与	92.3%
短期入所生活介護	11.2%
特定施設入居者生活介護	68.4%
居宅介護支援	48.1%

出典：厚生労働省（2013）「介護保険給付費実態調査月報」2013年6月より筆者作成。

(2) 要介護認定の簡素化

要介護認定による介護度は、要支援1・2、要介護1～5と7段階に分類されているが、ドイツ、韓国などでは軽度、中度、重度と3段階に分けている国が多い。介護職に対して、現場でのフレキシブルなサービス提供を認めるのであれば、認定区分は簡素化すべきである。専門性とは何か、専門知識・専門スキルを持っていることにのみあるのではなく、専門知識・専門スキルを用いてサービス利用者の現状を認識し臨機応変にサービスを決定し実施できる権限を持っていることである。つまり「裁量権の行使」が、専門職には最も求められるといえる。となれば、大まかな認定区分であることのほうが、裁量権は発揮しやすい。

(3) 介護職がケアプランを作成

介護サービスの直接的提供者は介護労働者であり、常に利用者と接していることから、日常的変化や要求への把握も極めて正確である。つまり、専門職としての介護労働者がケアプランを作成するのが、最も利用者の要求をくみ取ることができるのは火を見るより明らかである。

おわりに

本章の執筆を終える段階で、厚生労働省は、社会保障審議会介護給付費分科会に「2015年度介護報酬改定に関する審議報告（案）」（2014年12月19日）を示した。全体の改定率を引き下げる一方で、在宅サービスや職員処遇改善への報酬を手厚くし、特別養護老人ホームなどの施設サービス報酬を大幅に抑制する内容であった。利用者負担については、特別養護老人ホームの相部屋入居者からも室料（月1万5000円程度）を新たに徴収することも報告している。

2015年度以降、要介護1・2の方は、原則特別養護老人ホームに入所できなくなる。また、要介護3以上でかろうじて入所可能な方も、新たな室料徴収で、低所得高齢者は入所を諦めることになり、今以上に介護難民を生む可能性がある。

　さらに、処遇改善報酬加算を手厚くしても、介護報酬全体の引き下げを実施すれば、事業所の経営を悪化させ、結果的に魅力ある職場を作る事ができなくなる。介護人材確保の点からも、逆行しているといわざるをえない。

図4-2　富裕層の世帯数、資産ゼロの世帯の割合の推移

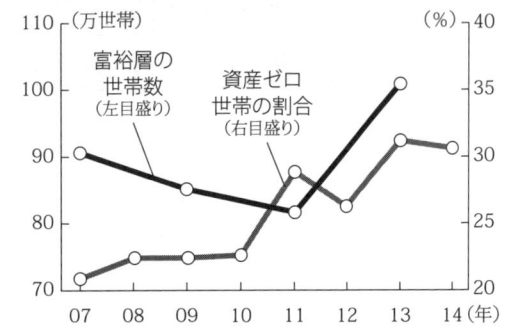

出典：「朝日新聞」2014年11月28日付
注）金融資産1億円以上を保有している富裕層の世帯数は、野村総合研究所調べ。金融資産ゼロ世帯割合は、金融広報中央委員会調べ。

　また、2014年11月、驚くような調査結果が、野村総合研究所・金融広報中央委員会から発表された（図4-2）。資産から負債を差し引いた純金融資産保有額1億円以上の世帯は、2013年初めて100万世帯を超えている。前回調査2011年より2割以上増加し、全世帯の約2％で50世帯に1世帯が「富裕層」となっている。また、富裕層の金融資産規模は241兆円で、2011年より28.1％も増加している。一方、金融資産ゼロの世帯は1970〜1980年代は5％前後であったが、バブル崩壊後から増加し、2003年に2割を超え、2013年に初めて3割を超えた。

　改めて、社会保障財源を逆進的消費税に頼ることの危険性を実感した。今、私たちの暮らす社会が、余りにも不公平で格差の大きな社会だと実感しなければならない。社会保障には、その制度を利用し格差を是正する機能も存在する。今求められるのは、税制の累進化による富裕層への課税強化ではないのか。

　フランスの経済学者トマ・ピケティの言葉を引用して筆を置く。「現代の社会国家が存在し続けるためには、その根底にある税制の最小限の累進性を維持するか、少なくともトップ層での逆進性が露骨にならないようにしなければならない」〔トマ・ピケティ（2014）p.518〕とし、不安定就労層や一般労働者の状況改善には、「少しだけ累進的な税制よりは、もっと累進性の高い税制が容易に考えられるはずだ。これですべての問題が解決するわけではないが、最低技能労働者たちの状況を大幅に改善するには十分なはずだ」〔トマ・ピケティ（2014）p.519〕。

【引用文献・参考文献】
- 「朝日新聞」2014年11月27日付け朝刊。
- 厚生労働省老健局振興課（2014）『「介護予防・日常生活支援総合事業ガイドライン案」についてのQ&Aについて』厚生労働省。
- 芝田英昭（2014）『安倍政権の医療・介護戦略を問う』あけび書房。
- 全日本民主医療機関連合会（2013）『次期介護保険法「改正」による影響予測調査報告書』2013年12月18日に報告書を公表。
- トマ・ピケティ（2014）、山形浩生・守岡桜・森本正史訳『21世紀の資本』みすず書房。
- 二宮厚美（2014）「マルクス経済学からみた社会サービス労働教育・福祉・医療労働の把握のために」『経済』No.244号、新日本出版社。
- Pilzer,P.Z.（2007）The New Wellness Revolution：How to Make a Fortune in the Next Trillion Dollar Industry、WILEY.

Column

地域包括ケア推進の一翼として
～重度者に対する専門的サービスを中心に～

全国訪問介護協議会　会長　荒井信雄

　訪問介護事業に関して考察すると、介護保険法が施行された当時は事業所を開設さえすれば新規利用者が多数獲得でき比較的容易に事業を運営することができました。

　しかしながら、高齢者数の伸び以上に新規事業所開設数が増えてくると合理的なオペレーションを考えていかないと淘汰される時代に入りました。介護事業といえども一定の経営センスや戦略が必要となり、システムやマニュアルがない事業者は苦戦を強いられる展開になりました。

　さらに、現在は介護従事者不足という時代に入り人材獲得に注力していない事業者は、動きがとれない事態に陥りました。

　15年前と比較し、最も変化したのは介護従事者の応募状況です。社会貢献などの志があるスタッフは既に介護業界に就職しており、新規応募者はリストラ対象者や他に就職がない人材等が応募してくることもあり介護従事者の質の低下も課題となっております。

　さらに、労働環境が劣悪なブラック企業といわれる業者までが散見されます。当状況で介護業界の社会的地位の向上が期待できるはずもなく、ますます介護従事者不足に拍車がかかることでしょう。

　逆に考えれば労働環境の向上をめざし、人材を多く保有している事業者は生き残っていきます。

　制度的な課題としては介護報酬の算定要件があまりにも複雑になり、サービスごとに身体介護か生活援助か判断することに労したり、そのことで実地指導もしくは監査に時間をかけるなど、利用者自立支援に向けて動かなければならないのに、それ以外の労力に時間が割かれるといった弊害も発生しています。また、国の方針に則し特定加算事業所を取得しても居宅介護支援事業所が一律にサービス対象事業者から外してしまう等の問題も発生しております。制度構築に関し、まだまだ整理が必要なことは言うまでもありません。

　高齢者は増加し労働者が減っていくなか社会保障費の削減は避けられないことは周知のことです。軽度者を地域支援事業へ移行し、介護事業者を、専門性を必要とする重度者に対するサービスに絞っていくことがポイントです。軽度者の地域支援事業への移行は介護従事者不足に対応した多様なサービスの担い手を増やす施策でもあります。

　訪問介護事業の将来展望としては、重度者に対する介護福祉士等によるサービスが中心となっていることは容易に想像できます。

　社会が求めていることを考慮し、専門職が専門的サービスを実行していくことが介護事業者としてのとるべき道だと確信しております。

　労働環境を整え、豊富な人材によるサービス提供が重要です。また、地域包括ケア推進の一翼として病院、施設、訪問看護との連携を深め地域密着で事業展開を遂行していけば安定経営は間違いないでしょう。

憲法25条に基づいた介護保障制度の実現を国に求める

全国保険医団体連合会　　地域医療対策部会 医科部長　中島 幸裕

　介護保険制度は、低所得者を中心に福祉制度として実施してきた介護サービスを、「介護の社会化」をスローガンに、より広範な人々に提供するとともに、ケアマネジャー、訪問介護員等の専門職を誕生させ、介護福祉士の活躍の場を広げた積極面があった。

　しかし、「受益者負担と営利化」、「国庫負担・企業負担の抑制」を柱とした社会保障構造改革の先兵としての役割を担い、低所得者からも保険料と利用料負担を徴収した結果、「高すぎる保険料のため、滞納せざるをえない」「利用料負担が払えず、サービスを断念する」など、最も介護を必要とする人々に介護サービスが提供されないという問題が発生している。また、営利企業参入による事業運営を前提として自治体が介護事業から撤退したため、経営効率の悪い過疎地等では介護サービスの整備が進んでいない。

　さらに、介護報酬の抑制と労働者派遣法の改悪等によって介護現場で働く人々は低賃金と過酷な労働条件のもとに置かれ、制度を支える介護従事者がいないという深刻な問題が発生。しかも、区分支給限度額による利用抑制や医療保険給付の一部が介護保険給付に包含されて受療が制限されてきた。その上、制度発足以降も、介護保険制度の給付範囲の縮小や介護報酬の切り下げが次々と行われるなど、「保険あって介護なし」といわれる事態が深刻化している。

　こうした事態を踏まえて全国保険医団体連合会は、2010年に「介護保険制度に関する抜本的な改善要求（新提言）…真の「介護の社会化」を目指して」を発表。要求では、①国の責任を介護保険法に位置づける、②医療系介護報酬は医療保険に戻し、給付制限をなくす、③介護保険制度に対する国庫負担、自治体負担を引き上げる、④利用料を当面3％に引き下げる、⑤介護報酬を引き上げる、⑥軽度者の保険給付外しを行わない、⑦口腔ケアの充実、⑧特養待機者をゼロに、⑨非営利によるサービス提供を原則とし、必要に応じて自治体がサービス事業者となること等を求めた。これらは要支援者・要介護者の切実な要求である。

　しかし、政府は、これらの要求に応えないばかりか、2015年4月から、①要支援者の訪問介護、通所介護の市町村事業化によるサービス切り下げ、②特養入所の要介護3以上への限定化を実施するとともに、介護報酬のマイナス改定を企図。2015年8月からは、③所得による利用料引き上げ、④施設の居住費・食費への資産要件導入やペナルティ創設を予定している。

　高齢社会の進行のもとで、介護に対する国民の要求は切実なものとなっており、社会保障制度として介護リスクを低減することは、ますます重要となっている。

　高齢者は、これまで懸命に働き、日本の発展に寄与してきた。高齢者が人間の尊厳にふさわしい生活を送るためには、日本国憲法の理念に立って、①公的年金による十分な所得保障、②行き届いた保健・医療・介護サービス、③安全で快適な居住と地域の環境の確保等3本柱の総合的な施策が不可欠である。介護を私的な問題とするのではなく、憲法25条に基づく国民の生存権を保障するものとして公的に国が責任を持って解決すべきである。

第5章

変容する福祉市場と地域における福祉供給
―― 介護保険をめぐって

石倉康次（立命館大学産業社会学部教授）

はじめに

2000年に施行された介護保険は、日本の社会福祉制度の中に「市場」を本格的に組み込んだものでもあった。その手法は障害者福祉や保育分野に拡張されつつあるが、安倍政権の社会保障抑制政策のもとで医療保険が抑制され、その受け皿として、介護保険が産業政策と連携を強め、市場化は新たな段階に入りつつある。本章では、その経緯と問題点を検討する。

1.「社会福祉の市場化」とその影響をどうとらえるか

（1）サービス給付の市場化

介護保険法、障害者支援費支給制度（その後の障害者自立支援法、障害者総合支援法に基づく制度も基本的に同じ）において、必要サービスを市町村が直接現物給付する措置制度から、利用者がサービス提供事業者から購入する制度に転換した。利用者の「選択の自由」を保障するというのがその理由であった。市町村は必要サービス量の認定を行い、その限度内で利用者が購入したサービス料金の一部を給付する制度となった。事業者は、利用者に代わって利用者に給付される金額を代理受領し、利用者は定率の利用料を負担する仕組みが日本ではとられた。サービスの利用者負担はなく無料で、いつでもどこでも利用できるサービス資源が用意されているのなら「選択の自由」は保障されたと言えるが、定率の利用者負担による利用抑制と、「待機者」や「たらい回し」を生むような資源の整備不足が「選択の自由」を阻んでいる。

医療保険制度と比較すると、医療には患者の窓口負担制度があるが、必要な医療は担当の医師により判断され、医療サービスが現物給付され、診療報酬から患者負担分を除いた分が直接医療機関に支払われる。「子ども子育て新システム」により保育分野にも購入制度が導入されるが、児童福祉法に基づく認可保育園は、保育に欠けた児童のために市町村に現物で保育サービスを供給する義務がある。保護者は市町村と契約を結び保育料にかかる保護者負担分は市町村に支払う。これ以外の保育は介護保険や障害者福祉サービスの購入制度化とほぼ同様の仕組みとなる。

サービスの現物給付制度ではなくなったことが、医療保険や認可保育園とは異なるが、利用者負担や資源の不足により、必要サービスの受給が保障されなくなる可能性はいずれの制度にも共通している。

（2）「市場化」形態の国による相違

「市場化」には二つの側面がある。ひとつは、利用者が事業者からサービスを購入し、利用者からの「負

担金」と市町村からの「報酬」がその対価として事業者がサービスを供給する側面である。ここには二つの問題がある。ひとつは利用者の側が利用者負担金の支払い能力により弱い立場に立たされる可能性が高いことである。もうひとつは、市町村の責任はサービスの現物給付責任から、費用の一部負担責任に後退していることである。

「市場化」のもう一つの側面は、多様な事業者がサービス供給者として参入していることである。ここには三つの問題がある。ひとつは利用者の多様な事業者のサービスを選択する情報が欠けているという問題である。営利を目的とする事業者が参入し、利用者向けの「給付金」を事業者が代理受領をする。利益を株式配当や他事業に出資することも可能となる。

「市場化」の形態は国によって異なる。違いの一つ目は、利用者負担である。ヨーロッパでは日本と異なり利用者負担のない国が多い。契約主体利用者と事業者とではなく、基礎自治体が事業者と契約を結ぶ形態が多い。この場合は事業者による利用者の逆選択は起こりにくいし、サービスの質を自治体側がコントロールできる。利用者の負担能力による利用サービスの差別化も起こらない。

もう一つの違いは、事業者への費用支払い形態の違いである。日本では、事業者が「代理受領」するかたちとなっているが、イギリスの「現金給付」「個人別予算」方式は、本人の口座に給付金が振り込まれ、利用者がサービス事業者に支払いをする。この場合は、事業者に対する利用者の力関係は強いが、個人に管理業務が重い負担となる。

違いの三つ目は、参入する事業者の範囲である。スウェーデンでも営利法人の福祉サービスへの参入は保育分野では1991年から、高齢者の在宅サービス分野では1992年エーデル改革以降、介護施設、在学介護サービス、配食サービス、移送サービスで規制緩和され、徐々に増えてきている。それまではＮＰＯ法人や協同組合などが基礎自治体直営のサービスと併存していた。イギリスでは、ケア付き住宅の分野や在宅サービス分野で巨大企業の参入がすすんでいる。

（3）なぜ「疑似」市場化・「準」市場化にとどめざるをえないのか

福祉サービス供給の「市場化」は、国際的に進んでいるが、100％市場になっているわけではない。正確には、多様な規制がかけられた「疑似」市場化もしくは「準」市場化というべきものである。そうならざるを得ないのは、社会福祉サービスは、国に基本的な責任が課せられ、費用の多くが税と社会保険料の公的財源でまかなわれている社会福祉事業であるからだ。

そこには、つぎのような規制メカニズムが作動している。a. ニーズ査定（要介護認定、障害程度区分など）、b. 価格統制（サービス単価の規制）、c. サービスの質の統制（最低基準、指定基準など）、d. 利用料の公費負担と利用者負担、e. 供給主体の参入規制と都道府県・市町村介護保険事業計画による総量規制が働いている。

しかし、日本は公的責任の負い方が軽く、しばしば事業者責任が重く問われ、利用者はしわ寄せ対象となりがちである。たとえば、ニーズ査定においては、当事者や現場専門従事者の判断は排除され、ニーズの査定範囲が絞り込まれる方向にある（要支援を介護予防から外したり、特別養護老人ホームの利用を要介護3以上に絞り込むなどの動き）。価格統制では、サービス単価における人件費の算定基礎が曖昧である。しかも日割り計算方式であることが事業者の見通しをもった経営を困難にしている。サービスの質の統制における基準の規制緩和が進んでおり、質の担保が弱まっている。供給主体の参入規制では介護保険施設への営利法人参入は認められていないが、在宅サービスには規制がなく、介護保険事業計画による総量規制があるのみである。

（4）イギリスで起こっている事態

　イギリスでは高齢者福祉は、日本のような介護保険方式ではなく、1990年の国民保健サービスおよびコミュニティケア法により税方式で実施されている。これ以外は、日本の介護保険同様の「準市場化」が進行している。そこで起こっている事態は日本の介護保険の一足先を行っており、日本で発生する事態を予測する意味でも確認しておく価値がある。その概要をイアン・ファーガソン（2008）の研究により整理する[1]。

　1つは、経営管理強化の傾向である。専門的なソーシャルワーカーたちが専門的な資格を持たない上級管理者に取って代わられる事態がひろがり、「日々の業務とそもそも自分たちが志した初心との間にギャップを生じさせ、ソーシャルワーカーたちに深刻な不満をもたらした」とされ、上級管理者養成プログラムに日本の自動車産業で開発された経営管理手法の学習が称揚されている。専門雑誌の広告に次のような広告が掲載されていることを報告している。

　もし、時間圧縮や浪費の排除に関する最新の事例についての訓練を受けていなかったり、「カイゼン」「ゲンバ」「カンバン」という言葉を熟知していないのなら、サービス提供のより進んだ段階の要求を満たす経営手法に一新しなければならないでしょう。…リーン方式［ムダを排除して業務効率の向上を図る生産方式：訳者］とシックスシグマ方式［作業のバラツキを制御して高品質なビジネスプロセスの確立を目指すマネジメント方式：訳者］を組み合わせるという強力な新しい手法は、イギリスのヘルスケアや社会的ケア部門の事業者（sector）のために特別に仕立てられました。

　2つめは、地方自治体の責任の後退である。個人別「現金給付方式」の導入は地方自治体によって費用節約の手段とみなされ、地方自治体から個人にリスクが転嫁される危険性が高まっていると指摘している。また、参入した事業所の閉鎖で路頭に放り出される人も出ていると指摘している。

　3つめは、利用者の個人責任の強化である。「個人別管理」の仕組みによって、障害者個人は委ねられた支払いの管理と運営の難しさに押し潰されそうになっている。

　4つめは、利用者がケアワーカーの地位を低くみることである。「労働者を契約時間外に無報酬で呼ぶことができると思っている」サービス利用者があり、「ワーカーはサービス利用者の言いなり」であったと感じていたことが報告されている。

　5つめに、利用者とケアワーカー・事業者との共同的なサービス供給の土台を掘りくずしていく傾向にあることが指摘されている。

　6つめに、民間営利法人はケア付き住宅供給分野で急成長していることが報告され、七つめには、非営利のボランティアセクターの事業者が変質し、巨大化した事業者は経営に埋没し、解散に追い込まれた事業者も出て、1970年代には社会福祉運動の影響力のある担い手の一つであった非営利セクターの事業者が脱落し、社会福祉運動の主たる担い手は、当事者と公務・民間の福祉労働者や研究者・学生の個人や組織・団体のオープンなネットワークに代わってきていると指摘している。

2．日本の介護保険下における市場化の実態と問題点

（1）要介護認定者とサービス受給者数のギャップ

①要介護認定者数

　日本の介護保険制度における65歳以上の要介護認定者の割合は（表5-1）、制度発足時の11％か

ら2014年度には18%に上昇してきている。上昇の頭打ちが2006年から2008年に一時的にあったが、その後は増え続け、2013年から2014年にかけては再び頭打ち傾向となっている。これには要介護認定方法の「見直し」が影響している可能性がある。とはいえ、認定者の絶対数は増え続けている。

要介護度別にみると（表5-2）介護保険制度の2006年改定により、要支援は要支援1と要支援2に分けられたことをうけて、要介護者および要支援者の総数が減少しており、軽度者の認定が抑制されたことが示されている。しかし、2009年の要介護認定の見直しにもかかわらず、2010年度には要介護1の認定者は2006年度の水準を超えて増え続けていった。2014年度には要介護5が2013年度よりも減少している。

②介護保険サービスの受給者

資源の整備状況も影響して要介護認定を受けた人のすべてが介護サービスの受給者になるわけでもなく、認定水準いっぱいのサービスを受給するわけでもない。そこで、実際の各施設・サービスの受給者数の1ヶ月平均の推移を簡単に確認しておく必要がある（表5-3）。

表5-1　65歳以上要介護認定者数・割合の推移

	被保険者数	認定者数	認定者割合
2000年度	22,422,135	2,470,982	11.0%
2001年度	23,168,174	2,877,249	12.4%
2002年度	23,933,684	3,324,156	13.9%
2003年度	24,493,527	3,704,095	15.1%
2004年度	25,111,368	3,942,808	15.7%
2005年度	25,877,564	4,175,295	16.1%
2006年度	26,763,282	4,251,432	15.9%
2007年度	27,511,881	4,378,140	15.9%
2008年度	28,317,370	4,523,903	16.0%
2009年度	28,766,682	4,652,268	16.2%
2010年度	29,098,466	4,907,439	16.9%
2011年度	29,779,321	5,149,508	17.3%
2012年度	30,938,431	5,457,084	17.6%
2013年度	31,684,849	5,655,937	17.9%
2014年度	32,542,747	5,833,529	17.9%

1）65歳以上とは「1号被保険者」のこと。
2）2013年度は12月分暫定報告、2014年度は9月分暫定報告による。
出典：厚生労働省「介護保険事業状況報告」より作成。

表5-2　要介護（要支援）認定者数の推移（1号被保険者と2号被保険者を含む）

	要支援1	要支援2	経過的要介護	要介護1	要介護2	要介護3	要介護4	要介護5	合計
2000年度	321,503			701,489	483,797	354,831	363,279	336,695	2,561,594
2001年度	389,869			874,720	562,942	388,646	389,075	377,431	2,982,683
2002年度	498,992			1,056,269	635,834	425,712	419,292	409,087	3,445,186
2003年度	592,511			1,240,366	595,639	485,575	473,072	451,761	3,838,924
2004年度	669,247			1,328,349	610,709	521,881	493,012	462,661	4,085,859
2005年度	717,642			1,422,851	644,732	552,367	520,976	464,764	4,323,332
2006年度	527,417	508,289	45,378	895,472	749,509	644,758	544,061	486,479	4,401,363
2007年度	550,307	627,062	1,715	768,624	801,941	705,442	574,815	499,038	4,528,944
2008年度	571,527	659,954	8	784,451	821,157	735,536	586,977	513,078	4,672,688
2009年度	601,391	650,651		847,117	848,961	712,604	625,961	559,257	4,845,942
2010年度	663,528	667,995		906,953	896,617	697,891	637,766	591,484	5,062,234
2011年度	689,834	709,172		965,277	948,346	720,754	664,906	607,334	5,305,623
2012年度	764,060	765,566		1,045,616	989,397	743,276	691,749	611,286	5,610,950
2013年度	809,584	797,286		1,097,722	1,020,701	760,858	707,053	613,593	5,806,797
2014年度	846,454	823,138		1,141,907	1,048,698	782,824	722,460	612,356	5,977,837

1）2013年度は12月分暫定報告、2014年度は9月分暫定報告による。　2）2000年度から2005年度は要支援は一本化されていた。
出典：厚生労働省「介護保険事業状況報告」より作成。

表5-3　介護保険サービス受給者数（2014年7月分）

	要支援1	要支援2	経過的要介護	要介護1	要介護2	要介護3	要介護4	要介護5	総数
介護老人福祉施設				14,610	42,024	104,422	162,756	163,044	486,856
介護老人保健施設				35,933	62,902	82,855	94,237	69,973	345,905
介護療養型医療施設				749	1,745	5,037	21,040	36,645	65,216
地域密着型（介護予防）サービス	3,863	5,835		70,322	89,197	94,701	70,178	50,529	384,625
居宅（介護予防）サービス	485,734	582,663	2	838,572	787,834	481,786	338,106	228,215	3,742,912

出典：厚生労働省「介護保険事業状況報告」より作成。

介護老人福祉施設サービス受給者は2014年で約49万人であるが、事実上要介護度3以上の人が多数を占める施設になっている。介護老人保健施設サービス受給者は約35万人であるが、要介護度2の人も多数入所している。これは、特養の入所待機者がこちらにまわってきているためと思われる。介護療養型医療施設サービス受給者は約6万5千人となっており、要介護度4，5の人が多数収容されているが、2005年以降病床数が減らされ、入所者の数も減ってきた。居宅（介護予防）サービス受給者は約374万人、地域密着型（介護予防）サービス受給者は約38万人である。要介護度の違いを捨象して、すべてのサービス受給者数を合算すると、およそ503万人となっている。①でみたように、65歳以上の第1号被保険者の要介護認定者は約583万人、65歳未満第2号被保険者の認定者数は約14万4千人[2]、両者をあわせると598万人である。サービス受給者と要介護認定者の間には、

表5-4　介護保険施設数の開設主体別割合（2012年）

	実数	総数	都道府県	市区町村	広域事務組合・一部	社会保険関係団体 日本赤十字社・	社会福祉協議会	社会福祉法人（社会福祉協議会以外）	医療法人	社団・財団法人	その他の法人	その他
介護老人福祉施設	6,590	100.0	0.8	4.7	1.8	0.1	0.1	92.4	・	・	・	・
介護老人保健施設	3,931	100.0	0.1	3.9	0.5	1.9	—	15.5	74.4	2.7	1.0	0.1
介護療養型医療施設	1,759	100.0	—	4.3	0.5	1.0		1.0	81.8	2.6	0.5	8.2

出典：厚生労働省「平成24年度介護サービス施設・事業所調査」により作成。

表5-5　開設（経営）主体別介護保険事業所数の割合（2012年）

		実数	総数	地方公共団体	日赤・社会保険関係団体	社会福祉法人	医療法人	社団・財団法人	協同組合	営利法人（会社）	特定非営利活動法人（NPO）	その他
居宅サービス事業所	訪問介護	31,075	100.0	0.4	…	21.0	5.9	1.1	2.7	62.6	5.7	0.5
	訪問入浴介護	2,410	100.0	0.6	…	40.1	1.8	0.8	0.6	55.5	0.5	0.1
	訪問看護ステーション	6,590	100.0	3.1	2.8	8.1	36.0	12.0	3.2	32.6	1.8	0.3
	通所介護	34,107	100.0	0.9	…	31.5	6.9	0.6	1.7	53.1	4.9	0.4
	通所リハビリテーション	7,023	100.0	3.0	1.5	8.9	76.8	2.7		0.0		7.0
	短期入所生活介護	8,980	100.0	2.9	…	82.7	3.5		0.4	9.8	0.5	0.1
	短期入所療養介護	5,490	100.0	4.1	1.8	11.1	77.0	2.7		0.0		3.2
	特定施設入居者生活介護	3,941	100.0	1.1	…	25.2	4.2	0.7	0.3	67.4		0.7
	福祉用具貸与	7,644	100.0		…	2.6	1.4	0.3	2.1	92.3	0.7	0.4
	特定福祉用具販売	7,724	100.0	0.0	…	1.5	1.0	0.2	2.0	94.2	0.7	0.3
地域密着型サービス事業所	定期巡回・随時対応型訪問介護看護	76	100.0	-	…	19.7	11.5	8.2	1.6	59.0		
	夜間対応型訪問介護	188	100.0	0.7	…	21.9	11.0	2.7	0.7	59.6	3.4	
	認知症対応型通所介護	4,158	100.0	0.7	…	47.7	12.6	1.0	1.6	29.8	6.5	
	小規模多機能型居宅介護	3,885	100.0	0.1	…	31.4	13.2	0.8	1.6	45.8	6.9	0.3
	認知症対応型共同生活介護	11,729	100.0		…	23.5	17.6	0.3	0.9	52.9	4.9	0.2
	地域密着型特定施設入居者生活介護	238	100.0		…	30.2	14.9		0.5	50.0	3.2	0.5
	複合型サービス	15	100.0		…	42.9				50.0	7.1	
	地域密着型介護老人福祉施設	954	100.0	9.5	—	90.5	・	・	・	・	・	・
介護予防支援事業所（地域包括支援センター）		4,430	100.0	29.4	…	51.6	12.0	3.8	1.0	1.6	0.6	0.1
居宅介護支援事業所		35,885	100.0	1.1	…	26.7	17.0	2.6	2.7	45.6	3.6	0.6

注：訪問看護ステーション、通所リハビリテーション、短期入所療養介護、地域密着型介護老人福祉施設については、開設主体であり、それ以外は、経営主体と厚労省は表記している。
出所：厚生労働省「平成24年度介護サービス施設・事業所調査」

表5-6　通所介護（予防を含む）の経営主体別経営実態

	社会福祉協議会	社会福祉法人(社協以外)	医療法人	営利法人	その他
収入（円）	4,598,000	5,657,000	4,596,000	3,743,000	3,180,000
支出（円）	4,406,000	5,098,000	4,197,000	3,227,000	2,944,000
法人税等（円）	―	―	35,000	35,000	28,000
法人税等差引後収支差（円）	192,000	558,000	365,000	481,000	208,000
収支差率（法人税等差引後）	4.2%	9.9%	7.9%	12.9%	6.5%
収入に対する給与費の比率	65.2%	58.3%	54.4%	50.0%	59.6%
収入に対する減価償却費の比率	2.9%	5.6%	3.6%	2.8%	2.5%
収入に対する本部費繰り入れの割合	1.4%	1.5%	0.0%	3.5%	1.7%
延べ利用者数	465.6	556.3	512.5	391.1	341.9
常勤換算職員数（人）	10.8	11.1	9.6	8.1	8.1
職員常勤率	66.7%	67.6%	72.2%	61.6%	59.8%
看護・介護職員常勤率	64.1%	64.7%	70.5%	55.3%	54.0%
常勤介護福祉士給与（円）	278,153	314,607	262,274	236,630	258,860
非常勤介護福祉士（常勤換算）給与（円）	215,368	262,004	209,251	192,524	203,409

出典：厚生労働省「平成26年度介護事業経営実態調査」データより作成。

90万人のギャップがあり、認定を受けていてもサービスを受給しない人が、16％もあることがわかる。介護保険制度が「市場化」メカニズムではなく、現物給付システムで利用料が無料であれば、おそらく生じなかったであろうギャップである。

（2）介護保険施設・事業への営利企業の参入実態

　介護保険施設・事業への営利法人の参入状況を2012年の数値でみる（表5-4）。介護保険施設は法律により、営利法人の参入は認められていない。介護老人福祉施設はそのほとんどが社会福祉法人による経営である。ただし、企業が出資して社会福祉法人を設立し、介護老人福祉施設を経営している例はあるが、厚生労働省の調査統計では把握できない。介護老人保健施設はおよそ4分の3が医療法人によるものであり、介護療養型医療施設は8割が医療法人経営となっている。これら両施設は病院の入院患者を減らしていく医療費抑制政策の受け皿として病院関係団体との調整のなかで推移してきた。

　介護保険サービス事業所では、多様な経営主体が参入している（表5-5）。営利法人の参入率が50％を超えている事業は、訪問介護（62.6％）、訪問入浴介護（55.5％）、通所介護（53.1％）、特定施設入所者生活介護（67.4％）、福祉用具貸与（92.3％）、特定福祉用具販売（94.2％）、定期巡回・随時対応型訪問介護看護（59.0％）、夜間対応型訪問介護（59.6％）、認知症対応型共同生活介護（52.9％）、地域密着型特性施設入所者生活介護（50.0％）、複合型サービス（50.0％）などである。このほか、小規模多機能型居宅介護（45.8％）、訪問看護ステーション（32.6％）が高い。訪問看護という医療の一角に営利法人参入の場が開かれたことは今後の展開に注意を要する。

（3）「通所介護」に参入した営利企業の経営実態とその影響

①介護報酬算定の基礎とされた「介護事業経営実態調査」

　厚生労働省が「介護報酬設定の基礎資料」として活用するためと称して3年に1度実施している「介護事業経営実態調査」がある。これは、調査対象となった事業所の1か月分の経営実態についていくつかの経営指標を設定して調査を行うもので、発表されているものは1事業所当たりの平均値である。

厚生労働省はこの調査結果を根拠に 2015 年度から介護老人福祉施設や通所介護の大幅な報酬単価の引き下げを提起する根拠に活用した。2015 年 2 月 3 日の参議院厚生労働委員会における小池晃参議院議員（日本共産党）と塩崎厚生労働大臣とのやりとりは、業界関係者も注目した。塩崎厚生労働大臣は「参考として収支差を見ますけれども、例えば今の特養であれば 8.7、それからデイは 10.6、そういうようなものがある」と答弁し、収支差率＝収益率が高いことをもって介護報酬の引き下げの根拠としていることを示した。しかしこの調査は回答率が低く、平均値は赤字の施設の多さを表現していないなどの問題あり、事業所の現場からは人材確保に不可欠な職員処遇の向上を困難にすると関係団体から強い抗議の意が表明された。営利企業の参入の特徴を最も象徴的にあらわしているのが営利法人の参入率が 53％と過半数を占めている「通所介護」の経営実態である。

②通所介護

表 5-6 をみると、営利法人の場合「収支差率」は 12.9％と他の法人に比べて高く、「収入に対する本部費繰り入れの割合」は 3.5％となっている。しかしその一方で、「収入に対する給与費の比率」＝人件費率は 50％で最も低くなっている。「職員常勤率」は 61.6％、「看護・介護職員常勤率」は 55.3％と社会福祉法人や医療法人に比べてかなり低い。しかも、「常勤介護福祉士」の給与は 23 万 6 千円、「非常勤介護福祉士（常勤換算）給与」は 19 万 2 千円と最も低くなっているのである。営利法人は利益を確保するために、人件費相当分をしわ寄せしていることが如実に表れている。このような営利法人の参入が、人件費率の平均値を引き下げていることがわかる。厚生労働省は介護報酬の算定基礎として、このデータを使用しているが、営利法人の参入によって人件費率が引き下げられ、それがさらに介護報酬の引き下げに寄与するという悪循環となっていることになる。このようにして、人件費水準が引き下げられることで、介護人材確保難を生み出す要因を作っていることが明らかである。人材確保問題は介護保険に市場原理を導入したことによる矛盾の焦点に浮かび上がってきているのである。

3．介護保険周辺サービス市場の需要増と問題

次いで、介護保険制度の周辺に形成された介護関連市場もみておく必要がある。ここでは「有料老人ホーム」と「サービス付高齢者向け住宅」の動向を見る。

（1）有料老人ホームの増加

有料老人ホーム入居者は 2012 年時点では 22 万人であったのがわずか 1 年後の 2013 年には 25 万 8 千人近くに急増し、近年の伸びは著しい（表 5-7、5-8）。その経営主体は 80％以上が営利法人である。

有料老人ホームには、入居時点で重度の要介護者も受け入れる「介護付有料老人ホーム」、軽度者や要支援や自立の人が入れる「住宅型有料老人ホーム」、要支援

表 5-7　有料老人ホーム（サービス付き高齢者向け住宅以外）在所者の経営主体別構成

	2011	2012		2013	
総　数	179,505	221,907	100.0%	257,777	100.0%
市区町村		13	0.0%	14	0.0%
社会福祉法人		13,677	6.2%	14,936	5.8%
医療法人		12,416	5.6%	15,728	6.1%
公益法人・日赤		34	0.0%	492	0.2%
営利法人（会社）		185,105	83.4%	215,998	83.8%
その他の法人		10,502	4.7%	10,444	4.1%
その他		160	0.1%	165	0.1%

出典：厚生労働省「社会福祉施設等調査」より作成。

もしくは自立の人を受け入れる「健康型有料老人ホーム」がある。「介護付有料老人ホーム」にはさらに、施設のスタッフが介護する「介護専用型」、要介護者と健常者を受け入れて施設のスタッフが介護する「混合型」、外部事業者の介護サービスを利用する「外部サービス利用型」に分かれている。介護保険サービスで営利法人の参入比率の高かった「特定施設入居者生活介護」「地域密着型特定施設入居者生活介護」が提供される。介護保険前の有料老人ホームは、入居費が高額であり要介護状態の人は受け入れないものが多かったが、2000年の介護保険以後に開設されたものはほとんど要介護者向けのものである。2006年に10人以上という人員基準が撤廃された。

また、死亡や施設の閉鎖等で短期間で退去しても高額の「入居一時金」が返還されないとの苦情やトラブルが多かったことから、2011年6月には、「契約締結日から概ね90日以内の契約解除の場合について は、既受領の一時金の全額を利用者に返還すること。ただし、この場合において、契約解除日までの利用期間に係る利用料及び原状回復のための費用について、適切な範囲で設定し、受領することは差し支えないこと」などを定めた「短期解約特例制度」が公布された。しかしそれでもなお、入居者から「相当数の苦情の訴えやトラブルの相談が寄せられている」と神奈川県は発表している[3]。苦情の代表的なものを列挙する。

表5-8　有料老人ホーム施設数・定員・在所者数の推移

年度	定員	在所者数	施設数
1990	17,420	13,515	173
1991	19,936	15,608	200
1992	23,529	17,570	228
1993	25,463	18,260	246
1994	25,563	18,651	250
1995	27,833	19,829	272
1996	29,146	20,669	275
1997	30,100	21,351	281
1998	31,142	21,824	287
1999	32,302	23,079	298
2000	37,467	26,616	350
2001	41,445	29,492	400
2002	46,561	34,598	508
2003	56,837	42,661	694
2004	76,128	55,461	1,045
2005	96,412	69,867	1,406
2006	123,155	91,524	1,968
2007	147,981	114,573	2,671
2008	176,935	140,798	3,400
2009	183,245	148,402	3,565
2010	195,972	161,625	4,144
2011	216,174	179,505	4,640
2012	271,524	221,907	6,301
2013	315,234	257,777	7,472

出典：厚生労働省「社会福祉施設等調査」より作成。2013年の数値は「サービス付高齢者向け住宅以外」、2012年には一部含む。ここに掲載されている数値は調査で回収されたものを基礎にしており実際の数値はこれよりも多い。

「介護職員の数が確保できないためなのか、日中は職員室前のリビングルームに多くの入居者が集められて、座ったまま過ごしている。」
「経験のある介護職員が定着せず、経験の浅い介護職員が多くを占めるようになり、今後も適切な介護サービスを受け続けられるのか心配である。」
「家族からの依頼が介護の現場に伝えられておらず、信用がおけない。」
「ホーム内で感染症が蔓延しても説明がない。情報を提供しないのに外出は制限された。」
「退去時に想定を超える原状回復費用や清掃代を請求され、入居一時金の返還金から差し引くとホームより一方的に通知された。」
「住宅型有料老人ホームに入居した後、同じ運営法人のデイサービスの利用を求められ、断ったところ退去を求められた。」
「ホーム長の交代が頻繁で、心配である。」
「他の入居者から心ない言葉を投げかけられ、悩んでいる。」

（2）サービス付高齢者向け住宅の急増

有料老人ホームは利用権付きのマンションで、中高水準の所得層がターゲットになる。これに対して、所得水準が中・低位の人をターゲットにした賃貸型の「サービス付き高齢者向け住宅」も近年急増している（表5-9）。これは、「高齢者住まい法」により整備された高齢者向け住宅である。「高齢

者円滑入居賃貸住宅（高円賃）」「高齢者専用賃貸住宅（高専賃）」「高齢者向け優良賃貸住宅（高優賃）」等が、2011年4月の「高齢者の居住の安定確保に関する法律」の改正により（2011年10月20日施行）、介護保険施設に入所できない人で、在宅での生活が困難な人向けの「サービス付高齢者向け住宅」として統合された。国土交通省・厚生労働省所管の登録住宅となっている。

高齢者単身・夫婦世帯向けの、バリアフリー構造で一定の面積・設備を有し「生活相談員」による安否確認と生活相談サービスがある[4]。介護サービスを提供する事業所や診療所が併設もしくは連携している場合が多いが、入居者サービスとして付随しているわけではなく、個別に介護保険申請が必要であり、通常の自宅に住む人と同様である。この点が介護付有料老人ホームとは異なる。しかし賃貸住宅として供給されていることもあり、登録住宅数は急増し2014年12月で16万6千戸に達している。

この「サービス付高齢者向け住宅」を供給する事業者は、建設費の1／10、改修費の1／3の国の補助（1戸当たり上限100万円）の補助を受けることができ、所得税・法人税の割増償却、固定資産税の減額、不動産取得税の軽減措置を受けられる。また建設については住宅金融支援機構の融資を受けることができるとされている。この「サービス付高齢者向け住宅」の実際の事業者の構成を「すまいまちづくりセンター連合会」が実施した調査結果によると（表5-10）、2014年3月末では、株式会社が56.1％、有限会社が13.3％と多数を占めているが、社会福祉法人（14.8％）や医療法人（14.3％）も供給に参加している。個人も資産活用法として経営に参入していることがわかる。

供給業者の業種は（表5-11）、介護系事業者が64.8％と最も多く、ここに株式会社や有限会社も多数含まれている。医療事業者は16.0％となっている。不動産業者も8.1％ある。また、サービス付高齢者向け住宅には、介護保険関連の事業所が併設されている（表5-12）。その種類は「通所介護事業所」が48％、「訪問介護事業所」40.4％、「居宅介護支援事業所」が28.5％と高くなっている。

しかし、このように急速に増えた「サービス付高齢者向け住宅」に対しては、入居者とのトラブルがかなり発生している。「高齢者住宅仲介センター」のブログでは次の様なケースが紹介されている（http://en-count.com/archives/sakoju20）。

「居室に緊急通報ボタンがついています。これは言葉通り緊急時に対応するためのものであり、なにか手伝って欲しいという時に使うものではありません。」

「ご利用者がトイレに介助が必要な場合、トイレに行きたい時にヘルパーさんを呼ぶことができるわけではありません。ですので、紙おむつ等で対応せざる得ないケースがあります。紙おむつ

表5-9 サービス付高齢者向け住宅の登録状況

	戸数	棟数
11.11.01	994	30
11.12.01	3,448	112
2012年 6月	56,137	1,749
12.12.01	89,122	2,772
2013年 6月	114,315	3,543
13.12.01	135,352	4,205
2014年 6月	151,667	4,714
14.12.01	166,279	5,160

出典：一般社団法人　すまいづくりまちづくりセンター連合会「サービス付高齢者向け住宅情報提供システム」より。

表5-10 サービス付高齢者向け住宅の事業者

	実数	割合
医療法人	617	14.3%
社会福祉法人	639	14.8%
株式会社	2,424	56.1%
有限会社	573	13.3%
NPO法人	149	3.4%
各種組合	18	0.4%
その他	86	2.0%
個人	83	1.9%
有効回答	4,319	100.0%

出典：一般社団法人　すまいづくりまちづくりセンター連合会「サービス付高齢者向け住宅の現状と分析（2014年3月末時点）」より。

表5-11 サービス付高齢者向け住宅の事業者の業種

	実数	割合
介護系事業者	2,747	64.8%
医療系事業者	676	16.0%
不動産業者	345	8.1%
建設業者	121	2.9%
ハウスメーカー	11	0.3%
その他	336	7.9%
有効回答	4,236	100.0%

出典：図表5-9に同じ。

の交換についても、ケアプランに沿ってヘルパーさんが対応します。」
「実際に受ける訪問介護サービスは、一軒家にお住まいの方と同じです。ですので、ヘルパーさんが来る時間は決まっていて、たとえ近くにいるとしても適時に呼ぶことはできないのです。」

また、施工業者や住宅所有者の無責任な営業と経営の実態に対する危惧も紹介されている（『こいも』日々思うあれこれ http://coimo01.blog.fc2.com/blog-entry-65.html を参照）。

表5-12 サービス付高齢者向け住宅の併設施設（複数回答）

	実数	割合
通所介護事業所	2,185	48.0%
訪問介護事業所	1,841	40.4%
居宅介護支援事業所	1,299	28.5%
小規模多機能型居宅介護事業所	395	8.7%
訪問介護事業所	372	8.2%
食事サービス施設	270	5.9%
診療所	264	5.8%
短期入所生活介護事業所	197	4.3%
グループホーム（認知症対応型共同生活介護）	135	3.0%
通所リハビリステーション事業所	127	2.8%
訪問リハビリステーション事業所	28	0.6%
短期入所療養介護事業所	16	0.4%
その他	601	13.2%
有効回答	4,555	100.0%

出典：図表5-9に同じ。

「入居者との入居契約は自分（家主）との賃貸契約、介護・見守りサービスは入居者と訪問介護事業者との個別契約、食事はテナントのレストランと入居者との個別契約」という事例もあり、「入居者・家族に対して、このサービス付高齢者向け住宅で『安心・快適に生活できますよ…』と説明・約束するのは誰なのか、サービス付高齢者住宅の運営責任はどこにあるのかを理解せず、事業上のリスクなど自分には全く関係ないと、事業者自身が思っている」

このような情報は調査の協力を得ること自体が非常に困難な状況では貴重な情報ではある。しかし、厚生労働省が所管して登録しているのであれば、このような問題や実態に対する監督責任が問われなければならない。しかし、利用している人の多くは、介護を要する高齢者であり、家族との関係が良好でないケースも多いことが予想される。特養ホームへの供給が遅々とし、しかも重度者にシフトする中で、在宅での生活が困難な中・軽度者がこのような住宅に流れ、自己責任が伴う市場サービスに埋もれて問題が潜在化し広がっていくことが危惧される。

4. 安倍政権下での産業化へのあらたな圧力

（1）民主党菅政権時代以来強められてきた「産業政策としての介護政策」

第2次安倍政権のもとで、介護の市場化は新たな段階に入りつつある。民主党菅政権の時に、経済同友会は「持続可能な介護保険制度に向けた抜本的改革を～公的介護保障の見直しと介護を自立した産業にするための環境整備～」提言（2010年6月）を発表し、介護の産業化に大きな圧力をかけ始めた。「介護保険施設を自治体、社会福祉法人、医療法人等以外の主体にも開設できるようにし、株式会社等、多様な経営主体の参入を促すべきである。その際、特別養護老人ホーム等を開設する社会福祉法人に対し行われている公的助成や税制面での優遇措置をなくし、他の経営主体と競争条件を同一にする必要がある」と主張したのである。さらにまた、介護労働者の処遇水準に関して「介護労働者の賃金を引き上げるためには、保険外サービス市場を拡大し、介護事業者がより多様なサービスや付加価値の高いサービスを提供していかなければならない」とも述べていた。介護従事者の処遇向上は介護保険外の市場サービスの販売努力によってこそ実現されるのだと説いていたのである。

これらの提起に呼応するように、政府も産業構造審議会産業競争力部会報告書「産業構造ビジョン

2010」（2010年6月）を発表し、「高齢者のケアプランを作成するケアマネージャーが積極的に介護保険外サービスを活用してケアプランの質を高めていくモチベーションを持てる環境を構築」し、「保険外サービス事業者からケアマネージャーに対する報酬システムの確立や、より質が高いケア・プランを作成するケアマネージャーがより多くのケアプランを担当できる仕組みの構築が必要と言える」との政策を打ち出していたのである。

介護労働者や介護サービス利用者のねがいである、介護従事者の「処遇改善」を求める力を、営利法人の参入が規制されている介護保険施設の市場開放と介護保険外の市場サービスとミックスする方向に誘い込む提起なのである。

自民党の中に社会福祉法人の高齢者施設経営者層を支持母体とする議員グループがあり、介護保険施設への営利企業の参入や、営利法人とのイコールフッティングを求める経済界からの圧力に抵抗する勢力が存在する。安倍政権に代わってからは、この勢力の利害との衝突を回避しながら営利企業の参入を進める施策がとられている。その一つが、前節でみた、介護保険周辺での「有料老人ホーム」や「サービス付き高齢者向け住宅」の供給であった。また、市場原理に基づくイコールフッティング論の立場にたって社会福祉法人への課税をもとめる、マスコミによる根拠薄弱な「内部留保」のでっち上げをともなった圧力に対しては、社会福祉法人に低所得者や生活困難者を対象とした「地域公益事業」を義務づけることで回避しようとする対応がとられている[5]。

（2）医療法人と介護分野をまたぐ「市場化」の新段階

安倍政権になってからは、新自由主義政策の推進をめざす三つの司令塔からの政策が相互に刺激し合いながら展開されてきている[6]。すなわち、社会保障抑制と消費税の増税という財務省サイドの政策と、経産省サイドのグローバル企業の競争力強化を支援する政策、大手民間企業の一部にある規制緩和の促進を要請する勢力に応える政策がそれである。これらの政策の医療・介護保険分野での具体化のアウトラインは「社会保障制度改革国民会議報告書」（2013年7月）に示されている。この報告書は、社会保障費抑制のターゲットを社会保障費の多くを占める医療分野に据え、入院期間の短縮や病院での看取りの排除とともに、病院から介護施設への患者の移行を提起した。注意すべきは次のような、金融業界や大型建設業界が関わる提案を行っていることである。

「医療法人等の間の競合を避け、地域における医療・介護サービスのネットワーク化を図るためには、当事者間の競争よりも協調が必要であり、その際、医療法人等が容易に再編・統合できるよう制度の見直しを行うことが重要である。このため、医療法人制度・社会福祉法人制度について、非営利性や公共性の堅持を前提としつつ、機能の分化・連携の推進に資するよう、例えばホールディングカンパニーの枠組みのような法人間の合併や権利の移転等を速やかに行うことができる道を開くための制度改正を検討する必要がある」。

「介護事業者も含めたネットワーク化や高齢化に伴いコンパクトシティ化が進められているまちづくりに貢献していくことも見据えて、医療法人や社会福祉法人が非営利性を担保しつつ都市再開発に参加できるようにする制度や、ヘルスケアをベースとしたコンパクトシティづくりに要する資金調達の手段を、今後慎重に設計されるべきヘルスケアリート等を通じて促進する制度など、総合的な規制の見直しが幅広い観点から必要である」。

ここで言われているヘルスケアリートとは「投資法人の仕組みを使って市場から資金を集め、ヘルスケア施設を取得・長期管理しながら賃貸収益を投資家に分配」するもので、「米国では11銘柄が上場し、時価総額の合計は約5.1兆円（11年9月時点）と、全リートの1割強を占めている。カナダや

シンガポール、英国、豪州などにも存在し、世界的に見ても市場規模は拡大傾向にある」（建設通信新聞 2013.06.26）とされているものである。2013年12月の「産業競争力会議　医療・介護等分科会中間整理」では「非営利ホールディングカンパニー型法人が株式会社（介護事業等）に出資できるようにする」とされ、他方で、「社会福祉法人については、経営の合理化、近代化…大規模化や複数法人の連携を推進していく必要がある」としている。

　ここで構想されているのは、社会保障や介護保障制度を縮小解体し、社会福祉法人の役割を制限する一方で、内外の大企業向けの市場を大規模に開拓しようとする路線である。今後の動向について厳しい国民的な監視の目を向けつつ、社会福祉の原理・原則への問いかけを広げ対置していくことが不可欠である。

おわりに

　以上みてきたように、第2次安倍政権のもとで、社会福祉の市場化は、社会福祉の変質・解体を引き起こす深刻な段階に入ってきている。その様相は、最初に紹介したようなイギリスで先行してきた類似の経過をたどっているようにみえる。イギリスでは、福祉の市場化に抗した当事者や福祉労働者や研究者の三者が連帯した運動が広がりつつあるが、日本でもそれら三者の「福祉は商品ではない」との共同運動が障害、高齢、保育分野を超えて広がりつつあり、さらにイギリスにはない事業者運動も呼応した力を示しつつある。これらの連帯した力が、市町村という基礎自治体と議会に影響を広げていく可能性を示しており、今後の展開が注目される。

【注】
1）イアン・ファーガソン、石倉・市井監訳（2012）『ソーシャルワークの復権』クリエイツかもがわ（Iain Ferguson,2008"Recalming Social Work",SAGE）の序章、第3章、第4章参照。
2）厚生労働省「平成26年度介護保険状況報告9月暫定報告」による数値。
3）神奈川県のホームページ「有料老人ホームの苦情等について」2013年12月12日。http://www.pref.kanagawa.jp/cnt/f6968/p23077.html
4）特定非営利活動法人シーズネット、北海道高齢者向け住宅事業者連絡会「サービス付高齢者向け住宅等の生活相談員マニュアル（暫定版）」2013年3月参照。
5）社会保障審議会福祉部会「社会保障審議会福祉部会報告書～社会福祉法人制度改革について～（案）」（2015年2月12日）では「地域公益事業」と社会福祉法人の「公益性」と「非営利性」を確保するための改革提案がなされている。
6）渡辺治氏は第二次安倍政権の新自由主義改革の司令塔の①財務官僚が事務局を握り財政再建をめざす「経済財政諮問会議」、②経産省官僚に代表されグローバル企業の競争力強化を支援する「産業競争力会議」の事務局の多数派、③産業競争力会議にも影響力を持ち「規制改革会議」や「国家戦略特区諮問会議」を握る「急進派自由主義勢力」の分立を指摘（渡辺他『〈大国〉への執念　安倍政権と日本の危機』大月書店、2014年、pp.110-114）。

介護と介護の担い手が足りない

全国福祉保育労働組合　執行委員長　多久和令一

　「果たして介護は保険になじむのか」、多くの関係者の疑問や懸念が渦巻く中、政府は介護保険制度の導入を強行した。それから丸15年、この間大きく制度は変更され、介護を利用できない多くの高齢者がうまれ、介護現場では介護を担う職員が確保できない人材難が一層深刻の度合いを増している。

　特別養護老人ホーム（以下、特養と表記）の整備が抑制される中、入所待ちの「待機者」は年々増え続け52万人に及ぶとも言われている[1]。こうした状況のもと、運用において特養の入所の優先順位が設けられ、実質要介護度の高い高齢者しか入所できない状況になった。その結果特養の入所者の平均介護度は年々高くなっている[2]。その為事業所は最低限度の介護を提供するために、基準をこえる介護職員を配置せざるをえない状況になっている。しかし必要な職員の確保ができず、残った職員の超過勤務、サービス残業で何とかこなしている実態にある。

　こうした過酷な労働の結果、職員の腰痛等の健康破壊や短期の離職を招いている深刻な実態がある。介護職員の人材難を招いている背景には、第1に繰り返される介護報酬の引き下げや報酬の変動による不安定な財源構造による賃金の引き下げ、非正規職員の広がり、第2に制度の導入以来改善されない低い介護職員の配置基準にある。その結果、仕事のやりがい、魅力はありつつも、若者から敬遠され、職に就いても早期に退職するといった悪循環を生んでいる。

　介護保険制度導入後大きく変化したことは、医療ケアを必要とする高齢者が介護保険施設や在宅で増えたことである。その為、政府は介護職員の医行為に対して、一定の条件のもとで一部を認める制度の見直しをおこなった[3]。

　支援する高齢者の命や健康のリスクが高まったことで、介護労働者の心身の負担が増大した。とりわけ特養などでは夜間看護師が配置されない中で、身体介護とあわせて医療ケアの負担はきわめて高い。また医療ケアの増大は、生活の向上にむけた介護の提供を困難にし、最低の身辺の身体的介護と医療ケアの提供に収斂される。その結果、介護の魅力ややりがいが奪われている。

　政府は介護保険料を抑制するために、新たに要支援1、2の高齢者の訪問介護・通所介護サービスを保険給付の対象から外し、地域支援事業への移行を決めた。また、外国人労働者への「技能実習制度」に「介護分野」を対象に加える検討を開始した[4]。こうした制度の見直しは、介護の専門性を否定し、人材確保を困難にし、「介護難民」の増加を招くものである。

　介護保険制度導入から15年。改めて高齢者・家族の安心・安全の豊かな高齢期を実現するための介護職員の確保・定着、介護提供体制の構築、財政の確保等、公的介護保障制度の構築が求められている。

【注】
1）厚生労働省が3月25日、特別養護老人ホームに入所できていない高齢者が、2013年度は52万2千人に上るとの調査結果を発表。前回調査09年から4年間で約10万人、24%増えた。
2）介護サービス施設事業所調査によると平均介護度は平成16年10月3.72から平成20年10月3.82に推移している。
3）平成24年4月から介護職員等による喀痰吸引等についての制度開始。
4）平成26年10月30日、厚生労働省は外国人介護人材の受け入れの在り方に関する検討会を立ち上げた。

高齢者の想いに応える福祉用具専門相談員の育成に向けて

一般社団法人　全国福祉用具専門相談員協会　理事長　岩元文雄

　介護保険制度創設から15年。我が国では、高齢化により介護保険サービスの利用者が急増する一方で、就業条件の厳しさや少子化等により介護人材不足が深刻化し、人材確保策は喫緊の課題となっている。そんな我が国の状況を救うのが、日々進化する福祉用具と、このサービス提供を担う「福祉用具専門相談員」である。

　福祉用具専門相談員とは一体どのような職種か？福祉用具という言葉は認知されつつある一方で、福祉用具専門相談員の社会的認知度はまだまだ高くない。福祉用具専門相談員とは、介護保険サービスのひとつとして、在宅での福祉用具（介護ベッドや車いす、住宅改修など）の利用を支援する専門職である。利用者の自立に向けた生活に対して福祉用具で解決できることを、利用者や家族、ケアマネジャーと一緒に考え、ひとりひとりに適切な福祉用具を提案している。

　本会は、福祉用具専門相談員が福祉用具に関する知識や技術の向上を目指す職能団体として、平成19年に設立された。介護人材が不足するなか、まず福祉用具と住宅改修で介護環境を整備し、自分でできることを増やすことが重要である。そのためには、十分な知識と技術をもって対応できる福祉用具専門相談員の存在が必要不可欠だ。新しい機能をもつ福祉用具が次々と開発されるなか、福祉用具専門相談員は、より質の高いサービスを提供できるよう専門性の向上に常に努めなければならない。

　国の介護保険制度見直し議論のなかでも、「福祉用具専門相談員の質の向上・専門性の確保」に向けた新規施策が次々と打ち出されている。

　本会は、この施策の実現のため、目標を設定してスキルアップを目指せる研修制度（「福祉用具専門相談員の研修ポイント制度」）を開発したり、業務の際に参照できるガイドライン（「福祉用具サービス計画作成ガイドライン」）を策定したりと、福祉用具専門相談員のレベルアップの支援に努めている。

　加齢や疾病により、歩行が不安定になったり、起き上がるのが難しくなったりするなど、今までできたことができなくなることがある。しかし、人に頼るのは、誰しも多かれ少なかれ心苦しいものである。福祉用具や住宅改修による環境整備がなされ、生活動作のなかのひとつでも多く自分でできることが増えれば、その人の心は軽くなるだろう。そしてそれは、介護する家族も同じであろう。

　さらに、介護ベッドで背を上げて、久しぶりに窓の外の景色が見えたとき、手すりや歩行器を使って家のなかを安全に移動し、以前のように家族と食卓をともにできたとき、車いすで外出して友人に再会できたとき、その人のこころは幸せを感じられるのではないだろうか。それを福祉用具専門相談員がお手伝いできれば嬉しく思う。

　本会は、そのような想いを大切にでき、かつ十分な知識と技術でその想いに応えられる福祉用具専門相談員の育成に向けてこれからも活動を展開し、15年続く我が国の介護保険制度が今後も持続可能なものとなるよう寄与していく所存である。

第6章

地域包括ケアの現状と展望

鶴田禎人（同朋大学社会福祉学部専任講師）

はじめに

　現在、高齢者の生活を支える新たなシステムとして、地域包括ケアの構築が求められている。本書が対象とする介護保険は、地域包括ケアを構成する政策の一領域に位置づけられる。本章では、介護保険を中心とした政策の動向とそれがもたらす地域包括ケアの現状、および今後の展望について考察する。

　まず第1節では、地域包括ケアが求められる背景と課題について指摘する。また、地域包括ケアの構築は、「川上」である医療提供体制の改革と一体的に、「川下」における受け皿づくりとして進められる。そこで第2節で、医療提供体制に関する改革の動向を整理した上で、第3節では、地域包括ケアに関する政策がもたらす現状について、特に住まいと生活支援を対象に分析する。その上で、第4節では、高齢者のニーズに基づいて地域包括ケアを構築するために、必要な政策提起を行う。

1. 地域包括ケアの背景と課題

　現在、多くの高齢者は、「要介護状態の重度化や病気になって医療を要する状態になると、在宅の選択が困難となり、施設や病院に依存せざるをえない」。そのような状況に対して、地域包括ケアは、「介護・リハビリテーション」、「医療・看護」、「保健・予防」、「福祉・生活支援」、「住まいと住まい方」といった諸サービス・支援が連携することによって、高齢者が住みたいと思う地域・在宅で、最期まで生活できる体制づくりを目指すものである〔三菱UFJリサーチ＆コンサルティング株式会社（2013）p.2〕。

　そのような地域包括ケアが必要とされるのには、2つの背景がある。まず、高齢期に入り継続的な医療や介護が必要になった時、多くの国民は病院・施設ではなく、可能な限り住み慣れた地域・在宅で生活を営むこと（地域居住）を望んでいる〔厚生労働省（2010）〕。そういった意味で、地域包括ケアは、高齢者の地域居住という目的を叶える手段として、長期的な視野から推進されるべきものである。

　一方で、地域包括ケアは、人口構造・社会資源といった社会的要因からも、その構築が必要とされる。特に首都圏などの都市部では、団塊の世代が後期高齢者となる2025年に向けて、後期高齢者人口の絶対数が著しく伸びることが想定される。それにともなって、慢性期のケアに対する需要はさらに拡大するが、病院や施設のベッド数を急増させることは、財政面などから必ずしも容易ではない。そこから、慢性期のケアを地域・在宅で完結させるという、地域包括ケアの必要性が生まれてくる。

　そして、以上のような国民のニーズ、社会的要因を背景とする地域包括ケアの構築に向けては、クリアしなければならない課題が2つある。1つは、地域・在宅で必要なサービスが切れ目なく利用できるかという、多職種・多主体の存在および連携からなる横の糸である。そしてもう1つは、すべて

の高齢者が経済力に関わらず、必要なケアを入手できるかという縦の糸である。地域包括ケアは、この縦横の糸が地域のニーズに応じて確保されることによって成立する。

前者については、市町村を中心に、日常生活圏域ニーズ調査や地域ケア会議などを通じた地域課題の把握や社会資源の発掘、医療計画など関連計画との調整を踏まえた介護保険事業計画の策定と基盤整備、医師会などとの協働に基づく多職種・多主体の連携の構築などを、地域ニーズに応じて行っていくことが課題となる。そして、横の糸については、先進事例の共有化などによって、積極的に展開されようとしている[1]。

それに対して課題となるのは、後者の縦の糸である。地域包括ケアの政策理念に目をやると、その構成要素として、税負担（公助）、介護保険や医療保険（共助）、マーケットでの購入を含む個人の対応（自助）、住民主体のサービスやボランティア活動（互助）が挙げられている。そして、基本的な考え方として、「公助」「共助」の「大幅な拡充を期待することは難しく」、「今後は、『自助』『互助』の果たす役割が大きくなっていくこと」が想定されている〔三菱UFJリサーチ＆コンサルティング株式会社（2013）p.5〕。地域包括ケアにおける自助と互助の関係については、「自助を基本」とする理解もなされている〔三菱UFJリサーチ＆コンサルティング株式会社（2009）p.7〕。

つまり、地域包括ケアの政策理念からは、「自助」から漏れる低所得層への対応が合わせて必要になることが分かる。しかし、この点については、必ずしも十分な研究や政策が行われてこなかった。そこで以下では、地域包括ケアに関する政策がもたらす現状を明らかにするとともに、縦の糸を確立するための対策を提起していく。

2．医療提供体制に関する改革動向

本節では、地域包括ケアの現状・対策に関する考察の前に、医療提供体制の改革動向について整理しておきたい。高齢者ケアの中心を地域へ移行していくためには、それを可能にする「効率的かつ質の高い医療提供体制の構築」と「地域包括ケアシステムの構築」が「車の両輪」として、並行して行われなければならないと指摘されるためである〔厚生労働省（2014d）p.4〕。

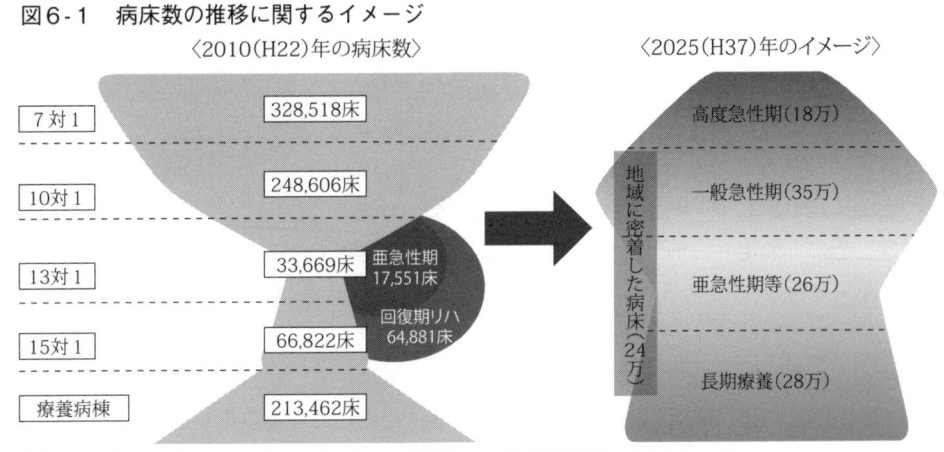

図6-1 病床数の推移に関するイメージ

〈2010(H22)年の病床数〉

区分	病床数
7対1	328,518床
10対1	248,606床
13対1	33,669床 亜急性期 17,551床
	回復期リハ 64,881床
15対1	66,822床
療養病棟	213,462床

〈2025(H37)年のイメージ〉

- 高度急性期（18万）
- 一般急性期（35万）
- 亜急性期等（26万）
- 地域に密着した病床（24万）
- 長期療養（28万）

出典：http://www.mhlw.go.jp/stf/shingi/2r98520000036hdq-att/0000022635.pdf, 2014.12.17

具体的には、図6-1のような医療提供体制の構築を目指して、疾病構造の変化にともなった病院の機能分化、在宅復帰機能の強化が進められている。まず、2014年度の診療報酬改定では、急性期に

関して、7対1病床の絞り込みに向け、平均在院日数の算定や重症度、医療・看護必要度、在宅復帰率などの要件が厳格化された。一方で、亜急性期・回復期については、急性期からの受け皿として地域包括ケア病棟・病床が新設されたが、そこでも在宅復帰率等の要件が課せられ、在宅復帰の強化が見込まれている。また、慢性期においても、在宅復帰率などを要件とする在宅復帰機能強化加算が新設された。

医療制度改革では、病院の機能分化を達成するために、新たに病床機能報告制度が設けられた。これは、各医療機関が現在担っている医療機能と今後の方向性について、高度急性期、急性期、回復期、慢性期のうちから病棟単位で選択し、都道府県に報告するものである。都道府県は、レセプトなどのデータに基づく地域の医療需要の将来推計や各病院からの報告を活用して、国のガイドラインを参考にしながら地域医療構想を策定し、医療計画に盛り込む。

地域医療構想では、二次医療圏ごとに各医療機能の必要病床数が決められ、超過分については協議による医療機関の機能分化が進められる。協議だけで進まない場合には、都道府県による要請もしくは命令・指示、従わない場合には医療機関名の公表や補助金等の対象からの除外など罰則規定を実施することもできる。また、国・都道府県によって拠出される地域医療介護総合確保基金が、機能分化を促進することになる。

以上のように、医療提供体制においては、診療報酬による誘導から一歩踏み込んだ方法で、病院の機能分化と在宅復帰機能の強化が行われようとしている。しかし、そのように進められる医療提供体制の改革が住民ニーズに基づいたものだとしても、上記のように「車の両輪」である地域包括ケアが完成していなければ、その実行は高齢者や家族に対して大きな負担を引き起こす。次節では、地域包括ケアの現状についてみていきたい。

3. 地域包括ケアに関する政策動向と現状

前節では、地域包括ケアと「車の両輪」の関係にある、医療提供体制の改革動向について検討した。それを踏まえて本節では、介護保険を中心に、地域包括ケアに関する政策の動向と現状について考察する。なお、地域包括ケアにおける各サービスの関係は、図6-2に表されるように、「『介護』『医療』『予防』という専門的なサービスの前提として『住まい』と『生活支援・福祉サービス』の整備がある」とされる〔三菱UFJリサーチ＆コンサルティング株式会社（2013）p.2〕。今回の介護保険制度改革、介護報酬改定では、その「前提」にあたる住まいと生活支援が主要な改革対象となっており、本節では特に両者に焦点を当てる。

図6-2　地域包括ケアの構成要素

出典：三菱UFJリサーチ＆コンサルティング株式会社（2013）。

（1）特養の「重点化」と住まいのあり方

まず、住まいに関しては、特別養護老人ホーム（以下、特養）の「重点化」が打ち出され、「地域包括ケアシステムの構築を推進する観点から」、特養が「重度の要介護者や低所得高齢者の『終の棲家』」として、明確に位置づけられた〔厚生労働省（2014f）p.67〕。

そして、2015年4月以降、知的・精神障がいや認知症、虐待、単身等で支援が得られないなどの

理由によって、特養以外では生活を営むことが著しく困難な「やむを得ない」場合を除いて、新規入所者の要介護度は原則3以上に限定されることになった。また、低所得高齢者の入所を保障するためには、補足給付の確実な実施と社会福祉法人による利用者負担額軽減制度の活用が指摘されている〔厚生労働省（2014c）p.1〕。

その中で今後、これまで以上に大きな問題となってくるのは、ケアが必要な高齢者の受け皿となりうる適切な住まいを整備することである。病院や施設の伸びを抑制する一方で、これまでサービス付き高齢者向け住宅（以下、サ高住）が受け皿として位置づけられ、補助金や優遇税制などによって、その整備が積極的に進められてきた。バリアフリーなどの施設・設備面、ヘルパーなどによる見守りや食事提供などのサービス面、入院等による解約の禁止などの契約面において、高齢者の地域居住を支えるために、サ高住の果たす役割は大きい。

しかし、家賃、共益費、状況把握・生活相談費からなる義務的な居住費だけで、単身月額約14万円、最低生計費を加えると約27万円に上る、サ高住における費用負担（東京都）と高齢者世帯の経済力を比較すると、そのアフォーダビリティ（経済的な利用可能性）については、必ずしも高くないことが分かる〔鶴田（2013）〕。

また、2015年度の介護報酬改定においては、有料老人ホームを中心とする特定施設に対して、「特別養護老人ホームの入所者資格の重点化に伴う住まいとしての役割が拡大することが見込まれている」と指摘された。そして、サービス提供体制強化、認知症専門ケア、看取り介護などの加算の創設・充実などが提起されているが、アフォーダビリティの問題は依然として残る〔厚生労働省（2014e）〕。

地域に住まいの受け皿が整備されていれば、特養入所を重度者に限定していくことは、必ずしも否定されるべきものではない。しかし、サ高住を柱とする現在の住まいの状況は、受け皿として十分に機能しているとは言い難い。このままでは今後、施設に入所できない低所得高齢者が行き場を失い、バリアフリーなどの居住環境や適切な見守りが得られない、言わば貧困ビジネスに絡め取られる状況が想起される〔鶴田（2014）pp.5-6〕。

特養の「重点化」とその受け皿としてのサ高住や有料老人ホームの推進は、地域包括ケアに関する政策の一環として、公的給付を抑制することを通じて新たに生み出されたニーズに対して、主に自助の領域で対応することを企図していると言える。今後は、住宅改修についても介護保険給付から外していく案が提起されており、住まいに関する公的給付の縮小と自助の拡大は、さらに進むことも想定される〔財務省（2014）p.61〕。そして同様の状況は、次節で検討する生活支援においてもみられる。

（2）生活支援に関する改革

住まいとともに、地域包括ケアにおいて「前提」となる生活支援に関しては、今次の介護保険制度改革によって大きな変化がもたらされた。要支援者を対象にした介護予防訪問介護と通所介護を、2017年度末までに完全に、市町村が実施する地域支援事業「介護予防・日常支援総合事業」の「介護予防・生活支援サービス事業（以下、サービス事業）」として、給付から移行させることになった。

その中で介護予防訪問介護については、厚生労働省が示す典型例（表6-1）では、「現行の訪問介護相当」のサービスとそれ以外の「多様なサービス」に分けられる。訪問介護相当は、主に身体介護を必要とするケースで、継続利用や認知機能の低下、疾病を抱える場合などに、指定事業者のホームヘルパーによるサービス提供が想定されている。その他、ＮＰＯや民間企業の雇用労働者が提供する「訪問型サービスＡ」、ボランティアがサービス提供を行う「訪問型サービスＢ」によって、生活支援が提供されることが例示されている[2]。

表6-1　サービスの類型

基準	現行の訪問介護相当	多様なサービス	
		②訪問型サービスA (緩和した基準によるサービス)	③訪問型サービスB (住民主体による支援)
サービス種別	①訪問介護	②訪問型サービスA	③訪問型サービスB
サービス内容	訪問介護員による身体介護、生活援助	生活援助等	住民主体の自主活動として行う生活援助等
対象者とサービス提供の考え方	○既にサービスを利用しているケースで、サービスの利用の継続が必要なケース ○以下のような訪問介護員によるサービスが必要なケース (例)・認知機能の低下により日常生活に支障がある症状・行動を伴う者 ・退院直後で状態が変化しやすく、専門的なサービスが特に必要な者等 ※状態等を踏まえながら、多様なサービスの利用を促進していくことが重要。	○状態等を踏まえながら、住民主体による支援等「多様なサービス」の利用を促進	
実施方法	事業者指定	事業者指定／委託	補助(助成)
基準	予防給付の基準を基本	人員等を緩和した基準	個人情報の保護等の最低限の基準
サービス提供者(例)	訪問介護員(訪問介護事業者)	主に雇用労働者	ボランティア主体

出典：厚生労働省（2014b）より作成。

　サービス事業の特徴としては、まず、訪問介護相当も含めて人員配置、サービス単価、利用者負担などの基準は、市町村の裁量によって決定される。また、利用プロセスについても、要介護認定を経ずに基本チェックリストでサービス事業の利用を進めることが認められており、市町村窓口における判断は、「必ずしも専門職でなくてもよい」とされている〔厚生労働省（2014b）p.60〕。

　さらに、訪問介護相当を利用する場合も、事業対象者の「状態等を踏まえながら、多様なサービスの利用を促進していくこと」、特に「一定期間後のモニタリングに基づき、可能な限り住民主体の支援に移行していくことを検討することが重要」とされる〔厚生労働省（2014b）pp.21, 23〕。総じて言うと、サービス事業は、市町村の財政負担を嫌気する姿勢がサービス内容にストレートに現れ、サービスの地域間格差、ニーズの不充足を是正するメカニズムが働きにくいしくみと言える。

　また、「総合事業は、市場において提供されるサービスでは満たされないニーズに対応するもの」と位置づけられている〔厚生労働省（2014b）p.27〕。単価が低く設定される多様なサービスで、専門的なヘルパーの雇用が確保できるとは考えにくい。訪問介護相当の利用が叶わなかった場合、ヘルパーによる生活支援は、自助の領域に押しやられることが想定される。それに対応するように、事業者の自費サービス拡充に向けた動きもみられる[3]。

　さらに今後の展開として、財政制度等審議会では、「予防給付の地域支援事業への移行状況や生活支援サービスの充実の状況等を踏まえつつ、軽度の要介護者に対する生活援助や、訪問介護・通所介護以外の予防給付について、地域支援事業への移行や給付範囲の見直しを検討していくべきではないか」と指摘されている〔財務省（2014）p.69〕。総合事業自身が「費用の効率化」を目的に掲げているかぎり〔厚生労働省（2014b）p.3〕、改革の行く先が、生活支援全般を保険給付からサービス事業に移し、自助とそれを補完する互助に委ねる方向性も想定される。

4. セーフティネットに関わる政策提起

　ここまでの分析では、主に自助を基調とする地域包括ケアに関わる政策が展開される中で、特に低

所得高齢者の地域居住が困難になることを指摘してきた。それを踏まえて、本節では、あらためてセーフティネットを再構築し、地域包括ケアの縦の糸を張り直すための方策について提起したい。

（1）公的賃貸住宅と家賃補助

　まず、セーフティネットである特養については、地域に受け皿がない限り、特例入所に関して、市町村に的確な状況把握と意見表明を求めていく必要がある。また、多床室の部屋代・光熱水費で1万6000円程度の負担増が議論されている中で[4]、上記の補足給付や負担軽減など、低所得者が特養を利用できるような施策の確実な履行が課題となる。

　一方で、地域包括ケアに即したセーフティネットとしては、まず既存の公的賃貸住宅をＬＳＡ（ライフサポートアドバイザー）などによる見守りを備えたシルバーハウジングとして、改修・活用することが求められる。共用空間を備え、入居者相互の見守りを可能にするコレクティブな居住形態を基本としながら、小規模多機能型居宅介護や定期巡回随時対応訪問介護看護、地域包括支援センターなどの介護保険・福祉サービス、ボランティア等の交流スペースなどを併設することによって、世代が異なる入居者や地域住民を含めたケア・互助の拠点作りを目指す必要がある。

　一方で、土地の確保などの問題から公的賃貸住宅の増設が難しい中、家賃補助の導入についても議論する必要がある。おおまかな制度設計としては、面積・設備などの条件を満たす物件の標準家賃（給付上限）を定めた上で、一定の基準収入・資産以下の世帯を対象に給付することによって、低所得高齢者向けの新たな住まいを確保することが考えられる。今後そのような家賃補助を創設する場合、さらに詳細な制度設計として、収入や資産などを踏まえた給付対象、使途、金額、対象物件の条件、住宅扶助や補足給付等の他方他施策との関係などを議論しなければならない[5]。いずれにせよ、「家賃補助は『住宅不足』に苦しむ世帯に『住宅余剰』を配分する効果をもち、ストックの有効利用に結びつく」と考えられる〔平山（2009）p.278〕。

　その際、家賃補助の対象物件としては、空き家の利用も有効な手段となる。今日、低所得高齢者の住まい確保が困難なことが指摘される一方で、住宅の数自体は余剰状態にある。東京都では、空き家約75.0万戸のうち、賃貸用約49.2万戸に限ってみても、腐朽・破損なしの空き家は約40.7万戸に上る[6]。高齢者が住まうための改修方法、マッチングや家主に代わる管理運営のあり方、ＬＳＡのような見守りの人員確保、財源などに関する検討は必要となるが、住まいのセーフティネットの一案として、家賃補助と合わせて、その実現可能性を議論していく必要がある。

（2）サービス事業の見直し

　今回の生活支援に関する改革で問題となるのは、ニーズがあってもヘルパーによる生活支援が利用できなくなることである。本来、ケアが必要な高齢者の自立的な生活を保障するためには、ヘルパーが身体介護やコミュニケーションを通じて心身・生活状況を把握し、それを踏まえて、必要かつ残存機能を活かした生活支援を一体的に提供することが不可欠である。配食などの「もの」は、自立した「その人らしい生活」の継続を図るヘルパーの援助とはそもそも目的が違うという指摘は〔近藤（2014）〕、安易に市場やボランティアによる代替を唱える論調に対して、重要な示唆を与える。

　実際に、日本生活協同組合連合会の2013年の介護予防訪問介護利用者に関する調査では、共同・分担の自立支援型の生活援助が70％を占め、利用者の状態改善・維持に役立っているとされる。また、25％を占めるヘルパー単独の生活援助においても、心身の疾病や認知症などの状況から、専門的対応のできるヘルパーが生活支援を提供すべきケースが、7割程度に上るという〔山際（2014）〕。

あらためてサービス事業では、チェックリストではなく従来通り要介護認定に基づいて、ヘルパーによる訪問介護相当のサービス提供を原則とすべきである。多様なサービスについては、わずかな研修を受けた「労働者」による生活支援がヘルパーによる専門的なサービスの代替となることは難しく、指定事業者によるサービスAの導入を認めないことが必要となる。また、訪問介護相当の単価設定や人員、利用者負担などに関する諸基準については、保険給付と同等にすべきである。サービス事業の内容等については、保険者である自治体が強い決定権をもつことになる。施行に当たっては、上記の点を自治体に求めていくことが喫緊の課題となる。

なお、地域住民によるボランティアは、サービス事業における生活支援の提供に限らず、協同や地域づくりの一環として援助していくべきである。今回の介護保険制度改革で導入される、地域資源の開発やネットワーク化などを行う「生活支援コーディネーター（地域支え合い推進員）」、コーディネーターと提供主体などが情報共有や連携を行う「協議体」を活用することによって、高齢者全般を対象に、制度ではカバーできないニーズを満たすための互助を活性化させていくことが求められる。

おわりに

本章ではまず、国民のニーズや人口構造・社会資源といった社会的要因から、地域包括ケアの構築が必要とされる一方で、「自助」から漏れる低所得層への対策が課題となることを指摘した。そして、地域包括ケアを取り巻く政策動向として、医療提供体制では、地域包括ケアに関する改革と一体的に、機能分化した病院から地域・在宅への復帰が進められようとしていることを述べた。その上で、地域包括ケアにおいては、自助を基調とする特養の重点化、サービス事業の導入によって、低所得高齢者のサービス利用が困難になることを明らかにした。それに対して、公的賃貸住宅・家賃補助の整備、サービス事業の見直しが、高齢者のニーズに基づいた地域包括ケアの構築において求められることを指摘した。

今後、地域包括ケアにおける住民や医療・福祉専門職の課題としては、地方自治体と連携しながら、高齢者のニーズに基づいた地域包括ケアの構築に積極的に取り組んでいくことが求められる。具体的には、自治体の諸計画や地域居住を支えるサービス提供主体としての参画に加えて、介護保険に関しても上述のように、特養の特例入所判定や総合事業の制度設計に際して、自治体への働きかけを強めることが必要となる。

また、国レベルでも、地域包括ケアを支える制度設計を積極的に提起していくことが求められる。診療報酬改定では、地域包括診療料の新設などによって、かかりつけ医機能が強化された。また、介護報酬改定では、定期巡回随時対応訪問介護看護、小規模多機能型居宅介護、複合型サービスなどの介護サービスの充実が想定されている。地域包括ケアを支える提供体制の整備を積極的に求めていくとともに、それらの利用を可能にする適切な利用者負担のあり方についても提起していかなければならない。

【注】
1）〔日本総合研究所（2014）〕などを参照。
2）訪問型サービスAの雇用労働者は、旧3級ヘルパー程度の研修が想定されている〔厚生労働省（2014a）

p.49〕。なお、「訪問型サービスC」は保健師等による相談指導、「訪問型サービスD」は移動支援となっている。サービス事業の詳しいしくみについては、〔厚生労働省（2014b）〕を参照。
3）『日本経済新聞』2013年12月5日。
4）『朝日新聞』2014年10月30日。なお、多床室が高齢者の地域居住に適した住まいであるかについては、議論の余地がある。
5）1つの整理が、〔高齢者住宅財団（2013）pp.81-109〕で行われている。
6）〔総務省（2010）〕より算出。

【参考・引用文献】

- 厚生労働省（2010）『介護保険制度に関する国民の皆さまからのご意見募集（結果概要について）』（http://www.mhlw.go.jp/public/kekka/2010/dl/p0517-1a.pdf, 2014.12.17）。
- 厚生労働省（2014a）『「介護予防・日常生活支援総合事業ガイドライン案」についてのQ&Aについて』（http://www.pref.mie.lg.jp/CHOJUS/HP/kaisei/SVOL/Svol_396.pdf, 2014.12.17）。
- 厚生労働省（2014b）『介護予防・日常生活支援総合事業のガイドライン（案）』（http://www.mhlw.go.jp/file/05-Shingikai-12301000-Roukenkyoku-Soumuka/0000052670.pdf, 2014.12.17）。
- 厚生労働省（2014c）『全国介護保険担当課長会議資料についてのQ&A〔10月22日版〕』（http://www.pref.mie.lg.jp/CHOJUS/HP/kaisei/SVOL/katyoukaigiQA1022_1024shuusei.pdf, 2014.12.17）。
- 厚生労働省（2014d）『地域における医療及び介護を総合的に確保するための基本的な方針』（http://www.mhlw.go.jp/file/05-Shingikai-12401000-Hokenkyoku-Soumuka/0000057828.pdf, 2014.12.17）。
- 厚生労働省（2014e）『特定施設入居者生活介護等の報酬・基準について（案）』（http://www.mhlw.go.jp/file/05-Shingikai-12601000-Seisakutoukatsukan-Sanjikanshitsu_Shakaihoshoutantou/0000063151_2.pdf, 2014.12.17）。
- 厚生労働省（2014f）『平成27年度介護報酬改定に向けて（介護福祉施設サービスについて）』（http://www.mhlw.go.jp/file/05-Shingikai-12601000-Seisakutoukatsukan-Sanjikanshitsu_Shakaihoshoutantou/0000051840.pdf, 2014.12.17）。
- 高齢者住宅財団（2013）『低所得高齢者の住宅確保に関する調査・検討報告書』。
- 近藤けい子（2014）「ホームヘルパーの専門性：家政婦との違いに関する議論をめぐって」結城康博・松下やえ子・中塚さちよ『介護保険法改正でホームヘルパーの生活援助はどう変わるのか』ミネルヴァ書房、pp.76-92。
- 財務省（2014）『社会保障①（総論、医療・介護、子育て支援）』（https://www.mof.go.jp/about_mof/councils/fiscal_system_council/sub-of_fiscal_system/proceedings/material/zaiseia261008/01.pdf, 2014.12.17）。
- 総務省（2010）『平成20年住宅・土地統計調査』（http://www.e-stat.go.jp/SG1/estat/List.do?bid=000001025143&cycode=0, 2014.12.17）。
- 鶴田禎人（2013）「サービス付き高齢者向け住宅のアフォーダビリティに関する分析」『都市問題』第104巻第12号、pp.105-113。
- 鶴田禎人（2014）「要ケア・低所得高齢者の地域居住に関する分析：新たなセーフティネットの構築に向けて」『月刊国民医療』No.316、pp.1-13。
- 日本総合研究所（2014）『事例を通じて、我がまちの地域包括ケアを考えよう：「地域包括ケアシステム」事例集成』（http://www.mhlw.go.jp/seisakunitsuite/bunya/hukushi_kaigo/kaigo_koureisha/chiiki-houkatsu/dl/jirei.pdf, 2014.12.17）。
- 平山洋介（2009）『住宅政策のどこが問題か：＜持家社会＞の次を展望する』光文社。
- 三菱UFJリサーチ＆コンサルティング株式会社（2009）『地域包括ケア研究会報告書：今後の検討のための論点整理』（http://www.mhlw.go.jp/houdou/2009/05/dl/h0522-1.pdf, 2014.12.17）。
- 三菱UFJリサーチ＆コンサルティング株式会社（2013）『＜地域包括ケア研究会＞地域包括ケアシステムの構築における今後の検討のための論点』（http://www.murc.jp/uploads/2013/04/koukai130423_01.pdf, 2014.12.17）。
- 山際淳（2014）「介護予防としての生活援助：重度化予防の観点から」結城康博・松下やえ子・中塚さちよ『介護保険法改正でホームヘルパーの生活援助はどう変わるのか』ミネルヴァ書房、pp.194-215。

2025年に向けての訪問看護の目指す道

一般社団法人　全国訪問看護事業協会　会長　伊藤雅治

　世界に類を見ない速さで高齢化が進行する我が国において、社会保障政策の最重要課題の一つが持続可能な医療・介護の制度設計である。医療介護政策の中でもとりわけ重要なのは在宅ケアの基盤整備である。2025年までに残された時間は少ない。

　2013年8月6日の社会保障制度改革国民会議の報告書を受けて、2014年6月25日に医療・介護総合確保法が可決成立した。今回の制度改正の内容は病床機能報告制度、地域医療構想の法定化、地域医療構想に基づいた地域医療計画の策定、医療と介護の連携等多岐にわたっているが、一言で要約すれば、必要なサービスの需要に対して必要なサービスを供給できる体制を整備することである。とりわけ高度急性期、急性期、慢性期、維持期の病床機能が円滑に機能するには、在宅ケアの基盤整備が前提となる。

　このような2025年に向かっての医療介護政策の方向に照らして、訪問看護の現状を分析するといくつかの課題が明確になってくる。20年前に在宅の老人を対象としてスタートした訪問看護は、その後老人以外にも拡大され、現在は医療ニーズの高い要介護者、がん患者、認知症の人、重度の障害を持つ小児の患者等多様化してきた。このように訪問看護を必要とする利用者の重度化・多様化に対し求められるのは、日本全国どこでも24時間365日いつでも必要なサービスを届ける仕組みをつくることである。

　しかしながら、現在7400か所を超える訪問看護ステーションが地域で活動しているが、小規模なステーションが多く一つのステーション単独では24時間365日の体制を整備することは難しい。

　具体的には、規模が小さいほど24時間対応加算の届け出が少ない。規模が大きいほど要介護度の高い利用者、難病やがん末期の利用者が多く、緊急訪問の件数、在宅看取りの件数、早朝・深夜の訪問件数が多いという結果が出ている。このような現状から2025年に向かっての訪問看護の目指すべき方向は、多機能化・大規模化である。

　在宅で療養する人の立場にたって今後の在宅ケアの制度の在り方を考えると、電話一本で必要なサービスが届くような仕組みが理想の姿である。そのような基本理念を念頭に、2025年に向けて訪問看護ステーションが核となり、在宅で療養する人が必要な介護サービス、生活支援サービスを一体として届けられる仕組みづくりに向かって努力する必要がある。現行の在宅サービスの提供体制は、医療、介護、生活支援等それぞれが縦割りの制度の中で事業が行われているが、これを在宅でサービスを受ける人の立場に立ってサービス提供体制の再構築に取り組む必要がある。職能団体の利害を乗り越えて、取り組む必要がある。「訪問看護ステーション」から「在宅ケア支援サービス総合ステーション」へ変わる必要がある。

豊かな老人福祉の構築を

21世紀・老人福祉の向上をめざす施設連絡会（21・老福連）　　事務局長　正森克也

　戦後、日本国憲法のもとで、日本は人として生きる権利と暮らしを守るとりくみを広げて世界一の長寿社会をつくりあげました。2000年には介護保険制度が始まりましたが、「介護の社会化」は実現したでしょうか。介護保険制度で「福祉が権利になった」という人もいますが、現実には、金さえあれば「自由に選択し購入できる商品になった」だけのこと。高齢者は、「権利の主体」から、単なる「介護サービスの消費者」にされてしまったのです。

　介護保険制度は3年ごとの見直しの度に、国民負担、利用者負担が増え続け、逆にサービスは利用しづらく、分かりづらい制度となっています。そして何よりも、公的な責任や負担がますます後退・形骸化していることが顕著です。国は、「自助・互助・共助・公助」と、公的責任について、「公助」という言葉を使用していますが、介護保険制度は「共助」の制度と言い切っており、公的責任による社会福祉制度から切り離した存在としています。

　「介護」はもともと「老人福祉」の一部であり、「介護保険制度」も「老人福祉」の一部であるはずです。厚生労働省も制度発足時に「介護保険が老人福祉のすべてではない」と言っていました。しかし、その後、老人福祉法は事実上形骸化し、これまで公的責任で実施されてきた健康づくりや保健施策までが「介護予防」と称して介護保険制度に取り込まれ、さらに、「互助」で取り組むものへと変容させようとしています。

　このように、社会福祉を市場に開放し、お金と効率重視の保険事業に舵を切った矛盾が今、日本中に広がっています。介護保険制度は、改定の度に「制度の持続可能性」を考えなければならない事態となっており、制度設計そのものがわずか10年余りで破綻しています。また、「社会福祉法人の在り方等に関する検討会」まとめ（2014年7月4日）は、社会福祉法人の今日的な役割について、①政府の失敗の補完機能、②市場の失敗の補完機能とし、社会福祉制度のセーフティーネットの役割…と言っています。国民の生存権を守る社会福祉制度が国民のセーフティーネットであることをもかなぐり捨てる「まとめ」には耳を疑います。

　介護保険制度が「持続可能」であったとしても、国民・高齢者の生活が「持続不可能」であれば意味がありません。政府が自らの高齢者福祉施策の誤りと、市場にゆだねたことを失敗と認めるのであれば、それを根本的に改めることこそ必要です。

　誰もが人間らしく尊厳ある人生を送ることは、国民の権利です。高齢者にはわずかな負担で安心して暮らせる介護保障を、福祉施設には、高齢者への尊厳を守るに相応しい報酬が得られる改革が必要です。国と自治体の責任で老人福祉法を充実させ、豊かな老人福祉を築いていくことを求めます。

第7章

利用者負担からみた介護保険

濵畑芳和（立正大学社会福祉学部准教授）

はじめに

本章では、介護保険制度における利用者負担に焦点を当てる。

この15年の間で、介護保険制度における利用者負担のあり方は、2000年の制度発足時、2005年の見直し、そして今般の見直しと3つの時期に区分されるが、一貫して利用者負担を強化する方向へと変質してきている。以下、現行の利用者負担のあり方と今般の見直しについて概説しつつ、利用者負担からみた介護保険について考えたい。

1．介護保険制度における利用者負担

（1）現行制度における利用者負担の全体像

現行の介護保険制度の利用者負担は、介護（予防）サービス費の1割の応益負担を原則としつつ、食費・居住費等のいわゆる「ホテルコスト」を自己負担としながら、高額になる場合の上限額の設定や低所得者等に対する減免措置が講じられている。

①原則として1割の応益負担

介護サービス費および介護予防サービス費が要介護度に応じて定められた支給限度基準額以下の場合、その費用の1割を自己負担とする[1]。

②支給限度基準額を超過した分は全額自己負担

介護サービス費および介護予防サービス費が、要介護度に応じて定められた支給限度基準額を超える場合、その超えた分につき全額（10割）自己負担とする。

③高額介護（介護予防）サービス費の支給

月々の介護サービス費および介護予防サービス費の1割の負担額が世帯合計または個人で上限額を超えた場合に、その超えた分を払い戻す（表7-1）。

④食費・居住費等の自己負担と軽減措置（補足給付）

食費および居住費・滞在費等のいわゆる「ホテルコスト」については、基準費用額を定め、定額の自己負担とする。

低所得者については、食費およ

表7-1　高額介護サービス費

	自己負担限度額（月額）	
	2015年7月まで	2015年8月以降
現役並み所得相当※	37,200円（世帯）	44,400円（世帯）
一般		37,200円（世帯）
市町村民税世帯非課税等	24,600円（世帯）	24,600円（世帯）
年金収入80万円以下等	15,000円（個人）	15,000円（個人）
生活保護被保護者等	15,000円（個人）等	15,000円（個人）等

※「現役並み所得相当」の者の基準は、高齢者医療と同様とし、課税所得145万円以上、ただし課税所得145万円以上の場合でも、同一世帯内の第1号被保険者の収入が1人のみの場合383万円、2人以上の場合520万円に満たない場合は、一般に戻す（上限37,200円）。

び居住費の軽減措置（補足給付）を講じる（特定入所者介護（予防）サービス費の支給、表7-2）[2]。

表7-2　食費・居住費の利用者負担額

			基準費用額	負担限度額（日額〈月額〉）		
			（日額〈月額〉）	第1段階	第2段階	第3段階
食　費			1,380円（4.2万円）	300円（0.9万円）	390円（1.2万円）	650円（2.0万円）
居住費	多床室（2015年7月まで）		320円（1.0万円）	0円（0万円）	320円（1.0万円）	320円（1.0万円）
	多床室（2014年8月以降）	特養等	840円（2.5万円）	0円（0万円）	370円（1.1万円）	370円（1.1万円）
		老健・療養等	370円（1.1万円）	0円（0万円）	370円（1.1万円）	370円（1.1万円）
	従来型個室	特養等	1,150円（3.5万円）	320円（1.0万円）	420円（1.3万円）	820円（2.5万円）
		老健・療養等	1,640円（5.0万円）	490円（1.5万円）	490円（1.5万円）	1,310円（4.0万円）
	ユニット型準個室		1,640円（5.0万円）	490円（1.5万円）	490円（1.5万円）	1,310円（4.0万円）
	ユニット型個室		1,970円（6.0万円）	820円（2.5万円）	820円（2.5万円）	1,310円（4.0万円）

利用者負担段階	対象者の例（2015年7月まで）
第1段階	・市町村民税世帯非課税の老齢福祉年金受給者 ・生活保護受給者
第2段階	市町村民税世帯非課税であって、課税年金収入額＋合計所得金額が80万円以下
第3段階	市町村民税世帯非課税であって、利用者負担第2段階該当者以外
第4段階	・市町村民税本人非課税者 ・市町村民税本人課税者

【2015年8月以降】
・配偶者の所得の勘案（世帯分離した配偶者が市町村民税課税者である場合、第4段階を適用する）
・配偶者の範囲の見直し（事実婚も含む。①DV防止法における配偶者からの暴力を受けた場合、②行方不明の場合、③、①②に準ずる場合については対象外とする）
・預貯金等の勘案（単身の場合1000万円以下、夫婦の場合は2000万円以下である場合に限り、第1～第3段階を適用。預貯金、信託、金・銀など時価評価額が容易に把握できる貴金属、有価証券、その他の現金、負債を対象とし、生命保険等、腕時計・宝石など時価評価額の把握が困難な貴金属、その他の動産は対象外）
【2016年8月以降】
・非課税年金の勘案（第2段階・第3段階について、非課税である遺族年金・障害年金を含めて判定）
出典：厚生労働省老健局総務課（2013）「公的介護保険制度の現状と今後の役割」、第119回社会保障審議会介護給付費分科会資料（2015年2月6日）をもとに作成。

⑤生計困難者に対する社会福祉法人減免

生活保護受給者および市町村の定めた生計困難者等に対し、社会福祉法人等が利用者負担を軽減する。

⑥高額介護合算療養費制度

世帯内の同一の医療保険の加入者について、毎年8月から1年間にかかった医療保険と介護保険の自己負担額（高額療養費及び高額介護（予防）サービス費の支給を受けることができる場合には、その額を除く。）を合計し、基準額を超えた場合に、その超えた金額を支給する（表7-3・表7-4）。

このほか、東日本大震災における被災者に対する利用者負担および食費・居住費等の免除がなされたことがある[3]。

表7-3　70歳未満の高額医療合算介護サービス費自己負担限度額の見直し

被用者又は国保＋介護（70歳未満がいる世帯）	現行		経過措置 2014年8月～2015年7月	改正後 2015年8月～
上位所得者 健保：53万円以上（標準報酬月額） 国保：600万円超（旧ただし書き所得）	126万円	健保：83万円以上（標準報酬月額） 国保：901万円超（旧ただし書き所得）	176万円	212万円
		健保：53万円～79万円（標準報酬月額） 国保：600万円超～901万円（旧ただし書き所得）	135万円	141万円
一般所得者 （上位所得者・低所得者以外）	67万円	健保：28万円～50万円（標準報酬月額） 国保：210万円超～600万円（旧ただし書き所得）	67万円	67万円
		健保：26万円以上（標準報酬月額） 国保：210万円以下（旧ただし書き所得）	63万円	60万円
低所得者（住民税非課税）	34万円	低所得者（住民税非課税）	34万円	34万円

出典：厚生労働省老健局（2014）「全国介護保険担当課長会議資料（2014年7月28日）」を一部改変。

表7-4　70歳以上の高額医療・高額介護合算療養費制度の年間限度額

年間限度額		医療保険＋介護保険	後期高齢者医療制度＋介護保険
		70〜75歳未満	75歳以上
現役並み所得者	健保：標準報酬月額53万円以上 国保：旧ただし書き所得600万円超	67万円	67万円
一般		62万円	56万円
低所得者Ⅱ	被保険者が市区町村民税の非課税者等である場合	31万円	31万円
低所得者Ⅰ	被保険者とその扶養家族全員の収入から必要経費・控除額を除いた後の所得がない場合	19万円	19万円

（2）介護保険制度見直しに伴う利用者負担増

　医療・介護総合確保法の施行に伴う介護保険制度の見直しにより、利用者負担については次のような措置が行われる[4]。

①一定以上所得者の利用者負担の見直し等
　一定所得以上の者の負担割合を2割に引き上げ（2015年8月施行）
　高額介護サービス費の限度額について、第1号被保険者に現役並み所得者がいる世帯につき、負担上限額を4万4400円に引き上げ（2015年8月施行、表7-1参照）

②特定入所者介護（予防）サービス費の見直し（表7-2参照）
　配偶者の所得の勘案（2015年8月施行）
　預貯金等の勘案（2015年8月施行）
　非課税年金の勘案（2016年8月施行）

③70歳未満の高額介護合算療養費の区分を細分化し、所得の高い者の上限額の引き上げ
（2015年1月施行、表7-4参照）

2. 15年で介護保険は「社会保険」と呼ぶに値しない制度へ変質

（1）介護保険導入前の「負担感」に逆戻り

　介護保険制度の導入時には高らかに謳われた「介護の社会化」であるが、上記のような利用者負担のあり方を見ると、負担能力がなければ介護保険制度の利用は困難である。また、「見直し」後はいっそう「介護は本人と家族責任」に帰せられることが危惧される。
　厚生労働省は、介護保険制度導入前の措置制度においては、「所得調査が必要なため、利用に当たって心理的抵抗感が伴う」「本人と扶養義務者の収入に応じた利用者負担（応能負担）となるため、中高所得層にとっては重い負担」をあえて焦点化し、これを克服するために「高齢者の介護を社会全体で支え合う仕組み（介護保険）を創設」したと説明する。そして、「（改正当時）」という留保をつけつつ、「中高所得者にとって利用者負担が重く、利用しにくい」措置制度から「所得にかかわらず、1割の利用者負担」に変更し、「世帯主が年収800万円の給与所得者、老親が月20万円の年金受給者の場合」を例にあげ、特別養護老人ホームは月19万円から月5万円に、「ホームヘルパー」は1時間950円から30分〜1時間400円に改善したと指摘する[5]。

確かに、介護保険制度導入前は、「措置費全額徴収原則」が適用され、中高所得者にかなりの負担を強いる利用者負担構造にあった[6]。それゆえ、中高所得者にとっては介護サービスが利用しづらく、家族介護が限界にまで達していた。これを改善するために、「所得にかかわらず」「社会全体で支え合う」介護保険制度を導入したのではなかったか。

　現在はユニット型個室の介護老人福祉施設（特別養護老人ホーム）の場合、利用者負担（月額2.8万円）に食費（月額4.2万円）・居住費（月額6万円）が合算され、月額計13万円程度の負担となっており[7]、介護保険開始当初の3倍程度の負担を強いられている。さらに「見直し後」にあっては、利用者負担割合が2割に引き上げられる者については高額介護サービス費の自己負担上限額までさらに負担増が強いられることになる。

　現状においても利用者負担は介護保険導入前の水準にまで戻りつつあり、見直し後にはさらなる負担が強いられるとなると、保険料を負担しながら介護サービスは結局「措置費全額徴収」の水準まで負担しなければ利用できないものになってしまう。「これは国家的な詐欺だ」との指摘も頷けよう[8]。

（2）「社会保険」に相応しくない所得調査・資産調査の実施

　そもそも、介護保険という「社会保険」に所得調査や資産調査をこれほど大規模に導入することは妥当なのか。

　「社会保障論」の標準的なテキスト[9]によると、資産調査（ミーンズ・テスト）は「劣等処遇の原則により恥辱感（スティグマ）を与えて救済する」「残余モデル」であり、「選別主義的方式は公的扶助（生活保護）あるいは特定の補足給付に限定されている」として、あくまで資産調査は残余的なものとの理解を示す。そして、「政府は社会福祉サービスに残る選別主義的性格を弱めるために、社会福祉サービスを普遍主義的なものに変えてきた。2000（平成12）年に導入された介護保険制度は、高齢者介護サービスを措置による給付から契約による給付へといっそう普遍主義的な制度に発展させた」とある[10]。

　また、社会保険方式を採用した意義として、所得調査には「利用にあたって心理的抵抗感が伴う」とされ、この「心理的抵抗が少ないのは社会保険方式」であると説明している[11]。

　では、現状および見直し後の利用者負担のあり方はどうか。

　「所得にかかわらず」という点については食費・居住費の自己負担制度が導入された2005年にはあっさりと捨象され、補足給付に際して所得要件が課されることになった。さらに見直し後においては、利用者負担割合の設定に所得要件を課し、被保険者の上位20％の所得階層の負担を倍増するとともに、補足給付において措置制度時代にもなかった資産要件までをも課すことにした。特に補足給付については、「補足」という名のイメージをはるかに凌駕する103万人（2011年度）という膨大な数の被保険者すべてに対し、預貯金通帳の写し等を提出させ、金融機関に照会をかけるという資産調査を行い、かつ不正受給には給付額の返還とともに2倍の加算金を課すという極めて重いペナルティを設け、徹底した被保険者の資産の把握を進めることが制度化されているのである。

　保険料徴収場面では「社会保険」制度として40歳以上の者すべてから保険料を徴収する普遍主義（「制度モデル」）を採用しながら、給付の場面では所得調査と資産調査をこれだけ大規模に行い、給付を絞り込むという徹底した選別主義（「残余モデル」）を採用する。このような木に竹を接ぐような制度は、介護保険をおいて他に類を見ない。一般的には選別主義的方式は租税財源、普遍主義的方式は社会保険料を財源とするものになじむとの理解であるが[12]、介護保険制度は15年の時を経て、もはや「社会保険」とは似ても似つかぬものとなり、給付の面から見れば選別主義に変質したとも評価で

107

きるのではないか。

3.「介護の社会化」の議論の背景に立ち、「介護を受ける権利」を再構築すべき時

　今般の利用者負担の見直しは、「制度の持続可能性」を掲げて「取れるところから取る」のを徹底するのみならず、取れない低所得層にもいっそうの負担を強いるものである。その眼目は、「持続可能な制度」という名の下で、スティグマや自発的利用抑制に期待して給付を徹底的に抑制するものではないのか。「自由な選択」に委ねられるべきと国も認めている介護は、利用者負担によって変質させられ、結局のところ、かつて労働者が「橋の下で寝る自由」しかなかったのと同様に、利用者には「介護サービスを利用しない自由」しかないに等しい。これだけ介護を自己責任に帰することになれば、当然ながら家族介護は限界に達し、高齢者虐待や心中事件なども多発することが容易に想像される。利用者負担に耐えかねた低所得層を生活保護へ追いやる弊害も生まれてこよう。

　15年前、家族介護依存に伴う数々の不幸を繰り返すことのないように制度化された介護保険制度ではあったが、時計の針を逆戻りさせず、生存権保障の観点から「介護を受ける権利」を再構築することが求められよう。

【注】
1）介護保険法の規定では、健康保険法の一部負担金の規定（74条）とは異なり、利用者負担割合を明記するのではなく、規定居宅介護サービス費（41条）、特例居宅介護サービス費（42条）、地域密着型介護サービス費（42条の2）、特例地域密着型介護サービス費（42条の3）、居宅介護福祉用具購入費（44条）、居宅介護住宅改修費（45条）、施設介護サービス費（48条）、特例施設介護サービス費（49条）、介護予防サービス費（53条）、特例介護予防サービス費（54条）、地域密着型介護予防サービス費（54条の2）、特例地域密着型介護予防サービス費（54条の3）、介護予防福祉用具購入費（56条）、介護予防住宅改修費（57条）の支給について、それぞれの「費用の額の百分の九十に相当する額」を支給するとし、介護保険から支給されない残りの100分の10、すなわち1割を利用者が負担することとされている。
2）日下部雅喜「医療介護総合確保法と介護保険」（本書第1章）も参照されたい。
3）「東日本大震災に対処するための特別の財政援助及び助成に関する法律における介護保険関係規定等の施行について」（2011年5月2日老発第0502第1号厚生労働省老健局長通知）。
4）厚生労働省老健局（2014）「全国介護保険担当課長会議」（2014年7月28日、2014年11月10日）資料。
5）厚生労働省老健局総務課（2013）「公的介護保険制度の現状と今後の役割」。
6）この点、1980年代臨調行革のもとで『入所前及び後に要した一切の費用』の全額を対象とする徴収強化の方向が強調」されるようになったとされ、それ以前は利用者負担の軽減を示唆する方向であった。岡部耕典「障害者自立支援法における「応益負担」についての考察」季刊社会保障研究44巻2号 p.187 参照。
7）前掲注5。
8）介護保険料に怒る一揆の会編、日下部雅喜著（2014）『介護保険は詐欺である』三一書房　p.2。
9）福祉士養成講座編集委員会編（2007）『新版社会福祉士養成講座5　社会保障論第5版』中央法規出版。
10）前掲注9　p.15。
11）前掲注9　pp.198-199。
12）前掲注9　p.5。

Column

介護保険制度"給付抑制装置"の抜本的見直しを

全国老人福祉問題研究会　　本部運営委員　　矢部広明

　平成26年版厚生労働白書は介護保険サービス受給者数が2000年度184万人から2012年度には458万人に増加したこと、2010年の厚生労働省による「介護保険制度に関する国民の皆さまからのご意見募集」で「介護保険を評価している」が60％を超えていることなどをあげ、「介護保険制度は着実に社会に定着してきている」と自讃している。

　しかしいま、巷に目を移すと介護難民、介護自殺、介護心中、介護殺人、介護地獄、介護崩壊といった深刻なキーワードが溢れているのはなぜなのか。

　介護保険制度はそもそも、2000年度から「増税」ではなく、保険料という形で国民の負担増への拒絶反応を巧みにかわしつつ、第1号被保険者の6割を占める住民税非課税者、生活保護受給者までも容赦せず、40歳以上の国民から強制的に巨額財源を徴収することに成功し運営されてきた。同時に介護サービスを商品化、営利化し、その巨費をシルバービジネス市場に投入した結果、介護サービス供給量が飛躍的に増加したことはある意味、当然でもあった。

　しかし、保険料を財源とする制度は巧妙に構築された給付抑制装置でもあった。それゆえ、制度改定のつど、政府が持ち出してくる"殺し文句"が「制度の持続可能性」、すなわち、介護サービスの量的質的拡充と国民の負担増が表裏の関係にあるという論理である。

　しかも給付費の財源割合は保険料（25％）と公費負担が同率とされることから保険料財源が増えないかぎり、公費負担を増額しないで済む巧妙な仕組みとなっている。

　これらを皮切りに、要介護認定、それに連動した区分支給限度額、応益負担による1割自己負担などが給付抑制装置として機能し、さらに2015年度からは「給付の重点化」などを名目に要支援者、軽度者などに対する訪問介護・通所介護、特養入所の給付抑制、「保険料上昇をできる限り抑えるため」、一定以上所得者の2割自己負担化、本人はもとより配偶者の資産調査まで付加した補足給付の見直し、新総合事業の事業費の制限などなどの給付抑制装置が増設、強化される。

　これらの給付抑制装置は、とりわけ低所得層に過酷に機能し、「自己選択」、「自己決定」どころか介護保険制度を庶民からいっそう遠ざけてきた。

　これにいま、「消費税」というさらなる「給付抑制装置」が加わる。医療介護連携の推進、地域支援事業の充実、低所得の高齢者の保険料軽減などは消費税増収分で行うとされ、今後は介護制度拡充には消費税増税が要件として国民に突きつけられることになる。

　介護保険制度15年、これらの給付抑制装置の廃止を含めた抜本的見直しの議論が必要であり、それなくして、住民本位の地域包括ケアシステム確立はありえないであろう。

　「高齢者の尊厳と幸せを大きな目標とする社会の実現が今こそ求められている」とは、約20年前、1996年4月の老人保健福祉審議会「高齢者介護保険制度の創設について」（最終報告）の冒頭部分の言葉である。

要介護者にケアプラン、介護者にライフプランを

一般社団法人日本ケアラー連盟　代表理事　堀越 栄子

1. 家族等介護者支援を必須事業に

　介護保険法の目的は、要介護状態にある人の尊厳を保持し、有する能力に応じて自立した日常生活を営むことができるようにすることであり、その対象は要支援者と要介護者である。家族等の介護者支援は、2005年の法改正により新設された地域支援事業（市町村事業）に「介護方法の指導その他の要介護被保険者を現に介護する者の支援のため必要な事業」として盛り込まれたが、任意事業であり、その内容は、家族が良い介護を行うための介護支援である。

　その後、2010年8月の社会保障審議会介護保険部会で「家族介護者への支援のあり方」が検討事項として取り上げられ、2012年には厚生労働省が「認知症施策推進5カ年計画（オレンジプラン）」、2015年「認知症施策推進総合戦略（新オレンジプラン）『4. 認知症の人の介護者への支援』」を公表し、2014年には、「第6期介護保険事業計画」策定の一つのポイントである生活支援サービスに関する厚生労働省資料「生活支援サービスの充実と高齢者の社会参加」「多様な主体による生活支援サービスの重層的な提供」には、介護者支援が明示されたが、法律上は相変わらず任意事業である。

　しかしながら、介護保険は現実的に、在宅介護を担う家族の存在を前提としているしくみであり、そのほころびは枚挙にいとまがない。さらに、在宅介護をしている家族等の介護力が不十分であることは、ケアマネジャーや訪問看護師、地域包括支援センターの職員はすでに気づいている（第6期介護保険事業計画のためのさいたま市調査より）。要介護者へのサービスが行き渡ってきたからこそ、在宅介護が可能になり、介護者支援が必然化したとも言える。今後、少子高齢多死社会の進行、財政難、在宅介護重視の流れの中で、国民皆介護（介護する、介護される）が常態となり、子ども・若者介護、シングル介護、多重介護など多様な介護が生じることは必至であり、介護者支援は喫緊の課題である。

2. 地域包括ケアシステムの主体に家族等介護者を位置づけ、家族全体の生活支援を

　介護者支援については誤解がある。すでに、「地域包括支援センターでは介護者の相談にのっている」「デイサービスやショートステイが使えるようにケアマネジャーも家族に配慮している」と言われることが多い。しかしながら、相談の内容は介護者が在宅介護を実施・継続するための相談に留まる。デイサービスやショートステイは現実的には介護者の一時的休息もその目的の一つとして利用されているが、介護者が通常の生活（学業や仕事の継続、社会参加を含む）を送るために認められる権利としての休息（レスパイトやブレイク）ではない。

　この誤解は、介護者の位置づけと支援の目的についての社会的な合意がないことから生じている。介護者の位置づけはさまざまで、①介護者は家族だから介護役割を担うのは当然、②介護者は要介護者を援助する資源だから健康を維持してもらわないと継続的に介護役割を果たせなくなる、③介護者は介護責任を果たすだけでなく家族生活や職業生活など社会生活を営む一人の独立した人間である、④介護者は要介護者

をもっともよく知っており、介護者と専門職は対等なケアパートナーであるなどがあり、位置づけにより提供されるサービスも変化する[1]。

（一社）日本ケアラー連盟[2]は、介護者支援の目的として、①介護される人、する人の両当事者がともに尊重される、②無理なく介護を続けることができる環境を醸成・整備する、③介護者の社会参加を保障し、学業や就業、趣味や社交、地域での活動などを続けられるようにする、④介護者の経験と、人びとの介護者への理解と配慮がともに活かされる社会（地域）をつくる、を掲げている。

3．始まっている介護者支援と今後必要な総合的支援施策

近年、「認知症の人と家族の会」「NPO法人若年性認知症サポートセンター」などの介護者自身の会や、介護者をサポートする「NPO法人介護者サポートネットワークセンター・アラジン」「男性介護者と支援者の全国ネットワーク」「全国介護者支援団体連合会」、介護者支援法の成立を目指す「（一社）日本ケアラー連盟」、県内各地で介護者支援セミナーを展開している「認定NPO法人さいたまＮＰＯセンター」などの市民団体の活動が広がり、また、先進的に介護者支援を行う「北海道栗山町」「岩手県花巻市」などの自治体も出てきている。花巻市は、社会福祉協議会に委託して在宅介護者等訪問事業を行っている。ここでは、「ケアラー支援は次の10年（在宅の時代）の切り札になる」と位置付けている北海道栗山町の活動を紹介する[3]。

栗山町社会福祉協議会は、2010年に「ケアラー（介護者）支援調査」を全世帯約5600世帯で実施した。その結果、全世帯の約15％がケアラーのいる世帯であり、大変な状況にあることに愕然とした。同時に介護保険では解決できない多くの課題があることに気づいた。その後、社会福祉協議会は町と協力して、ケアラー支援事業を矢継ぎ早に、「町民が地域で支え合う行動につながる事業」として開発し行ってきた。現在は、①命のバトン配布、②宅配電話帳の作成・配布、③ケアラー手帳の発行、④在宅サポーター2名の採用と定期訪問（町会、民生委員、行政と連携）、⑤ケアラーサポーター養成研修、⑥ケアラー支援サービスコーディネーター1名の配置、⑦ケアラーアセスメント、⑧まちなかケアラーズカフェ「サンタの笑顔」の設置、⑨ボランティアポイントの導入、⑩見守り介護ロボットの導入などに取り組んでいる。

まずはケアラーを訪問して継続的に支え、そのためにケアラー手帳などのツールを活用し、支え合いには、町民の研修や町民同士の交流、支えられる側と支える側がいつでも交流できる「たまり場」が準備されたのである。介護保険事業としては、ケアラー支援事業を介護予防・日常生活支援総合事業に位置付けている。

介護者は、潜在化し、要介護者とともに引きこもり、情報不足に陥り、孤立していることが多い。支援に向けて、量的把握・ニーズ調査、総合的な生活支援に基づく支援施策体系、地域における包括的な支援拠点「ケアラーズハウス（仮称）」、介護者のアセスメントおよびライフプラン作成・支援ツールの開発、担い手養成研修プログラム、推進体制、それらの根拠となる介護者総合支援推進法（仮称）が求められる。

【注】
1）木下康仁（2007）『改革進むオーストラリアの高齢者ケア』東信堂、三富紀敬（2011）「イギリスにおける介護者支援法」財団法人鉄道弘済会社会福祉部『社会福祉研究』第111号、財団法人鉄道弘済会社会福祉部
2）URL:http//carersjapan.com/
3）日本ケアラー連盟にてDVD作成

第8章

介護保険と権利擁護

濱畑芳和（立正大学社会福祉学部准教授）

1.「権利擁護」の概念と制度

（1）契約制度採用に伴い発展してきた「権利擁護」

　介護サービス提供をめぐる利用者の権利擁護の重要性は、サービス提供事業者およびその従事者に徐々に定着してきつつあるといえよう。しかし他方で、一部の介護施設（無届けのものも含む）における虐待や不適切な介護事例の報道に接するにつけ、さらなる徹底が必要であることもまた確かである。

　権利擁護という言葉自体は、Advocacy（代弁）の訳語とされるが、日本では1990年代、介護保険導入時や社会福祉基礎構造改革の議論の中でさかんにとりあげられてきた。「措置から契約へ」福祉サービスの提供方式を変更させる政策動向の中で、「利用者本位」「サービスの選択と契約」というキーワードに象徴されるように、介護サービスをはじめとする福祉サービスの提供にあたっての利用者の自己決定を重視する方向性が明確に打ち出された。この方針の下で、利用者の選択に資するための情報提供や、選択に耐えうるサービスの質の向上、自ら選択することに支障のある利用者に対する代弁機能の保障などが検討課題となってきた。

　そして、サービスの質の向上のための福祉サービス第三者評価事業、苦情解決制度の導入や、利用者のサービス提供確保のための新しい成年後見制度や、地域福祉権利擁護事業（現・日常生活自立支援事業）が開始されるなど、新たな制度が次々と開始された。また、高齢者虐待防止法（高齢者虐待の防止、高齢者の養護者に対する支援等に関する法律）が新たに制定され、高齢者に対する虐待を法律上禁止するとともに、養護者に対する支援について講じることとされた。そして、社会福祉士および精神保健福祉士国家試験科目にも「権利擁護と成年後見制度」が新たに追加されることになり、社会福祉士および精神福祉士の養成校においても当該科目に対応する講義の開設がなされ、現在では、福祉関係者の間で権利擁護の重要性は広く認識されるに至っている。

（2）「権利擁護」の多義性

　しかし、介護保険制定後15年の権利擁護に関する動向をいま改めて振り返ってみると、「権利擁護」の定義は何か、いかなる制度が「権利擁護」にあたるのかという基本的な理解が関係者の間で共有できていないといわざるを得ない。権利擁護＝成年後見制度と日常生活自立支援事業という、契約方式の採用に伴う福祉サービスの提供確保のみに限定する理解や、これらに虐待防止法制を加えるなど介護保険制定以後に新たに開始された利用者保護制度を指すとする理解も見受けられる。このように各々の理解が異なるのは、ひとえに「権利擁護」という語感の多義性によるものである。

　この点について平田厚は、1991年に設置された権利擁護センターすてっぷ（東京都社会福祉協議会が運営した認知症高齢者・知的障害者・精神障害者のための相談援助機関、2001年廃止）以降の

権利擁護実践を踏まえ、「権利擁護」概念の整理を行っている。すなわち、判断能力が不十分な人々に対して、自己決定過程の支援と自己決定主張（代弁）の支援（成年後見制度、日常生活自立支援事業、各種の相談支援制度）を行うことにより、憲法的要請から自己決定権を保障することを「狭義の権利擁護」として権利擁護の中核に据えるべきとする。そして、判断能力の有無にかかわらず、立場性の違いから自己決定権を阻害されている場合に、本人の自己決定に基づく権利実現支援（苦情解決制度、オンブズパーソン制度、虐待防止制度）を行うことにより自己決定の実現を法令上保障することを「広義の権利擁護」と位置づける。この他、事後的救済を含んだ国民が有している諸権利について広くその実現に向けて努力することを「最広義の権利擁護概念」として位置づけるが、これはあえて「権利擁護」と呼ばずに広く国民の権利保障という用語などを使用して明確化することや、市町村の苦情解決制度や国保連による苦情処理制度などのそのほかの苦情解決制度や行政争訟制度（行政不服審査制度・行政訴訟制度）、民事訴訟制度（保全処分を含む）等は本人の権利主張を実現するための客観的な制度として、権利擁護の概念からは除いたほうが良いのではないかと提起している[1]。

つまり、平田の理解は、「権利擁護」およびこれに位置づけられる制度とそれ以外とを、自己決定権の尊重という観点での支援なのか否かにより区別されるとしているところに特徴があるといえる。

（3）人権擁護に根ざした権利擁護のとらえ方

これに対し、筆者はかねてより、権利擁護の概念はより広義にとらえ、生活課題に直面するすべての人々が、尊厳を持ち続けながら援助を活用し、自分らしく人間らしい生活を継続できるようにするための必要な制度や政策の総体であるととらえることが重要であると主張してきた。そして、支援者がもつべき権利擁護の視点として、①人間の尊厳が守られること（個人の尊厳）、②人間らしい生活を保障されること（生存権）、③自分らしい生き方を追求し、実現できること（幸福追求権）、④権利・人権を守るために争うこと（争訟権）があると示してきた。そして、これらの関係性は、個人の尊厳が土台となり、生存権、幸福追求権がその土台の上に重ねられるという重層性をもつものであり、争訟権はこれらを実現する手段として機能するものであると位置づけている（表8-1）[2]。

筆者が権利擁護をより広義にとらえるのは、大前提としていかなる対象、いかなる場面においても基本的人権や個人の尊厳が保障されなければならないし、社会福祉の受給権も「権利擁護」概念が議論される以前より憲法上保障されているのであって（生存権）、これらを契約制度への移行後においてはより強調しつつ、援助を受けながら自己実現を図ることも権利保障として重視されるべきであると考えるからである（幸福追求権）。また、これらの権利が侵害される場面においては、権利を完徹する

表8-1　権利擁護の考え方

③自分らしい生き方を追求する（幸福追求権）	④権利・人権を守るために争う（争訟権）	○不服申立て ○行政訴訟 等
○本人の意思決定を支援者によって補うしくみ 　成年後見制度（法定後見制度・任意後見制度） 　成年後見制度利用支援事業		
○サービス利用者の苦情に耳を傾け、改善を図るしくみ 　苦情解決制度		
○サービスを第三者の視点で点検し、改善を図るしくみ 　福祉サービス第三者評価事業		
②人間らしい生活を保障する（生存権）		
○福祉サービスを利用しやすくするしくみ 　日常生活自立支援事業（福祉サービス利用援助事業） ○行政機関の判断でサービスが必要なときに提供するしくみ 　措置制度		
①人間の尊厳を守る（個人の尊厳）		
○虐待を防止するためのルール 　高齢者虐待防止法　障害者虐待防止法　児童虐待防止法		

出典：濵畑芳和（2013）「人々の権利を守るしくみ―権利擁護の現状と課題」鈴木勉編著『シードブック社会福祉―暮らし・平和・人権―〔第2版〕』p.190。

ために争う権利が保障されなければ権利の名に値しないことになる（争訟権）[3]。

このように権利擁護の概念を広くとらえ、人権擁護を強調することにこだわるねらいは、「成年後見制度や日常生活自立支援事業のみが権利擁護である」という矮小化された理解を否定することにとどまらない。昨今、経済的に困窮する要援護者の自発的利用抑制までをも「尊重」することが「自己決定」であるかのような理解が実践場面において広がっている。援助者は生活困窮の解消に努めることや代替策を講じるなどの積極的な対応をとることこそ要援護者の権利擁護に資するのだが、現実には結果的に放置（ネグレクト）されることも少なくない。

筆者の権利擁護の理解に関するねらいには、こうした要援護者の人権侵害状況を、援助者の不作為によってもたらされてはならないとする強い思いがある。介護保険制度のように、利用者とサービス提供事業者との間の契約関係に基づいてサービスが提供されることを前提とすると、「権利」とは「利用料支払いの対価としてのサービス提供」という消費者的権利に矮小化されかねず、介護サービスに関する無理解から利用を拒絶する者や利用料負担が可能な者にしかサービスが提供されないという事態を「自己責任」として放置されかねないからである。さらに、昨今重視される多機関連携の場面においても、たとえば虐待対応の場面において多数の関係者が当事者をとりまく「ネットワーク」は形成されていても、実際には誰も主導的に支援に動き出すことはなく、権利侵害の実態は解消されないまま、という現象も散見される。これも、行きすぎた自己決定の尊重の重視の姿勢や、自己の職責さえ全うしておれば結果がどうであれ免責されるという意識など、社会福祉が「人権擁護」の営みそのものであるという観点の欠落がもたらすものであるといわざるを得ないのである。

したがって、社会福祉において人間の尊厳や基本的人権は擁護されることが当然の前提であることを強調しつつ、「権利擁護」は人間の尊厳や基本的人権の保障を重層的に実現する手段として、権利主張しづらい人々に対してもくまなく基本的人権を保障するために必要となる制度的保障であると理解することが必要であろう。施設内虐待など養介護施設従事者等による虐待が根絶できない現状にあっては、「権利擁護」とは要援護者に対する基本的人権の擁護を基本としつつ、これに根ざした制度および実践を包含するものであることを強調してもしすぎることはない。

2．介護保険・契約制度の補完としての「権利擁護制度」構想の失敗

（1）契約締結能力の有無がサービス提供を左右する

介護保険制度と同時期に構想され開始された「権利擁護制度」は、当事者単独では契約が困難な者に対するサービス提供の確保が念頭にあったといえる。しかし、下記に示す通り、成年後見制度や日常生活自立支援事業は、実際には「契約制度の補完」という当初の目的とは乖離しており、契約困難者に対する支援という機能は、実践場面においては主たる目的とはなりえていないのである。

介護保険制度開始により、これまでの措置制度から契約制度に移行することに伴って、判断能力が不十分な者の契約締結能力（民法上の意思能力）が問題とされた。すなわち、要介護者の契約締結能力が不十分であるがゆえ、介護サービス契約が有効に締結されなければ、介護サービス提供の法的根拠が損なわれることになる。この事態は、利用者にあっては必要な介護サービスを提供されないことを意味し、サービス提供事業者にあっては法的根拠のないサービス提供は不可能となり、仮にサービス提供が実行されたとしても介護報酬の算定根拠を欠くという、利用者とサービス提供事業者双方に不都合が生じる事態を招く。

では、この事態を避けるためにはどうすればよいか。一つは「やむを得ない場合の措置」（老人福祉法10条の4、同11条）の活用であり、もう一つは成年後見制度と日常生活自立支援事業の利用である。

（2）「やむを得ない場合の措置」の不活用という政策選択

　老人福祉法の規定に残された「やむを得ない場合の措置」、すなわち現行制度でも残存している措置制度の積極的活用は、契約締結が困難である要援護者に対して介護サービスが提供されない事態を避けるための一つの方法であると考えられる。しかし、介護保険制度開始当初においては、この「やむを得ない場合の措置」を活用することはほとんどみられなかった。というのも、市町村において「やむを得ない場合の措置」を実施する場合の要件や実施方法、報酬の支弁等についての財源が手当てされておらず、「やむを得ない場合の措置」は法文上明記されていても、市町村が措置権を行使する裏付けに欠けていた。もっとも、「措置から契約へ」の大号令の下で契約制度を徹底することが最優先課題とされ、行政処分である措置権の行使は「利用者本位」に反するものとして徹底的に批判されたこともあり、市町村が措置権の行使をためらったことが影響している。

　介護保険制定当初は、このような「契約原理主義」ともいえる事態が介護現場で横行することになり、家庭内での虐待に介入する手段としても使えるはずの措置権が結果的にほとんど活用されなかった。高齢者虐待防止法の施行（2003年）によってようやく、養護者による虐待が行われている事例での「やむを得ない場合の措置」の柔軟な活用がみられるようになったのである。

　とはいえ、「契約制度の補完」としての「やむを得ない場合の措置」は、緊急対応を要する場合や要援護者の被虐待事例を除いては現在においてもとられないのが現状である。

（3）「契約制度の補完」としての成年後見・権利擁護構想

　契約締結が困難である要援護者に対するサービス提供の手段として、もう一つは成年後見制度・日常生活自立支援事業の利用がある。

　社会福祉基礎構造改革の論点の一つとして、サービスの利用を確保する制度としての成年後見制度と福祉サービス利用援助制度が構想された。前者は2000年4月に民法改正がなされ新たな成年後見制度が開始され、後者は準備要介護認定の開始と同時期である1999年10月から、地域福祉権利擁護事業の名称にて福祉サービスの利用援助を行うこととされた。

　この2つの制度の創設には、次のような議論があった。すなわち、「社会福祉基礎構造改革について（中間まとめ）」（1998年6月17日中央社会福祉審議会社会福祉構造改革分科会、以下「中間まとめ」という）では、「サービス利用」の項において、自己決定能力が低下している者に対しては、「権利擁護の仕組みなど、契約制度を補完し、適切なサービス利用を可能にする制度が必要となる」と示した上で、自己決定の尊重、ノーマライゼーションの考え方に対応した、柔軟で弾力的な利用しやすい権利擁護制度が必要であるとされた。また「中間まとめ」は、「今後、『成年後見制度』の早期導入が望まれるとともに、財産管理にとどまらず、日常生活上の支援を行うことが大変重要であることから、社会福祉の分野においても、成年後見制度の利用や、高齢者、障害者、児童等による各種サービスの適正な利用などを援助する制度の導入、強化を図る必要がある」と指摘し、成年後見制度や福祉サービス利用援助制度の新設が必要であることを提起している。

（4）成年後見・権利擁護は「契約制度の補完」たりえなかった

　では、成年後見制度や日常生活自立支援事業の実施によって、契約締結能力の不十分な要援護者に

対してあまねく成年後見制度や日常生活自立支援事業における介護サービス契約締結の援助が徹底して行われ、介護サービス契約の補完機能を果たしたのかといえば、実態としてそうならなかったと言ってよい。

その理由としては、①新しい成年後見制度の理解と利用が思うように進まなかったこと、②日常生活自立支援事業については実施する社会福祉協議会の体制の問題や、委任契約で福祉サービスの利用援助を行うなど制度的矛盾も内包し、さらに利用者のニーズとのずれがあること、③何よりこれらを活用するまでもなく、介護サービス契約を粛々と締結「したことにする」とする運用が現場で定着してしまったこと、などがあげられよう。

①については、成年後見制度は多額の資産を保有する者等が利用するものとする意識がなかなか払拭できなかったことがあげられる。新しい成年後見制度は、2000年3月以前における禁治産・準禁治産制度の枠組みを維持しつつ、補助の新設によって3類型とすること、浪費者に対する準禁治産の廃止、戸籍への登載の廃止等の改善を加えるという制度設計がなされたが、運用面での改善は介護保険同様「走りながら考える」ような状況でもあった。「成年後見関係事件の概要」（最高裁判所）の2000年以降の各年版をたどってみると、たとえば、申立から審判までの期間がきわめて長期にわたったり、鑑定費用が旧制度時代のような高額なものであったりなど、およそ高額の資産を保有する者でなければ利用の実益に乏しい現状があった。当時は現在のように申立から審判まで1～2か月、鑑定費用も5万円以下というような、手軽に利用できる制度ではなかったのである。また、申立の理由についても、「介護保険契約」をあげるものよりも「預貯金等の管理・解約」をあげるもののほうが現在でも圧倒的に多い[4]。

また②については、事業を実施する社会福祉協議会が当初から全市町村に置かれたわけではなく、「基幹型」と呼ばれる複数市町村に1か所の基幹的社協が実施することが前提となっている。また、社会福祉協議会の取り組みの温度差もあり、利用件数にもかなりの地域間格差がみられる[5]。契約制度の補完としての福祉サービスの利用援助を行うための制度を利用するのに、福祉サービス利用援助契約という契約行為を求める法形式にしていることも、制度的矛盾であるといえる。

さらに、利用者が日常生活自立支援事業を利用する目的としても、福祉サービスの利用援助よりも、日常的金銭管理や書類等の預かり、さらに生活変化の察知といった付随的なサービスのほうにむしろ本人や周囲の支援者の主眼がおかれ、悪質商法被害予防対策としての利用や、アルコール依存症者や浪費癖のある者、多重債務者等の金銭管理を通じた日常生活支援のニーズのほうがむしろ高いといえる[6]。

そして何より、③についてであるが、わざわざ福祉サービス利用援助を利用しなくても、家族によって法的正当性の乏しい契約行為の代行や代替、契約書への代筆など、本人の意向とは関わりのないところで契約行為が往々にしてなされている実態が横行し、すっかり定着してしまっていることが最も問題であるといえる。介護サービス契約に密接に関連する要介護認定の申請代行は、要介護高齢者の家族のみならず、契約の相手方であるサービス提供事業者の一部にも認めている（介護保険法27条1項参照）。また、現場ではサービス契約は契約書の作成手続のことを指すような認識も依然として払拭できておらず、事理弁識能力を欠く常況にある認知症高齢者である場合には、成年後見人を介することなくして介護サービス契約の締結を認めないとする方針を示すサービス提供事業者を寡聞にして知らない[7]。

つまり、成年後見人等を付することなく、介護サービスを滞りなく受けることができるのであるから、介護サービス契約の締結のみに目的を限定すれば、わざわざ成年後見制度や日常生活自立支援事

業を利用する実益は乏しいのである。

　このように、介護保険制度開始時に成年後見制度や日常生活自立支援事業に期待された、「権利擁護制度」の目的たる「契約制度の補完」というのはあくまで空論にすぎないのである。そもそも「権利擁護制度」の目的を「契約制度の補完」のみに置くという、きわめて矮小な考え方自体問い直されるべきであろう。

3. 人権擁護と捉え直すべき高齢者の「権利擁護」

（1）高齢者の権利擁護とは

　では、高齢者に対する権利擁護とはいかなるものを指すと考えるべきか。

　これまで述べたように、権利擁護とは社会福祉援助を必要とする者に対する人間の尊厳の尊重・基本的人権の擁護と、これを実現する手段として権利主張しづらい人々に対して必要となる擁護措置、すなわち権利擁護の諸制度および実践という重層性をもつものである（前述1（3））。高齢者に関しては、加齢に伴って、また家族や支援者等をはじめとする周囲との人間関係を損なわないようにするため、必ずしも自己の有する諸権利やねがいを思うように主張できない地位にあるといえる。こうした制約要因から、一般の人よりも手厚い擁護措置がとられるべきである。

　とはいえ、介護保険制度導入と時を一にして、さまざまな権利擁護制度が設けられたことは上述の通りであるが、これらがまったく無意味であるとは思わない。むしろ、介護保険における支援制度や権利擁護に関する諸制度を重層的に活用することにより、高齢者の誰もが「自分らしく人間らしい生活」を実現し、長寿をまっとうできる社会を実現することが求められるのである。

（2）介護保険制度を活用しながら高齢者の権利擁護を図るために

　介護保険制度の導入時、高齢者介護において介護者である家族に過重な負担が課されており、これが高齢者虐待・介護心中の要因になっているとし、介護保険制度を導入することによって「介護の社会化」を実現すべき、という議論がなされていた。また、家族依存介護に伴う家族意向の尊重という実態へのカウンターパートとしての「自己決定の尊重」であったはずである。

　ところが、「介護の社会化」という言葉はいつしか聞かれなくなり、「家族介護依存」については今般の制度改定によりかえって家族依存が強められる方向にあるといえるだろう。そして、「自己決定の尊重」だけが一人歩きを始め、自己決定の表裏としての自己責任（＝放置）のみが強調され、高齢者にとっては過酷な事態をも自己責任の名の下にすべて引き受けさせられるという制度的人権侵害を招来しているといえるだろう。

　改善策については他稿に譲るとして、さしあたり介護保険制度に関わって権利擁護の観点から言える方向性として次の2つをあげておく。

　一つは、介護サービスの量的質的確保である。介護制度を誰もが不自由なく、必要な支援を利用できるものに改善することが必要である。画一的な要介護認定による支給限度額制や定率1割負担、高額な保険料負担と保険料滞納における制裁措置など、必要な制度利用を妨げるものを排し、柔軟な「介護の必要性」判断に応じた給付措置がとられる制度に改善することも必要であろう。また、契約制度に過度に拘泥せず、必要に応じて「やむを得ない場合の措置」の活用も積極的に行う必要がある。サービスの質の向上についても、福祉サービス第三者評価事業を活用しながらサービス改善への努力が必

要であるとともに、無届け介護施設等に対する規制措置も必要であろう。

　もう一つは、成年後見制度・日常生活自立支援事業の改善である。成年後見制度は、現状では成年後見人等による財産管理や身上監護の支援は代行決定に基づいて行われているが、代行決定に代わる意思決定支援が必要である[8]。日常生活自立支援事業についても、利用料負担（生活支援員1回1時間の訪問に1,200円程度の利用者負担が発生する）の軽減や、事業を実施する市町村社会福祉協議会の拡大、事業を担当する専門員や生活支援員の増員など体制の整備も必要であろう。

【脚注】

1）平田厚（2012）『権利擁護と福祉実践活動　概念と制度を問い直す』（明石書店）pp.54-55、pp.175-176。

2）濵畑芳和（2013）「人々の権利を守るしくみ―権利擁護の現状と課題」鈴木勉編著『シードブック社会福祉―暮らし・平和・人権―〔第2版〕』p.186。

3）小川政亮（1989）『増補新版社会保障権―歩みと現代的意義―』自治体研究社、p.257。

4）最高裁判所事務総局家庭局（2014）「成年後見関係事件の概況－平成25年1月～12月－」の「申立ての動機」には、「主な申立ての動機としては、預貯金等の管理・解約が最も多く、次いで、介護保険契約（施設入所等のため）となっている。」とあり、申立件数は「預貯金等の管理・解約」が2万8108件、「介護保険契約」が1万2162件とされている。

5）全国社会福祉協議会地域福祉部（2015）「平成26年6月における日常生活自立支援事業の問い合わせ・相談件数、実利用者数の実施状況」。なお、全国社会福祉協議会地域福祉部ホームページ「地域福祉・ボランティア情報ネットワーク」（http://www.zcwvc.net/）から直近の契約締結件数等を都道府県・指定都市別にみることができる。

6）近澤貴徳（2005）「地域福祉権利擁護事業の現状からみた権利擁護制度のあり方」社会保障法20号p.75、濵畑芳和（2005）「福祉サービス利用援助事業の法的課題」社会保障法20号pp.139-153参照。

7）この点、近年の金融機関においては、名義人が認知症を発症するなどして事理弁識能力が不十分になった場合は、成年後見人等を付することを積極的に求めているようである。

8）意思決定支援については、菅富美枝（2010）『イギリス成年後見制度にみる自律支援の法理―ベスト・インタレストを追求する社会へ』ミネルヴァ書房に詳しい。

求められている新たな住民運動への挑戦

全国労働組合総連合（全労連）　事務局長　井上　久

　現行制度の矛盾と破たんが、誰の眼にも鮮明になっているのではないか。くわえて、社会保障制度改革推進法（社会保障解体法）のもとで、医療・介護・年金は「自助の共同化」としての保険制度におとしめられようとしている。そして、医療・介護総合確保法によって医療・介護一体で提供体制の大リストラ（縮小）の計画づくりが進行している。公的保険制度そのものの危機というべき事態である。ドリルで砕かれた穴には、営利企業が新たな儲けの場として情け容赦なく群がり、しゃぶり尽そうという魂胆（こんたん）だ。原発や武器の輸出、カジノ法案と同根の、儲けのためには手段を選ばないアベノミクスの倫理観の欠如は眼を覆うばかりである。

　早いものだ。介護保険制度の創設から15年、さまざまなことがあったが、現金給付という制度の根本矛盾が人々を、そして自治体を苦しめてきた。同時に、今日進行している事態は、それをはるかに超えて、医療・介護一体で公的保険制度の解体・縮小、営利化へと突きすすんでいる。そうした攻撃の本質を踏まえたうえで、全国民的な共同した反撃を、本腰をいれて構築していくために労働運動もとりくみを強めたい。

　介護地獄といわれるように、今でも深刻な事態がひろがっている。そして、地域包括ケアシステムづくりで、その矛盾はますます激しくなろうとしている。国保の都道府県単位化を軸にした保険制度改悪がさらに拍車をかけるだろう。

　我々の反撃は、こうした現実に深く立脚する必要があると考える。そうすれば、地域から大きな共同が必ず立ち現れるはずだ。

　先例もある。小泉構造改革で打ち出された介護療養病床の廃止を延期させ、ついには中止にまで追い込んだ。患者や利用者と国民、医療・介護労働者がスクラムを組めば、必ず勝利できるはずだ。医療・介護の将来像では多様な意見があるだろうが、今必要なことは、公的な保険ですべての人に必要な医療・介護を保障することであり、介護でいえば、医療保険と同様に現物給付に改めることではないか。また、行き過ぎた保険主義を是正し、医療・介護に対する国庫負担の増額を実現する必要がある。

　こうしたもとで、中央社会保障推進協議会や全労連などは、医療・介護改善大運動を呼びかけている。その土台は、医療・介護の切実な要求をアンケートなどで汲みあげ、自治体に改善をせまっていく住民運動を全国各地でつくりだしていくことだ。老人クラブや住民組織など広範な団体との対話・懇談をすすめていけば、必ず賛同と共感がひろがり、共同の輪がつくれると考える。そして、把握された切実な要求を、2018年に向けて本格化しつつある地域医療ビジョンや包括ケアシステムの準備作業にぶつけ、自治体を住民側に立たせ、必要な医療・介護を保障する計画づくりと、財政保障を国に求めていく県民運動につなげていく必要がある。国保の都道府県化を軸に、医療・介護の保険制度自体を縮小することが執拗にねらわれているが、それへの反撃も土台は住民の切実な要求である。

　中央社会保障推進協議会や医療・介護団体と協力しながら、労働運動としての役割を果たしていきたい。

「人権としての介護保障」の実現をめざして

全日本民主医療機関連合会（全日本民医連）　　事務局次長　林　泰則

　私たち全日本民医連は、無差別・平等の医療・福祉をめざして活動している医療機関、介護事業所等の連合組織である。加盟事業所数は1800を越え、地域の住民、患者・利用者が加入する友の会、医療福祉生協（共同組織と呼称）の構成員は360万人に達する。2013年には創立60周年を迎えた。

　私たちは、介護保険がスタートした2000年前後から介護・福祉分野の事業を手がけ、制度の大きな見直しの際に介護実態調査を行ってきた。毎回各地から500前後の事例が寄せられるが、調査を重ねるごとに目立ってきているのは利用者・世帯の経済事情の深刻さだ。利用料の支払いが困難で利用を手控えざるを得ないケースは後を絶たず、中には、「ヘルパーに調理に来てもらっても食材が買えない」、「病弱の妻が庭で作った野菜を細々と売り歩きながら寝たきりの夫を介護している」、「おむつ代の負担を減らすため、半分に切って使っている」、「半身麻痺の一人暮らし。低年金のためヘルパーの介助を増やせず、ペットボトルに蓄尿して一日2回這ってトイレに廃棄している」などなど、介護の調査なのか貧困調査なのか判然としなくなる位、およそ「健康で文化的な生活」にはほど遠い実態が数多く報告されてくる。

　社会疫学の領域では「所得が低い階層ほど要介護・要支援の発生率が高い」ことが明らかにされている。病気と貧困に相関があるように、介護においても同様の関係が認められるということだ。この知見は、現行介護保険制度の根本矛盾を浮き彫りにする。それは「要介護・要支援の発生率が高い」低所得層ほど介護保険サービスの利用がより必要とされることになるが、現実は利用料などの費用負担が障壁となり、低所得者ほどサービス利用が困難になっているからだ。施設入所が必要になっても、居住費・食費などの費用を工面できず、待機者にすらなれない高齢者もいる。最も必要とされる人たちに必要な介護サービスが届いていない、介護保険の現実の姿である。

　加えて、低所得など社会的階層が低い層ほど「転倒しやすい」、「うつ状態になりやすい」、「外出の頻度が低い」、「主観的健康観が悪い」、そして「死亡率が高い」ことも示されている。介護の要否も含めた健康状態を規定する経済的、社会的条件を「健康の社会的決定要因」（SDH：Social determinants of health）と呼ぶ。制度のあり方から地域の有り様にまで幅広く関わる重要な視角だ。

　高齢者の貧困化が進む中、2015年度から順次実施に移される介護保険制度改革では、かつてない規模と水準の給付削減・負担増が実施に移されようとしている。介護問題を本人と家族の自己責任、さらには地域の連帯責任に押し込めようという動きに対して、憲法25条で裏打ちした対抗構想を練り上げていく必要がある。SDHはその際の欠かせない視点のひとつになるだろう。

　2013年12月、私たちは「人権としての医療・介護保障をめざす提言」をとりまとめた。社会保障制度の転換をめざし、多くの人たちと議論を深め、共同の輪を広げていきたい。

論文 第二部

介護労働を巡る動向

第9章

介護労働の実態

森永伊紀（ホームヘルパー全国連絡会事務局長）

はじめに

介護制度の不備や矛盾は、事業所・介護職と利用者との関係など、介護現場に現れる。介護現場の実態から制度改善の課題を明らかにしようと試みた。全ての介護現場の実態を明らかにする力量はないので、実態調査などをもとに、最初に介護施設、次にホームヘルパーの実態を、最後に、2015年4月から始まる要支援者に対するホームヘルプ・デイサービスにおける従事者の無資格・ボランティア化の問題を記述する。

1．介護施設で働く労働者の実態

（1）雇用形態・年齢・資格・労働時間・賃金

① 4人に3人が女性・非正規4割、若年者は正規・年齢が高くなるほど非正規・短時間雇用に

介護労働安定センターが実施した「平成25年度介護労働実態調査」によると、入所型施設の介護職の正規職員は63.4％、非正規職員は36.0％。入所・通所型施設の男女比では75.2％が女性であった。また、平均年齢は42.3歳となっている。介護保険制度が始まって15年目となるが、男性の進出が大きく遅れている。

全国労働組合総連合（以下「全労連」）による「入所型介護施設で働く労働者のアンケート」調査（以下「全労連調査」）では、正規職員男性の平均年齢35.3歳（経験5.9年）、女性39.7歳（経験7.2年）、フルタイム非正規職員男性40.2歳（経験3.6年）、女性45.5歳（経験4.6年）、臨時・短時間パート男性55.2歳（経験4.5年）、女性47.9歳（経験4.9年）であり、年齢が高くなるにつれて不安定な雇用が増加している。若者、女性の約半数が非正規労働者の日本の雇用状況とは大きく異なる。（表9-1）

表9-1　雇用形態×平均年齢／勤続年数

雇用形態		正職員	臨時・パート職員（フルタイム）	臨時・パート職員（短時間）
男性	平均年齢(才)	35.3	40.2	55.2
	勤続年数(年)	5.9	3.6	4.5
女性	平均年齢(才)	39.7	45.5	47.9
	勤続年数(年)	7.2	4.6	4.9

出典：「入所型介護施設で働く労働者のアンケート」調査（全労連）より。

② 従事者の資格

全労連調査の給与の根拠とされている資格は、入所型施設職員全体の77％が介護職で、その資格別内訳をみると、「介護福祉士」72.9％、「介護職員基礎研修・実務者研修修了者」と「ヘルパー1級」の合計（同レベルとみなされている）が1.4％、「介護職員初任者研修修了者」と「ホームヘルパー（訪問介護員）2級」の合計（同レベルとみなされている）が25.7％となっている。

国は、2012（平成24）年に「介護プロフェッショナルキャリア段位」の認定を開始した。これを職場のキャリアパス制度に導入した職場では、介護福祉士資格取得希望者は増加するであろう。一方で、2015年度介護保険制度改正では先送りされたが、介護福祉士国家試験受験資格取得には、これまでの訪問介護員（ホームヘルパー）2級などから養成施設等において実務者研修を修了する必要がある（2016年より）。働きながら介護福祉士資格取得を目指すことは困難な選択肢となる。受講料・生活給の保障制度がなければ現任者の資格取得は進まない。ホームヘルパーについても同様だ。

③時給制・非正規でも正規並みの労働時間

　ＮＣＣＵ（日本介護クラフトユニオン）の「2014年度（平成26年度）就業意識実態調査」では、時給制介護職員の月平均労働日数は19.21日、月労働時間数は150.71時間となっている。全労連調査でも、非正規職員で全体の50.8％が月140時間以上、26.6％が160時間以上働いており、フルタイム労働者と区別なく働いていることがわかる。

④全産業平均と比べ、月給者で月額10万円、3割余も低い賃金

　全産業労働者の平均賃金は、月額29万7700円（厚生労働省「平成25年（2013年）度版賃金センサス」）に対し、介護労働安定センターの調査では介護職の月給者は19万4709円、時給者924円。全労連調査では、入所施設月給者19万8527円、時給者1018円。ＮＣＣＵの「2014処遇改善調査報告書」では2014年（平成26）年8月時点で、入所施設月給者19万6187円、時給者878円となっている。

　全労働者の平均賃金と比べ、月給者で9万9173円（33％）から10万2991円（34.6％）低い。全労連調査では、都市部（首都圏・近畿圏等）の正規雇用介護職の月収が22万2431円に対し、地方（東北・九州等）は18万6359円と3万6072円の格差がある。

　ＮＣＣＵの「処遇改善調査」では、2013（平成25年）年1月〜12月の入所施設労働者の平均年収（税込）は、月給者で287万円、時給者で174万2000円となっている（図9-1）

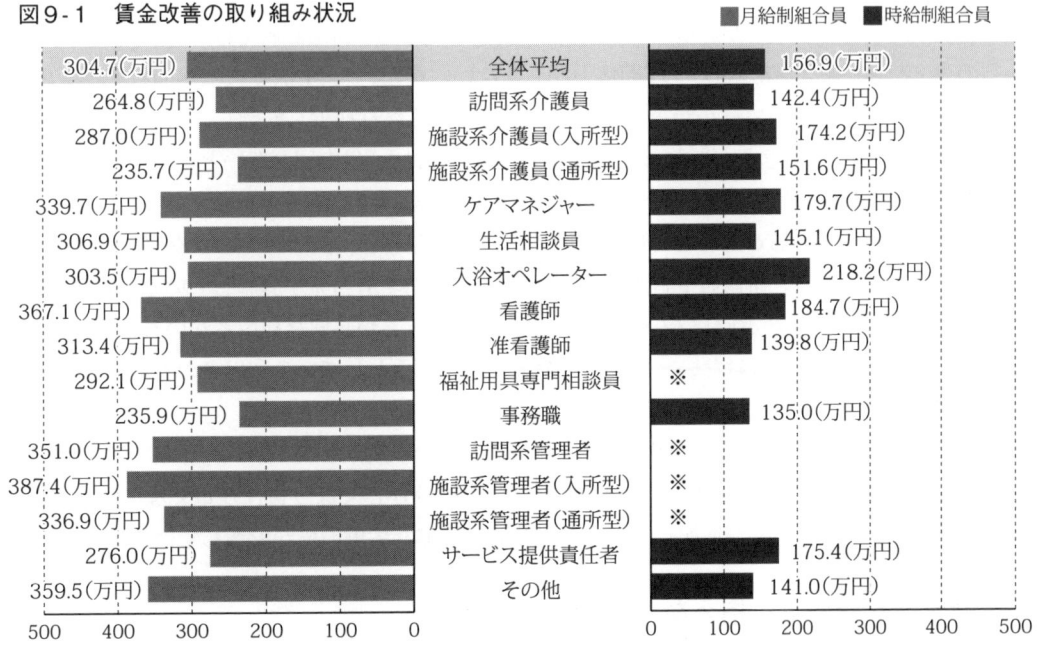

図9-1　賃金改善の取り組み状況　　　　　■月給制組合員　■時給制組合員

職種	月給制組合員	時給制組合員
全体平均	304.7(万円)	156.9(万円)
訪問系介護員	264.8(万円)	142.4(万円)
施設系介護員（入所型）	287.0(万円)	174.2(万円)
施設系介護員（通所型）	235.7(万円)	151.6(万円)
ケアマネジャー	339.7(万円)	179.7(万円)
生活相談員	306.9(万円)	145.1(万円)
入浴オペレーター	303.5(万円)	218.2(万円)
看護師	367.1(万円)	184.7(万円)
准看護師	313.4(万円)	139.8(万円)
福祉用具専門相談員	292.1(万円)	※
事務職	235.9(万円)	135.0(万円)
訪問系管理者	351.0(万円)	※
施設系管理者（入所型）	387.4(万円)	※
施設系管理者（通所型）	336.9(万円)	※
サービス提供責任者	276.0(万円)	175.4(万円)
その他	359.5(万円)	141.0(万円)

出典：「2014処遇改善調査報告書」（日本介護クラフトユニオン〈ＮＣＣＵ〉）より。

（2）夜勤のある施設の労働環境は過酷、人員配置基準の改善は急務

① 9割以上が2交替16時間勤務

日本医療労働組合連合会（以下「日本医労連」）の行った「2013年介護施設夜勤実態調査結果」（特別養護老人ホーム・介護老人保健施設・短期入所生活介護・小規模多機能居宅介護＆複合型・グループホーム、回答112施設）では、92.8％が2交代勤務となっており、同じく日本医労連の行った医療施設に対する「2013年度夜勤実態調査結果」の13.2％をはるかに上回り、2交代が中心となっている。2交代勤務を実施している介護施設の4分の3以上が拘束時間16時間以上と回答している。

②「公休が予定通り取れない」2.5割、有給休暇「まったくとれない」が2割、2交代で「休息なし」1.5割、「仮眠なし」2割の違法状態

全労連調査では、夜勤のある職場（特別養護老人ホーム・介護老人保健施設・介護型療養病床・短期入所生活介護・小規模多機能居宅介護・グループホーム）の公休取得は、「予定通りとれない」が25.6％に上り、夜勤のない職場の14.7％と比べ、10.9ポイント高い。

年休取得について、全労連調査は、「5日以内」57.4％、「取れない」は20.5％、平均取得日数は5.92日となっている。「夜勤あり職場」は、年休取得「5日以下」が62.4％、うち、「0日」は22.4％で、「夜勤なし職場」と比較し、それぞれ15.8ポイント、6.1ポイント高い。有給休暇11日以上の取得は、夜勤なし職場では20.0％であるのに対し、「夜勤あり職場」になると半分の11.4％に下がる。

日本医労連が実施した調査（「2014年介護労働実態調査」）では、看護師の平均年休取得日数は8.86日、「取れない」3.3％で、厳しいといわれる看護現場より介護現場はさらに厳しくなっていることがわかる。

全労連調査によると2交替勤務の職場では、「休息」が「全く取れない」15.4％、「仮眠」が「全く取れない」が20.0％などの違法状態におかれている。「夜勤を負担に思うことがあるか」の問いには、「いつも思う」27.0％、「ときどき思う」42.9％と合わせて69.9％が「負担に思う」と回答している。「負担に思う」理由は、「夜間、急変した利用者への対応が不安」44％、「夜間の長時間労働がつらい」43.2％、「利用者が多くて業務が過重だから」39.3％となっている。自由記載では「早番半日し、家に帰ってからの夜22時に来る勤務体形」「夜勤体力がもたない。寝たい」「生活リズムが崩れて不眠になる」「育児との両立がつらい」「コールが重なり入居者が待てなくなり独歩し転倒してしまった」との記述がある。「この1年間にあなたが関わった利用者の事故」では、「目の届かないところでの転倒・転落」60.9％と、他の事故の項目が20％以下であるのと比べとびぬけて高い。

夜勤の際に負担に感じることとしては、夜間の医療職不在など、医療職のバックアップ体制の弱いなかでの医療行為もある。研修修了者が行える「痰の吸引」は37.9％が実施している。違法ではあるが「酸素吸入」も16.3％が実施している。このような医療行為が必要な利用者がいれば、頻回な対応が必要であり、片時も気が抜けない。加えて、終末を迎えようとしている利用者の看取り介護もある。一人夜勤で仮眠できないのは必然の結果である。

「今の仕事にやりがいがあるか」の問いに、「そうは思わない」と回答した者が、「短時間」勤務者6.8％、「フルタイム」勤務者7.7％、「正職員」11.2％と、労働時間が長くなり責任が重くなるにつれて「やりがい」を見失っていく比率が増加していく。長時間の過酷な労働環境が影響していることがわかる。

（3）健康不安や病気を抱えながら働いている

長時間の過酷な労働環境は介護職の健康をもむしばんでいる。全労連調査での「現在の体調につい

て（複数回答）」の問いには、「腰痛」63.0％、「肩こり」57.7％、「倦怠感」32.2％、「頭痛」27.0％、「イライラ感」24.8％と続く。「疲れの回復具合」についての質問では、「休日でも回復せず、いつも疲れている」が18.6％にものぼり深刻だ。「病気がちで健康とはいえない」と答えた4.7％のうち、「辞めたい」と「いつも思う」は24.7％で、全体の平均8.7％の3倍近い。健康で働き続けられる職員体制、労働条件の整備が離職の歯止めにつながる。介護労働安定センター「平成25年度介護労働者の就業実態と就業意識調査」では、「働く上での悩み、不安、不満の解消に『役立つと思う』取組み」（労働者回答）として、「定期的な健康診断の実施」が40.1％と最も多く、この要望が一番になるところに、高齢者等の健康を預かる介護職員の健康管理が軽視されていることがわかる。

（4）「パワハラ」「セクハラ」が解決・改善されていない

　介護職員の健康管理の軽視は、介護職員の人権の軽視と無縁ではない。全労連調査では「1年間のパワハラ被害」は「よくある」2.3％、「ときどきある」9.1％と、1割を超える人が日常的な被害を訴えている。加害者は「上司」64.4％、「同僚」35.4％、となっている。自由記載には、上司によるものとして「話を途中でさえぎり否定」「上司が自分の悪口を言いふらす」「職員・利用者の前で怒鳴り、腕をひっぱる、強くつかむ、たたく」。同僚からは「気分により返事をしない」「そんなことも知らないと高圧的に言われる」などがある。

　「セクハラ被害」は「よくある」「ときどきある」合わせて7％で、加害者の78.7％が利用者となっている。自由記載では「利用者に抱きつかれる」「体に触られる」など、女性の記述がほとんどだ。高齢になっても異性を好きになる気持ち、触れ合いたいという欲求はあり、認知症などで理性の抑制が弱まり行動に出てしまう場合は、やむを得ない面もある。排せつ・入浴・着替え・移乗・移動などの直接体に触れる介助は、同性介助の原則を確立していくことで予防になるが、男性が参入できる賃金などの改善が必要だ。

　ハラスメントを受けた人のうち、27.5％は誰にも相談しておらず、「パワハラ」「セクハラ」についての職場の相談体制と管理職も含めた研修が必要であり、これは利用者の処遇改善にもつながる。

（5）仕事にやりがいはあるがやめたい

①「仕事にやりがいがある」（7割）が「サービスが十分できていない」（3割）、理由は「人員不足で業務が過密」（8割）

　全労連調査で「今の仕事にやりがいがあるか」の問いに、平均67.8％が「ある」と回答している。男性の62.9％に対し、女性は69.5％でやや高い。自由記載では「利用者の望みをどうやって実現できるか考え、いろいろためしながら関わっていき、少しずつでも実現に近づけたとき」「チームアプローチが成功したとき、利用者様と感動を共有できたとき」「リハビリして元気になっていく姿をみると本当にうれしい」「たとえ認知症になっておられても、たくさんの人生経験を積んでこられた方としっかりとかかわったなぁと感じられたとき」など、熱い思いが伝わってくる。

　67.8％が仕事にやりがいを感じているが、「十分なサービスを提供できていますか」の問いに、「できている」「ほぼできている」は合わせて31.0％であり、「あまりできていない」が32.2％となっている。「十分なサービスができていない理由」は、「人員が少なく、業務が過密になっている」が77.7％。2位は44.7％であり、他の理由を圧倒している。

②低賃金・過酷な労働に勤続年数が長くなるほど「やめたい」が急増

　7割近くが仕事にやりがいを感じると回答している一方で、「わからない」22.5％、「そうは思わない」

9.7％で合計32.2％、3人に1人が仕事にやりがいを感じないまま働いている。利用者の日々の尊厳・人権を大切にする仕事であるだけにこの比率の高さは問題といえよう。

「『こんな仕事、もうやめたい』と思うことがあるか」の問いには、「いつも思う」8.7％、「ときどき思う」48.6％となっている。「やめたいと思う」傾向は、勤続年数が長くなるほど高くなる。1年未満46.4％、1年以上5年未満で63.0％、5年以上10年未満で68.5％、15年以上20年未満で74.3％となる。仕事を辞めたい理由は、「賃金が安い」44.7％、「仕事がきつすぎる」39.6％「体力が続かない」30.1％、「達成感・やりがいがない」23.0％と続く。経験が長いほうが、介護の仕事の意義についての認識が深まっているはずだが、低賃金できつい仕事を続けているとやりがいさえ見失ってしまう実態がうかがえる。

自由記載には、「仕事の内容がハードで、責任も重いのに介護報酬が低すぎて、割に合ってないと感じる。これでは介護が好きで続けていきたいと思っても、離れてしまう介護福祉士も出てくるのは当然のことと言える。もう少し介護報酬を上げてほしい」「世帯主が介護職で、扶養家族がいても生活していけるだけの収入が得られる職種にしてほしい」との声が寄せられている。

2．ホームヘルパー（訪問介護員・サービス提供責任者）の労働実態

（1）性別・雇用形態・年齢・資格・労働時間・賃金・離職率

介護労働安定センター「平成25（2013年）年度介護労働実態調査」の「介護労働者の個別状況」では、ヘルパーの77.9％が女性。内訳は、訪問介護員88.6％、サービス提供責任者83.1％が女性となっている。訪問介護員の平均年齢は51.9歳、サービス提供責任者の平均年齢は女性が47.2歳。勤続年数は訪問介護員4.7年、サービス提供責任者6.1年。介護福祉士資格保有者は、平均35.1％、訪問介護員24.6％に対しサービス提供責任者は74.9％とかなりの高率になっている。

賃金の支払い形態は、訪問介護員の81.5％が時間給であるのに対し、サービス提供責任者は81.6％が月給となっている。ホームヘルプの現場は時間給のヘルパーが支えていることがわかる。

月給者のサービス提供責任者の月平均労働時間は164.6時間、実賃金は23万3884円。時給者の訪問介護員の月平均労働時間は57.6時間、実賃金は7万7082円となっている。

1年間の離職率は、平成24年（2012年）の厚生労働省「雇用動向調査」の離職率の平均14.8％と比較すると、正規職員が18.0％で高めであるのに対し、非正規職員は12.9％であり低めである。

（2）雇用形態別のヘルパー労働の姿

全労連は、2012年介護保険制度「改正」により、ホームヘルパーの生活援助「60分以上」が「45分以上」に短縮されたことなどの影響を調べるために、2012年秋から13年2月にかけて「ヘルパーアンケート」（37都道府県3989人分）に取組み、「雇用形態別のヘルパー労働者の姿」をまとめた。集計数は正規ヘルパー772人、パートヘルパー1372人、登録ヘルパー1780人。パートヘルパーの働き方には、時間を決めて働く契約と、月労働時間を決めて時間は流動的に働く契約がある。登録（型）ヘルパーは、1日1回程度事業所に寄ってから利用者宅を訪問する「ステーション型」と、自宅から利用者宅に直接訪問し自宅に帰る「直行直帰型」がある。

雇用形態は、正規19.4％、パート34.4％、登録34.3％で、正規雇用は前述した入所型施設の63.4％と比較すると3割にすぎない（図9−2）。

平均年齢は正規ヘルパー（サービス提供責任者を含む）47.9歳、介護労働安定センター「介護労働実態調査」のサービス提供責任者の平均年齢と一致する。パートヘルパー52.5歳、登録ヘルパー55.2歳。正規ヘルパーは、介護福祉士資格を保有する比較的若い年齢層が中心であり、不安定な雇用になるにつれて年齢が高くなる。

図9-2　ヘルパーの年齢・雇用形態

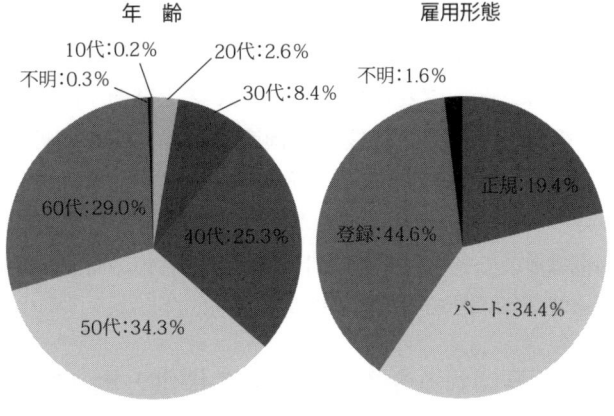

年　齢
- 10代：7人(0.2%)
- 20代：103人(2.6%)
- 30代：335人(8.4%)
- 40代：1,010人(25.3%)
- 50代：1,367人(34.3%)
- 60代：1,157人(29.0%)
- 不明：10人(0.3%)

雇用形態
- 正規：772人(19.4%)
- パート：1,372人(34.4%)
- 登録：1,780人(44.6%)
- 不明：65人(1.6%)

出典：「入所型介護施設で働く労働者のアンケート調査」（全労連）より。

月平均労働時間、時給（換算）、賃金では、正規ヘルパーは147時間04分、18万204円、時給換算1225円。パートヘルパーは78時間40分、9万6556円、時給1227円、登録ヘルパーは48時間32分、7万126円、時給1445円となっている。正規ヘルパーの月収は、全産業労働者の平均賃金月額29万7700円とくらべ11万7496円（39.5%）も低い。時給換算するとパートヘルパーと変わらない。登録（型）ヘルパーの時給が割高なのは、訪問している時間だけしか賃金の対象にならないからだ。パートヘルパーと比べ給与の対象となる時間は38.3%少なく、月収は27.4%低い。安上がりな雇用形態である。

（3）登録ヘルパーの労働実態

登録型雇用は利用者のニーズが朝・昼・夕・就寝前に集中するホームヘルプにおいて、必要な時に必要なマンパワーを確保すると同時に、利用者の増減やキャンセルに対応するための調整弁としての雇用となっている。事業所に登録していても仕事がなければ自宅待機することになる。

ヘルパーの訪問時間は短ければ20分、長ければ90分〜120分の範囲だが60分程度が中心となっている。登録ヘルパーが月48時間32分の訪問をしたとすると48回の訪問になる。月20日働いたとして、朝・昼・夕〜夜の1日3回訪問の日が10日、朝・夕など1日2回訪問の日が9日で48回となる。その間、事実上の拘束時間は長いが自分の自由になるまとまった時間はほとんどない。1日3回訪問で1日拘束されても収入は4335円にしかならない低賃金の仕事となっている。

（4）自由記載から見るヘルパーの悩み・不満・実態

全労連「ヘルパーアンケート」の自由記載から見えるヘルパーの悩み・不満・実態は以下の通り。

①時間が短く必要なサービスができない

「調理・掃除で訪問した場合、どうしても掃除の部分で時間が足りなくなる」「料理の品数を減らし、掃除はトイレのみで、部屋の掃除まで時間が足りません」「体調や気分について、聞き取りをゆっくりする時間が無くなった」「心にゆとりがないので、優しく接するのがむずかしい」「ヘルパーの基本はコミュニケーションです。『お変わりないですか？』『お体の具合はどうですか？』ただの言葉のやり取りだけでない。数分の会話により信頼関係を築き、顔や体の状態観察、生活の変化、体調の異常、訪問していない間の様子を想像し、利用者さんの思いを感じ支援しています」「時短により、利用者さ

んは伝えたいこと、気持ちを発信する機会を失っています。その為の時間を保障してほしいです」「時間内にやろうとすると、どうしてもせわしなくなり、利用者さんから『走り回っているように感じる時がある』と言われます」「自立支援で一緒に行っていたときも、時間がないためバタバタしています。（利用者に）ペースを合わせてやっていると時間が足りなくなってしまう」。

②移動・待機時間で長時間拘束され、自由な時間がない

「働く時間が短時間で、1日何回移動しても交通費も少なくて、遠くへ行くときなど移動時間の方がかかり、何しているかわからない」「朝行って、昼まで仕事とかできないので、ロスが多く束縛される時間は多いです」「1時間の仕事のために往復の時間が3時間かかる」「車で20～30分かけて援助に行って、20分とか45分の援助では割に合わない」

（5）「喜ばれる介護サービスの提供と働き続けられる職場にするために」は

全労連「ヘルパーアンケート」の上記の問いに対する雇用形態別回答では、正規ヘルパーの1位は「介護専門職としての賃金確立」（74.6％）、2位「必要なサービスができる時間の保障」（62.0％）、3位「利用者とコミュニケーションがとれるゆとり」（61.0％）。パートヘルパーは、1位「必要なサービスができる時間の保障」（67.7％）、2位「利用者とコミュニケーションがとれるゆとり」（65.6％）、3位「介護専門職としての賃金確立」（62.2％）。登録（型）ヘルパーでは、1位「必要なサービスができる時間の保障」（70.0％）、2位「利用者とコミュニケーションがとれるゆとり」（69.0％）、3位「介護専門職としての賃金確立」（55.3％）となっている。正規ヘルパーは賃金の改善要求が高く、パート・登録（型）ヘルパーになるにつて、賃金よりも、利用者ときちんとコミュニケーションをとりながら必要なサービスができる制度への改善を望んでいる。低廉な労働条件を働きがいでカバーし、離職率も低い。逆に言えば、利用者に寄り添えない制度に改悪されたある時点で、ホームヘルプの現場を支える登録ヘルパーの多くは現場を去っていくだろう。

図9-3 喜ばれる介護サービスの提供と働き続けられる職場にするためには（比率％）

介護報酬の引き上げ 52.6％
介護専門職としての賃金確率 61.4％
利用者とのコミュニケーション 66.2％
必要なサービスが出来る時間の保障 67.6％
スキルアップ 46.0％
ヘルパー同士の情報交換の場 47.3％
生活を支えられるプラン 33.2％
安定した雇用環境 53.7％
移動・待機時間の賃金保障 47.0％
サービス提供責任者への国からの人件費補助 30.9％
その他 4.5％
不明 6.8％

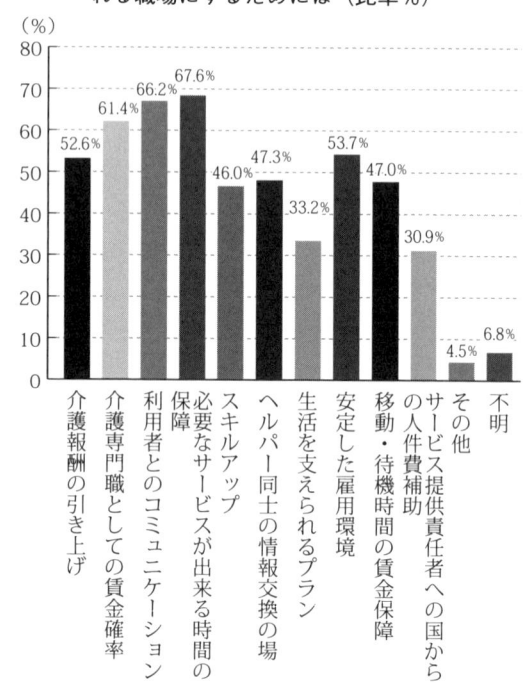

出典：「入所型介護施設で働く労働者のアンケート」調査（全労連）より。

3. 要支援者向けのヘルパー・デイサービスの担い手の無資格・ボランティア化の問題点

2015年4月より3年をかけて、介護保険制度の要支援1・2相当の利用者の訪問介護（ホームヘルプ）と通所介護（デイサービス）が、市町村の実施する「地域支援事業」の中の「新しい総合事業」に移行される。特に以下の問題点を指摘したい。

（1）専門性の否定

　「新しい総合事業」の中心となる「緩和した基準の多様なサービス」の担い手は無資格労働者・ボランティアとされており、ヘルパーによる生活援助、デイサービスでの日中の活動やサービスに専門性は必要ない、主治医意見書による病名・予後予測・注意事項も必要ないという考えのもとに制度設計されている。要支援認定を受け、介護サービスを必要とする利用者の多くは、疾病や障害を抱えたことにより混乱し、生きる意欲すら損なわれている。そのため、利用者が「安心して自分らしくいられる」と感じられる環境と活動・生活行為を再建していく必要がある。ヘルパー・ケアワーカーは、このような利用者・家族から時に当たられたり、拒否されたり、泣かれたりするなどの葛藤や混乱を受け止めながら、これまでの生活や意向を尊重し、粘り強く生活意欲と生活の再建のために働きかけ支援している。この働きかけにこそ介護労働の専門性がある。ヘルパー・ケアワーカーの仕事は、利用者の日常生活を具体的に支えることだ。軽度の認知症がありながらも自分らしく生活すること。そのために、認知症の進行に応じた対策を先手々々で準備すること、余命3ヶ月の命を悔いなく生き抜くことなどの支援が求められる。また、介護が必要な利用者の場合、家族も同時に病んでいたり、夫婦・家族関係が壊れかけていることが多く、家族のケアも求められる。これらは、専門職が労働として提供すべき支援であり、無資格労働者や地域の支え合いに委ねることに無理があることは明らかだ。

（2）ケアマネジメントの質の低下

　サービス担当者会議は、利用者・家族と各サービス担当者が集まり、どのサービスをどのように利用しながらその人らしい生活を維持・再建していくかを定期的に話し合うケアマネジメントの要となるものだ。しかし、新しい総合事業の無資格労働者やボランティアのサービスを受ける場合は、この会議の開催は「必要に応じて」となり、省略できることになった。モニタリングも行わなくてよい。各専門職種の個別支援計画も同様の扱いだ。ケアマネジメントとサービスの質が低下することは明らかだ。

（3）主治医意見書による医療情報なしにサービス提供する危険

　要支援相当の利用者の中には、癌のターミナル、リウマチ・パーキンソン病などの進行性難病のある方、認知症、うつ病・統合失調症など精神疾患のある方など、医療職との連携が欠かせない方が大勢いる。しかし、無資格労働・ボランティアからサービスを受ける場合は、チェックリストのみで主治医意見書を含む要介護認定は行わなくてよいことになっている。ボランティアには守秘義務がないため、医療情報を求めても提供されないであろう。健康悪化や介護事故の予防対策も十分たてられない危険なサービス提供となる。

（4）介護労働者の処遇の底下げ

　無資格の労働者やボランティアがサービスの担い手となれば、専門職でなくてもできる仕事と評価されることになる。ボランティアの謝礼が実質的な最低賃金となり、ボランティアが無資格労働者の賃金を引き下げ、無資格労働者が有資格労働者の賃金を引き下げることになる。専門性の向上と処遇改善は望めない。

　無資格労働者を担い手とするサービスの指定・委託はサービスの質の低下しかもたらさず、実施すべきではない。ボランティア・地域支え合いサービスの活用について厚生労働省は、要支援1・2の

認定を受けた高齢者等が、専門職によるサービスを受けながらも、「住民主体の支援等を組み合わせて利用すること」ができる(2015年1月19日「総合事業ガイドライン案 Q & A」)との見解を示している。自治体は、ボランティア・地域支え合いサービスを専門職の代替としてではなく、専門職によるサービスを補完する役割として位置づけ、多様なサービスが充実するよう施策の充実を図るべきだ。

おわりに

利用者の暮らし・人生を利用者に寄り添いながら支援するのが介護の仕事だ。ところが、介護制度の欠陥と矛盾は、職場の中に、介護職と利用者との関係の中に、葛藤やあつれきとなって現れる。介護職は心身ともに疲弊し、仕事のやりがいすら見失いかねない状態にある。利用者の安全・安心と笑顔が奪われることにつながっている。介護労働・介護現場の実態を多くの人に知ってもらい、共に介護制度を良くしていきたい。

【参考文献】
- 介護労働安定センター「平成25年度介護労働実態調査」
- 「厚生労働省総合事業ガイドライン案Q&A」(2015年1月19日付)
- 厚生労働省平成25年(2013年)度版賃金センサス
- 全国労働組合総連合「2014年度版『介護施設で働く労働者のアンケート』と『ヘルパーアンケート』報告集」(注:介護施設調査は45都道府県4851人分を分母。ヘルパー調査は37都道府県3989人)・同2014年11月8日賃金報告資料
- 日本医療労働組合連合会「2013年度(平成25年)夜勤実態調査結果」(注:447施設3427職場)
- 日本医療労働組合連合会「2013年介護施設夜勤実態調査結果」(注:112施設。介護老人保健施設・特別養護老人ホーム・グループホーム・小規模多機能施設・複合施設・短期入所施設)
- 日本介護クラフトユニオン「2014年度就業意識実態調査速報版」(注:月給制組合員2793人、時給制組合員1796人)
- 日本介護クラフトユニオン「2014処遇改善調査報告書速報版」(注:月給制組合員1938人、時給制組合員1359人)

Column

介護労働者の処遇改善と労働組合づくりはまったなし

全労連介護ヘルパーネット　　代表　根本　隆

　2000年の介護保険制度の施行以降、低賃金・劣悪な労働条件で働く介護・ヘルパーの組織化とその要求実現へ向けた運動が切望され、全労連は2005年に「ヘルパーネット（2013年度に介護・ヘルパーネットに改称）」を結成した。結成総会では、「介護ヘルパーの要求実現に向けた政策提起、政府・関係省庁交渉の実施」、「介護ヘルパーの組織化運動の経験交流」を確認した。結成以来の運動の積み上げのなかで、全労連の単産・地方組織に組織されている介護労働者は、当初5千人程度であったが、今では2万人を超えるまでになった。しかし介護労働者の増大に追いついていない。

　介護労働者の切実な要求である低賃金・劣悪な労働条件の改善をはかるためには、介護労働者の組織化の前進が欠かせない。全労連は、2012年度からの「組織拡大強化中期計画」で、介護など医療・福祉分野を組織化の最重点にして、単産と地方組織が連携して組織化に取り組んでいる。組織化に向けて、介護労働者の実態と要求根拠を明らかにするために、2012年秋に、「在宅介護のヘルパーアンケート」、2013年秋に「介護施設で働く労働者のアンケート」に取り組み、あわせて1万人を超える介護労働者からアンケートが寄せられた。

　2つのアンケートには、「利用者や家族に笑顔が出てきて、ありがとう、たすかるよと言っていただくと社会の役に立っていると実感する」という声がいっぱい寄せられている。一方で、「介護保険の改正で支援切りは止めてほしい」、「人員配置や介護職への報酬が見合っていない」、「人員を増やしてほしい」、「賃金が安いのでもっと上げてほしい」、「研修は時間内に受けられるようにしてほしい」、「ひとり夜勤を改善してほしい」などの切実な要求も多数寄せられている。アンケートから読み取れることは、利用者と家族に寄り添って献身的に働くことに喜びと誇りを持ちながらも、低賃金と過酷な労働条件・労働環境のもとで悩み、傷んでいる姿である。国の介護保険制度の改悪に翻弄され、介護事業の未来と介護労働者として働き続けられる未来が見えない中で苦しんでいる。

　全労連は、介護労働者の処遇改善運動と組織化を推進するために、2016年夏までを期間とする「全国キャンペーン」運動を進めている。この間の運動で、介護分野での人材確保、介護労働者の処遇の抜本的な改善は、労働者だけでなく事業者との共通の願いであることも明らかになっている。それは当然ながら、安全・安心の介護を受けたい」という利用者の願いとも合致する。利用者・家族・事業者と共同しながら、処遇と人員配置基準の改善、介護制度の改善を政府・自治体に迫る全国的な運動を進める決意でいる。その運動の高揚をつくるためには、当事者である介護労働者の主体的な運動形成が必要であり、労働組合の組織化の前進によってこそ生み出されるものと確信している。

高齢者・障害者が地域で安心して暮らす権利の確立を求めて

日本弁護会連合会（日弁連）　　弁護士　青木佳史

　日本弁護士会連合会では、高齢化社会が課題となった90年代から、介護の社会化や判断能力の不十分な高齢者・障害者への権利侵害等に対応するため、高齢者・障害者の権利に関する取り組みを強めるようになりました。このころ地方自治体でも高齢者・障害者のための権利擁護相談機関等が相次いで発足したことから、それらの相談機関への専門相談員の派遣や各弁護士会における高齢者・障害者のための専門法律相談が始まりました。

　そのような中、2000年、介護保険制度が施行され、社会福祉法の改正とともに、福祉サービスの利用を措置から契約へ大きく転換する社会福祉基礎構造改革の一環が始まることになりました。日弁連としては、これが単なる財源確保のための施策ではなく、真に利用者本位の実質的対等関係を作り、要介護高齢者の自立支援に向けられた制度とするためには、サービス利用方式が契約制度になっただけでは意味がなくむしろ自己責任による権利侵害状態の放置という危険も生じるのであり、公的責任による介護制度基盤の充実と高齢者（利用者）の立場から重層的な権利擁護制度の創設と実践が不可欠であるとして、2001年の第44回人権擁護大会において、契約型福祉社会における「高齢者・障害者の権利の確立とその保障を求める決議」を採択し、国及び地方自治体に対し、憲法25条・13条に定める公的責任に基づく諸施策の実施を求めました（詳細は日弁連ホームページ http://www.nichibenren.or.jp/activity/document/civil_liberties/year/2001/2001_2.html をご参照ください）。

　また、介護保険制度発足と同時に、民法の大幅改正による「新しい成年後見制度」が発足しました。これが、契約制度に移行する高齢者・障害者の福祉サービス利用においても、その判断能力の支援をする、「車の両輪」と位置づけられていたため、高齢者・障害者の権利擁護制度の一環としての内実を持つものになるように、改正の理念に沿った制度運用がなされるよう、運用の一翼を担う専門職団体として、日弁連や各地の弁護士会が積極的な制度の普及・啓発や専門職後見人の受け皿を担うことになりました。

　そのため、介護保険制度導入を前後して、日弁連には「高齢者・障害者の権利に関する委員会」を設置し（1999年）、さらに2009年には高齢社会対策本部を置き、各地の弁護士会には、高齢者・障害者の権利擁護のための法的相談・支援センターの設置が進められ、地方自治体や福祉関係機関、あるいは社会福祉士会等の専門職団体と連携して、権利擁護のための法的支援を充実させる取り組みを進めてきました。

　その後、日弁連では、介護保険制度や障害者福祉における支援費制度等の契約型福祉制度が、必ずしも高齢者・障害者の尊厳の確保と自己決定の尊重を第一とした制度運用につながっていない状況を踏まえ、2005年の第48回人権擁護大会で「高齢者・障がいのある人の地域で暮らす権利の確立された地域社会の実現を求める決議」を採択しました（同じく詳細は日弁連ホームページ http://www.nichibenren.or.jp/activity/document/civil_liberties/year/2005/2005_2.html 参照）、ここで

は、社会が、当事者主権の立場で「地域で暮らす権利」を実現することこそ、高齢者・障害者の真の尊厳と自己実現を保障する途であり、それを阻む介護保険制度や支援費制度の課題やその他の地域における支援策の課題を指摘しました。

たしかに介護保険制度は、介護サービスの社会化、一般化に大きく寄与してきたことは間違いありません。一方で、高齢者・障害者の地域生活における様々なリスク、特に判断能力が不十分なために生じる被害、家庭内虐待やセルフネグレクトには保険原理・契約原理の申請・選択に基づく制度では対応できないことも次第に明らかになりました。今後、独居高齢者・高齢者のみ世帯の急速な増加、障害者世帯の高齢化により、その課題を公的な制度拡充によりしっかりと対応すべきことが現場の実情から明らかになりました。

2006年の介護保険法の改正で、これを補完する役割をも位置づけられた地域包括支援センターが誕生し、地域包括ケアの理念のもとで、権利擁護業務が4つの柱の一つに位置づけられました。同時に、議員立法で成立した高齢者虐待防止法が施行され、市町村の責務で在宅の虐待対応を行うことが明示されました（2012年10月からは障害者虐待防止法も施行）。これにより、市町村と地域包括支援センターを中心とした、地域における公的責任に基づく介護保障（虐待事案やセルフネグレクト等の支援困難事例）や権利擁護の課題への対応を行うこととなりました。

日弁連と各地の弁護士会は、このような地域における権利擁護の支援に、人権擁護と法的支援の専門職団体として実践的に深く関わっていくことこそ、求められた使命であると位置づけました。それ以降現在まで、虐待対応や権利擁護を担う市町村担当課や各市町村社会福祉協議会、そして地域包括支援センターとの連携した取り組みが高齢者の権利擁護のための要であると位置づけて、具体的な取り組みを進めてきました。高齢者・障害者虐待対応には、社会福祉士会と合同のアドバイザーチームを各都道府県に設置し、都道府県や各市町村等の要請に基づき個別ケース会議などでのスーパーバイズを展開しています。また、地域包括支援センター職員への法的助言を身近に行えるように、各センターへ担当弁護士を派遣する取り組みも法テラスのスタッフ弁護士と共同して進めています。

今回2014年法改正に伴い地域包括ケアシステムの本格的構築が求められるようになりましたが、この14年間の権利擁護活動の実践を踏まえ、その実現には、医療との連携だけでなく、法的支援を含めた連携等専門的支援の整備が重要であること、これを地域の共助だけに委ねるのではなく、公的責任に基づく基盤整備と人材確保を求めて、日弁連として2014年4月、「地域における医療及び介護の総合的な確保を推進するための関係法律の整備等に関する法律案」における介護保険体制に関する意見書を提案しています。

さらに日弁連としては、障害者権利条約の批准に伴い、同条約12条が提起している「意思決定支援」の徹底、つまり認知症や知的障害、精神障害があっても、どんな人でも十分な支援があれば自分で意思を決定することができる、という原則に基づいて必要な支援がなされているか、家族、事業者、成年後見人等が安易に代行・代理で決定していないかを、改めて、高齢者の医療・福祉の現場や日常生活の現場、成年後見の現場などで見直す取り組みを重要課題として位置づけ、本年秋に向けた取りまとめを進めています。

第10章

介護労働の課題

曽我千春（金沢星稜大学経済学部准教授）

はじめに

　一連の社会保障制度改革が進められ、社会保障制度の大胆な転換の流れとともに安倍政権下においても介護労働は大きな転換と変質を余儀なくされている。社会保障制度改革は「自助」「自己責任」を強硬に推し進め、市場化・営利化の流れが加速しつつある。一方、安倍政権の「日本再興戦略改訂2014」において、介護は医療とともに「成長産業のヘルスケア」に位置付けられ、「介護産業」における雇用の拡大が目指されているところである[1]。

　介護労働の慢性的な人手不足や離職率の高さは長年にわたって問題視されつつも根本的な解決策や克服策は講じられず、「量・質の確保」や事業者・経営者の企業努力、介護労働者自身の研修やその意欲に委ねられてきた。これらはそもそもの基底にある政策ならびに制度上の構造的な問題を解決することなく、「介護職員の必要性」ばかりを叫び続けてきたものであった。

　本章では、介護労働の歴史的な変遷と介護保険法施行後の営利化政策のもとでの介護労働の変容を確認し、今後の介護労働の方向性を政策文書から検討する。そして日本の介護労働が「魅力ある労働」となるための若干の提案を行う。

1. 介護労働の歴史的変遷－1970年代後半以降の介護労働政策の変化

　1973年秋の石油危機を契機とする高度経済成長の終焉により、社会保障・社会福祉制度の縮小と財源の削減へと方向転換していくこととなる。1982年の老人保健法は、老人医療費支給制度を廃止したばかりでなく、高齢者に一般被保険者とは異なる診療報酬制度を導入するとともに自由契約の「老人保健施設」、営利法人の参入を認めた「老人訪問看護制度」を創設した。これらは社会保障・社会福祉制度からの公的責任の後退と各種基準の緩和、営利化政策の先駆であるといえる。

　1980年代後半からは、高齢者保健福祉サービス、特に高齢者介護サービスに民間企業の参入を積極的に後押しする政策がとられていく。「民活」といった言葉が盛んに登場し公的責任の後退と自己責任が強調され（「自助」・「共助」・「公助」）、行政の責任の下で行われていた各種社会福祉サービスの民間委託がさらに拡大していき、行政から民間介護サービス事業者に対する「ガイドライン」などが登場してくる。公的責任の後退と「民活」の流れを引き継いだものが介護保険制度である。

（1）「社会保障を担う人々」（昭和62年版厚生白書）

　1987年の『昭和62年版厚生白書』は副題を「社会保障を担う人々-社会サービスはこう展開する[2]」とし、保健、医療、福祉サービスの提供体制と人材の確保・体制の方向性を示した。サービス提供体

制として、①国や地方公共団体によるサービス（公的サービス）、②民間事業者による市場機構を通じたサービス（市場サービス）、③家族や近隣などのインフォーマル部門によるサービス（インフォーマル・サービス）を示し、「公民ミックス」の「供給主体の多元化」をあげた[3]。加えて、これらのサービスの担い手については、専門性を必要とする「フォーマル部門」、地域住民、各種ボランティアなどの「インフォーマル部門」の「マンパワーを拡充」をあげ、「マンパワーの重層化を図り、厚みのあるマンパワーを確保していく必要がある[4]」とした。

「昭和62年版厚生白書」は、前提に「国民生活水準の向上や価値観の変化、社会保障制度の拡充等により、国民の社会保障ニーズは全体として「給付」から「サービス」の質へ移行しつつある[5]」としているが、1980年代からの社会保障の縮小の中で、健康保険法・老人福祉法の改正による本人負担の増大と給付の水準が落ちているといった現実を[6]、「サービス供給体制の整備」に置き換え、その対応に民間活力・シルバービジネスとボランティアを利用しようとするものである。

時を同じくして、1987年5月26日、社会福祉士及び介護福祉士法が公布（1988年4月1日施行）され、シルバービジネスの拡大からその担い手については「資格」を設け、一定の「品質保証」のシステムを設けた。

（2）人材確保指針や介護労働者管理法

1989年にわが国初の消費税が導入され、「抱き合わせ」の形で「高齢者保健福祉推進十ヵ年戦略（ゴールドプラン）」が策定された。ゴールドプランでは、在宅、施設福祉事業についての具体的な数値目標をあげてはいるものの、「人材の確保が最大の課題」となっていた。厚生省はゴールドプランの実現に向けて、1990年に厚生省事務次官を本部長とする「保健医療・福祉マンパワー対策本部」を設置、翌1991年3月には中間報告をまとめている。中間報告では「平成2年度から平成11年度にかけてホームヘルパー7万人、看護職員約5万人、寮母・介護職員11万人をさらに確保することが必要であると見込まれる」とし、人材の確保のために「社会的評価の向上、労働条件の改善、養成力の強化、就業促進を進めていく」といった方向性を示した[7]。

この中間報告に基づき、1992年4月には、「マンパワー」政策の具体化として以下の3つの法律が成立した。「看護職員」については「看護婦等の人材確保の促進に関する法律」（平4・6・26、法第86号）（以下、「看護婦等確保法」）、社会福祉施設従事者（介護職員を含む）については「社会福祉事業法及び社会福祉施設退職手当共済法の一部を改正する法律」（平4・6・26、法第81号）（以下、「福祉人材確保法」）、介護職員については「介護労働者の雇用管理の改善等に関する法律」（平4・5・27、法第63号）（以下、「介護労働者管理法」）である。看護婦等確保法と介護労働者管理法は単独法として立法化され、福祉人材確保法は社会福祉事業法第7章の2「社会福祉事業に従事する者」と題して1章を加えた。福祉人材確保法の具体的方策として「社会福祉事業に従事する者の確保を図るための措置に関する基本的な指針」（平成5年厚生省告示第116号）（以下、「基本指針」）が告示され、2007年には改定（「社会福祉事業に従事する者の確保を図るための措置に関する基本的な指針」（厚生労働省告示289号）、以下「新・指針」）されている[8]。

これらの法ならび指針における国・地方自治体の義務付け規定は「公表・公示」にかかわるもののみであると同時に、直接、介護労働者や社会福祉施設労働者の労働条件を保障するものとはなっていない[9]。

厚生労働省は介護保険法施行後の2007年に「新・指針」を告示したが、それは社会福祉分野・介護分野を「成長産業分野」として位置付けて、介護サービス分野のさらなる市場化・営利化を前提と

したものであり、介護労働者の雇用・労働条件の向上や人材確保にはつながらなかった[10]。

(3)「専ら常勤」の規定から常勤換算方式導入へ

　介護保険法施行前は不十分な措置費の下で、介護労働現場の人員配置基準は実情に合っていなかったものの入所者（利用者）の数に応じて決められ、「常勤の正規職員」を原則としていた[11]。

　2000年の介護保険制度導入とともに介護保険施設や居宅介護サービス事業所の人員配置基準には常勤換算方式が導入され、結果、時間換算で介護労働者がカウントされるようになり、非常勤介護労働者の増大を後押しした[12]。問題となっている認知症対応型共同生活介護事業所の非常勤の一人夜勤体制も人員配置基準に照らせば合法ということになる。

　常勤換算方式は介護保険法施行後、医療・介護の機関・施設・事業所に拡大していったが、それ以前にも「常勤換算方式」という文言はないものの、同様の基準が存在していた。1991年老人保健法改正に伴い創設された老人訪問看護制度である。老人訪問看護制度の人員基準は「老人訪問看護ステーションに勤務する保健婦、看護婦、看護士、准看護婦及び准看護士の1日の勤務延時間数を8で除して得た数が2.5以上になる員数」とされている[13]。老人訪問看護制度は1980年代の「臨調・行革」路線の下での社会保障「再編」政策の流れの中で創設され、事業所の「指定」制度を導入、事業者については「民間部門の参入」が認められており、「市場化・営利化」の第一歩、介護保険制度の前身という位置づけになるであろう。

　常勤換算方式の導入は正規の介護労働者を減少させ、入所者（利用者）へのサービスの質を低下させる危険性は否めず、同時に介護労働者の非正規化が進行、現在では不安定就労・労働基準法等違反の代表的な労働が介護労働となっている。

2. 営利化の進行と介護労働

　介護保険制度は従来の老人福祉法に基づく措置制度から社会保険方式、契約方式へ転換するとともに、サービス提供事業者については営利・非営利を問わない多様な法人の参入を認めた。多様な法人の参入は高齢者介護サービス分野を「成長産業」とみた各法人が「ビジネス」として登場してくることとなり、「競争原理による質の向上[14]」が期待されているが、現実には、民間企業の経営手法が取り入れられ、コストカット、赤字回避が各事業者の目標となっている。そのなかで最も打撃を受けているのが介護労働者の賃金を含めた雇用・労働条件である。

(1) 低い人員配置基準

　介護保険制度の居宅サービス、介護保険施設サービスあるいは地域密着型サービスを提供しようとする者は、当該サービスごとにあるいは当該施設ごとに都道府県知事または市町村長の「指定」を受ける必要がある。市町村介護保険事業計画などの計画の定める数値目標にもとづいて指定を拒否しうる旨のサービス総量規制もあるが、それ以外は一定の条件を満たした事業所については「指定」が行われる。各事業所が指定を受けるために必要な一定の条件が、各施設・事業の「人員、設備及び運営に関する基準」であり、事業所は指定を受け事業所を開設した後もこの基準を遵守しなければならない。

　本稿では認知症対応型共同生活介護（地域密着型サービス）人員に関する基準（以下、「人員配置基

準」）について確認しておこう。認知症対応型共同生活介護事業所は「小規模で家庭的な雰囲気の中で認知症を緩和」させる効果があることから「高齢者ケアの切り札」と言われ、認知症高齢者とその家族、そして介護労働者からも大きな期待が寄せられていた。しかし、介護保険制度の下で多くの事業者の参入をみたものの「サービスの質」には大きな差が生じ、不適切なケア実態も問題視され、厚生労働省は指定基準の変更・規制の強化を行っている。現在は、1事業所は2ユニット、定員は18名まで、1ユニット定員5名以上9名以下とされている。

認知症対応型共同生活介護事業所で生活介護にあたるのは「介護従事者」とされ、特に資格の定めはない。「介護従業者」のうち「1人以上は常勤でなければならない」がそれ以外は非常勤でも可能である。また日中・夜間及び深夜の時間帯は各事業所で設定し、以下にあげる「介護従事者」の数を配置することとなる。日中は利用者3人に「介護従業者」1人以上、夜間及び深夜の時間帯は2011年度までは2ユニット利用者18名までを1人の介護従業者とされていたが、2011年の介護保険法改正時に1ユニット1人の介護従業者とされた。日中は利用者3名に対し1人の介護従業者、夜間及び深夜の時間帯は利用者9名対介護従業者1人ということである。

このように認知症対応型共同生活介護事業所の人員配置は、利用定員が少数であることから非常に不安定な配置基準となっている。また、非常勤が夜間専従として勤務している例も少なくなく、高齢者ケアの切り札として高齢者の命や暮らしや健康を守ることができるものなのかは疑問である。

（2）「加算」と人員配置基準

入所者（利用者）のいのちを守るためには、まずは、介護保険制度の各サービスの人員配置基準を全体的に底上げしていく必要がある。にもかかわらず、手厚い人員配置基準をもって規制強化するのではなく、介護報酬の「加算」という形で補っている。たとえば、先にあげた認知症対応型共同生活介護事業所は、夜間ケア加算（原則の夜勤職員1名＋夜勤職員常勤換算1名）、サービス提供体制加算（介護福祉士が50％以上、看護・介護職員の常勤率が75％以上、勤務年数が3年以上）、介護職処遇改善加算（介護職員の賃金改善に要する費用見込額が介護職員処遇改善加算の算定見込額を上回る賃金改善に関する計画を策定し、当該計画に基づき適切な措置を講じていること等を要件）などの介護報酬加算によって各事業所にインセンティブを与えるにとどまっている。

比較的手広く事業を展開する事業者、歴史が古く地域の福祉供給の中心的な存在となっている社会福祉法人などは「加算」を含めた介護報酬を得られる可能性は高い。しかし、小規模で経営基盤が脆弱な事業者は加算をとることも簡単ではない。いずれにしろ介護報酬全体の引下げによって経営の苦しさは加速される。介護労働者の低賃金・過重労働、離職、人員不足といった負のスパイラルに陥っている。また、実際、介護報酬加算が採れたとしても、それが介護労働者の賃金向上や各事業者の正規雇用の介護労働者の獲得につながっているのかは明らかではない。

3．今後の介護労働政策の動向―介護労働政策と「日本再興戦略」

2014年12月、戦後最低の投票率52.66％のもと自民党・公明党が326議席を獲得し、政権与党となった。今後の社会保障政策の動向は「経済政策優先」「アベノミクス」の再到来のなかで、自己責任の強調と公的責任の後退、社会保障給付費の削減、社会保障制度や社会保険制度の範囲の縮小が行われる可能性は否めない。

安倍内閣は2013年6月14日に「日本再興戦略-JAPAN is BACK-」を、2014年6月24日には改訂版である「「日本再興戦略」改訂2014-未来への挑戦-」を閣議決定している。

　以下、安倍政権が掲げる「日本再興戦略」の問題点を指摘しておく。自民党安倍政権の基本路線は先に指摘したとおりである。したがって、問題は多くあるが紙面の関係もあり、以下の3点について指摘しておこう。

　まず、第一に「医療・介護」を「健康関連分野」とし、「成長市場」としてさらなる営利化の拡大を狙っていることである。今後は、「複数の医療法人や社会福祉法人等について一体的な経営を可能とする『非営利ホールディングカンパニー型法人制度（仮称）』を創設」することをあげている。そもそも医療は憲法89条の規定から営利法人である株式会社が病院経営することは原則として禁止している[15]。一方、介護は「多様な事業者の参入」を認めたことから一気に営利化が進んでいる。「非営利ホールディングカンパニー型法人制度」を導入し、医療の営利化への道筋、介護のさらなる営利化を狙っている。

　第二に、特区への「外国人家事支援人材」の受入れである。これは次期介護保険法の改正により要支援者への訪問介護・通所介護が市町村事業に移されることと連動している。すなわち介護保険制度の範囲を縮小し、今までは不十分ながらも専門職からサービスを提供されていた利用者は、今後、「外国人家事支援人材」からサービスを購入することともなる。これを特区から解禁し、全国に拡大、規制緩和につなげていくであろう。これは介護保険外のサービスの拡大と「安上がり介護労働力確保」策である。

　第三に、「医療・福祉、建設業、製造業、交通関連産業等における雇用管理改善、マッチング対策、人材育成など、若者をはじめとする人材の確保・育成対策を総合的に推進」、加えて「国際貢献を目的とするという趣旨を徹底するために、制度の適正化を図るとともに、対象職種の拡大、技能実習期間の延長、受け入れ枠の拡大など外国人技能実習制度の抜本的な見直しを行い、所要の法案を提出する」と「外国人技能実習生」の拡大もあげている。介護労働分野だけでなく、建設分野についても人材不足は深刻である[16]。現在の介護労働者を含めた日本の労働者の「雇用の劣化と働き方の貧困」を解決することなく、外国人労働者を「低賃金の調整弁として」「安上がり労働力確保」を促進しようとしている[17]。まずは、わが国の若者に支持が得られる「魅力ある労働」としての介護労働の創設に向けた政策と財源確保、法整備が不可欠である。

おわりに

　2014年10月22日厚生労働省は「福祉人材確保対策検討会における議論の取りまとめ」を発表した。今後の「介護人材確保の方向性」を　①参入促進、②資質の向上、③労働環境・処遇の改善の3つを掲げた。③労働環境・処遇の改善は「マネジメント能力・人材育成力の向上。賃金水準の向上とともに、マネジメント能力・人材育成力の向上や技術革新の積極的な導入を促す。そのために優れた取り組みを行う事業者の評価・認証や情報公開を推進する。」としている。具体的方策は提示しておらず、財源や法制度も不明である。1990年代からさまざまな「マンパワー政策」が打ち出されたが人材確保にはつながっていない。「福祉人材確保対策検討会における議論の取りまとめ」についても「マネジメント」や「情報公開」では介護労働者の労働条件の向上にはつながらないのは明らかである。

　介護労働者の安定した雇用の確保と労働条件の向上には、常勤換算方法の廃止と基準の強化といった法制度の大幅な改正と財源の確保が不可欠である。正規雇用・安定的な賃金水準・労働基準法等の

労働関連法規を遵守した介護労働現場の確保、介護労働者自身が雇用労働条件を学ぶことができ、人権保障の視点からケアを考える研修制度の再設計などである。財源の確保については、社会保障の原理・原則に立ち返った財源確保、すなわち所得の再分配機能を強化した財源の確保にシフトしていく必要がある[18]。

最後に生存権ならびに公共性から介護保険制度全般を考え、それを具体的に担う介護労働のあり方を再構築すべきである。

【注】
1) 北浦正行（2013）「介護労働をめぐる政策課題 - 介護人材の確保と育成を中心に」『日本労働研究雑誌』（55）p.61 参照。
2) 厚生省『昭和62年版厚生白書　社会保障を担う人々 - 社会サービスはこう展開する』（厚生統計協会、1988年）p.2。
3) 厚生省・前掲書 p.47。
4) 厚生省・前掲書 p.33。
5) 厚生省・前掲書 pp.18-19。
6) 労働経済旬報（1988）「政府のこれからの社会福祉政策の弱点　昭和62年版厚生白書を読む」pp.29-31 参照。
7) 厚生省社会局庶務課「保健医療・福祉マンパワー対策本部中間報告（上）」月刊福祉74巻9号（1991年）pp.114-121 および同「保健医療・福祉マンパワー対策本部中間報告（下）」月刊福祉74巻10号（1991年）pp.114-120 参照。
8) 井上英夫（1993）は、これらの「マンパワー」政策について、「80年代の臨調・行革路線のなかでの社会保障「再編」の一翼を担うもの」と指摘している。p.15。
9) 介護労働者管理法については、瀧澤（2011）が詳しい。
10) 「新・指針」の分析・評価については、曾我千春（2008）「「社会福祉事業に従事する者の確保を図るための措置に関する基本的な指針」についての一考察」『金沢星稜大学人間科学研究』（第2巻第1号）pp.13-18 を参照いただきたい。
11) 「養護老人ホーム及び特別養護老人ホームの設備及び運営に関する基準の施行について」（昭41・12・16）
12) たとえば、介護老人福祉施設（特別養護老人ホーム）の人員基準は、「介護職員又は看護職員の総数は、常勤換算方法で入所者の数が3又はその端数を増すごとに、1以上とする」（指定基準2条1項3号イ）、「常時1人以上の常勤介護職員を介護に従事させる」（指定基準13条7項）旨が規定されている。
13) 「指定老人訪問看護の事業の人員及び運営に関する基準」（平成4年2月29日　厚生省令第3号）
14) 堤修三（2010）『介護保険の意味論　制度の本質から介護保険のこれからを考える』（中央法規）p.69。
15) 芝田英昭（2014）pp.40-42。
16) 北陸中日新聞2014年4月9日付参照。
17) 伍賀一道は「雇用拡大の場として期待されている介護分野では、仕事に情熱をもって入職した若者が将来の生活設計が描けないほど賃金が低く、変則勤務に加え労働時間も長いため将来の展望を失って離職するケースが後を絶たない（「毎日新聞」2014年4月28日付参照）。介護分野の「労働力不足」を解消するため、外国人の介護労働者をさらに拡大する動きがある。だが、これは問題の解決にはならないどころか、かえって混乱を深めるだろう。」と指摘している。伍賀（2014）p.26。
18) 社会保障の財源確保については、芝田（2014）pp.61-71。

【参考文献】
・井上英夫（1993）「健康権保障と看護婦人材確保法」『労働法律旬報』（No.1313）pp.8-24。
・伍賀一道（2014）『「非正規大国」日本の雇用と労働』新日本出版社。
・芝田英昭編著（2014）『安倍政権の医療・介護戦略を問う』あけび書房。

- 瀧澤仁唱（2011）「介護労働者の労働条件をめぐる法的課題」『桃山法学（第17号）』桃山学院大学、pp.29-58。
- 林和彦（2003）「社会福祉施設の規制緩和と労働の柔軟化」『賃金と社会保障（1344号）』労働旬報社、pp.4-24。
- 森山千賀子・安達智則（2012）『介護の質「2050年問題」への挑戦』クリエイツかもがわ
- 結城康博（2008）『介護　現場からの検証』岩波書店。
- 労働経済旬報（1988）「政府のこれからの社会福祉政策の弱点―昭和62年版厚生白書をよむ―」（42（1364））pp.29-39。

【資料】
「日本再興戦略」
【2013年版】（抜粋）
「医療、介護、保育などの社会保障分野（略）を成長分野への転換可能」3頁。
「医療、介護は健康分野」4頁
「巨大な市場（略）医療・介護分野をどう成長市場に変え、質の高いサービスを提供するか、制度の持続可能性をいかに確保するかなど、中長期的な成長を実現するための課題が残されている。」10頁。
「経済連携協定によるインドネシア、フィリピンの看護師・介護福祉士候補者の受け入れに加えて、ベトナムからの受け入れを開始し、今後の受け入れ拡大について検討する」89頁。
【2014年改訂版】（抜粋）
Ⅳ　改訂戦略の主要施策例
２．担い手を生み出す～女性の活躍促進と働き方改革～
　③外国人が日本で活躍できる社会へ
　　○外国人技能実習生の見直し
・管理監督体制の抜本的強化を図りつつ、対象職種の拡大、技能実習期間の延長（最大3年間→最大5年間）、受け入れ枠の拡大等を行う【2015年度中に実施】22頁。
　　○国家戦略特区における家事支援人材の受け入れ
・家事等の負担を軽減するため、国家戦略特区において、外国人家事支援人材の受け入れを可能とする。【検討を進め、速やかに所要の措置を講ずる】23頁。
　　○介護分野における外国人留学生の活躍
・介護福祉士等の国家資格を取得した外国人留学生の卒業後の国内における就労を可能とするため、残留資格の拡充を含む制度設計を行う。【年内めどに制度設計】23頁。

３．新たな成長エンジンと地域の支え手となる産業の育成
　②健康産業の活性化と質の高いヘルスケアサービスの提供
　　○医療・介護等を一体的に提供する非営利ホールディングカンパニー型法人制度（仮称）の創設
・複数の医療法人や社会福祉法人等について一体的な経営を可能とする「非営利ホールディングカンパニー型法人制度（仮称）」を創設する。【2015年中に制度上の措置を目指す】
・上記新法人制度を活用した他病院との一体経営のために大学附属病院を大学から別法人化できるような必要な制度設計等を進める。【2015年度中の制度上の措置を目指す】24頁。
第二　3つのアクションプラン
一．日本産業最高プラン
２．雇用制度改革・人材力強化
２-２．女性の活躍推進／若者・高齢者等の活躍推進／外国人材の活用
（３）新たに講ずべき具体的施策
　ⅱ）若者・高齢者等の活躍推進
　　　人口減少社会の中で成長を実現していくためには、女性のみならず、若者・高齢者等の活躍も一層促していく必要がある。このため、日本再興戦略に盛り込まれた各施策に加え、以下のとおり取組を進める。47頁。
　③人材不足分野における人材確保・育成対策の総合的な推進
　　　医療・福祉、建設業、製造業、交通関連産業等における雇用管理改善、マッチング対策、人材育成など、若者をはじめとする人材の確保・育成対策を総合的に推進する。47頁。

ⅲ）外国人材の活用
（外国人実習生の見直し）
　また、外国人技能実習制度については、その適正化を図るとともに、海外における人材需要等の実態を踏まえた必要な見直しを以下のとおり進める。48頁。
②外国人技能実習制度の抜本的な見直し
　国際貢献を目的とするという趣旨を徹底するために、制度の適正化を図るとともに、対象職種の拡大、技能実習期間の延長、受け入れ枠の拡大など外国人技能実習制度の抜本的な見直しを行い、所要の法案を提出する
・外国人技能実習制度の管理監督体制の抜本強化
　（略）国内管理運用体制の確立、外部監査の義務化、業界所管庁による指導監督の充実を図るとともに、関係機関から成る地域協議会（仮称）の設置により、問題事案の情報共有を円滑に行う体制を整備する。
・対象業種の拡大
　（略）随時対象職種に追加していく。その際、介護分野については、」既存の経済連携協定に基づく介護福祉士候補者の受入れ、及び、検討が進められている介護福祉士資格を取得した留学生に就労を認めることとの関係について整理し、また、日本語要件等の質の担保等をサービス業特有の観点を踏まえつつ、年内を目途に検討し、結論を得る。また、全国一律での対応を要する職種のほか、地域毎の産業特性を踏まえた職種も追加も検討する。
・実習期間の延長（3年→5年）
　（略）監理団体の受入れ企業が一定の明確な条件を充たし、優良であることが認められる場合、技能等のレベルの高い実習生に対し、一旦帰国の後、最大2年間の実習を認めることとし、2015年度中の施行に向けて、所要の制度的措置を講ずる。
・受入れの拡大
　（略）49頁。
（持続的成長の観点から緊急に対応が必要な分野における新たな就労制度の検討）
④女性の活躍推進、家事支援ニーズへの対応のための外国人家事支援人材の活用
⑤介護分野の国家資格を取得した外国人留学生の活躍支援等
　（略）日本の高等教育機関を卒業し、介護福祉士等の特定の国家資格等を取得した場合、引き続き国内で活躍できるよう、在留資格の拡充を含め、就労を認めること等について年内を目途に制度設計等を行う。50頁。

（中長期的な検討等）
　さらに、中長期的な外国人の受入れの在り方については、移民政策と誤解されないように配慮しつつ、（略）。50頁。
二．戦略市場創造プラン
（3）新たに講ずべき具体的施策
　日本再興戦略では、（略）医療・介護分野をどう成長市場に変え、質の高いサービスを提供するか、制度持続可能性をいかに確保するかなど、中長期的な成長を実現するための課題が残されていた。
　この課題を解決するため、①効率的で質の高いサービス提供体制の確立、②公的保険外のサービス産業の活性化、③保険給付対象範囲の整理・検討、及び④医療介護のICT化等の各課題に取り組む。
ⅰ）効率的で質の高いサービス提供の確立
①医療・介護等を一体的に提供する非営利ホールディングカンパニー型法人制度（仮称）の創設。
　地域内の医療・介護サービス提供者の機能分化や連携の推進等に向けた制度改革を進め、医療、介護サービスの効率化・高度化を図り、地域包括ケアを実施する。このため（略）、一体的な経営を可能とする「非営利ホールディングカンパニー型法人制度（仮称）」を創設する。（略）営利法人との密接な連携を可能とするため、医療法人等の現行規制の緩和を含む措置について検討を進め、（略）制度上の措置を来年中に講ずることを目指す。
②医療法人制度に関する規制の見直し
（略）
・医療法人の分割
　会社法の会社分割と同様のスキームを医療法人について認める。
・医療法人の附帯業務の拡充
　（略）介護施設・高齢者向け住宅等の用途に使用することを目的とした賃貸事業を附帯業務として認める（略）。
③医療品質情報の更なる開示、介護サービスの質の改善　（略）
④居住系介護施設待機者の解消に向けた適切な介護サービス提供体制の構築
　（略）市町村が居住系介護施設を含めた介護サービスについて、適切なサービス量を見込むことなど地域の実情に即した計画策定を行えるよう（略）、支援ツールの提供や、他の都道府県・市町村の統計データ等を比較・分析できる仕組みを構築するなどにより、支援を行う。
⑤大都市圏の高齢化に伴う医療・介護需要への対応
⑥看護師・薬剤師等医師以外の者の役割の増大
　（以下、略）94頁。

Column

「介護の社会化」がますます遠くなる

中央社会保障推進協議会（中央社保協）　事務局次長　前沢淑子

　65歳以上の4人に1人がひとり暮らしか老老世帯、そして5割を超える老老介護を担っている7割は女性です。「介護の社会化」を掲げ導入された介護保険は制度の目的と約束が違う！現実を何とかしないと介護地獄になってしまいます。

　2014年11月11日（介護の日）に「介護・認知症なんでも無料電話相談」を行いました。NHKのお昼のニュースで放映されたため、5台の電話はなりっぱなしでした。3500件を超えるアクセスがありましたが、応えることが出来たのは69件だけでした。介護福祉士、ケアマネジャー、「認知症の人と家族の会」東京都支部の相談員さんたちは対応に追われっぱなしでした。相談者は20〜80代までの本人や家族、親戚、友人からでした。認知症の相談が45％を占めたのも現状を反映しています。とある89歳の女性は自身も要介護2、老健に入所が決まった83歳の妹と癌で入院中の夫の行く末を案じる相談でした。また、「妻が自殺をした。自分も死にたいが死にきれない。娘とも絶縁、家に火をつけようか、娘を刺そうかと思う事がある。老人クラブへの参加を勧められるが、その気になれない」の深刻な相談には、傾聴するだけでした。1時間を超す対話の中で気持ちの整理ができたのか、「聞いてくれてありがとう」と電話の声に相談員は「救われた」と語っていました。

　この現実を解決するには、ひとり暮らしでも老夫婦世帯でも安心して暮らせる街づくりです。必要なサービスが受けられ、相談者が身近にいる、健康で暮らせる公的なサポートがあることです。

　しかし、2015年4月の第6期事業計画開始に合わせ、介護保険制度は今以上に利用しづらくなります。特別養護老人ホームへの入所は「要介護3」以上に限り、一定の所得（160万以上：年金収入280万以上）の利用料を2割へ引き上げ、低所得者で収入がなくても資産（貯金等：単身1000万、夫婦で2000万）があれば、施設の居住費・食費を補助しないと低所得者の部屋代・食費の負担の軽減へのハードルを上げられます。

　そして、要支援1・2の訪問介護と通所介護を介護保険給付から外し、自治体が行う「総合事業」のサービスに任せてしまいます。介護保険認定者の約3割は要支援1、2です。訪問介護のみの利用は「独居」が7割、通所介護のみの利用は「家族同居」5割です（全日本民医連「予防給付見直しによる影響予測調査」）。

　中央社保協は、介護保険第6期事業計画実施が2015年4月に迫る中で「要支援1・2サービスの『総合事業・地域支援事業』へ移行で『多様なサービス』確保の見通しはあるか」の緊急自治体アンケートを実施しました。「見通しがある」と応えたのは回答した950自治体の9％で「見通しがたたない」「できない」と答えたのは74％でした。「見通しがたたない」自治体からは「地域の実情に合った改正を」「財政支援を求める」など切実な声が寄せられています。中央社保協は第189通常国会開会前の1月21日にこの声を厚労省に届け、26日は衆議院厚生労働委員へ、28日は全国知事会と全国町村会へ届け、懇談し改善を要請しました。地域の実態や自治体の声に耳を貸さない政府を変え……憲法25条の生存権を保障させる社保協運動の出番を実感する日々です。

東日本大震災から学んだこと

日本医療福祉生活協同組合連合会　　理事　齊藤恵子

　2011年3月11日震度5弱の東京でも、介護現場ではいろいろ大変なことが起きた。老人保健施設は入浴の真最中で、大きな揺れに利用者の安全確保をするのが精いっぱいだった。エレベーターが止まり、車いすの利用者を地下の浴室から担いで居室に返し、夕食はリレー方式で階段から運び上げた。デイケアの利用者は、自宅マンションのエレベーターが止まったり、室内のガラスの散乱で帰宅できない方、家族が帰宅できず介護者不在の方をショートステイとした。在宅の方では、一人暮らしや老人世帯の安否が一番心配だったが電話が不通で、ケアマネジャー、訪問看護・介護の職員は自転車で利用者宅の安全確認に走った。ヘルパーがいたことで利用者の安全確保ができた例もあり「ヘルパーさん、帰らないで」と言われ困ったという。震災の影響は当日だけで終わらなかった。練馬区では13日日曜日20時に14日早朝からの計画停電の連絡が入り、病院では深夜まで自家発電の準備や医療機器を装着している重症者の対応や電子カルテ対策に追われた。訪問看護ステーションも人工呼吸器や酸素等の医療機器を使用する在宅患者の対策に苦労し予備バッテリーも足りない状況だった。幸い計画停電は回避されたが、多くの教訓を残し、現在は東京都では人工呼吸器使用患者の「災害時個別支援計画」が作成されつつある。

　ガソリン不足は約2週間続き、デイケアの送迎にも影響が出始め、事業縮小や休止をした事業所もあったが、一方地域協定で介護事業所にガソリンを優先供給した自治体では事業に影響はなかった。買占めによる「物不足」も深刻で、お米や日用品が店頭からなくなり、買い置きの少ない高齢者世帯では必要なものが手に入らず、買い物、調理で入ったヘルパーはサービス提供が思うようにできない状況も出ていた。

　直接の被災地ではない東京でも多くの課題や反省点も見えてきた。通所事業所対応では送りの時間帯だったので、何とか無事に返すことを優先したが、独居や高齢者世帯の方は、余震を想定すると施設に留まっていた方が安全だったかもしれない。災害時に最も困難になる高齢者や障害者は、一般の避難所では生活困難になり危険を承知で家にいた方、食糧も普通の食事が食べにくい高齢者にとって、一般の備蓄食では食べられず困ったと、被災地の介護職員から聞いた。宿泊施設のない介護事業所でやれることは限られるが防災策を講じるとともに、災害時に地域の高齢者や要介護者の避難場所となる役割があると痛感した。福祉避難所の機能を発揮するためには、事業所だけでは対応しきれない停電対応、ガソリンの確保や嚥下困難な方向けた食糧の備蓄なども自治体の防災対策に位置づけていく必要があると思う。

第11章

家族介護と家族介護支援事業の現状と課題

柴崎祐美（立教大学コミュニティ福祉学部助教）

はじめに

　わが国は、2025年に向けて地域包括ケアシステムを構築するという大きな目標に向かって、医療提供体制、介護保険制度ともに改革が進められている。具体的には住まい・医療・介護・予防・生活支援が一体的に提供される地域包括ケアシステムの実現により、重度な要介護状態となっても、住み慣れた地域で自分らしい暮らしを人生の最後まで続けることができるようになることが標榜されている。

　そこで懸念されるのが、在宅介護を担う家族自身の健康や生活の質である。介護の社会化は介護保険制度導入の目的の一つであったが、介護保険制度施行後、家族介護はどのような状況にあるのだろうか。

　本稿では、介護保険制度施行後の家族介護の負担の変化及び家族介護を支える介護保険サービスの基盤整備と家族介護支援事業の実施状況を整理する。そして、地域包括ケアの推進が、家族介護への回帰を招き、介護に疲弊する家族を増やすことのないように、家族介護に対する支援の必要性を確認したい。

1．要介護高齢者、家族介護者の現状

　まず、各種統計資料を手掛かりに、要介護高齢者の介護に対する希望、支える家族介護者の現状を整理していく。

（1）要介護高齢者の療養の場の希望

　「要介護状態になっても、住み慣れた地域で人生の最後まで」という方向性に対し高齢者自身はどのように考えているのだろうか。自分の身体が虚弱化したときの住まいについては、「現在の住居に住み続けたい」という回答が6割を超えている〔内閣府(2011)〕。また、日常生活を送るうえで介護が必要になった場合、介護を受けたい場所は大きく「自宅・親族の家」38.0%、「病院・施設利用」54.0%とまとめることができる。さらに、「治る見込みがない病気になった場合、自宅で最期を迎えることを希望する」ものは54.6%、「配偶者が治る見込みがない病気になった場合、自宅で最期を迎えさせてあげたい」は57.7%というように、自宅で最期を迎えたい・迎えさせたいという回答が半数を超えている〔内閣府(2013)〕。

　これらの調査結果から、日常生活を送る上で介護や医療が必要になっても、最期まで自宅で暮らしたいという希望が一定数あることがわかる。しかし、介護を受ける場所、最期を迎える場所に関する

回答を男女別にみると、いずれも男性の方が「自宅」を希望する割合が高かったり、虚弱化した場合の住まいについては、単身世帯の回答に限定すると「介護を受けられる特別養護老人ホームなどの施設に入居する」が2番目に高い割合になるなど、介護者として同居家族の存在に期待していることが透けて見える。

（2）家族介護者の現状

自宅での介護を希望する者が多いことはわかったが、では、現に在宅で介護している介護者はどのような現状にあるのだろうか。

①介護者と被介護者の年齢

主な介護者をみると、要介護者等と「同居」している配偶者（26.2％）、子（21.8％）、子の配偶者（11.2％）で合わせて約6割に達し、「事業者」が14.8％と続く。家族・親族が主たる介護を担っていることがわかる。また、配偶者が多いということは老老介護の多さが推察される。実際に介護者、被介護者ともに75歳以上という後期高齢者同士の組み合わせは29.0％であり、2001年と比べると約10ポイント増加している〔厚生労働省（2014）〕。

②介護時間

同居の主な介護者の介護時間は、「ほとんど終日」が25.2％、「半日程度」が9.6％、「2～3時間程度」11.4％、「必要なときに手をかす程度」が42.0％となっている〔厚生労働省（2014）〕。これを要介護度別にみると、要介護5では「ほとんど終日」が56.1％であり、この割合は2001年以降も多少の減少傾向はみられたが5割を下回ることはない（図11-1）。

また、介護者の約7割は悩みやストレスを抱えており、その内容は「家族の病気や介護」が最も多く、次いで「自分の病気や介護」、「収入・家計・借金等」となっている。介護生活には多くの悩みやストレスを伴うことを示している〔厚生労働省（2014）〕。

図11-1　同居の主な介護者の介護時間の構成割合（要介護5の場合）

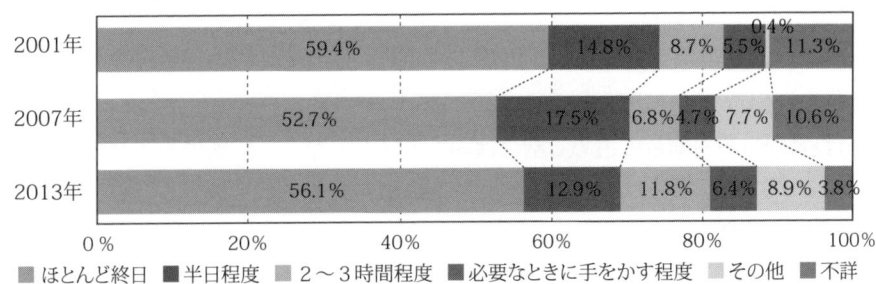

年	ほとんど終日	半日程度	2～3時間程度	必要なときに手をかす程度	その他	不詳
2001年	59.4%	14.8%	8.7%	5.5%	0.4%	11.3%
2007年	52.7%	17.5%	6.8%	4.7%	7.7%	10.6%
2013年	56.1%	12.9%	11.8%	6.4%	8.9%	3.8%

出典：厚生労働省　各年の国民生活基礎調査より筆者作成。

③介護を理由とした退職・休職

育児・介護休業法により、労働者の介護休業の権利が法制化され、合計93日を上限として介護のために休業することができる。賃金は必ずしも保証されないが、雇用保険法による介護休業給付を受給することができる。また、2009年の法改正により介護休暇（年間5日）が設けられ、2012年7月からは、従業員100人以下の事業主に対しても全面適用されている（100人以上の事業主に対しては2010年6月30日から適用済み）。このように在宅介護を担う労働者に対する職場環境の改善が進められている。

ところが、介護・看護のために離職した人数は2007年から2012年の5年間で48.7万人に達している。1997年から2002年の52.4万人、2002年から2007年の56.8万人と比べれば減少している

が、それでも年間約10万人が介護・看護を理由に退職を選択している。さらに、離職者の約8割を女性が占めており介護負担が女性に偏っている現状が浮き彫りになっている（図11-2）。

図11-2　介護・看護を理由に離職した人数

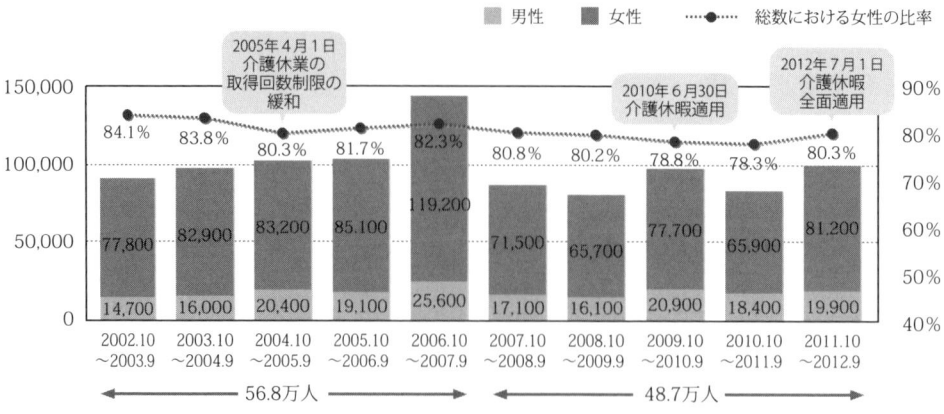

出典：総務省　就業構造基本調査（2007年、2012年）より筆者作成。

④介護・看病疲れによる自殺

日本における自殺者総数は、2010年以降ゆるやかに減少し、2012年には3万人を下回ったことが大きなニュースとして報道された。

警察庁生活安全局の統計資料では、自殺の原因・動機別の自殺者数が公表されており、2007年統計より「家庭問題」の細目として「介護・看病疲れ」が設定された。「介護・看病疲れ」に

図11-3　自殺者総数と介護・看病疲れによる自殺者数

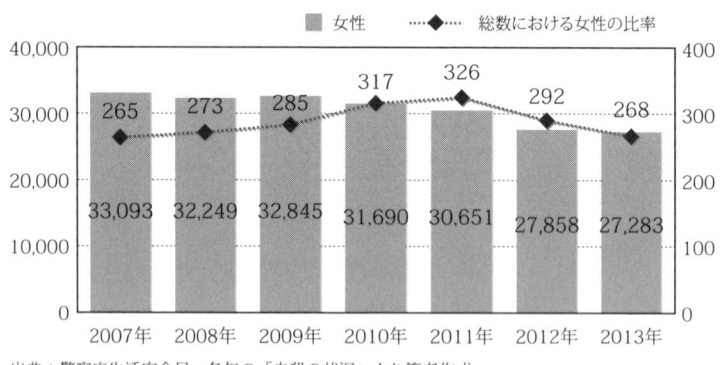

出典：警察庁生活安全局　各年の「自殺の状況」より筆者作成。

分類される自殺者が自殺者総数に占める割合は約1％であるが、年齢別にみると60歳以上が約6割を占めている[1]。2011年以降、「介護・看病疲れ」による自殺者数は減少しているが、2007年と同程度に戻っただけであり、減少傾向を示しているとはいえないだろう。むしろ、自殺者総数が減少傾向を見せるなかで「介護・看病疲れ」による自殺者数が一定数いること、高齢者が占める割合が少なくない、つまり老老介護が背景にあることに着目すべきである。

2. 介護保険制度施行後の家族介護支援の実施状況

前節では、家族介護は主たる介護役割を担っており、長時間にわたる介護、老老介護の増加、介護を理由とした離職や介護・看病疲れによる自殺の減少はみられないことなどを確認した。家族介護者は介護保険制度施行後も依然として厳しい環境におかれているといえる。このような家族介護に対しどのような支援が行われてきたのだろうか。

（1）家族介護支援をめぐる議論

　介護保険制度創設時になされた家族介護支援に関する議論は、家族介護に対して現金支給を行うか否かという議論に終始した。

表 11-1　家族介護支援をめぐる議論の変遷

報告書等名	家族介護支援に関する議論（要約、下線は筆者）
高齢者介護保険制度の創設について（1996年4月22日、老人保健福祉審議会最終報告）	現金支給に対し、積極的、消極的の両論を併記した上で、「現段階においては、結論を得るに至っていない。さらに今後の広範な国民的議論が期待されるところである」と結んでいる。
介護保険制度の試案作成にあたっての基本的視点（1996年4月26日、与党福祉プロジェクトチーム）	5項目目に「介護サービスが充実するよう、現物給付を原則とすること。特にマンパワーの養成確保及び施設整備の促進について配慮すること」とされ、現金支給に関する記載はなくなった。
介護保険制度試案（1996年5月13日）	最終報告で両論併記されていた家族介護への現金給付は、「家族介護に対する現金支給は、原則として当面行わないものとする」と明記された。
介護保険制度修正試案（1996年5月30日）	「保険者は、要介護者を介護する家族を評価し、それを支援する観点から、保健福祉事業の一環として、自らの保険料財源により各種の家族支援事業（この場合も利用券の活用等が考えられる。）を行い得る。ただし、家族介護に対する現金支給は、原則として当面行わないものとする。」と全国的な給付ではないが、保険者に家族支援事業の実施が委ねられた。
介護保険法要綱案に係る修正事項（1996年9月19日　連立与党三党）	懸念事項の一つとして「家族介護の評価と支援」をあげ「現金給付については、当面は行わないこととし、介護基盤整備への資金投入を優先することとするが、家族介護に対する適切な評価と支援を行う観点から、ショートステイ利用枠の拡大や家族介護に対する在宅サービスの重点的提供を行う。」と介護給付の枠組みの中で家族支援についても触れている。

出典：筆者作成。

　以降、「現金支給は当面行わないこと」という原則は覆ることなく、介護保険法案は1997年12月に成立した。その後、1999年10月に与党から介護制度に関する申し入れを受け、政府は介護保険法の円滑な実施のための特別対策を講じた。特別対策は6点にまとめられ、そのうち1つが家族介護支援対策であった。その趣旨は次のように述べられている〔政府（1999）〕。

> 「介護保険制度は、基本的に在宅サービスを中心に提供することにより、高齢者を介護している家族を支援するものであり、介護保険サービスを受けていただくことが基本となる。しかし、しばらくの間は離島・僻地や中山間地など介護保険制度サービスが不十分な地域もあり、また、自分たちの手で介護したいという家族も存在すると考えられる。こうした家族にどのような支援を行えばよいかについては、さらに十分議論を重ねる必要があるが、その結論がでるまでの間、市町村が、介護保険法とは別に、自らの選択により支援事業（家族介護支援特別事業：メニュー事業）を行った場合に、国としても助成する」

　特別事業として①家族介護教室、②家族介護用品の支給、③家族介護者交流事業、④家族介護者ヘルパー受講支援事業、⑤徘徊高齢者家族支援サービス事業、⑥家族介護慰労事業（10万円までの金品支給）が示された。なお、家族介護への支援の在り方については平成13年度末までに介護保険法の施行状況等も踏まえ検討するものとし、これらは当面の措置という位置づけであった。

その後、家族介護支援特別事業は「介護予防・生活支援事業」(2000年～2003年)、「介護予防・地域支えあい事業」(2003年4月～2006年3月)に位置づけられ、2006年4月に「地域支援事業」が創設されると、任意事業の一つに家族介護支援事業が規定された。制度改正に伴い家族介護支援事業の位置づけは変化したが、現金支給を見送ったこと、全国一律の家族支援事業は行わず、保険者にその実施が任されているということは現在まで変わっていない。家族介護者に対する直接的な支援に関する議論は先送りにされたままである。

(2) 介護基盤整備

前述のとおり、介護保険制度は、基本的に在宅サービスを中心に提供することにより、高齢者を介護している家族を支援するものであり、介護保険サービスを受けることが基本となる。では、基盤整備はどれだけ進んだのだろうか。要介護者が利用することで介護者のレスパイト、介護者の就労の継続を間接的に支援する通所介護と短期入所に着目し、基盤整備状況を確認してみる。

①通所介護、短期入所の増加

図11-4は、通所介護と短期入所として短期入所生活介護、短期入所療養介護の両方をまとめたものである。請求事業所数は、通所介護は約3倍、短期入所は約1.6倍に増加した。特にこの間、通所介護は小規模型通所介護、通常規模型通所介護、大規模型通所介護、認知症対応型通所介護、療養通所介護など類型を増やしながら利用者のニーズに対応している。しかし、一方で、地域によっては、通所介護の供給過剰により定員割れをおこす事業所や事業の休止・廃止を選択する事業所もでている。通所介護の定員充足率は平均60％で、7割弱の事業者が経営課題として「利用者の確保、定着」を挙げているという調査結果もある〔三菱UFJリサーチ＆コンサルティング（2012）p24,p100〕。

図11-4 介護給付費請求事業所数（予防給付は含まない）

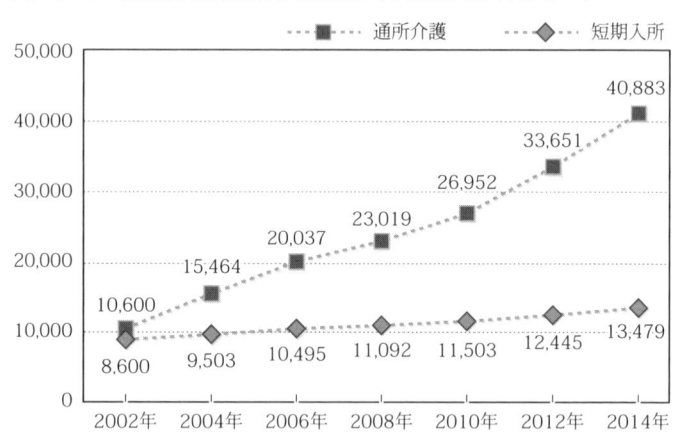

出典：厚生労働省 介護給付費実態調査月報 各年10月審査分より筆者作成。

確かに事業所数の増加という意味では基盤整備は進んだといえるが、図11-4と同時期の居宅サービス受給者数も156万人から267万人と約1.7倍に増加している。受給者数の増加やニーズに応じた基盤整備がなされているかという観点から検証する必要があるだろう。

②通所介護、短期入所の不足

基盤整備の不足や偏りを示す例として、「お泊りデイサービス」の拡大と医療的ニーズへの対応不足をあげたい。

お泊りデイサービスとは、介護保険法に基づいた通所介護事業に加え、その利用者を対象に介護保険適用外で宿泊サービスを提供する自主事業である。現在、介護保険で一時的な宿泊が可能な施設として、短期入所、小規模多機能型居宅介護、複合型サービスがある。しかし短期入所には数か月前の予約が必要など、しばしば予約の困難さが指摘される。小規模多機能型居宅介護、複合型サービスは都市部を中心に思うような事業所数の増加はみられていない。そのような狭間を埋めるかのように拡大しているのがお泊りデイサービスといえる。お泊りデイサービスの実施に関する全国調査はないが、

通所介護の約1割の事業所で実施されており、宿泊サービスを利用する経緯は家族からの要望が約6割を超えているという調査結果もある〔三菱UFJリサーチ&コンサルティング（2014）p91〕。現行サービスでは充足できないニーズを、このような狭間にある介護保険外のサービスで満たさざるを得ない状況にある家族が多数存在しているということを示している。

　居宅サービスの基盤整備は進みつつあっても、医療的ケアを要する利用者が利用可能なサービスは依然として限定的である。例えば、日本訪問看護振興財団が訪問看護事業所を対象に医療的ケアを要する利用者の介護保険サービス利用の制約の有無を調査したところ、医療的ケアが必要なため「通所系サービス」「短期入所」を利用できない利用者が「いる」事業所はそれぞれ、32.7％、43.6％であった〔日本訪問看護振興財団（2012）p10〕。ここでいう医療的ケアとは、「摘便・浣腸」、「吸引」、「胃ろう・腸ろう」、「褥瘡の処置」などである。たんの吸引や経管栄養は「医行為」と整理されており、医師・看護師以外の者が業として行うことは認められないが、家族が行うことについては違法性が阻却されている。介護保険サービスが利用できない部分は、家族が全面的に被介護者の生活を支えなければならない。

　医療的ケアを要する重度要介護者の通所介護として2006年に療養通所介護が創設されたが、現在でも事業所数は100か所に届かず、地域の重度要介護者のニーズを満たすことには程遠い現状である。2012年の社会福祉士・介護福祉士法の改正により、一定の条件下で介護職等がたんの吸引等を行うことが可能になったが、このことにより、通所介護、短期入所等での医療的ケアを要する利用者の受け入れがどれだけ拡大するかはまだわからない。

（3）家族介護支援事業の実施状況

　介護保険法の中で家族介護支援に関する事項は、地域支援事業の中に任意事業として「家族介護支援事業」が位置付けられている。事業内容は、家族介護者ヘルパー受講支援事業が廃止され、ヘルスチェック・健康相談が追加されたが、基本的には従来のメニューを踏襲している。

　任意事業は、実施主体である保険者が地域の実情に応じ多様な事業展開を行うことを可能にするが、地域支援事業の上限額内での事業展開が求められる。実施はあくまでも任意であり全保険者が実施しているわけではない。次ページの表11-3は家族介護支援事業の実施保険者数である。「介護用品の支給」は約7割の保険者で実施しているが、「ヘルスチェック・健康相談」の実施保険者は1割にも満たない。この低調な実施状況が、保険者が家族介護支援の必要性の判断をした結果である。なお、あくまで実施保険者数であり、どれだけの家族介護者がこの事業を利用できているかはわからない。

　では、これらの事業は文字通り「家族介護の継続」に資する成果を挙げているのだろうか。例えば、「慰労金等の支給」は約5割の保険者で実施しているが、その金額は年間10万円程度で、①要介護4、5に該当、②住民税非課税世帯、③介護

表11-2　地域支援事業実施要綱（老発0406第2号）より抜粋

イ．家族介護支援事業 介護方法の指導その他の要介護被保険者を現に介護する者の支援のための必要な事業を実施する。 （ア）家族介護支援事業 　　　（略） （イ）認知症高齢者見守り事業 　　　（略） （ウ）家族介護継続支援事業 　　　家族の身体的・精神的・経済的負担の軽減を目的とした、要介護被保険者を現に介護する者に対するヘルスチェックや健康相談の実施による疾病予防、病気の早期発見や、介護用品の支給、介護の慰労のための金品の贈呈、介護から一時的に解放するための介護者相互の交流会等を開催する。

表 11-3　家族介護継続支援事業　実施保険者数

		2006年	2007年	2009年	2010年	2011年	2012年	2013年
保険者数		1679	1670	1631	1587	1584	1580	1580
家族介護支援事業		814	834	921	911	927	—	928
		48.5%	49.9%	56.5%	57.4%	58.5%	—	58.7%
認知症高齢者見守り事業		361	401	474	502	695	758	949
		21.5%	24.0%	29.1%	31.6%	43.9%	48.0%	60.1%
継続支援事業家族介護	ヘルスチェック・健康相談	130	108	103	100	112	117	136
		7.7%	6.5%	6.3%	6.3%	7.1%	7.4%	8.6%
	介護用品の支給	897	909	939	934	945	811	1127
		53.4%	54.4%	57.6%	58.9%	59.7%	51.3%	71.3%
	慰労金等の贈呈	628	659	661	647	671	759	751
		37.4%	39.5%	40.5%	40.8%	42.4%	48.0%	47.5%
	交流会等の開催	521	564	616	618	631	674	668
		31.0%	33.8%	37.8%	38.9%	39.8%	42.7%	42.3%

出典：厚生労働省　各年の介護保険事務調査より筆者作成[2]。

保険サービスを継続して1年以上利用していない、④介護者は在宅で同居して介護していること等の条件が設定されている場合が多く、支給対象者は非常に限定的である。さらに、介護保険サービスを継続して1年以上利用していないことという条件をみると、とても介護者が共倒れになることを未然に防止する効果があるとは思えない。介護サービスを利用しながら在宅介護を継続している家族介護者を支援するという発想が見えない事業である。介護者に対する現金支給は、特定の家族を介護にしばりつけることになるといった否定的な意見も多いが、この事業は、しばりつけられた結果、年間10万円の慰労金が支給されるという仕組みなのである。

　交流会等の開催については、1日の介護時間が「ほぼ終日」というような介護状況の場合、参加は困難であろう。「介護から一時的に解放するための」という目的が掲げられているが、交流会に参加する間の介護の代替者は家族自ら探さなくてはならない。

　家族介護を継続するためには介護者の健康が維持されていることが前提であるが、介護者自身の病気や介護が悩みやストレスの原因になっていることは前述のとおりである。介護者の多くが高齢であることからも、家族だけではなく自身の病気や介護に不安を感じることは想像に難くない。地域支援事業の創設とともに「健康相談・ヘルスチェック」が追加されたことは、家族介護の現状を踏まえた結果として注目に値するが、実施保険者数は1割にも満たない現状をどのように評価しているのだろうか。

　家族介護支援事業に対する事業評価については、実施していない保険者が59.2％（741保険者）、市町村内部で評価27.9％（349保険者）、外部有識者や利用者等を交えて評価が7.7％（96保険者）という調査結果もある〔三菱総合研究所（2013）p144〕。家族介護支援事業の効果を評価することは難しいだろうが、任意事業とはいえ、介護保険料が投入されている事業であり効果を検証することは必要であろう。

（4）地域包括ケアシステムの構築と家族介護支援

①地域包括ケア研究会報告書にみる家族介護支援

　地域包括ケアシステムの推進の中で、家族介護支援がどのように取り上げられていたか、地域包括ケアシステムの構築に影響力をもつ地域包括ケア研究会報告書から確認してみる（表11-4）。2009年報告書では「家族介護支援」という言葉は登場しない。介護の社会化を前提にして介護保険制度等

の設計は行うべきであるが、家族における親密性の保持や、新たな家族の姿に対応しつつ、家族による支援（互助）と地域包括ケアシステムとの調和のとれた新たな関係について検討する必要があるとしている。2010年報告書では、家族支援について触れる箇所が増えている。介護予防事業の見直しとして、高齢者に魅力あるメニューの開発とともに、家族支援事業を提供できるよう抜本的な見直し、事業の再編・充実を図るべきとしている。また、仕事との両立支援を重点化し企業にもその対策や研究を促している。2013年報告書では、介護の社会化が進んでも、介護者の心身の負担を完全に取り除くことはできないとし、要介護者の在宅生活の継続、介護離職に代表される社会的損失を縮小するためにも介護者自身に対する直接的な支援は不可欠だとしている。また、「重度の要介護者や認知症の人を支える家族等」を取り上げ、要介護者の生活を支えるうえで大きな役割を果たしていることに触れている。2009年、2010年報告書と比べ、家族介護に対し、踏み込んだ内容になったといえる。

表11-4　地域包括ケアシステム研究会報告書と家族介護支援

報告書名	家族介護支援に関する主な議論（要約）
地域包括ケア研究会報告書 今後の検討のための論点整理 （2009年3月）	・介護の社会化を前提にして介護保険制度等の設計は行うべき ・中長期的には、自助や互助としての家族による支援と地域包括ケアシステムとの調和のとれた新たな関係について、検討を加える必要があるのではないか。
地域包括ケア研究会報告書 （2010年3月）	地域包括ケアシステムにおける検討部会の提言 （介護予防事業の抜本的見直し） ・家族の介護技術の習得、心身の負担軽減など家族を支援する事業を、地域の実情に応じて提供できるよう再編・充実を図るべき （家族支援・仕事との両立） ・家族介護と仕事との両立支援やレスパイト支援、相談事業が重要 ・仕事との両立に資するような柔軟な時間設定による通所サービスや緊急ショートの整備 ・企業においても介護にかかる基礎知識や技術取得の機会に関する情報提供をしたり、介護休暇による支援などの充実が重要 ・国や自治体は企業や経営者団体と協力し、企業の支援体制の在り方を研究してはどうか
地域包括ケア研究会報告書 地域包括ケアシステムの構築における 今後の検討のための論点 （2013年3月）	地域包括ケアシステムにおいて諸主体が取り組むべき方向 （介護者） ・介護保険サービスは介護の社会化に大きな役割を果たしてきたが、特に重度の要介護者や認知症の人を支える家族等が、要介護者の生活を支えるうえで引き続き大きな役割を果たしていることも事実である。 ・介護の社会化がさらに進展したとしても、介護者の身体的・精神的負担を完全に取り除くことはできない。介護者自身に対する直接的なサポートの強化も必要 ・要介護者の在宅生活の継続、及び、介護を理由とした仕事や学業の断念といった社会的損失を縮小させるという観点から介護者への支援を検討すべき。

出典：筆者作成。

②家族介護者が必要としている支援

　2013年の地域包括ケアシステム研究会報告書では「介護者自身に対する直接的なサポートの強化の必要性」を指摘している。では、家族介護者はどのような支援を必要としているのか、同報告書の中で大きな役割を果たしているとされた「認知症の人を支える家族」「重度の要介護者の家族」を対象とした調査結果から確認してみる。

　認知症の人と家族の会の調査は、必要とする支援（自由回答）を7つに分類したものでありどの支援が最も重要ということではない。本人の病状や介護者の生活状況に応じて、支援が適切に組み合わ

さってはじめて介護者にとっての「つらさ」を緩和する支援になるとしている。さらに、日本訪問看護振興財団の調査結果（選択肢式、複数回答）を認知症高齢者の家族が必要とする支援に対応する形で表にまとめてみた（表11-5）。重なる部分が多く、また、家族介護に対する直接的な支援が並ぶ。家族介護支援事業と対応する内容も含まれるが、現状の事業では質・量ともに不足しているということであろう。

表11-5　家族介護者が必要としている支援

認知症高齢者の家族が必要とする支援	医療的ケアを要する重度要介護者の家族が必要とする支援
A. 病気治療や症状への対処法支援	適切な介護の仕方を知りたい（25.3%） 適切な医療処置の仕方を知りたい（14.3%）
B. 介護者全般に該当する心身の休息支援	介護を誰かに任せ自由な時間が欲しい（35.9%）
C. 介護者個人への健康支援	自分の健康診断を受けたい（16.8%） 自分が病院を受診したい（12.1%）
D. 同じ立場の人と話せる場	他の介護者の体験談をききたい（16.1%） 他の介護者と交流したい（8.8%）
E. 偏見・差別に対する啓蒙	
F. サービスの質と量の向上	
G. 経済面など制度上の支援	経済的な支援が欲しい（25.1%）

出典：認知症の人と家族の会（2012）『認知症の介護家族が求める家族支援のあり方研究事業報告書』p19／日本訪問看護振興財団（2012）『医療的ケアを要する要介護高齢者の介護を担う家族介護者の実態と支援方策に関する調査研究事業報告書』p65　より筆者作成。

2015年4月から順次施行される改正介護保険法では、介護予防事業に関して大きな改革はなされたが、家族介護支援事業は手付かずである。家族介護支援事業をより実効的な事業に見直す必要もあるが、それだけではなく、介護保険サービスの基盤整備を基本とした、多面的な支援が求められる[3]。

おわりに

　ここまで、家族介護と家族介護支援事業の現状をみてきた。介護保険サービスの基盤整備は進みつつも、在宅生活を送る要介護者を支える家族介護者の心身の負担が大幅に改善されたとは言い難い状況である。家族介護支援事業は地域支援事業に位置づけられたが、実施保険者数は低調であり、家族介護支援の課題は質・量ともに大きいといえる。2013年3月の地域包括ケア研究会報告書では介護者自身に対する直接的な支援の必要性に言及しているが、介護保険制度改正には反映されなかった。介護保険制度が施行され15年、家族介護者の介護負担が大きく改善されたとも、家族介護に対する支援策が充実したともいえない状況である。最後に、この状況をよく表す、在宅で重度要介護者を介護する家族の声を紹介する。

　　「24時間点滴（ポート）要介護5の母を介護して5年になります。点滴をしているため、ショートステイもデイサービスも預かってくれる所はありません。そのため、介護を始めてから一度も休んだことはありません。私の時間は一週間に一度の2時間の訪問介護に入っていただく時だけです。いくら何でも2時間では医者に行くことも出来ません。美容院に行くのがやっとです。でも髪を染めることは出来ません（利用者：93歳・要介護5、介護者：娘・60代・働いていない）。」〔日本訪問看護振興財団（2013）p70〕

　家族介護者が地域社会から切り離され介護に埋没した生活を送っている様子がよくわかる。このような家族の介護を「互助」と位置づけ地域包括ケアシステムを構築することが目指す姿ではあるまい。介護の社会化を前提とした介護保険制度の見直し、利用者・家族のニーズに対応した基盤整備を期待したい。

【注】
1）たとえば、2013年の介護・看病疲れを理由とした自殺者は268名であるが、そのうち60歳代51名、70歳代64名、80歳以上43名と60歳以上が占める割合は59.0％である。
2）平成20年介護保険事務調査では、家族介護継続支援事業の実施保険者数を公表していない。
3）家族介護支援は地域支援事業の家族介護支援事業だけではない。一般財源で独自の家族介護支援事業を行っている自治体もある。また、家族会や社会福祉協議会、社会福祉法人、NPO法人などが地域の実情に応じて様々な活動を行っていることは承知しているが、本稿では、介護保険制度の中で家族介護支援がどのように位置づけ、実施されているかという観点から、地域支援事業の家族介護支援事業についてのみ言及した。

【参考・引用文献】
- 厚生省老人保健福祉審議会（1996）『高齢者介護保険制度の創設について』
- 厚生省（1996a）『介護保険制度試案』
- 厚生省（1996b）『介護保険制度修正試案』
- 厚生労働省（2014）『平成25年度国民生活基礎調査の概況』http://www.mhlw.go.jp/toukei/saikin/hw/k-tyosa/k-tyosa13/index.html（2014.11.11）
- 自由民主党、社会民主党、新党さきがけ（1996）『介護保険法要綱案に係る修正事項』
- 政府（1999）『介護保険法の円滑な実施のための特別対策』
- 地域包括ケア研究会・三菱UFJリサーチ＆コンサルティング（2009）『平成20年度老人保健健康増進等事業　地域包括ケア研究会報告書　今後の検討のための論点整理』
- 地域包括ケア研究会・三菱UFJリサーチ＆コンサルティング（2010）『平成21年度老人保健健康増進等事業　地域包括ケア研究会報告書』
- 地域包括ケア研究会・三菱UFJリサーチ＆コンサルティング（2013）『平成24年度老人保健健康増進等事業　地域包括ケアシステムの構築における今後の検討のための論点』
- 内閣府（2011）『平成22年度 高齢者の住宅と生活環境に関する意識調査結果（概要版）』http://www8.cao.go.jp/kourei/ishiki/h22/sougou/gaiyo/pdf/kekka.pdf（2014.12.2）
- 内閣府（2013）『平成24年度 高齢者の健康に関する意識調査結果（概要）』http://www8.cao.go.jp/kourei/ishiki/h24/sougou/gaiyo/pdf/kekka_1.pdf（2014.12.2）
- 日本訪問看護振興財団（2012）『平成23年度老人保健健康増進等事業　医療的ケアを要する要介護高齢者の介護を担う家族介護者の実態と支援方策に関する調査研究事業報告書』
- 認知症の人と家族の会（2012）『平成23年度老人保健健康増進等事業　認知症の介護家族が求める家族支援のあり方研究事業報告書』
- 三菱総合研究所（2013）『平成24年度老人保健健康増進等事業　地域支援事業の実施状況に関する調査研究事業報告書』
- 三菱UFJリサーチ＆コンサルティング（2012）『平成23年度老人保健健康増進等事業　デイサービスにおけるサービス提供実態に関する調査研究事業報告書』
- 三菱UFJリサーチ＆コンサルティング（2014）『平成25年度老人保健健康増進等事業　通所介護のあり方に関する調査研究事業報告書』
- 与党福祉プロジェクトチーム（1996）『介護保険制度試案作成に当たっての基本的視点』

介護の専門性を取り戻そう

日本医療労働組合連合会　調査政策局　米沢　哲

　私がホームヘルパーになりたてだった2001年頃は、訪問介護サービスとして散歩介助や長時間の家事援助（現行の生活援助）が認められていました。車いすで春先の公園を散歩して桜や藤の花が咲くのを眺めたり、近所の神社に立ち寄ってお参りをしたりすることができました。家族が通院するために長時間の訪問も可能で、洗濯や掃除の合間に寝たきりの利用者と一緒に好きな歌手のテープを流して歌ったりすることもできました。

　今では考えられないことですが、こうした介護は季節を感じ、地域とのつながりを保ち、「その日暮らし」の単調な日常から解放する「重要なケア」だと言えます。また、在宅介護には家族による介護ストレスからくる暴力などもあるため、家族が利用者から離れる時間も必要だと感じたものでした。

　それから4回の介護報酬の見直しを経て、サービスの内容は大きく変わりました。改定のたびに給付の抑制がすすめられ、今では散歩介助や長時間に及ぶ生活援助サービスは制限され、自治体によっては同居家族のいる利用者は生活援助サービスが利用できないなど（ローカルルール）、様々な制約がかけられるようになりました。2012年4月の介護報酬改定で生活援助サービスの時間区分が変更（表①参照）になって以降は、1時間を超える生活援助サービスは殆ど提供されていないのが現状ではないでしょうか。

　サービスの短時間化は利用者だけでなくヘルパーにも大きな影響を与えています。生活援助の時間区分変更の影響を調べるために全労連が実施した「ヘルパーアンケート」（37都道府県3989人分の集約）では、「サービスの内容を制限するようになった」が63.2％と利用者の生活ニーズに応えきれていない状況が明らかになっています。他方、「労働が過密になった」（51.6％）、「収入が減った」（37.4％）など、報酬改定がヘルパーの低賃金・過重労働を一層促すような影響となって表れていることも分かりました。そして何よりも重大な問題は、回答者の74.2％が「会話をする時間がとれなくなった」としていることです。時間が短くなり、労働が過密になったうえに、コミュニケーションもできなくなっては、専門職としての役割を果たすことができません。そのため、サービス残業で対応していることも明らかになりました（「サービス残業が増えた」40.5％）。

　制度が変わるたびに利用者のニーズとのかい離は大きくなり、その溝を埋めるためにヘルパー（介護職）が様々な犠牲を負いながらかろうじて利用者の生活を支えている状況です。しかし、そのヘルパー（介護職）も低賃金とやりがいの喪失で離職がすすみ、人材の確保が困難になっています。ヘルパーの専門性（＝やりがい）は利用者個々の「その人らしさ」を支援することであり、それゆえ制度の行方に大きく左右されます。

　「あの頃は良かった」と感傷に浸るのではなく、「それが当たりまえ」にしていくには介護職の専門性を追求するたたかいが必要です。

表①　生活援助サービスの時間区分の変更

	2012年3月以前	2012年4月以降
生活援助2	30分以上1時間未満	→ 20分以上45分未満
生活援助3	1時間以上	→ 45分以上

介護予防の推進こそが介護保険制度を守る

特定非営利活動法人　日本介護予防協会　　専務理事　田中直毅

　介護保険法は、そもそもその第一章の目的に「その有する能力に応じ自立した日常生活を営むことができるよう」とあるように、「自立支援」が基本の理念である。

　ここで言う「自立」とは、「自分がどう生きたいのか」という自己決定権を獲得することであり、要介護者が「自立」するための手段として介護保険制度が存在する。対象者に「自分がどう生きたいのか」を考えるための材料を可能な限り豊富に提供すること、さらに「自己決定」しやすい環境を整備することが、介護保険制度のあるべき姿であると言えよう。

　介護保険法の理念を突き詰めていけば、介護予防にいきつくことは必然である。介護予防の本質は筋力訓練や口腔ケア、栄養ケアをすることではなく「自立」するための手段である。そのため2006年から予防を重視する方向が強化されたのである。

　介護保険が改定されるたびに、介護予防はその重要性を増している。しかしながら、次回改正で予防給付は地域支援事業へ移行されることが決まっている。その移行は第6期中（2015年度から2017年度）という経過措置期間が設けられ、保険者である市区町村ごとに開始時期を決めることができる。厚生労働省は早期移行を促しているが、東京の某区は2016年度から、千葉の某市は2017年度からの開始を予定しており、足並みは揃っていない。

　都内でさえ初年度から導入できないとなれば、高齢化率が高い、職員のマンパワーが足りない自治体の多くは最終年度での導入となる可能性が高い。制度としての介護予防はまだ道半ばである。

　我々は今の高齢者だけでなく、将来の高齢者にも責任を持たなければならない。富裕高齢者層が一定数いる今のうちに、将来的に持続可能なレベルまで自己負担率を上げる必要があるのではないか。先に延ばせばそう遠くない将来、ドラスティックな変革を迫られる。

　どちらも嫌だというのであれば、介護予防を徹底的に推進するしかないのではないか。介護保険が限られた財源の中で加算減算を繰り返し複雑化する中、唯一、高齢者自身も、家族も、地域住民も、介護従事者も、そして国も、誰も損をしないのは「介護予防」だけなのである。介護予防を多くの方に正しく知らしめる。この先の人生を「どのように生きたいのか」を真剣に考え、「そのためになにが必要なのか」を知り、実行する高齢者を一人でも多く増やすことが重要である。そのための知識と技術を適切に伝える人材の育成が急務であろう。各地方自治体にはそのための予算を割くことを強く望む。

　最後に、介護予防の推進により介護保険料の削減が図れたならば、適切に介護予防活動従事者に還元されるべきであると考える。介護保険の歴史は民間の努力の歴史なのだから。

第12章

「生活援助」の重要性
——「生活課題」を協働する在宅実践の現場から

藤原るか（ホームヘルパー／共に介護を学びあい・励まし合いネットワーク主宰）

1．ホームヘルパーの仕事　本人らしい生活の理解と暮らしの継続

（1）家庭奉仕員時代の「生活援助」

　筆者は23年前にヘルパー（介護保険下では「訪問介護員」、以下ヘルパーとする）の仕事に就いた当時を今でも鮮明に覚えている。先輩ヘルパーから手渡されたオレンジ色の表紙の冊子。書かれていた訴えは最近発行された渋谷光美著『家庭奉仕員・ホームヘルパーの現代史』（生活書院）に引用されている。ここに紹介しよう。「家事、身の回りの世話とは、あくまでも相手の人間性の付属物であり、人格の一部だということが知られていません。それは人間の思いが込められている雑事なのです。人間の価値観、生活観、生活歴、生活状況の食い違いは想像をはるかにこえるものであり、そのなかでの理解を広げることはとても難しいことです。相手をあるがままに受け入れ、理解しようとの職業意識を常に育て研究して初めて相手がみえてくるし、相手の要求にせんとするもの、願いを引き出すことができます。その時初めて生活上の助言が生きてくるのです。このような領域の業務であれば、常に研究する余裕と体制を持ったものでなければならず、身分確立が第一に緊急必要となります」（家庭奉仕員協議会20年実行委員会記念誌）。

　すでに地方公務員としての採用であった筆者にとって、家庭奉仕員（現在の訪問介護員・ヘルパーの前身の名称）の正規職員化闘争の歴史が生きた職場での業務は人間らしい暮らしを保障する公務労働であった。当時の平均的な訪問の様子を紹介しておこう。訪問先は生活保護世帯の一人暮らし高齢者、または障害者・児世帯であった。ゴールドプランの検討とあわせた時期の1982年に家庭奉仕員利用世帯の所得制限の撤廃と有料化が実施され、要介護状態と認められる世帯も派遣可能となった。当時は8割が無料での訪問。短期間臨時での訪問もあった。訪問時間は3時間単位。朝職場で30分の打ち合わせ後、ヘルパーは自転車や徒歩で訪問した。週2回の訪問が平均的。最高でも週3回。そのため、衣・食・住のうち食の確保が優先。3日分食べられる作り置きの料理をしながら、トイレやふろ場、水回りの掃除と居室の掃除をするなどのなかで、先輩からは「ヘルパーは短い時間しか訪問できない。訪問できない間の暮らしの継続を考える。本人の暮らしを理解して生活全体を捉えよ」と教えられた。夕方職場に戻り30分報告・相談という一日。地域で分かれ、チーム業務で訪問先を固定しない訪問であった。介護保険制度施行以降の短時間の訪問とは異なるが、「生活援助」を通じての実践はその後の訪問介護に引き継がれている。

（2）介護保険制度下の「生活援助」

　2000年の介護保険制度導入でヘルパーの働き方は大きく変わった。公務員の身分で働いていた常勤ヘルパーは東京都23区では800名が「民間活力の導入」で現場から去り、代わって訪問介護事業所にホームヘルパー2級資格を持ったパート・登録ヘルパーとサービス提供責任者が誕生した。業務

内容も先に紹介した「相談・助言」といった領域ははずされ、2003年度からは「生活援助」について自治体による規制が強化された。2006年度からは要支援という予防領域が加わり「生活援助」での訪問時間も90分、60分、45分と順次減らされていった。ヘルパーにとっては「予防」という概念より、暮らしの維持・継続がテーマであったが、実証研究の方法やデータを集めて発信することができない働き方（家から家へ直行・直帰で働く環境）が定着している。また、介護福祉士等の有資格者2.5人で事業所の指定を受けることができるということで雨後の筍のように訪問介護事業所が乱立したのも特徴である。民間の事業所では売り上げをのばすことが訪問の主目的となり、短時間のプランで、マニュアル化した機械的対応が常態化している。

しかし、訪問先では暮らしの継続が求められ、掘り起こしによる「生活援助」の増加ではなく、例えば、加齢による腰・膝の痛みによってかがんだ姿勢が取りにくいため、トイレや風呂場の浴槽の掃除など「生活援助」の依頼が多い。右に示した利用データ（図12-1）では、掃除の場所等の調査はないため、高齢者の暮らしの実態が浮き彫りにはなっていないが、掃除の依頼が多いことを示している。

厚生労働省は現在、ＡＤＬ中心の身体状況を改善させるための理学療法士との筋トレなどを評価し、報酬の加算につなげている。その上「介護保険からの卒業」といったことまでが提案されている。生活課題を共有というトータルに人と暮らしを見ていくという考え方はない。

図12-1　生活援助の行為ごとの平均サービス提供時間

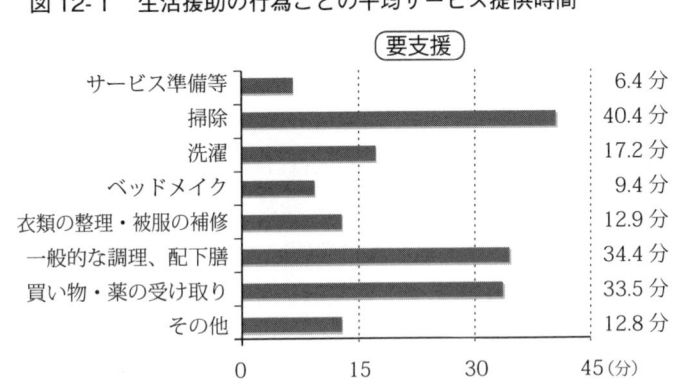

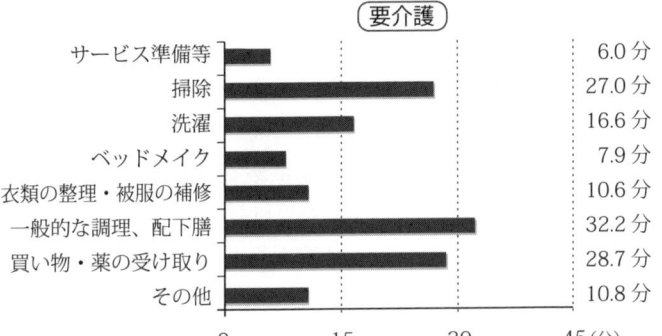

要支援

サービス準備等	6.4分
掃除	40.4分
洗濯	17.2分
ベッドメイク	9.4分
衣類の整理・被服の補修	12.9分
一般的な調理、配下膳	34.4分
買い物・薬の受け取り	33.5分
その他	12.8分

要介護

サービス準備等	6.0分
掃除	27.0分
洗濯	16.6分
ベッドメイク	7.9分
衣類の整理・被服の補修	10.6分
一般的な調理、配下膳	32.2分
買い物・薬の受け取り	28.7分
その他	10.8分

1）平成22年度財務省予算執行調査を老健局で再集計　2）株式会社EBP「訪問サービスにおける提供体制に関する調査研究事業」（平成23年度厚生労働省老人保健健康増進等事業）　3）介護給付費実態調査（平成17年4月審査分）
出典：（株）ＥＰＢ「訪問サービスにおける提供体制にかんする調査研究事業」平成23年度　厚生労働省老健局増進等事業　http://www.mhlw.go.jp/stf/shingi/2r9852000001xc5b-att/2r9852000001xc7y.pdf より。

2　生活課題を協働するヘルパーの実践事例

定期的に訪問するヘルパーの実践はどのように展開しているのかを以下事例で紹介したい。2015年4月以降、自治体によっては無資格者やボランティアによる訪問となる領域、すなわち「要支援」の方への訪問の様子である。

事例1　「きっかけは網戸の掃除」

週1回、要支援の方への掃除プラン45分間での実践事例である。84歳のユキさん（仮名）は2年前にご主人が肝臓病で入院。この入院がきっかけで、重いうつ病になった。ユキさんは「夫が病気になっているのを気がつかなかった自分」を責めていたが、夫の退院後も身の回りの世話ができないため、夫は有料の施設に入るという生活であった。ユキさんはヘルパーが訪問中も強いうつ症状からベッ

ドから起き上がることはない。寝室からは出てこないが、「トイレ掃除にゴム手袋をした」「掃除機のヘッドをぶつけて壁に筋が入った」などとクレームをつけては、訪問するヘルパーを交代させていた。ヘルパーは「掃除の仕方、場所」などをそのつどユキさんに伝え、寝室の奥から聞こえるユキさんの「声の調子」やメモでその日の気分、体調などを推し計る訪問で、掃除を続けていた。当初、ユキさんはヘルパーと顔を合わせるのを嫌い、「玄関先に印鑑を置いたから捺して帰って」という状況であった。彼女との関係が好転したのは訪問を続けて1年たった暑い夏の日であった。何年も掃除したことのない「網戸」をはずして掃除をして欲しいと依頼され、一緒に網戸をはずしたときに、隣のマンションのベランダに幼子がいたのを見つけたユキさんは、きれいな声で「お嬢ちゃんいくつ？」と声をかけ、表情が輝いた。その声のきれいだったことで、彼女が元オペラ歌手だったことが分かった。そして、ヘルパーに精神面から歌えなくなったときの辛さを語ってくれた。そのことがあった以降、ユキさんはベッドから離れることが多くなり、翌年には要介護認定でヘルパーのサポートを必要としない「自立」と認定された。訪問した際にはユキさんの要求に応えながらも、会話の時間を作り、共に住環境を整え続ける「生活援助」（掃除）を続けたことがこの暮らし方で良いという自己肯定的感を少しずつ抱かせるようになり、この制度を使いながら暮らし続けられる、という実感につながったようである。きっかけは網戸をはずした掃除であったが、継続的にわずかなサポートがあれば生活を継続させ、本人らしく生きることができること、その条件を「生活援助」でサポートできることを学んだ事例である。筆者は1000人を超える訪問をしているが、この事例のように、厚生労働省が望む「制度からの卒業」に当たる体験をしたのは初めてである程、珍しいことです。生活援助は介護の入り口部分でもあり、継続的に使われることで暮らしの維持が可能なのである。

事例2　生活援助で立ち位置が変わる瞬間

　ヤスさんは87歳、両膝関節症、統合失調症、うつ病、要支援2、一人暮らし。毎回、ヘルパーが来るかが心配で、公共住宅の5階にある廊下の窓から下をのぞいているが、その日は姿が見えなかった。チャイムを鳴らして入室した。「目が見えなくなった、歩けなくなったので死にたい」といいながら寝室から台所に出てきた。不安からくる精神症状がその日は強く出ていた。制度改定で援助時間が15分も短くなったため、居間にある連絡ノートのメニューを見た後、気分を切り替えてほしいと「今日は何を作りましょうか？」と切り出す。「煮物」と返事があったのでほっとして、「なんの煮物にするかはスーパーへ行く途中歩きながら考えましょう」と了解してもらい、キッチンに移動して冷蔵庫の内容を確認、食べ残しが6皿あった。冷蔵庫の整理・整頓・清掃までは時間がなく手が付けられそうにない。週3回一緒に料理を作ることで、どうかすると「死にたい」気持ちが強くなる精神症状をもったヤスさんの暮らしを支えてきた。

　ヤスさんは袋をギュッと握って寝室の奥から出てきた。「手に持った袋は何ですか？」と声を掛け、そっと見守る。「帽子」との返事、「手に持っていると危ないので、今かぶりませんか？」と声を掛けると「そうね」とスーパーの袋から帽子を出して前・うしろを確認、自分でかぶる。ここまでで7分。国道を渡りきるのに信号が2回変わる。100メートル先のスーパーに行くには歩行器が頼りである。歩きながら「煮物」のメニューは「里芋の煮つけ」と決まった。スーパーに着いてからは「豆腐は絹ごしよ」「人参は1本」とリクエストが出る。「モロコシを食べたいけれど時間がないわよね」とポツリ。ヤスさんも時間を気にしていた。買い物から帰ったのち、「麦茶でも飲んで下さい」と声をかけると「買ってきたサイダーを半分入れて飲むと美味しいわよ〜」と笑顔。「美味しそうですね〜、どなたが考えたのですか？」と聞くと「私よ、特許でも取りたいわね」とすてきな対応で、「死にたい」との表情は消えていた。ここからは時間の勝負。段取りさえ押さえていればもともと料理上手なヤス

さん、大根・人参の皮むきから始まり、長ネギを切り、まな板を取り換えて今度は牛肉。手早さにヘルパーの準備の方が間に合わないくらい。料理の手順、味付けの手順をたずねながら「お砂糖が先よ。お酒は？」等といいながら、ご本人自らガス台の前に自然に立ち始めたら選手交代。ヘルパーはヤスさんの隣に立ち、「お砂糖どこでしたっけ？」とか、「お酒を入れますか？」とたずねているうちに2品のおかずができあがった。冷蔵庫には6皿の料理があったので3日分は大丈夫。ヤスさんは腕時計を確かめながら、「あと5分だから」とヘルパーを促す。利用者もヘルパーも時間との闘いである。「食べるのをせかされる」「暖まらないうちに入浴を勧められた」などのクレームが続いているのも介護保険改定下ヘルパーの実態である。この事例は本人の生活力を引き出すエンパワーメントを意識することを学んだ事例である。

次に規制の多い「生活援助」の中でヘルパーはどのように本人らしい暮らしを把握しているかの実践を2つ紹介する。

事例3 「わが家の布団干し」

元気な時は毎日、当たり前に布団干しをしていたキミさん（仮名）90歳、一人暮らし、要支援2。訪問は週2回のプラン。掃除、洗濯、買い物で60分間の生活援助での訪問。軽い認知症状があり、また、慢性膝関節の痛みが強く、かがむことができない。掃除はトイレと風呂場と居間の3か所だが、買い物に時間が取られるので、風呂場とトイレは1回おきに掃除する。掃除は汚れ具合や入浴での危険性などを予測して行う。訪問時間が限られていることから「布団干しはしないこと」との事業所からの申し送りがある。「頼みたいことがある」と話し出したキミさん。「布団干しをちょっとでもお願いできないもんかね〜」と。ヘルパーは、布団干しには対応しないようにという事業所からの指示を思い出しながら、「わが家の布団干しは、縁側に布団を広げて、そこでゴロゴロするのが大好きでね〜」と、子ども時代の布団干しの思い出をキミさんに話した。「そうかい、わが家は2階のトタン屋根に干したんや」「光の筋が見えて綺麗なんよね〜。その中をモヤモヤと埃が立ち上ってゆく様子が見えてね〜」と話すとキミさんは、腕をめくり上げながら「あたしゃ、ゴロゴロしすぎて、トタン屋根に飛び出して腕を火傷したよ。アッチッチってね」と火傷の跡を見せてくれた。膝や腰の痛みから思うように動けないため、なおいっそう「布団干し」に意識がいくようにも感じた。「2階の屋根に上るなんて怖くなかったのですか？」と問うと、「そうね」と笑う。キミさんは活動的な子ども時代をすごしたのではないかとキミさんが感じた空気を五感で共有した。ひかりの筋やポカポカとする光の暖かさ、外での風は干し草のような香りに包まれた、生まれた東北の記憶だ。暮らしの積み重ねによって作られている体感の効果は、夜はぐっすり安眠できるキミさんの「布団干し」となるのだが……。健康的な生活の維持に貢献できるだけでなく、キミさんらしい「布団干し」として生活文化の理解が深まって、本人らしさの一面をつかむことにもなる。こういったことをサービス提供責任者に話し、了解が取れても、援助時間は延長できない仕組みが介護保険だ。ちなみに家政学的には「布団干し」は裏表で最低1時間以上干すと効果が出るといわれている。

こういった事例の五感による感じ取りの重要性の指摘は、家族介護者らの本にも散見される。羽成幸子の「介護に教科書はいらない」は、4人の親御さんを看取った体験から書かれている。一節を紹介しよう。「一人のひとを受け入れるという事は、その人の人生を受け入れることである。さらにいうなら、その人の考え方、習慣、言葉、匂いを受け入れること」〔羽成（2007）P.30〕。ホームヘルプ労働の専門性の一つにもこのような「感じ取り」（非言語コミュニケーション）がある。「生活援助」を通じて、より具体的に本人とその生活を理解することにつながる。訪問中の会話（言語コミュニケーション）の中で本人の生きる意欲と（自分らしい生活で生き抜こうという主体性）を引き出し、ヘルパーは本

人らしい暮らしや生活文化を学んで共に取り組んでいるのである。

事例4　「6畳一間の生活」

「今、ちょっと前にニトロを飲んだところ」と息も絶え絶えななか、「急いで掃除してもらわなくっちゃ60分なんてあっという間よね」とおっしゃるトミさんは82歳。要支援2。お一人暮らしのアパートは6畳1間。「友達が来ていうのよ！今日はヘルパーさん来てくれたでしょう？ってね。いつもはコロコロで掃除するだけだからね。掃除機入れてもらえると思うと嬉しくって」と。発作があったばかりで心臓に悪いので少し休んでほしいのだが、時間がありません。ヘルパーの掃除はコタツの上の物を一緒にどけることから始まる。コタツの上にあるコーヒー茶碗、ポット、炊飯器、薬の瓶、書類の入った段ボール等を戸棚の前や冷蔵庫の上に乗せてと指示を出される。「昨日の夜、みそ汁をこぼしてしまって大騒動だったのよ～」と軽く汚れは取ってあるものの、ちょうど座った足の下あたりのカーペットに汁のシミが残っている。体重も80kgを超え、膝から下が糖尿病の影響で皮膚がボロボロであった。コタツに座ることはできない。コタツの高さに合わせた椅子が1日中座っているトミさんの定位置。窓側にベッドがあり、コタツと箪笥との間は体が通る隙間しかない。6畳1間にベッド、箪笥、冷蔵庫、仏壇、食器棚がコタツを囲んでいる。コタツ板をどけ、こたつ布団をベッドの上に置き（訪問時間が1時間30分あった以前は少しだけでも干すことができたのだが）コタツをその上に置いて掃除機をかける。トミさんはアパートの廊下に置いてある歩行器の上に座っていただき、沸かしたお湯で足浴。「この間から便が出なくってね～」と健康状態を訴えられるのに耳を傾けながらの掃除。「記録を書く時間なくっちゃうわよ～」とトミさんから声がかかるのは10分前。急いで足をふき上げ、指定された塗り薬を3種類塗る。次回の通院日を確認して事務所に報告。記録を書く時間等約10分がオーバーした。

以上は、慌しい訪問の様子だが、ヘルパーの「生活援助」が暮らしの維持・継続を支えていることを示した事例でもある。

厚生労働省は、事例に示した個別性のある当事者の暮らしの実態（介護環境の違い）などにかかわる研究の遅れをいいことにして、ホームヘルパーの実践する「生活援助」の重要性を否定している。

「生活援助」の評価に当たって審議会に提出された表を提示しておきたい（図12-2）。

身体介護と生活援助との維持改善の差4％をもとに「生活援助には効果がない」と説明している。この資料は全国課長会でも、ケアマネージャーの研修会でも「生活援助に効果がない」という形で流された。調査の信憑性や実態との違いという点で筆者には多々疑問があるが、このデータを見る国民的感覚からいえば「9割の方が維持改善している事業はすごいではないか！」と評価してもおかしくない。ヘルパーの実践と生活援助の効果を認めるべきである。

図12-2　要支援度の改善状況

<u>調査内容</u>
身体介護を中心とした予防プランを使用している利用者と生活援助を中心とした予防ケアプランを使用している利用者の、1年前から現在までの要支援度を比較。
各利用者について、サービス行為内容別のサービス提供時間数と、当該サービスの目的（位置づけ）を先に調べた要支援度等の改善状況と対照し、分析する。
（対象調査件数：537件）

<u>調査結果及びその分析</u>
○主として身体介護をおこなっているもの＝28件、生活援助をおこなっているもの＝509件
○1年前と現在の要支援度を比較したところ、下記のとおり

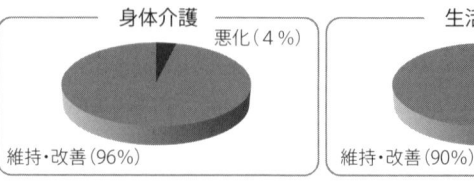

身体介護：悪化（4％）／維持・改善（96％）
生活援助：悪化（10％）／維持・改善（90％）

介護予防訪問介護で提供しているサービスの大半は、「掃除」「買い物」「調理」であった。（194件中、120件「掃除」、29件「買い物」、19件「調理」）
出典：平成22年度財務省予算執行調査。http://www.mhlw.go.jp/stf/shingi/2r9852000001tg46-att/2r9852000001tgde.pdf より。

3．ヘルパーの調査・研究

　実践の中から多くのヘルパーは「人々の生活を分けられない」と考えており、現在、訪問介護の介護報酬が分けられていることに疑問を持ちながら在宅での実践を続けているが、その疑問に応じた調査研究は行われていない。現行の介護報酬では入浴介助、排泄介助、食事介助等を行う「身体介護」と、掃除、洗濯、一般的な調理・配膳、買い物、薬の受け取り等を行う「生活援助」に分けられている。政策の動向は医療的ニーズの高い高齢者や重度要介護者への対応が重視される一方で、高齢者自身が自力で家事を遂行するための支えや、精神的な安定を維持するためのコミュニケーションなどは削減の対象となって細切れ、短時間化されてきた。筆者はヘルパーとしての活動を通し、要介護者の暮らしへの理解（主体的に生きる本人の暮らしの状況）やコミュニケーションによる信頼関係の構築（共感・共同関係）等が要介護者の生活の質の維持につながるものであり、その基盤として生活援助が不可欠であること、そこに専門性が存在していると考えている。しかし2000年以降2012年までの科学研究費の対象となったレポート約1万件の中で、ホームヘルパーの研究調査は少なく、内容もサービス提供責任者等の業務を中心とした研究である。ヘルパーが取り組んでいる調査・研究は少ない。ここでは筆者が取り組んだインタビュー調査（日本高齢期運動サポートセンター補助）の概要と、篠崎良勝氏（聖徳大学教員）らの分析から注出した「DRLP」（ドリップ）から掃除についてを紹介したい。

（1）インタビュー調査

　筆者の取組んだ共同研究は2013年6月～2014年1月にかけて生活援助を行っているホームヘルパー及びサービス提供責任者を対象に、グループインタビュー調査を計4回実施した。全国から4地区を選定し、それぞれの対象者は、東北地区調査3名、北陸地区調査4名、関東地区調査7名、関西地区調査3名に、質問項目は「生活援助の具体的な事例」「生活援助の効果」「生活援助を行う際の問題」とする非構造型の形式インタビューで実施。結果Ⅰ、利用者に対するホームヘルパーの視点として、①気持ちに寄り添うこと、②個別性、③意欲を促すこと、④利用者自身ができることを探す、⑤生活を継続させること、Ⅱ、ホームヘルパーが行っている工夫や配慮として、①業務時間に対する工夫、②利用者の意欲や参加を促す配慮、③ヘルパーがいない時間への配慮などがあった。ホームヘルパーが単なる代行的な家事援助ではなく、高齢者の自立生活継続を意図した支援を行っていることが確認された。

（2）可視化

　篠崎良勝氏らは意識しにくい介護行為の真の価値、介護の専門性を可視化することを目的に、生活援助の行為の際、介護者はどのようなことを考えているのかについてアンケート調査を実施し、その際に注出された4つの視点の頭文字をとって（D＝尊厳（Dignity）的観察・確認行為。R＝(Risks)リスク回避的観察・確認行為。I＝自立(Independence)（意欲）支援的観察・確認行為。P＝身体(Physical)的観察・確認行為）「DRLP」と紹介している。要介護者のリクエストの多い「掃除」の60項目にわたる視点を紹介すると表12-1のようになる。

表 12-1

「部屋の掃除」を福祉にするための視点

1. 利用者が掃除をする際に転倒などの危険はないか。
2. 過ごしやすい環境になっているか。
3. ストーブ廻りは安全か。
4. 利用者が自分でできることを奪っていないか。
5. 利用者の麻痺等の状態。
6. 利用者が一人でやっていることでも、困っていることはないか。
7. 介護職は掃除の正しい手順・手法の確認をしているか。
8. 介護職は声かけをしながら掃除をしているか。
9. 利用者のADLの状況。
10. 利用者のADLや麻痺の状態にあった生活動作ができるような物品の配置になっている。
11. ガスの臭いはないか。
12. 薬は落ちていないか。
13. 手すり代わりの家具に不具合はないか。
14. ベッドの高さが本人に合っているか。
15. 利用者の移動動作（歩行状態）。
16. 布団に失禁はないか。
17. 介護職はお金や貴重品を丁寧に扱っているか。
18. 介護職が使用している掃除機のコードで利用者本人が転倒していないか。
19. 以前と比べてできることに変化はないか。
20. 利用者の生活動線を把握しているか。
21. 利用者の習慣を把握しているか。
22. 掃除後に元の場所に物品が戻っているか。
23. 家具や物の配置は利用者の動線の邪魔になっていないか。
24. 福祉機器・福祉用具に汚れはないか。
25. 利用者のプライバシーは守られる環境になっているか。
26. 室内の温度や湿度は適切か。
27. 居室の掃除をした気持ちはあるか。
28. 利用者の足元に躓きそうなものはないか。
29. 利用者が日常座っている周りに落ちそうなものや倒れてきそうなものはないか。
30. 居室の照明の明るさ・色合い。
31. 利用者は無理な姿勢で物を取ることになっていないか。
32. 利用者が掃除器具を使うことができるか（理解も含む）。
33. 掃除前に物品の元の位置を確認しているか。
34. 利用者は介護職の目の届く場所にいるか。
35. ゴミ箱の高さや大きさが利用者に適切か。
36. 衣類はたんす等にしまわれているか。
37. 利用者が自分で掃除をした様子があるか。
38. 汚れた衣類や物などが置かれていないか。
39. 室内の温度と着ている衣服は合っているか。
40. 尿・便などの汚れが居室内に付着していないか。
41. 疾患や障害の有無。
42. 介護職の掃除中には換気をしているか。
43. 床や畳が滑りやすい状態になっていないか。
44. 介護職が掃除中の利用者本人の過ごす場所を確保しているか。
45. 掃除が利用者本人の移動や状況の邪魔になっていないか。
46. 掃除用具は利用者本人にとってつかいやすいか。
47. ゴミ箱をどこに置くか。
48. 害虫はいないか。
49. 壁のカレンダーなどの貼り物がめくれていないか。
50. 利用者本人の食べ残したものや消費期限切れの食品が隠されていないか。
51. 掃除後の戸締りの確認。
52. 毎日の状態（顔色・表情・気分・口調）。
53. ゴミ箱に入っている食べ物や薬の空き箱の確認。
54. 利用者は決められた薬は飲んでいるか。
55. カーペットや絨毯がめくれ・穴・破れはないか。
56. ゴミ箱の中は定期的に捨てられているか。
57. カレンダーがその月のページになっているか。
58. 衣類は整理できているか。
59. 利用者が行うのに適した掃除用具はあるか。
60. 介護職は掃除器具を丁寧に扱っているか。

出典：2015.1.15 東京の介護をよくする会主催「介護集会配付資料」より。

4．在宅介護の現場の特徴と施設介護との比較 ～介護環境の違い～

　ヘルパーの実践は「生活」という24時間365日の連続した時間の中で行われている。「生活学入門」の著者大久保孝治氏も『「生活」は「当たり前のこと」「どうでもいいこと」しかしそれ抜きには社会そのものが存在しない場』とのべている〔大久保・島﨑（1994）P.4-5〕。実際にヘルパーはできるだけ自然に居室に入室して、当事者の生活の流れを崩すことなく、さまざまな生活行為を通じて、暮らしを共に創るという実践で、要介護者の暮らしの継続をサポートしている。「生活援助」の重要性はヘルパーが研修で常に学んでいることであるが、ここでは分かりやすく介護環境を施設と比較した。ここでの比較は、専門性の優劣をつけるためではなく、在宅で働くヘルパーの仕事の特徴と重要性（役割）を介護環境から考えることが目的である。

＜施設ではプロの職員が常駐＞
　施設ではさまざまな生活要求に対し24時間365日、複数の教育・訓練を受けた介護職員（以下「プロ」）が常駐して対応する。しかし、在宅のヘルパーはプロとして、たった1人で現場に向かう。

＜施設では24時間365日の切れ目のないケア＞
　在宅で受ける介護保険の「生活援助」では、1単位45分という訪問時間で、しかも介護保険上の時間的制約（1訪問は原則として次の訪問まで2時間、訪問時間を空けなければならない）がある。加えて介護度別の限度額まで100％使うには経済的にその1割の自己負担が可能あることが必要である。原則、プランで定められた内容の訪問援助・支援に限定される。限られた時間と手順内容のプランで、1日もヘルパーの訪問のない場合や訪問があっても45分のみ、残りの時間は介護者がいない状態で過ごすという生活が在宅である。

＜在宅では食事・排泄・入浴等最低限で＞
　在宅では、当事者の経済的状況や介護度・限度額が低いことなどにより、限定されたケアプラン以上に介護が必要な場合は全額自費となる。施設では定額でケアが受けられる。在宅ではケアの途中でも、時間がくればヘルパーはその場を退出しなければならず、当事者にとってはもちろん、家族介護者にとっても負担が増え、ヘルパーにとっては完結できない介護環境がストレスとさえなる。在宅では最低限の三大ケアも保障されないのが介護保険基準である。

＜鍵にまつわるストレス＞
　ユニットなどの普及で個室化が進んだ施設でも、部屋に鍵はかけられていない。在宅では防犯上、家には鍵をかけるのが一般的である。家の鍵をお預かりする場合「当事者・介護家族」との合意・同意をとり、事務所で鍵を預かり、管理する。直行・直帰の働き方であるため何人かの家の鍵をお預かりして移動しているのが実態である。おのずと高い倫理性を求められるし、紛失などのリスクが付きまとうので、ストレスのひとつでもある。

＜在宅では当事者以外の人との人間関係調整が必要＞
　施設では「家族や親戚・地域の友人・知人」などが面会時以外にいることはない。在宅では一人暮らしを除いて、常時、奥様やご主人、息子さんや娘さん、お孫さんなどの介護家族がおられる。そのため、24時間・365日介護に奮闘されているのは「介護家族」である。短時間でしか訪問できないがヘルパーはその労をねぎらい、心配ごとを聞く役割を担う場合も多分にあり、必然でもあるが、こういった対応は評価されない。事業所によっては、余計な対応はしないようになどといわれる場

合もある。なかには、訪問したヘルパーに「ありがとう」と笑いかけた夫を目の前にして、妻が「苦労している私に、感謝や笑顔なんか見せたことがない」などと女性ヘルパーに複雑な感情を持たれることもあるなどセクシャルな面への配慮や理解も必要な場合もある。施設と違って常時、当事者だけでない介護関係の構築力が求められるのも特徴の一つである。

<多様な価値観・生活文化をトータルにサポートする>

施設では、テーブルに座れば食事が準備されていく。メニューや栄養を考える栄養士、調理を担当する調理師、配膳や食事介助をする介護士と役割が分担されているが、在宅ではご本人の希望メニューを伺い、相談しながら買い物に出かけ、その方のやり方で調理をし、召し上がって頂き、下膳して、食器を洗い、収納する。このような１つ、１つの生活援助の積み重ねのなかで、料理ならご本人の味を理解し「生活文化」を共有していくのが在宅であり、主人公はあくまで当事者である。例えば、洗濯物干し。靴下の先を洗濯ばさみでつまむ人、ゴムの側をつまむ人、裏がえしにして干す人それぞれの生活の価値観を大切にしてサポートを進める。現在は本人に寄り添うなどの言葉で表現されている。実際の現場では寄り添うというよりは「暮らしは本人の判断の連続」であることを引出し、共有していくことではないだろうか？　多様な価値観・生活文化のなかでの仕事である。「生活援助」は当事者の主体的判断に基づいて実践されてこそ、「生活の質」を守ることに繋がる。

<在宅現場はプライバシーの塊>

買い物に出かける前には「お財布」から現金をお預かりするわけだが、その際知りたくはないが、お金のある場所が分かることにもなる。身近に置いてある物は、全てがプライバシーへ通じている。掃除等は、大切にしている「品物」等への思いを知る機会となる。結婚記念に購入した「渋のついた湯飲み茶碗」が50年間のご夫婦の歴史物語に触れることもある。「清潔」の視点からだけで漂白をかけてしまえば、積み重ねられてきた暮らしを理解できない。施設では自由になるお金はトラブルの元になるため事務室で管理していることが多く、食器もグループホーム等の小規模な施設以外は統一されている傾向がある。

<多様で厳しい在宅の住環境>

「施設の中は毎日春でいいよ〜」と施設に入られた方のお言葉。施設での平均室温は冬場でも夏場でも22℃〜24℃と聞く。在宅での住環境の厳しさ、なかでも室温の変化は「リスク」の高い場面がいっぱい、特に冬場のトイレや風呂場での温度差はいうに及ばず、０℃を切る室内に暖房器具は電気ストーブだけという冷え切った環境の中でおむつ交換をする場合もある。賃貸のアパートなどでは電気容量が10アンペアしかないなか、電子レンジと掃除機は同時に使えない。洗濯機を回したら、掃除機は使えないなど、短い時間に段取りをまちがえた場合、ブレーカーが落ちて利用者と苦笑することもあるのが在宅の現場である。このようなさまざまに異なる住環境のなかで実践を積み重ねているのも特徴の一つである。

<短時間での仕事>

短時間の訪問であっても、次の訪問までの段取りを考える洞察力が求められる。次の訪問先へ訪問するまでの間に生活の状態を予測・想像して、暮らしが継続できるよう段取りをする、いわゆる「暮らしの見通し」の力量が在宅では求められるのである

<社会政策の不備・貧困をサポートする仕事>

40年かけ続けた国民年金の受け取り最高額は月額６万５千円。その中から家賃・光熱水費、交際費、医療費等を引くと食生活に当てる費用は月１万円台になる。ヘルパーとしてはバランスの良い食生活で体調を整えていただきたいのだが、使える金額はおのずと決まってくる。知恵を絞り、食

材を工夫して経済的貧困と共にたたかうことも在宅介護での特徴の一つである。

こういった施設とは異なった介護環境の中で実践される「生活援助」に総合性が求められるのは当然である。生活の中に入り込んで実践をするヘルパーは「生活全体をとらえること」を介護環境に拠って学び・鍛えられているのではないかと筆者は考える。

5．国民的支持のある「ヘルパーさん」に確信

訪問介護は主婦ならだれでもできる仕事としてスタートし、わずか130時間の養成研修で「ホームヘルパー2級資格」を取得でき、しかし、資格がなければ働けない分野として2000年から位置づけられた。(注：2013年以降、資格制度の名称変更により「初任者研修終了者」と名称と研修内容が変更され、ある意味「業務独占」的な位置づけが存続している)。現実は養成はされたが定着の点で課題が残された制度であった。2015年以降は外国人労働者の活用も含め、介護職員100万人をわずか10年間で養成するという。待ったなしの超高齢化に、これからは資格要件さえもはずし、ボランティアでもよいとする政府の無責任な施策に、介護保険のいう人間の「尊厳」は守られない。憲法でいう人間として健康で文化的な暮らしも守られない。

筆者は石田一紀氏がいう介護労働の源泉は生活を支える「家事労働の共同性」と「生涯を通じた、発達を保障する労働」という言葉が常にヘルパーを励ましていると考える。「生活援助」の重要性をさらに紐解くにはアンペイドワークとして家事を軽視し続けている実態をジェンダー的視点からも検討することが必要である。今後も実践の中で学びながら、ヘルパーの社会的地位向上の運動を地域の中ですすめていきたい。

愛称で「ヘルパーさん」と呼ばれるほど、国民的支持が広がっていることに確信を持って！

【参考文献】
- 石田一紀（2002）『介護における共感と人間理解』萌文社。
- 石田一紀（2012）『人間発達と介護労働』かもがわ出版。
- 一番ヶ瀬康子（1984）『生活学の展開～家政から社会福祉へ』ドメス出版。
- 大久保孝二・島﨑尚子（1994）『生活学入門』放送大学教材。
- 篠崎良勝ほか（2013）『特別養護老人ホームでの介護の目的に合わせたアセスメントツールの開発』介護福祉学 20(2)pp159-165。
- 羽成幸子（2007）『介護に教科書はいらない』校成出版。
- 鳩間亜紀子・藤原るか（2014）『日本高齢者運動サポートセンター研究助成調査』。
- 藤原るか（2014）『介護職員初任者研修テキスト 第4巻』日本労働者協同組合（ワーカーズコープ）連合会・日本高齢者生活協同組合連合会編　pp70-103。
- 藤原るか（2013）『介護ヘルパーは見た』幻冬舎。
- 山下柚子（2002）『五感生活術』文春新書。

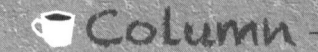

介護保険施行15年　今後の課題

公益社団法人　日本看護協会　常任理事　齋藤訓子

はじめに

　介護の社会化を目指した介護保険であるが、15年がたち、広く普及された一方で今後の人口構造の変化等を考えると、見直さなければならない事項が散見される。住み慣れた地域での療養を最後まで支える役割を担う看護の立場から今後の課題を考えたい。

1．介護の重度化と医療の関与

　高齢者の多くは何らかの疾病を持ち、とくに生活習慣病をベースとした疾病が多いので、「完治」ではなく、「病とともに生活する」ことが「長く」続いていく。人生の最終章の中で病が重度化しないようにご本人の体調管理と療養環境を整えていくことが介護と看護に期待されているが、年齢を重ねればさまざまな機能が低下していくので、徐々に重度化していくことは避けられない。また医療制度改革の影響で治療が終われば退院であり、複雑な医療処置等を必要とする方も増えている。この様に重度化する、または複雑化する中重度の介護者への医療の関与をどうするのかが今後課題になる。介護施設等での医療の部分は現在、包括されているが必要十分ではないし、結局は病院での療養となれば認知症を抱えている場合だと環境変化に伴うダメージが大きい。基本的には医療は外付けサービスとし、医療保険で支払われる方向で整理すべきではないかと考える。

2．サービスの統合化

　介護サービスは細切れになっており、利用者からすると大変、使いづらい。生活上のニーズと身体状況を適切にアセスメントして、優先順位の高いものから限りある資源の中でサービスを組み立てることが重要になるが、今後、独居や医療ニーズの高まりで複数のサービスの組み合わせが必要になるだろうと思う。今のサービス体系だといくつもの事業者と契約しなければならなくなるので、統合化し、包括していく方向で検討すべきではないかと思う。

3．費用負担を含めた制度そのものの見直し

　地域包括ケアシステムの構築は2025年のあるべき姿を目指して市町村が中心となってより効率的、効果的な施策が提案され、実施されることを期待しているが、今後、ますますの人口減少で介護保険の財源が大変厳しいという指摘は枚挙にいとまがない。おそらく今後の介護保険法改正では、保険料負担の年齢の問題やゆくゆくは障害福祉との合体なども検討の視野に入ってくるだろう。またサービス導入までの時間の長さやサービス担当者会議や地域ケア会議等、いろいろ追加してきたものもあり、効率性の観点からすると中間コストばかりがかかっている状況にある。介護保険の理念である尊厳と自立支援を少ない財源でいかに達成するかが問われてくる。そのためには介護報酬の中でケアの質の評価の視点をいかに入れていくかであろう。すなわちストラクチャー、プロセス、アウトカム評価である。状態の改善や悪化の防止に報酬がつくようなあり方を検討すべきだろう。

おわりに

　介護保険施行15年で、創設当初想定していなかったこともある。2025年の先を見据えた長期的なビジョンを掲げて制度そのものを見直すことが問われる。

論文 第三部

諸外国の介護保険

第13章 オランダの医療・介護保険制度

大森正博（お茶の水女子大学生活科学部准教授）

はじめに[1]

オランダは、他の先進諸国と同様に、少子高齢化という社会的変動、医療技術の革新に直面し、医療費の増加とその対策を必要とし、消費者主権の高まりも相まって、医療制度のあり方について再検討を求められている。また、長期療養・介護サービスについても、高齢化、消費者主権といった社会経済環境の変化の中で、制度の持続可能性について、懸念が表明されている。そうした環境下で、オランダでは、医療・介護制度改革が着々と行われている。

本稿では、今日のオランダの医療保険制度および介護保険制度について紹介し、制度改革の考え方について考察を行う[2]。

1. オランダの医療保険制度

オランダの現在の医療保険制度は、3つの"Compartment"から成っている[3]。

"Compartment 1"は、1年以上の入院医療、介護等、治療、療養に比較的長期間を必要とする疾患、症状を中心としてカバーするいわば公的介護保険であり、"Compartment 2"は、治療サービス（Curative care）を中心とした短期の医療費をカバーする公的医療保険である。前者は特別医療費補償法（The Exceptional Medical Expenses Act, Algemene Wet Bijzondere Ziektekosten, AWBZ）を根拠としており、特別医療費保険と呼ばれている。後者は、健康保険法（Health Insurance Act, Zorgverzekeringswet, ZVW）を根拠としている。"Compartment 3"は、公的保険でカバーされない自由診療にあたるサービスをカバーしている保険である。

"Compartment 1"の特別医療費保険は、治療、療養に1年超の時間がかかる長期療養介護サービスをカバーしているが、地方自治体（Municipality）が提供する社会支援法（Law on Social Assistance, Wet Maatschappelijke Ondersteuning, WMO）による家事援助などのサービスと連携している。これらの長期療養サービスについては、2015年1月1日に改革が行われた。2015年1月1日より特別医療費保険は、長期療養サービス法（the Long-Term Care Act, Wet langdurige zorg, WLZ）に、社会支援法も社会支援法2015（Law on Social Assistance 2015, Wet Maatschappelijke Ondersteuning 2015, WMO 2015）に改正された[4]。

以下では、これらの医療保険制度の仕組みについて解説し、2015年1月1日より実施される長期療養サービス法、社会支援法の改革の中身についても見ていこう。

(1) "Compartment 2"

"Compartment 2" は、健康保険法（Health Insurance Act, Zorgverzekeringswet,ZVW）による。治療的ケア（"Curative Care"）と位置づけられる治療期間が1年以内の短期医療を中心として、サービスが提供される。

①保険者・被保険者

"Compartment 2" の保険者は私的な健康保険会社であり、"Care Insurer" と呼ばれている。2006年の医療保険制度改革により、2006年1月1日から、"Compartment 2" の保険者は、私企業としての性格を持っており、具体的には、相互会社（Mutual）、公的有限会社（Public Limited Company）の形態をとっており、オランダ中央銀行（the Dutch Central Bank、DNB）から生命保険以外の中で労働災害と労働傷病、疾病の免許を許可されている[5]。

表13-1にあるように、"Compartment 2" の市場において、26の"Care Insurer" が10のグループ会社に分かれている[6]。Care Insurer は、被保険者のためにGP（Geweral Practitioner）、病院等のサービス供給者と契約を行う。契約にあたって、価格について、上限価格規制（Price Cap Regulation）が行われるサービスと自由交渉によって価格を決めることが出来るサービスに分類される[7]。価格規制は、医療サービス庁（The Health Care Authority, Nederlandse Zorgautoriteit, NZa）によって行われる。また、被保険者は、加入する保険者を選ぶことができる。職業、年齢、性別等に関わらず、保険者を選ぶことができ、原則1年に1回、保険者を代える自由がある。

保険者は、加入を求めてきた者に政府が決めた基礎的保険（Statutory Basic Insurance）を販売しなければならず、保険加入を拒否することは禁じられている。また現物給付の保険商品、費用償還方式の保険商品、両者をミックスした保険商品といった形で多少の製品差別化は出来るものの、同じ保険商品については、年齢、性別、身体状況などによって保険料を差別化することは禁止されている。

② "Compartment 2" でカバーされるサービスと財源

「基礎的保険」のサービス内容は、オランダ医療サービス機構（Netherlands Institute for care, Zorginstituut Nederland）[8]の勧告に基づいて国が決定しており、"Compartment 2" の保険商品についてカバーされるサービス内容はCare Insurer の間で同一である。

表13-1　Care Insurer の状況（2014年1月現在）

Achmea-Agis	Agis Zorgverzekeringen N.V.
	Avero Achmea Zorgverzekeringen N.V.
	FBTO Zorgverzekeringen N.V.
	Interpolis Zorgverzekeringen N.V.
	OZF Achmea Zorgverzekeringen N.V.
	Zilveren Kruis Achmea Zorgverzekeringen N.V.
CZ	Delta Lloyd Zorgverzekering N.V.
	OHRA Ziektekostenverzekering N.V.
	OHRA Zorgverzekeringen N.V.
	OWM CZ Groep Zorgverzekeraar UA
De Friesland	De Friesland Zorgverzekeraar
DSW-Stad Holland	Zorgverzekeraar DSW UA
	OWM Stad Holland Zorgverzekeraar U.A.
ASR	ASR Ziektekostenverzekeringen N.V.
Menzis	Meenzis Zorgverzekeraar U.A.
	Ander Zorg N.V.
	Azivo Zorgververzekeraar N.V.
ONVZ	ONVZ Ziektekostenverzekeraar
ENO	ENO Zorgverzekeraar N.V.
Cooperatie VGZ	IZA Zorgverzekeraar N.V.
	IZZ Zorgverzekeraar N.V.
	Maatschappij voor Zorgverzekering Gouda N.V.
	N.V. Unive Zorg
	N.V. Zorgverzekeraar UMC
	VGZ Zorgverzekeraar N.V.
Zorg en Zekerheid	OWM Zorgverzekeraar Zorg en Zekerheid U.A.

出典：Vektis.

表13-2は、Compartment 2の収入状況を示している。表13-2の中の数字は、各収入項目が総収入に占める割合を示している。Compartment 2の財源は、主として、(ア) 定額保険料 (nominal contribution)、(イ) 所得比例保険料 (percentage contribution)、(ウ) 政府補助金 (Government grant)、(エ) 一部負担 (Out of pocket payments) から成っている。

　2012年において、(ア) 定額保険料は、収入の35.8％、(イ) 所得比例保険料は約53％、(ウ) 政府補助金は、18歳未満に対する補助金が中心で約6％、(エ) 一部負担は非常に小さい。

　第一に、「(エ) 一部負担」についてである。被保険者は原則として自己負担無しで医療サービスを利用することができる。

　自己負担といえば、免責控除について触れる必要がある。(表13-2) に示されているように、「強制控除 (Compulsory Excess)」は"Compartment 2"の収入の4.6％を占めている。この制度は、2008年から導入された。強制控除 (Compulsory Excess) と18歳以上の被保険者が自ら免責控除金額を設定する任意の控除 (Voluntary Excess) があり、その金額以内の医療費は自己負担とする。適用されるのは、18歳以上の被保険者である。前者については、2015年は€375であり、2009年の€155から大きく増加していることが分かる。強制控除は、事実上、サービス給付に対する一部負担とみなすことができる。ただし、強制控除は、GPサービス、産科サービス、出産サービス、貸し出しによる医療扶助、腎臓・肝臓移植のドナーのフォローアップ、慢性閉塞性肺疾患と糖尿病の統合ケア (Integrated Care)、インフルエンザ診療などのサービスは対象外である。

　一方、任意の控除制度は、プライマリーケアを対象としており、強制の免責控除€375 (2015年) の適用後、€100単位で€100から€500まで設定できる。より高い控除額を選択する程、後述の定額保険料のより大きな割引を受けることができる[10]。

　「(イ) 所得比例保険料」は、支払給与税の対象となっている給与に関連して決められる。2015年の保険料率は、被用者は6.95％で、保険料が課される所得には上限があり、€5万1976/年である[11]。

　所得比例保険料には、助成措置がある。第一に、被用者の場合は、雇用環境に応じて必要になる医療サービスの費用を勘案して、使用者が保険料の全て、ないし一部を負担しなければならない。

　第二に、18歳未満の子どもは親、保護者の保険に加入していれば、所得比例保険料を支払う必要はない。被保険者の身分によって、保険料負担を勘案

表13-2　Compartment 2の収入 (Zorgverzekeringswet)

収　入				
定額保険料	37.5%	37.6%	37.7%	35.8%
強制控除	4.5%	4.6%	4.4%	4.6%
所得比例保険料				
居住者	51.1%	51.0%	51.2%	53.0%
非居住者	0.3%	0.3%	0.3%	0.2%
CVZを通した国際的移転	0.0%	0.0%	0.0%	0.0%
その他	6.1%	6.4%	6.4%	6.4%
18歳未満に対する補助金	6.4%	6.3%	6.1%	6.1%
良心的保険加入拒否者に対する罰金	0.0%	0.0%	0.0%	0.0%
慢性疾患に対する補償	-0.3%	-0.3%	-0.3%	-0.5%
宣教師の保険料				
管理上の罰金	0.0%	0.0%	0.0%	0.0%
保険未加入者のスキーム			0.0%	0.0%
スキーム不履行者	0.0%	0.4%	0.6%	0.7%
利子	0.5%	0.0%	0.0%	0.0%
総収入	100.0%	100.0%	100.0%	100.0%
ZVW収支 (単位：100万€)	-1,882.2	-1,652.3	1,356.7	1,999.4
被保険者数 (単位：千人)	16,445	16,524	16,615	16,695

出　典：College voor zorgverzekeringen Ceactualiseerd op: 17-0102014 obv derde kwartaalcijfers.　単位：€

する措置がとられていることが特徴的である。所得比例保険料は、税務当局（The Tax and Customs Authority）を通じて徴収される。

上記の（ウ）にあるように、国による"Compartment 2"に対する補助金の投入には、いくつかの根拠が存在する。第一に18歳未満の被保険者の保険料の補填を行うことである。第二に保険者が財政危機に陥ったときの補助金である。そして、戦争やテロなどの交戦時にも補助金は投入される。

定額保険料は、各保険者が18歳以上の被保険者に対して課す。表13-2を見ると分かるように、定額保険料は、2012年でCompartment 2の収入の約35.8％を占めており、保険財政の中で重要な位置づけがされている。定額保険料が所得に比して高額になり、支払えない被保険者が出てくると、Compartment 2でカバーされる医療サービスへのアクセスが難しくなる可能性がある。この事態を回避するために、医療サービス手当法（Health Care Allowance Act, Wet op de zorgtoeslag, Wzt）が準備されている。具体的には、一定所得以下の被保険者に対して、国から定額保険料について補助金を与える[12)][13)]。定額保険料は下記に示す「規制された競争（Regulated Competition）」の中でCare Insurerによって異なることに注意を要する。したがって、被保険者の選ぶCare Insurerによって、支払う定額保険料が異なるのである。

所得比例保険料、政府補助金は、一度、一般基金（General Fund, AK〈Algemene Kas〉）に集められ、保険者であるCare Insurerに事前的な予算の形で与えられる。予算は、過去の実績に基づいて決められる部分（historical basis）と保険加入者のリスクに応じて決められる部分（normative basis）から成る。各保険者には、リスク調整型人頭払い（Risk-adjusted Capitation Payment）の形で予算が与えられるが、リスク調整指標（Risk adjuster）としては、年齢・性別、所得の性質（社会保険給付、給与、自営業所得など）、居住地域（Region）、FKG（Pharmacy Cost Group）、DKG（Diagnostic cost group）、社会経済状況（Socio-economic status）が採用され、精緻化されてきている[14)]。

この様に決定された予算よりも、現実にかかると予想される費用の方が上回ると考えられるときには、Care Insurerは、被保険者に対して定額保険料を課す。2006年に成立した健康保険法によって、Care Insurerの収入のおおむね50％をリスク調整型支払いによる収入、残りを定額保険料で徴収するように定められている[15)]。当該年のリスク調整型支払いによる収入の割合について、毎年、省令（Ministerial order）と施行規則（Implementation rule）が当該年開始前にCare Insurerに対して示される[16)]。2013年の定額保険料の平均は、€1213である[17)]。被保険者は、各保険会社の定額保険料、サービス内容を見て、原則、1年に1回、加入する保険会社を代えることができる。このことが保険会社間のサービス内容の改善努力、一定の品質の下で定額保険料を下げるための費用効率化のためのサービス供給者との契約の改善努力を促進し、より効率的な医療サービスの需給制度が構築されるというのが、「規制された競争（Regulated Competition）」の考え方である。

前述のように、定額保険料の負担については、医療サービス手当法によって、被保険者の所得水準により減免措置がある[18)]。また、事前的な予算方式は完全ではないために、保険者の予算については、調整が行われる[19)]。

2．"Compartment 1"

次に、"Compartment 1"、特別医療費保険の制度について見ていこう[20)]。本稿の冒頭で触れたように、2015年1月1日より、特別医療費保険は改革が行われ、長期療養サービス法（the Long-Term Care

Act ,Wet langdurige zorg, WLZ）に改正された。しかし、基本的な制度設計は、特別医療費保険を踏襲しており、本論文では、特別医療費保険の制度を説明し、長期療養サービス法によって改革された点について言及することにする。

（1）保険者・被保険者

　特別医療費保険の保険者は国である。ただし、特別医療費保険において、保険の実際の事務、運営については、健康保険の保険者である Care Insurer が重要な役割を果たしている。32 の圏域（Region）ごとに主としてその圏域において最もシェアの大きい Care Insurer が Care Office（Zorgkantoor）となり、国の保険代行者として、特別医療費保険の保険業務を行っている[21]。Care Office は、国との3年契約で任命される[22]。Care Office は、被保険者のためにサービス供給者と契約を行う。サービス価格は、"Compartment 2" のサービスと同様に、医療サービス庁によって、上限価格規制が行われており、実際の供給価格は Care Office とサービス供給者の間の契約で決定される[23]。

　特別医療費保険によって給付されるサービスの内容は、「機能（Function）」によって定義されている。「個人サービス（Personal Care）」、「看護（Nursing）」、「支援的ガイダンス（Supportive Guidance）」、「治療（Treatment）」、「宿泊施設（Accommodation）」である[24]。特別医療費保険は、高齢、障がい、精神疾患という3つの分野のリスクをカバーしている点が特徴である。特別医療費保険は、「非常に大きなリスク（Catastrophic risk）」をカバーする保険として位置づけられており、高齢者介護、身体障がい者介護、精神保健がその対象である。

（2）ケアアセスメント（Care Assessment）－ケアアセスメントセンター（Centre for Care Assessment,Centraal Indicatieorgaan Zorg,CIZ）の役割

　利用者は、サービス給付のために、ケアアセスメントセンター（Centre for Care Assessment, Centraal Indicatieorgaan Zorg,CIZ。以下ケアアセスメントセンターを CIZ と記す。）によるケアアセスメントを受けなければならない。

　CIZ は、2500 名の従業員のいる全国組織であり、本部がドリーバーヘン（Driebergen）にあり、全国9か所に支部がある[25) 26)]。

　ケアアセスメントの基本的な考え方は以下の通りである。CIZ は判断基準に基づいて、申請者に必要な機能（Function）が、前述の6つのどれに当たるかを判断し、それぞれの機能について、必要なサービス量、「総ニード（Gross Needs）」を計算する[27]。申請者の状況を分析するにあたって、CIZ は、申請者の身体状況を見るだけでなく、周りの家族環境、社会環境も見ている。つまり、CIZ は、申請者が、家族からのケア、友人や近隣の人々からのインフォーマルなケアを受けられる状況にあるか、住居、社会保障サービスの受給状況、労働、教育環境等を総合的に見て、その状況に応じて、必要なサービスを考える。この過程で、主治医に意見を求めたり、CIZ の職員が申請者に電話したり、直接訪問するといった方法で、CIZ と申請者の間でやりとりが行われ、きめ細かいケアアセスメントを行うことができる状況になっていることが特徴的である。

　次に CIZ は、施設サービスにするか、在宅サービスにするかを決定する。申請者が、治療・療養に専念できる環境、保護監督の行き届いた環境で暮らしたいと希望する場合は施設サービスを選択し、申請者が家にいることを望む場合は、たとえ費用対効果の点で好ましくなかったとしても、費用が施設サービスのそれを超えない限りは、在宅サービスを提供することになる。

　このようにして決まったケアアセスメントの結果は、Care Office に伝えられる。ケアアセスメ

ントによって施設の利用が必要であるとされた被保険者は、ケア強度パッケージ（Care Intensity Package,Zorgzwaartepakketten: ZZP）によって、サービスの利用が決定される[28]。一方、在宅サービスについては、被保険者は、サービスを現物給付にするか、現金給付（個人介護予算）にするか、あるいは両者を併用したいかを選択することができ、意思を Care Office に伝える[29]。

（3）ケア強度パッケージ（Care Intensity package,Zorgzwaartepakketten, ZZP）

　ケア強度パッケージは、施設サービスについて適用されており、看護・介護（Nursing and Caring,Verpleging en Verzorging: VV）において10、精神保健（Geestelijke gezondheidszorg: GGZ, Mental Health）において13、学習障がい（Verstandelijke Beperking, Learning Disability）において8、青少年の軽度の知的障がい（Jeugdige met Licht Verstandelijke Beperking,Youthful Light Intellectual Disability）において8、知的障がい者の治療センターにおける治療（Behandeling in een SGLVG-behandelcentrum, Treatment in a treatment centre SGLVG）において8、身体障がい（Lichamelijke Beperking, Physical Disability）において7、知覚障がい（Zintuiglijke Beperking, Sensory Restriction）において9の合計60のケアパッケージが用意されている。それぞれのケアパッケージにおいて、生活、日常活動、治療について必要な援助が定義されている。したがって、利用者は、そのケアパッケージにおいて、どの様なサービス、援助がどの程度受けられるかが分かるようになっている。それぞれのパッケージの価格は、オランダ医療サービス庁（Dutch Health Care Authority,Nederlandse Zorgautoriteit: NZa）によって一日あたりの料金として規制されており、1日あたり55€から300€に設定されている[30]。

　なお、在宅サービスの中で家事、買い物などを手伝う家事援助は、2007年より社会支援法（Law on Social Assistance,Wet Maatschappelijke Ondersteuning: WMO）に移管された[31]。ただし、専門的在宅介護は、依然として特別医療費保険でカバーされていることに注意する必要がある。社会支援法によるサービスの給付の決定は、地方自治体（Municipality）において、設置された地方委員会（Local council）によって行われる[32]。社会支援法は、家事援助の他、車いす、住宅の改修、車いす等の移動手段もカバーしている。地方委員会は、社会支援法のサービス給付を決定するにあたって、特別医療費保険と同様に利用者の状態のアセスメントを行う。家事援助等の社会支援法でカバーされているサービスと特別医療費保険でカバーされている在宅サービスは相互関連性が高く、特別医療費保険とは異なる実施主体によってサービスの給付が決定されることはサービス提供の整合性、事務費用の効率化の観点から望ましくないと考えられるが、地方委員会は、アセスメントの実務的な部分をCIZ等に外注しているところも多い。地方公共団体の52％は、社会支援法のケアアセスメントをCIZや他の評価業務を行う組織と共同で行っており、28％は地方公共団体が単独で行い、21％はCIZや他の評価業務を行う組織に完全に外注している[33]。

（4）特別医療費保険によるサービス費用と財源

　次に、特別医療費保険によるサービスの利用状況を具体的に見てみよう。表13-3は、2011年から2013年の特別医療費保険の費用の状況を示している[34]。2013年の総費用は€277億1540万であり、その内、看護・介護等の現物給付が87.9％と大きなシェアを示している。注目されるのは、個人介護予算（Personal Care Budget,Persoonsgebonden budget: PGB）が8.9％のシェアを占めていることである。サービスの給付は、現物給付（In-kind benefit）が中心であるが、現金給付としての個人介護予算の割合は小さくない。

173

個人介護予算は、サービスの予算を被保険者に現金で与え、被保険者が自らサービスを選択して購入することを意味する[35]。個人介護予算は、特別医療費保険による個人介護予算（PGB from AWBZ）に加えて、下記で説明する社会支援法による個人介護予算（PGB from WMO）、社会雇用法による個人介護予算（PGB from WSW〈Wet Sociale Werkvoorziening〉）がある。特別医療費保険による個人介護予算は、1995年から在宅サービスに限って、本格的に導入され、2007年7月より施設サービスにも利用できるようになり[36]、利用者は増加してきている。個人介護予算の増加の一要因として、インフォーマルケアの利用の増加があることが注目に値する。

次に保険料等の負担について検討してみよう。表13-3は、特別医療費保険の財政状況を示している。2013年の特別医療費保険の収入の76.4％は保険料が占めている。特別医療費保険の保険料率は所得比例であり、課税所得の12.65％（2014年）である。ただし、保険料が課される所得には上限があり、€3万3363年（2014年）である[37]。なお、15歳以下の者は保険料が免除され、15歳以上でも課税所得のない者は、保険料は免除される。保険料は、租税納付のプロセスに乗って、国

表13-3 特別医療費保険の収入と支出

費　用	2011	2012	2013	2011	2012	2013
サービス給付						
CAKを通じたサービス給付						
健康増進	90.5	103.3	93.9	0.4%	0.4%	0.3%
Curative somatic care	166.2	158.6	159.5	0.7%	0.6%	0.6%
現物給付（VV, GHZ, GGZ）	22,156.2	24,695.0	24,373.2	87.0%	88.0%	87.9%
Care Officeを通じたサービス給付	62.7	59.8	24.3	0.2%	0.2%	0.1%
その他のサービス給付	-	-	-			
サービス給付小計	22,475.5	25,016.7	24,650.9	88.2%	89.2%	88.9%
補助金						
個人介護予算（PBG）	2,255.5	2,458.7	2,477.3	8.9%	8.8%	8.9%
CSZを通じた補助	3.4	7.5	3.2	0.0%	0.0%	0.0%
組織に対する補助	265.5	202.5	186.8	1.0%	0.7%	0.7%
補助金小計	2,524.3	2,668.6	2,667.3	9.9%	9.5%	9.6%
その他の支出						
管理費用	211.1	170.5	169.2	0.8%	0.6%	0.6%
実施費用	13.1	12.6	13.2	0.1%	0.1%	0.1%
Compensation WTCG discount WMO	79.0	99.1	115.7	0.3%	0.4%	0.4%
WTCG discount ZZV	33.3	37.6	52.4	0.1%	0.1%	0.2%
その他	142.9	53.4	24.2	0.6%	0.2%	0.1%
AWBZ訓練基金			22.5	0.0%	0.0%	0.1%
その他の費用小計	479.4	373.2	397.2	1.9%	1.3%	1.4%
AWBZ総費用	25,479.2	28,058.5	27,715.4	100.0%	100.0%	100.0%
収　入	2011	2012	2013	2011	2012	2013
保険料	16,246.0	16,077.4	18,677.4	69.6%	69.2%	76.4%
自己負担	1,801.3	1,832.9	2,068.4	7.7%	7.9%	8.5%
政府補助金	11.8	13.2	13.1	0.1%	0.1%	0.1%
ＢＩＫＫ	5,248.3	5,275.7	3,679.2	22.5%	22.7%	15.0%
その他	25.8	32.1	23.3	0.1%	0.1%	0.1%
AWBZ総収入	23,333.2	23,231.3	24,461.4	100.0%	100.0%	100.0%
AWBZ収支	(2,146.0)	(4,827.2)	(3,254.0)			
被保険者数（単位：千人）	16,686.3	16,749.9	16,795.5			

出典：Zorginstituut Nederland.
単位：€100万

税庁（Dutch Tax and Customs Administration, Tax Office）へ納付され、納付された所得比例保険料は、特別医療費保険一般基金（General Fund for Exceptional Medical Expenses,Algemeen Fonds Bijzondere Ziektekosten: AFBZ）に集められ、オランダ医療サービス機構（Netherlands Institute for care, Zorginstituut Nederland）が管理している[38]。

特別医療費保険の収入の8.5％（2013年）を利用者による一部負担が占めている。特別医療費保険は、サービスの利用について18歳以上の利用者による一部負担があり、その金額は、所得、生活環境によって異なる[39]。

特別医療費保険の収入の中で政府の補助金の役割は大きい。表13-3の「政府の補助金」およびBIKKがそれに該当し、合計で15.1％になる[40]。

"Compartment 1" では、保険料は所得比例保険料のみで、保険料賦課対象の所得が年齢によって多少の差異がある以外は同じ条件であり、カバーされるサービスも国によって規制されており、被保険者の身分による保険商品の差異はない。また、一部負担は所得等の経済的状況によって、応能負担の考え方が導入されている。

3. 社会支援法（Law on Social Assistance,Wet Maatschappelijke Ondersteuning: WMO）によるサービス

社会支援法は、2007年に成立した。立法の目的は、障害者、高齢者等の社会参加に制限のある人々の社会参加を援助することにある。社会支援法は、これらの人々が社会参加を容易にするための施策を地方自治体が定め、実施することを求めている。具体的には、買い物、掃除等の家事援助、車いすなどの移動機器等を地方自治体が提供することである[41]。

実際に社会支援法によるサービス給付の決定を行うのは、地方委員会である。オランダの地方委員会全ての社会支援法関連の毎年の予算は、社会文化計画局（SPC）の作成する公式に基づいて中央政府が総額を決定し、それが各地方自治体に配分されることになる。この予算は一般会計予算として配分されるので、実際の支出が予算を下回り、余剰が出た場合、地方自治体は、その余剰を他の用途に使うことができるため、社会支援法関連の予算を効率的に使うインセンティブを持つことが期待されている。

社会支援法のサービス利用には、一部負担が必要である。特別医療費保険と同様に、社会支援法の一部負担の上限が、受給者の所得、受給者が65歳以上か否か、家族の数等によって設定されている。社会支援法の一部負担については、地方委員会の裁量がきくようになっているが、一部負担が特別医療費保険の一部負担の最大負担額を上回らない範囲、家事援助等の社会支援法のサービス価格を上回らない範囲でという制限がつけられている。

4. 特別医療費保険の課題と長期療養サービス法（the Long-Term Care Act ,Wet langdurige zorg, WLZ）の導入

（1）特別医療費保険の課題と政策的対応

高齢化の影響もあって、近年、特別医療費保険の費用は増加の一途をたどっており、その制度とし

ての持続可能性（"Sustainability"）について、近年、政府によって懸念が示されるようになってきた。その中で、特別医療費保険の役割を、制度設立時に掲げられた「非常に大きなリスク（"Catastrophic Risk"）」の対処に限定しようという考え方が政府から示されるようになった。第二次ルッテ内閣における連立内閣の合意において、2013－2017年に歳出を€40億削減することが提案され、その削減対象の費目の中には、長期療養・介護サービスが含まれていた。第一に、特別医療費保険におけるデイサービス（Day Care）、個人カウンセリング（Personal Counselling）を削除、第二に、社会支援法の下での家事サービスを75％削減、第三に比較的ニードの低い人々の居住サービスを削減、という3項目である[42]。かなり大胆な提案であるが、その後、2013年の4月には、政府とサービス提供者の使用者団体、被用者団体の間で社会的合意（the Social Agreement, Social Akkoord）が締結され、社会支援法の下での家事サービスの削減を、上記の75％ではなく、60％に抑えることが合意された[43]。

　その一方で、特別医療費保険の役割を再考し、長期療養・介護サービスの制度改革を行う流れは、2007年の社会支援法の改革の時に始まっていると見ることもできる。この時から、特別医療費保険でカバーされていた家事サービスは、社会支援法の枠組みの中で地方自治体によって提供されることになった。この改革は、家事援助サービスをはじめとする施設外サービスは、関連する住宅サービス、福祉プログラム、移送などのサービスを担当し、地域計画を作成しており、消費者と近いところにいて、消費者のニードをくみ取りやすい、地方公共団体である地方自治体に提供させることが望ましいという考え方に基づいているともいえる。また、この改革には、特別医療費保険の制定時に、対処するべきリスクとして、個人の責任では対処できない、非常に大きなリスク（"Catastrophic risk"）を想定していたことに立ち戻り、サービス提供をより介護の必要性が高い場合に限るという考え方も含まれていると見ることもできる。

（2）長期療養サービス法（the Long-Term Care Act, Wet langdurige zorg, WLZ）の導入と仕組み

①長期療養サービス法（WLZ）の導入と制度

　2015年1月1日より、特別医療費保険に代わり、長期療養サービス法（the Long-Term Care Act, Wet langdurige zorg, WLZ）が導入される[44]。長期療養サービス法は、高齢者、障がい者の中で継続的なモニタリングを必要としたり、24時間のケアを必要としたり、密度の高いサービスを必要とする人々に給付を行う。具体的には、重度の認知症、重度の精神障がい、身体障がい、知的障がいを持った人々を想定する。

　給付されるサービスは、個人サービス（Personal Care）、看護（Nursing）、治療（Treatment）、宿泊施設（Accommodation）、カウンセリング（Counselling）、移動補助（Mobility aids）、デイサービス・日帰り手術への移送である。サービス内容は、基本的には、施設におけるサービスであるが、要介護者本人が希望し、サービスの品質が良いと認定され、かつ施設によるサービスの費用を上回らない時には、在宅サービスを選ぶこともできる。

　サービスの受給を望む場合、CIZにケアアセスメントを受ける必要がある。そして、サービスを受給する段階になると、サービス提供者を入れて、ケア・プラン（Care Plan）が作成される。

　サービス受給にあたって、サービス給付は基本的に施設サービスが念頭に置かれているが、要介護者は、個人介護予算（PGB）、在宅サービスのフル・パッケージ（the Full Package at Home, VPT）、在宅規格パッケージ（Modular Package at Home, MPT）のいずれかを選ぶことが出来る。この中で、在宅規格パッケージは、施設サービスと個人介護予算を組み合わせたものである。施設外で個人介護予

算（PGB）を利用する場合、在宅サービスのフル・パッケージを利用する場合には、サービスの品質の確保や施設サービスを利用した場合の料金よりも低くなること等、条件を満たさなければならない。

②特別医療費保険（AWBZ）からの変更点

特別医療費保険との差異は、カバーされるサービスの変更である。従来、特別医療費保険でカバーされていたサービスの一部が、他の制度によって提供されるようになっている。

第一に、大きな変更があったのが、若年者（18歳未満）に対するサービスである。

地方自治体が所轄の新青少年法（The New Juvenile）によって、若年（18歳未満）の障がい者に対するサービス全般がカバーされる。精神障がい・知的障がいを持った人々の施設・施設外両方における治療、障がい者のガイダンス、個人サービス、短期入所サービス、移送サービスが提供されるようになった。

一方、重度の精神障がい、身体障がい、複合された障がいを持った若年者に対するサービスは、長期療養サービス法（WLZ）によってカバーされることになった。一方、知覚障がいを持った若年者に対するサービスの一部は、健康保険法（ZVW）によってカバーされることになる。

第二に看護・介護、精神保健サービスである。これらのサービスの一部は、健康保険法（ZVW）、社会支援法2015（WMO 2015）等に移管される。

⑦健康保険法（ZVW）の下でのサービスに移管されるサービス

特別医療費保険でカバーされていたサービスの中で、健康保険法に移管されるサービスは以下の通りである。

1　視覚障がい、聴力障がいの人々に対する介護サービス。
2　医療が現在必要であり、近い将来必要になる可能性が高いという前提の下での看護・介護。
3　精神障がい者に対する施設サービス。
4　手術後1週間以内の回復のためのナーシングホームへの一時的な滞在。

①社会支援法2015（WMO 2015）の下でのサービスに移管されるサービス

高齢者、精神障がい者、身体障がい者に関わる一部のサービスが社会支援法（WMO 2015）の下で、提供されることになる。具体的なサービス内容は以下の通りである。

1　家の掃除。
2　圏域（Region）内の移送サービス。
3　車いす、移動用のスクーター。
4　宅配食。
5　屋外における活動の補助。
6　子どもの教育補助ないし子どもに発達障害のある場合の補助。
7　精神疾患があり独立して生活できない場合のグループホームのサービス。

これらの制度変更から、より医療の関わりの強いサービスが健康保険法（ZVW）に移管され、介護サービスの中でも、地域における生活に強い関わりのあるサービスが社会支援法2015（WMO 2015）に移管されているように思われる。

（3）長期療養サービス法（WLZ）の導入とその考察

2015年1月1日の特別医療費保険（AWBZ）から長期療養サービス法（WLZ）への移行による制度の変更点を見てきたが、その特徴は以下の通りである。

第一に、特別医療費保険を継承する社会保険としての長期療養サービス法は、特別医療費保険の制

度発足の時の非常に大きなリスク（"Catastrophic Risk"）をカバーする社会保険としての性格を明確化させた。従って、基本的には、カバーされるサービスを要介護度の高い高齢者に対するサービスなどの非常に大きなリスクをカバーするサービスに絞っている。

第二に、地方自治体（Municipality）へのサービスの移管である。若年者（18歳未満）の障害者のサービス、高齢者サービスの中でも専門性の高い介護サービス以外のサービス、地域における生活に密着したサービスを社会支援法2015によって提供しようとしている。地域における生活関連サービスは、住宅、学校等も含め、地方公共団体が所管しており、そうしたサービスとの連携を考えると、上記のサービス地方自治体への移管は理にかなっているとも考えられる。

第三に、健康保険法（ZVW）の役割についてである。医療と介護は、境界が明確に引きにくい側面がある。今回の制度改革で、オランダ政府は、医療サービスの必要性の高い人々に対するサービスを医療保険のサイド、健康保険法でカバーすることを決定したと考えられる。

5. "Compartment 3"

"Compartment 3"は、"Compartment 1"、"Compartment 2"でカバーできなかったサービスをカバーしている。対象となるサービスは、医学的に必ずしも必要性が高くないか、患者が自己負担で十分に購入できると考えられた医療サービスであり、具体的には、18歳以上の歯科治療、眼鏡、慢性的兆候のない患者への理学療法サービス等を例としてあげることができる。また、医療サービスを受診した時の一部負担自体をカバーする保険商品もある。ただし、強制控除（Compulsory Excess）をカバーする保険商品は販売を禁止されている。18歳未満の子どもについては、Care Insurerを含む多くの保険会社が、無料の商品を提供しているが、その大部分は、保護者の医療保険に加入するという形態をとっている。

"Compartment 2"のCare Insurerは、私的医療保険への加入を求めてきた"Compartment 2"の基礎保険に加入している被保険者の加入を医療上のリスクによって拒否することもできる。しかし、オランダの被保険者の91％が、"Compartment 3"の私的医療保険の商品を購入している[45]。

"Compartment 3"は、完全な任意加入であり、被保険者の属性によって加入を拒否されることもある。"Compartment 3"でカバーされているサービス内容は、18歳以上の歯科治療など、我が国では強制加入の健康保険でカバーされているサービスも含まれていることに注意が必要である。

6. 結論

本稿では、オランダの医療・介護保険制度について紹介し、その考え方を検討してきた。

オランダも多くの先進諸国と同様に社会保険中心の枠組みの中で医療保障、介護保障を行ってきた。しかし、高齢化およびそれに伴う経済成長の鈍化等の社会経済環境の変化の中で、医療保障、介護保障のあり方について再検討を迫られている。

オランダの採ろうとしている方向性は、以下の通りである。第一に、公的医療保険については、「規制された競争」の考え方を採用し、効率的な医療サービスの需給を目指している。その一方で、強制控除（Compulsory Excess）の水準を年々増加させる等、被保険者の責任、負担を、一定の所得状況

の配慮を行いながら、増加させていることも注目に値する。

　第二に、長期療養介護サービスについては、1968年の特別医療費保険（AWBZ）の実施時の、「非常に大きなリスク（"Catastrophic Risk"）」をカバーする社会保険としての位置づけを再確認し、公的保険によってカバーするサービスを絞り込む制度改革を行っている。

　2015年1月1日より、特別医療費保険を継承する長期療養サービス法（WLZ）を導入し、従来、特別医療費保険でカバーされていたサービスを、地方自治体の所管する新青少年法（The New Juvenile）、社会支援法2015（WMO 2015）、そして、健康保険法（ZVW）等に移管している。生活に密着したサービスは、地方公共団体である地方自治体が、自らが他に提供している地域サービスと連携することによって、人々の満足度が高く、効率性の高いサービスを提供することがこの改革において意図されているように思われる。また、健康保険法へのサービス移管は、医療サービスの必要なサービスは、公的医療保険でという考え方が透徹されていると考えられる。

　高齢化等の社会経済条件の変化の中で、どのような医療・介護制度を構築するべきか、オランダは、理論的裏付けを伴いながら模索を続けており、今後の動向が注目される。

【注】

1）本稿は、日本学術振興会科学研究費基盤研究（C）（課題番号25380354）の成果の一部に負っている。
2）本稿は、大森（2011）に多くを負っている。本稿の記述の中で、特に制度の細部に関心のある読者は参考にされたい。
3）医療保険制度が3つの制度に区分できることから、オランダの医療行政、ビジネス関係者は、それぞれの制度を "Compartment" と呼んでいる。政府の文書にも、しばしば、この名称が登場する。
4）新しいWLZの所得比例保険料は、AWBZよりも3％低くなる予定である。
5）Wilemijn Schafer et al.（2010）P.100を参照。前者は非営利の協同組合であり、後者は株式を発行し、株主総会が最高意志決定機関である営利企業である。
6）Vektis（2014）を参照。
7）Dutch Health Care Authority（Nederlandse Zorgautoriteit）（2013）。
8）2014年4月1日より、健康保険審議会（Health Insurance Board, CVZ, College van Zorgverzekeringen）は、オランダ医療サービス機構（Netherlands Institute for care, Zorginstituut Nederland）に名称を変更した。
9）2008年より廃止になったが、2006年からそれまでは、無事故払戻制度（No-claim refund）が設けられていた。無事故払戻制度は、医療サービスの利用が無かったか、あったとしても少なかった場合に、定額保険料の一部を被保険者に返金する仕組みである。ただし、この制度は、GPサービス、助産師サービス、出産サービスなどのサービスは対象外であった。
10）Compartment 2では、サービスによって被保険者が自己負担を支払うケースがあるが、その場合の自己負担金額は、免責控除制度の適用においては考慮されない。
11）State of Affairs of Social Security, January 2014. 自営業者の保険税率は4.85％（2015年）である。
12）Ministry of Health, Welfare and Sports（2011）pp.48-50。国税庁（Tax Office）が行う。実施は国税庁（Tax Office）が行う。
13）所得制限は課税前所得で決まっており、2014年で18歳以上の独身者で年収€28482、18歳以上のカップルで年収€37145である。
14）Ministry of Health, Welfare and Sport（2011）P.37,38を参照。
15）Ministry of Health, Welfare and Sport（2008）P.7。
16）Ministry of Health, Welfare and Sport（2008）P.8。
17）Dutch Health Care Authority（2013）P.9。
18）Ministry of health, welfare and Sport（2011）　pp.47-55。
19）詳しくは、大森（2006）を参照。

20) "Compartment 2" の制度の詳細については、大森（2011）を参照。
21) 圏域（Region）とは、オランダの医療・介護行政上の区分である。
22) Ministry of Health, Welfare and Sport（2011）P.59。
23) Johan De Deken and Hans Maarse（2013）P.27。
24) Ministry of Health, Welfare and Sport（2011）P.63。
25) CIZ は、研究部が本部と同じドリーバーヘン、ソーシャルサポート部がユトレヒトにある。
26) 9 か所とは、アムステルダム、アッセン（Assen）、ベルヘンオプソーム（Bergen op Zoom）、エンスケーデ（Enschede）、ヘーレン（Heerlen）、ナイメーヘン（Nijmegen）、ライスワイク（Rijswijk）、ロッテルダム（Rotterdam）、ユトレヒト（Utrecht）、ズボーレ（Zwolle）である。
27) 6つの「機能（Function）」とは、①個人サービス（Personal Care）、②看護（Nursing）、③支援的ガイダンス（Supportive Guidance）、④活性化ガイダンス（Activating Guidance）⑤治療（Treatment）、⑥宿泊サービス（Accommodation）を意味する。
28) ZZP（Zorgzwaartepakketten）の英語訳は、"Opinion on separation of housing and care,"（Parliamentry document, 26 June 2009）によって、"Care Intensity Package" とされており、本稿でもこれに従った。
29) Esther Mot, Ali Aouragh, Marieke Groot and Hein Mannaerts（2010）pp.16-19；Eike Decruynaerer（2010）を参照。
30) Esther Mot, Ali Aouragh, Marieke Groot and Hein Mannaerts（2010）p.20 を参照。
31) 社会支援法（WMO）については、後述する。
32) オランダには、州（Province）が 12、地方自治体（Municipality）が 467、存在する。（2005 年）
33) Houten, Gijs van et al.（2008）を参照。
34) 2010 年については、予測の数字である。
35) 実際には、被保険者の指定する銀行口座に振り込まれる。
36) Elke Decruynaere（2010） p.17 を参照。
37) 2015 年 1 月 1 日より施行された WLZ の所得比例保険料は 9.65％であり、保険料が課される所得の上限は 33589€/ 年である。
38) Wilemijn Schafer et al.（2010）P.76 を参照。
39) Ministry of Health, Welfare and Sport（2011）P.62,64。
40) 政府は、特別医療費保険の費用の増加を背景として、特別医療費保険の改革を企図している。最近の特別医療費保険の改革の動向については、後述。
41) 社会支援法については、Esther Mot, Ali Aouragh, Marieke Groot and Hein Mannaerts（2010）pp.27-28 を参照。
42) Johan De Deken and Hans Maarse（2013）pp.27-28。
43) Johan De Deken and Hans Maarse（2013）P.27。
44) 以下の記述は、Ministry of Health, Welfare and Sport のホームページに掲載されている情報による。
45) Wilemijn Schafer et al.（2010）P.71。

【参考文献】

・大森正博「オランダの医療・介護制度改革の最近の動向について」『租税研究』 第 677 号 2006. pp.153-167.
・大森正博 「オランダの介護保障制度」『リファレンス』No.725. pp.51-73． 2011 年 6 月　国立国会図書館
・大森正博「オランダにおける公的医療保険制度の適用範囲を巡る政策動向」『健保連海外医療保障』No.95. pp.17-28． 2012 年 9 月
・Dutch Health Care Authority. 2010. Submission by the Dutch Healthcare Authority（Nza）to the EU consultation regarding Community action on health services. NZa.
・Dutch Health Care Authority（Nederlandse Zorgautoriteit）2013. Annual Statement of the Dutch Health Care System 2013.
・Eike Decruynaerer. "The Personal Budget（PGB）in the Netherlands", EFRO, 2010.
・Esther Mot, Ali Aouragh, Marieke Groot and Hein Mannaerts. 2010. "The Dutch System of Long-term

Care". ENEPRI.
- Houten,Gijs van et al. 2008. "De invoering van de WMO", SCP.
- Johan De Deken and Hans Maarse. 2013 Country Document The Neterkands.
- Ministry of Finance. 2014. National Reform Programme 2014 The Netherlands
- Ministry of Health, Welfare and Sport. 2008. Risk adjustment under the Health Insurance Act in the Netherlands.
- Ministry of Health, Welfare and Sports. 2011. Health Insurance in the Netherlands. 2011.
- Ministry of Social Affairs and Employment. State of Affairs of Social Security, January 2014.
- National Social Report The Netherlands. 2014
- Peter Donders and Hans Maarse. 2012. Annual Report 2012 The Netherlands.
- Ramakers,Clarie,Roelof Schellingerhout,Mary van den Wijngaart and Frank Miedema. 2008. "Persoonsgebonden budget nieuwe stijl 2007". ITS.
- VEKTIS Jaarcijfers 2014.
- Wilemijn Schafer et al. 2010. "The Netherlands-Healthsystem review". Nivel.

Column

口から食べる楽しみを支える

公益社団法人　日本歯科医師会　　常務理事　佐藤　徹

　近年、残存歯数の保全・義歯装着による咬合の確保が生存期間と高い相関を示すことや、口腔ケアが誤嚥性肺炎・糖尿病の症状悪化・術後合併症の発症予防へつながること、さらに、多くの歯を残すことによる認知症予防への効果等、口腔の健康維持が高齢者の健康寿命とQOL維持向上に深く関わっていることが示されてきている。日本歯科医師会ではこれまでも在宅歯科医療推進への取り組みとして、医科歯科医療連携、厚生労働省委託講習会、都道府県歯科医師会による在宅歯科医療連携室等の設置、チーム医療推進事業等を実施してきた。

　また、国の方針に沿って、都道府県医療計画には在宅歯科医療が具体的に盛り込まれ、地域の歯科医療機関は緊急の課題となっている地域包括ケア体制を担う一員として、要介護者の口腔機能管理・指導への積極的な関わりが期待されているとともに、在宅や施設での歯科医療提供をきちんと確保していくことも重要になるため、地域社会からは、これまでの歯科医療・管理を主としつつも、今後、医療介護連携を担う機能や、口腔を中心とした健康づくりの拠点化も併せて求められる。

　しかし、在宅歯科診療を実施する歯科医療機関は増加傾向にあるものの、歯科医療を必要とする要介護高齢者数に対して極めて不足しており、超高齢社会に対応する歯科医療推進のためには、在宅歯科医療の需要に応えられる量と質を担保するための供給体制を全国的に確立しなければならない。加えて、継続性をもって対応するためには、個人的な研鑽や多職種との連携はもとより、制度の後押しと、地域に展開する開業医集団としての歯科医師会組織によるバックアップ体制が欠かせないことから、地域包括ケアシステムにおける在宅歯科医療の位置づけと提供体制の充実をはかるため、在宅歯科医療における連携拠点と多職種協働体制の構築を推進と併せて在宅歯科医療を担う人材育成のための教育及び研修体制も充実させなければならない。さらに、認知症、緩和医療などにおける食支援を含む歯科医療のステージアプローチと提供体制の充実等に関して具体的な課題を設定し取り組みを進めている。

　口腔機能とは咀嚼嚥下、発音、唾液分泌など食や会話に直結する広範な機能であり、口腔機能の向上により食の側面からは栄養改善を通じて筋力向上、会話の側面からは社会交流を通じて閉じこもりやうつ予防に繋がることが期待できる。介護現場における食は、これまで管理栄養士を中心とした栄養管理が主であったが、口から食べる機能を保持し続ける取り組みをさらに充実する観点から、摂食嚥下障害を有する人や食事摂取に関する認知機能の低下が著しい人への咀嚼嚥下機能等の口腔機能の評価や食事介助方法等の指導も併せて行う必要があるため、歯科医師、歯科衛生士が積極的に関わり、多職種連携による取組みの強化と適切な口腔衛生管理の普及を推進することにより、最期まで口から食べる楽しみを支えていくことが大切である。

イキイキと生きたい

NPO法人　日本障害者協議会　理事　太田修平

2014年暮れから正月にかけて、しつこい風邪にやられてしまい、3週間寝込んだ。そういう気持ちの落ち込んでいるときは、「もう仕事なんか辞めてずっと家にいたい」気分にかられる。「このまま寝たきりの生活が続くのであれば、どんなに幸せなものか…」という具合だ。これは、ウイルスのなせる技か？

早いもので、気がついたら今年58歳になってしまう。7年後には、介護保険サービスの対象者となる。私は、生まれつきの脳性マヒ。この58年間、介護を受けない日はなかった。振り返ってみれば、それなりに充実した日々を送れてきたように思う。

ところで、世の中には介護を受けて暮らしている人たちの固定したイメージがあるような気がする。デイサービスに行って、歌をうたって、体操して、お風呂に入って、夕方おむつの交換をしてもらって……。でも、実は一人ひとり、それぞれの人生を生きているのである。こういうサービスを受けられているのならまだいいが、"老老介護"といった深刻な状況にある人も決して少なくはない。一方、施設や病院の多くは、そこで暮らす人たちの、個人の尊厳について不感症となってしまっている。

障がい者への幼少期からの総合支援法による介護サービスには、社会参加支援的なメニューも少なくない。「重度訪問介護」「移動支援」などである。私自身、1日24時間以内の介護が認められ、「重度訪問介護」を使って、ＮＰＯなどの様々な活動に参加し、多少なりとも、障害分野の施策に影響を与えることができたかな、と思っている。サービスを使う一人ひとりに、自分という人間が社会にとってかけがえのない存在であることをわかってもらうことが大事なのである。

障害者自立支援法違憲訴訟では、サービス費用の1割という応益負担の違憲性を問い、2010年、厚生労働省と訴訟団は基本合意を結んで、和解した。応益負担の問題点は、障がいによって介護を受けて生きることが、あたかも社会にとってマイナスであるかのように見て取れることであった。重度であればあるほど、負担が大きくなるのである。

福祉サービスは、単にその人を生かしておけばよいというものではない。それによって、人と人、人と社会のつながりを深めていくことが求められる。財源問題を見ないわけにはいかないが、高齢になっても「やりたいことができる」サービスの基盤をつくることが、この国の希望につながっていくのではないだろうか。北欧の国々では、年に1度くらい旅行に出かけられるというサービスがあるとも聞く。そういうサービスができれば、人々の意識も前向きに変わっていくだろう。

介護保険と障害者介護サービスを統合させようという動きがいまだにあるらしいが、もしそうだとしたら、障害者介護サービスをまずベースに考えていく必要がある。

人々が希望をもって生きていける社会になれば、福祉や介護にかかわる財源問題の解決策の糸口も見いだせよう。人々が年齢や障がい、介護に関係なくイキイキとなることが先決だ。

第 14 章

ドイツ介護保険の現状と課題

森　周子（高崎経済大学地域生活学部准教授）

はじめに

　ドイツは介護保険発祥の地である。1970年代からの20年にもわたる議論を経て、1994年5月に世界で初めて介護保険法が成立し、1995年1月から保険料が徴収され、同年4月から居宅介護給付、1996年7月から施設介護給付が開始された。

　本章では、ドイツの介護保険制度の概要を説明した後に、2000年代に浮上したいくつかの課題に対応するためになされた改革と、今後予定される抜本的改革の内容について説明し、最後に日本の制度改革の動向との比較を行う。

1．ドイツ介護保険の概要

　ドイツ介護保険の根拠法は、社会保障関連の法律をまとめた「社会法典」の第11編（介護保険法）である。保険者は、医療保険の保険者である疾病金庫に設けられた「介護金庫」である。被保険者はすべての医療保険加入者であり、その数は2013年7月1日時点で約6987万人である〔BMG（2014a）〕[1]。介護保険は、自己決定の原則（可能な限り要介護者が自立し自己決定に基づく生活を送れるよう援助する）、在宅介護優先の原則、予防及び医学的リハビリテーション優先の原則、を有する。

　ドイツにおける要介護者の定義は、「身体的、知的または精神的な疾病または障害のために、毎日の生活の中で、日常的かつ規則的に繰り返し行われる行為について、長期的に、少なくとも6か月以上の見込みで、著しくまたは高度に支援を必要とする者」である。日常的かつ規則的に繰り返し行われる行為として、身体介護分野、栄養摂取分野、移動分野、家事援助分野の4つが定められ、前三者を基礎介護という。そして、この4分野とそのそれぞれについて定められた行為のうちで支援が必要なものの範囲と、それぞれについて必要な支援の頻度・時間に応じて、要介護1［著しい要介護。1日最低90分（うち基礎介護が1日最低45分以上）の介護が必要］、要介護2［重度の要介護。1日最低3時間（うち基礎介護が1日最低2時間以上）の介護が必要］、要介護3［最重度の要介護。1日最低5時間（うち基礎介護が1日最低4時間以上）の介護が必要］の三段階に区分され、それぞれの給付額が定められている（表14-1）。

　要介護認定は、医療・介護関連の助言・評価サービスを行う第三者機関である「医療保険メディカルサービス」（以下MDKと略記）の審査・評価に基づき、介護金庫が行う。保険料率は、2015年は2.35％（子を持たない23歳以上65歳未満の被保険者は0.25％上乗せされた2.6％で労使折半[2]）である。

　日本の介護保険と比較すると、ドイツの介護保険には以下の特徴がある。①給付範囲が狭い。すなわち、著しく介護を要する者に対してしか給付がなされず、サービス給付の限度額も日本のそれと比

表14-1 ドイツにおける要介護度別給付（限度）額（2015年1月改定）（単位：€）

		要介護度0	要介護度Ⅰ	要介護度Ⅱ	要介護度Ⅲ
居宅介護	サービス給付（限度額）（月額）	（日常生活能力が著しく制限されている場合）231	468（日常生活能力が著しく制限されている場合）689	1,144（日常生活能力が著しく制限されている場合）1,298	1,612（特に過酷な場合）1,995
	介護手当（月額）	（日常生活能力が著しく制限されている場合）123	244（日常生活能力が著しく制限されている場合）316	458（日常生活能力が著しく制限されている場合）545	728
代替介護（年間4週間まで）（限度額）	近親者による	—	235（日常生活能力が著しく制限されている場合）120	440（日常生活能力が著しく制限されている場合）305	700（日常生活能力が著しく制限されている場合）525
	その他の者による	1,612			
ショートステイ（年間4週間まで）（限度額）		1,612	1,612		
デイケア・ナイトケア（限度額）（月額）		231	468（日常生活能力が著しく制限されている場合）689	1,144（日常生活能力が著しく制限されている場合）1,298	1,612
追加的な世話給付	日常生活能力が著しく制限されていない場合	—	104		
	基本額	104			
	引き上げられた額	208			
居住共同体に居住する要介護者に対する追加給付（月額）		（日常生活能力が著しく制限されている場合）205	205		
完全入所介護（月額）		—	1,064	1,330	1,612（特に過酷な場合）1,995
障害者の完全入所施設（月額）		—	施設の料金の10％（上限は266€）		
介護補助具（月額）		（日常生活能力が著しく制限されている場合）40	40		
住環境改善措置（月額）		（日常生活能力が著しく制限されている場合）4,000（複数人が居住する場合は16,000）	4,000（複数人が居住する場合は16,000）		

出典：BMG（2014）: "Pflegeleistungen ab 1. Januar 2015" より作成。
注：「日常生活能力が著しく制限されている場合」とは、主に認知症をさす。
注2：代替介護とは、家族介護者が休暇や病気等で介護に支障が生じた場合、代わりの者が介護を行うという給付である。

べて低い。それゆえ「部分保険」と呼ばれる、②被保険者の年齢制限がなく（日本では40歳以上）、すべての年齢の者（障害者・障害児などを含む）が給付対象者となる、③居宅介護においてサービス給付のみならず現金給付（介護手当）も存在し、サービス給付と現金給付を組み合わせて受給することも可能である（コンビネーション給付と呼ばれる）、④サービス給付利用にあたって利用者負担が存在しない（なお、入所介護の場合は宿泊費と食費は利用者負担となる）、⑤公費負担がなく、運営費用はすべて保険料により賄われる〔田中（2011）p.36〕。

上述のようにドイツの介護保険制度は給付範囲が狭く、近親者の介護力への依存が強い制度となっている。それゆえ、介護を担う近親者への配慮もなされており、要介護者を在宅で週14時間以上介

第14章 ドイツ介護保険の現状と課題

表14-2 要介護度別受給者数の推移（居宅介護給付と入所介護給付）（各年末時点）

単位：人（％）

年	居宅 要介護度Ⅰ	居宅 要介護度Ⅱ	居宅 要介護度Ⅲ	居宅 合計	入所 要介護度Ⅰ	入所 要介護度Ⅱ	入所 要介護度Ⅲ	入所 合計	全体 要介護度Ⅰ	全体 要介護度Ⅱ	全体 要介護度Ⅲ	全体 合計
1995	—	—	—	1,061,418 (100.0%)	—	—	—	—	—	—	—	1,061,418 (100.0%)
1996	508,462 (43.8%)	507,329 (43.7%)	146,393 (12.6%)	1,162,184 (100.0%)	111,856 (29.1%)	162,818 (42.3%)	109,888 (28.6%)	384,562 (100.0%)	620,318 (40.1%)	670,147 (43.3%)	256,281 (16.6%)	1,546,746 (100.0%)
1997	568,481 (47.5%)	486,263 (40.6%)	142,933 (11.9%)	1,197,677 (100.0%)	159,383 (34.5%)	189,702 (41.0%)	113,186 (24.5%)	462,271 (100.0%)	727,864 (43.9%)	675,965 (40.7%)	256,119 (15.4%)	1,659,948 (100.0%)
1998	616,506 (50.3%)	471,906 (38.5%)	138,303 (11.3%)	1,226,715 (100.0%)	187,850 (36.7%)	210,525 (41.2%)	113,028 (22.1%)	511,403 (100.0%)	804,356 (46.3%)	682,431 (39.3%)	251,331 (14.5%)	1,738,118 (100.0%)
1999	668,314 (52.2%)	472,189 (36.9%)	139,876 (10.9%)	1,280,379 (100.0%)	203,950 (37.4%)	226,657 (41.5%)	115,376 (21.1%)	545,983 (100.0%)	872,264 (47.8%)	698,846 (38.3%)	255,252 (14.0%)	1,826,362 (100.0%)
2000	681,700 (54.1%)	448,427 (35.6%)	130,698 (10.4%)	1,260,825 (100.0%)	210,883 (37.6%)	234,839 (41.8%)	115,622 (20.6%)	561,344 (100.0%)	892,583 (49.0%)	683,266 (37.5%)	246,320 (13.5%)	1,822,169 (100.0%)
2001	697,714 (55.3%)	436,693 (34.6%)	127,260 (10.1%)	1,261,667 (100.0%)	218,909 (37.9%)	242,779 (42.0%)	116,247 (20.1%)	577,935 (100.0%)	916,623 (49.8%)	679,472 (36.9%)	243,507 (13.2%)	1,839,602 (100.0%)
2002	725,993 (56.3%)	435,924 (33.8%)	127,235 (9.9%)	1,289,152 (100.0%)	230,383 (38.4%)	249,600 (41.6%)	119,834 (20.0%)	599,817 (100.0%)	956,376 (50.6%)	685,524 (36.3%)	247,069 (13.1%)	1,888,969 (100.0%)
2003	733,302 (57.2%)	424,682 (33.1%)	123,414 (9.6%)	1,281,398 (100.0%)	237,907 (38.7%)	254,477 (41.4%)	121,635 (19.8%)	614,019 (100.0%)	971,209 (51.2%)	679,159 (35.8%)	245,049 (12.9%)	1,895,417 (100.0%)
2004	746,140 (57.5%)	426,632 (32.9%)	123,039 (9.6%)	1,296,811 (100.0%)	245,327 (39.0%)	258,926 (41.2%)	124,639 (19.8%)	628,892 (100.0%)	991,467 (51.5%)	685,558 (35.6%)	248,678 (12.9%)	1,925,703 (100.0%)
2005	759,114 (58.0%)	425,843 (32.5%)	124,549 (9.5%)	1,309,506 (100.0%)	251,730 (39.2%)	262,528 (40.9%)	128,189 (20.0%)	642,447 (100.0%)	1,010,844 (51.8%)	688,371 (35.3%)	252,738 (12.9%)	1,951,953 (100.0%)
2006	767,978 (58.6%)	418,617 (32.0%)	123,156 (9.4%)	1,309,751 (100.0%)	265,294 (40.3%)	264,492 (40.2%)	128,968 (19.6%)	658,754 (100.0%)	1,033,272 (52.5%)	683,109 (34.7%)	252,124 (12.8%)	1,968,505 (100.0%)
2007	804,628 (59.2%)	426,855 (31.4%)	126,718 (9.3%)	1,358,201 (100.0%)	273,090 (40.7%)	266,222 (39.7%)	131,772 (19.6%)	671,084 (100.0%)	1,077,718 (53.1%)	693,077 (34.2%)	258,490 (12.7%)	2,029,285 (100.0%)
2008	861,575 (60.1%)	439,605 (30.7%)	131,354 (9.2%)	1,432,534 (100.0%)	274,925 (40.4%)	273,016 (40.1%)	133,010 (19.5%)	680,951 (100.0%)	1,136,500 (53.8%)	712,621 (33.7%)	264,364 (12.5%)	2,113,485 (100.0%)
2009	932,434 (60.6%)	466,806 (30.4%)	138,334 (9.0%)	1,537,574 (100.0%)	282,236 (40.5%)	277,164 (39.7%)	138,247 (19.8%)	697,647 (100.0%)	1,214,670 (54.3%)	743,970 (33.3%)	276,581 (12.4%)	2,235,221 (100.0%)
2010	967,973 (61.3%)	471,609 (29.9%)	138,262 (8.8%)	1,577,844 (100.0%)	290,759 (41.0%)	279,055 (39.3%)	140,141 (19.7%)	709,955 (100.0%)	1,258,732 (55.0%)	750,664 (32.8%)	278,403 (12.2%)	2,287,799 (100.0%)
2011	996,437 (62.2%)	468,798 (29.3%)	136,835 (8.5%)	1,602,070 (100.0%)	302,514 (42.3%)	273,631 (38.3%)	139,159 (19.5%)	715,304 (100.0%)	1,298,951 (56.1%)	742,429 (32.0%)	275,994 (11.9%)	2,317,374 (100.0%)
2012	1,043,065 (62.6%)	483,159 (29.0%)	140,884 (8.5%)	1,667,108 (100.0%)	313,280 (42.9%)	273,733 (37.5%)	142,533 (19.5%)	729,546 (100.0%)	1,356,345 (56.6%)	756,892 (31.6%)	283,417 (11.8%)	2,396,654 (100.0%)
2013	1,094,521 (62.9%)	501,609 (28.8%)	143,207 (8.2%)	1,739,337 (100.0%)	316,125 (42.7%)	278,294 (37.6%)	145,834 (19.7%)	740,253 (100.0%)	1,410,646 (56.9%)	779,903 (31.5%)	289,041 (11.7%)	2,479,590 (100.0%)

受給者数の比率（単位：%）

年	居宅給付	入所給付	合計
1995	100.00	0.00	100.0
1996	75.14	24.86	100.0
1997	72.15	27.85	100.0
1998	70.58	29.42	100.0
1999	70.11	29.89	100.0
2000	69.19	30.81	100.0
2001	68.58	31.42	100.0
2002	68.25	31.75	100.0
2003	67.61	32.39	100.0
2004	67.34	32.66	100.0
2005	67.09	32.91	100.0
2006	66.54	33.46	100.0
2007	66.93	33.07	100.0
2008	67.78	32.22	100.0
2009	68.79	31.21	100.0
2010	68.97	31.03	100.0
2011	69.13	30.87	100.0
2012	69.56	30.44	100.0
2013	70.15	29.85	100.0

出典：BMG（2014）："Pflegeversicherung. Leistungsempfänger der sozialen Pflegeversicherung am Jahresende nach Pflegestufen" より筆者作成。

護する近親者は、労災保険による保障の対象となる。また、年金保険の強制被保険者ともなり、その年金保険料は介護金庫が負担する（ただし介護をしながら週30時間を超える就労をしていないことが条件である）。さらに、介護手当を受給している場合の近親者による介護の質の確保についても配慮されており、定期的に介護専門職による訪問調査がなされる[3]ほか、介護金庫は介護専門職による無料の介護講習を近親者の介護者に実施する。

また、給付範囲の狭さゆえに、介護保険からの給付で不足する分については自己負担で調達することとなるが、年金収入などが少額であるがゆえに、介護保険からの給付とあわせても介護施設などの費用を支払うことが困難である場合には、社会扶助制度（日本の生活保護制度に相当。費用は自治体"郡に属さない市および郡"が負担する）のなかの介護扶助により、緩やかな資産調査を経て、不足額の給付を受けられる。介護扶助は、また、要介護度に満たないが介護を要する者に対しても支給される。

表14-3　給付種類別受給者数の推移（単位：人。カッコ内は構成割合。単位：%）

給付の種類	1996年		2000年		2004年	
介護手当（現金給付）	943,878	(60.4)	954,684	(50.7)	959,580	(48.4)
介護サービス（サービス給付）	105,879	(6.8)	159,693	(8.5)	169,357	(8.5)
コンビネーション給付	135,305	(8.7)	193,018	(10.3)	203,531	(10.3)
代替介護	6,805	(0.4)	6,313	(0.3)	12,145	(0.6)
デイケア・ナイトケア	3,639	(0.2)	10,287	(0.5)	15,045	(0.8)
ショートステイ	5,731	(0.4)	7,696	(0.4)	9,989	(0.5)
完全施設介護	355,142	(22.7)	494,793	(26.3)	548,665	(27.7)
障害者の完全施設介護	5,711	(0.4)	55,641	(3.0)	65,052	(3.3)
合計	1,562,088	(100.0)	1,882,125	(100.0)	1,983,363	(100.0)

給付の種類	2009年		2012年		2013年	
介護手当（現金給付）	1,034,561	(45.5)	1,075,835	(43.9)	1,148,866	(44.3)
介護サービス（サービス給付）	179,795	(7.9)	129,489	(5.3)	132,683	(5.1)
コンビネーション給付	284,670	(12.5)	380,186	(15.5)	403,432	(15.6)
代替介護	33,779	(1.5)	74,210	(3.0)	93,022	(3.6)
デイケア・ナイトケア	28,895	(1.3)	47,730	(1.9)	57,201	(2.2)
ショートステイ	16,542	(0.7)	18,427	(0.8)	19,749	(0.8)
完全施設介護	613,746	(27.0)	642,334	(26.2)	654,011	(25.2)
障害者の完全施設介護	79,457	(3.5)	81,172	(3.3)	82,347	(3.2)
合計	2,271,445	(100.0)	2,449,383	(100.0)	2,591,311	(100.0)

出典：土田武史（2012）「ドイツの介護保険改革」『健保連海外医療保障』第94号、p.2；BMG（2014）："Soziale Pflegeversicherung. Leistungsempfänger nach Leistungsarten und Pflegestufen im Jahresdurchschnitt 2013" より筆者作成。

表14-4　給付費の推移（単位：10億€）

	1995	1996	1997	1998	1999	2000	2001	2002	2003
収入	8.41	12.04	15.94	16.00	16.32	16.54	16.81	16.98	16.86
支出	4.97	10.86	15.14	15.88	16.35	16.67	16.87	17.36	17.56
収入−支出	3.44	1.18	0.80	0.13	−0.03	−0.13	−0.06	−0.38	−0.69
積立金	2.87	4.05	4.86	4.99	4.95	4.82	4.76	4.93	4.24

	2004	2005	2006	2007	2008	2009	2010	2011	2012	2013
収入	16.87	17.49	18.49	18.02	19.77	21.31	21.78	22.24	23.04	24.96
支出	17.69	17.86	18.03	18.34	19.14	20.33	21.45	21.92	22.94	24.33
収入−支出	−0.82	−0.36	0.45	−0.32	0.63	0.99	0.34	0.31	0.10	0.63
積立金	3.42	3.05	3.50	3.18	3.81	4.80	5.13	5.45	5.55	6.17

出典：BMG（2014）："Zahlen und Fakten zur Pflegeversicherung" より筆者作成。

2. ドイツ介護保険の現状

　要介護度別受給者数の推移（表14-2）をみると、入所給付の受給者の比率が緩やかに増加している。なお、2013年末時点の要介護者に占める65歳以上の高齢者の割合は79.8％である〔BMG2014a〕。次に、給付種類別受給者数の推移（表14-3）をみると、サービス給付よりも現金給付のほうが受給者数は圧倒的に多い。また、コンビネーション給付、デイケア・ナイトケア、ショートステイが緩やかな増加傾向にある。そして、保険給付費の推移をみると、2008年以降は黒字基調で推移しており、積立金も2013年時点で€61.7億であり、2007年以降増加傾向にある（表14-4）。

3. ドイツ介護保険の課題

　2000年代前半に、それまでの制度の展開から見出された三つの課題への対応が要請された。まず、制度創設以来据え置かれてきた給付額と保険料の引上げが必要とされた。その背景には、①介護保険の給付のみではサービスを賄いきれない要介護者の増加にともない、介護扶助の支出額が徐々に増加していたこと〔田中（2011）p.43〕、②居宅介護の優先を掲げているにも関わらず、施設入所者が緩やかな増加傾向を辿っていたこと、③財政が1999年以降赤字基調となっていたことなどがあった。

　次に、要介護度の評価方法が、身体的な介護に対応した設計であり、既述の要介護の定義にもあるように、介護にかかる「時間」を基準としていたため、認知症患者や精神障害者などに対しては適切な要介護度の評価がなされ得ないことが問題視された。さらに、三つめは、一部の居宅や施設で質の低い劣悪な介護が行われているということであり、そのことを指摘する一連のマスコミ報道なども存在した。

4. 2000年代の制度改革の動向

（1）2000年代前半の諸改革

　2000年代前半には、これらの課題に対応するいくつかの改革がなされた。2002年1月施行の「介護の質保障法」では、入所介護施設や居宅における介護従事者のレベルアップを図るべく、入所介護施設における介護専門職の配置基準、MDKと介護金庫の権限の強化などが規定された。また、同年同月施行の「介護給付補完法」では、認知症患者、精神障害者、知的障害者への見守り・世話のニーズに対応して、年間€460の「追加的な世話給付」が新設された。2003年8月施行の新しい「ホーム法」では、入所契約の透明化の推進、入所介護施設に対する勧告の強化などが規定された。また、2005年1月から、子のない被保険者に対して保険料が0.25％引き上げられた〔土田（2006）p.27〕。だが、これらの改革では不十分とされ、より抜本的な改革が要請された。

（2）2008年改革（介護保険継続発展法）

　2005年9月の総選挙によってSPDとCDU/CSUの大連立政権が発足し、連立協定には、介護保険

に関して、持続的で公正な財政の保障（補完的な積立方式の介護保険の仕組みの導入、予防とリハビリテーションの改善など）と給付面での改善（給付額の調整、要介護概念の見直しなど）が記された〔CDU/CSU/SPD2005, pp.106-108〕。そして、2006年10月には要介護概念の見直しに関する連邦保健省の諮問委員会（新要介護概念の具体的な構築のための専門家委員会）（以下、専門家委員会と略記）が設置された。

2008年4月には、介護保険継続発展法が成立し、同年7月に施行された。これは、介護保険制度成立以来最初の大規模な改革であり、これまで課題とされてきたことの全般に対して目配りよく改善がなされた。だが、要介護度概念と要介護評価基準の抜本的変更には踏み込めなかった。以下に、2008年改革の主な内容を紹介する。

<u>居宅介護に関して</u>
- 給付額の段階的な引上げ[4]がなされ、3年ごとに物価上昇率を勘案した給付調整がなされることとなった[5]。
- 介護保険のサービスと医療保険の訪問看護・リハビリテーションなどに関する相談・情報のワンストップセンターである介護支援拠点が、住民約2万人当り1か所を目標として設置された〔田中(2008) P.6〕。また、2009年1月から「介護相談」というケースマネジメントの仕組みも導入され、介護金庫に所属し介護支援拠点に常駐する介護相談員が介護や医療に関する全般的な支援を行うとされた。なお、介護支援拠点と介護相談は、日本の地域包括センターやケアマネジメントの仕組みを参考にして取り入れられた〔週刊社会保障（2009）〕。
- 年額€460の「追加的な世話給付」が、月額€100または€200（重度の場合）に引き上げられた。
- 要介護と評価されなかった者（「要介護度0」）でも、認知症患者などのように日常生活能力が著しく制限されている場合には、居宅介護給付、代替介護、追加的な世話給付の受給が認められることとなった。

<u>入所給付に関して</u>
- 入所介護施設で認知症の入所者の簡単な世話などをするためにアシスタント[6]を配置した場合、介護金庫からの報酬加算が行われる。アシスタントの配置基準は、入所者25人当り1人とされた。
- 従来3～5年ほどの間隔で行われてきたMDKによる施設審査が、2011年から少なくとも年に1回以上、抜き打ちで実施され、審査結果が一定の項目について公開される。

<u>保険料率の引上げ</u>
- 以上の給付改善と赤字基調の現状の克服のため、および、今後の要介護者の増大に備えるため、制度創設以来据え置かれてきた保険料率が、2008年8月以降、1.70％から1.95％に引き上げられた〔土田（2012）p.3〕。

(3) 2012年改革（介護保険新展開法）

2009年5月に、専門家委員会による「要介護概念の検証に関する専門家委員会実施報告書」が発表された。そこでは、認知症や精神障害などを要介護の概念の中に入れるとすれば、それは従来のような介護に要する時間を尺度とする概念では捉えられないとして、新たに要介護者の自立の度合を尺度として概念構築を行うことなどが提案された〔小梛（2012）p.50〕。

その4カ月後の連邦議会総選挙では、新たにCDU/CSUと自由民主党（FDP）の保守中道政権が誕生した。連立協定には、介護給付の質の確保の向上、見守りや世話の必要性など認知症に関わる事柄にも配慮した新たな要介護評価基準の創設、将来の要介護状態に備えて個人が介護費用を積み立てる付加的な制度の創設の必要性などが記された〔CDU/CSU/FDP2009、pp.92-93〕。

2012年6月には「介護保険新展開法」が成立し、2013年1月に施行された。これは、新たな要介護概念が確立するまでの経過的措置とも捉えられるものであった。以下に主な改正内容を紹介する。

<u>居宅の認知症患者への給付額の上乗せ</u>

　要介護0であっても認知症や精神疾患などで著しく日常生活に支障をきたしている在宅の者に対し、新たに「日常生活能力が著しく制限されている場合」として、要介護Ⅰの1/2相当の給付がなされる。また、要介護度Ⅰ・Ⅱの居宅介護と近親者による代替介護にも、「日常生活能力が著しく制限されている場合」には、給付額が追加される。

<u>居宅で介護をする家族等への支援の強化</u>

　代替介護に際して、その費用が既に1年間に4週間を限度に支給されているが、加えて、従来は支払われなかったその間の介護手当の半額が支給される。

<u>保険料率の引上げと民間保険加入に対する助成</u>

　上記のような新たな施策を実施するための財源として、保険料率が0.1ポイント引き上げられた。また、補完的に民間介護保険に加入する場合に助成がなされる（月額€10以上の保険料を支払う場合、月額€5の助成金が支給される）[7]。

5. 2010年代の改革：第一次・第二次介護強化法

　2009年の報告書の内容などを受け、2013年6月に、専門家委員会が新しい要介護概念に関する報告書を提出した。そこでは、従来の身体能力と並んで、認知的疾患、精神障害をも考慮した新要介護評価基準を用いて、従来の3段階の要介護度から5段階の要介護度に変更することが提案された〔BMG2013〕。

　2013年9月の連邦総選挙を経て、過半数議席に満たなかったCDU/CSUは2013年12月に、SPDとの大連立政権を8年ぶりに再び発足させた。そして、2014年5月には第一次・第二次介護強化法案が閣議決定され、うち、第一次介護強化法案は同年11月に成立し、2015年1月に施行された。

　第一次介護強化法の主な内容は、給付内容の拡充と、保険料安定のための「介護保障基金」の新設である。そして、必要な費用を賄うべく、介護保険料率も2015年1月より0.3ポイント引き上げられた。

　前者の「給付内容の拡充」であるが、概ねすべての給付について限度額が、過去3年間の物価変動を勘案して約4％上昇した（但し2008年改革で導入された給付については2.67％の上昇にとどまる）。要介護度0の者へのデイケア・ナイトケア、ショートステイなども新設された。また、日常生活能力が著しく制限されていない者への「追加的な世話給付」も新設された[8]。さらに、居宅給付を使い切っていない場合に、2015年からは給付額の40％を上限として、その分を追加的な世話給付に利用しうる。

　後者の「介護保障基金」とは、将来における保険料上昇を緩和するために新たに設置された基金であり、連邦銀行によって管理される。2015年以降毎年保険料の0.1ポイント分がこの基金に積み立てられ、2035年以降、毎年、積み立てられた基金の20分の1を限度として介護保険の調整基金として利用されうる〔BMG（2014b）〕。

　第二次介護強化法案の内容は、2013年6月の専門家委員会の報告書の内容を受けた、「自立の度合」という新たな要介護評価基準に基づく、新たな5段階の要介護度の導入であり、今会期中に成立することが見込まれている。新しい要介護度概念の導入にともない、さらに0.2％ポイントの保険料率引上げが必要になるとされる〔BMG（2014c）〕。

おわりに

　ドイツの介護保険は、部分保険として近親者の介護力に大きく依存せねばならない分、近親者の負担を軽減しようという動きが顕著である。また、認知症患者への対応に大きく力を入れている。今後は、要介護概念・要介護評価基準・要介護度の変化を受けて、給付内容と財政がどのように変化するかを注視していく必要がある。

　他方で、ドイツとは異なり、介護ニーズ全体を引き受ける設計となっている日本の介護保険は、認知症患者への対応については2005年の制度改正時にすでに地域包括支援センターや地域密着型サービスの創設などの形で着手しており、要介護認定の仕組みも2009年10月に見直され、最新の介護の手間を反映したものとなっている。また、ドイツが日本の取組みを参考にして2008年改革時に介護相談と介護支援拠点を導入したことに鑑みると、地域包括ケアシステムやケアマネジメントの点において、日本は先進的な取り組みをしていると捉えられる。ただし、日本には現金給付が例外的にしか存在しないことから、介護を担う家族がサービス給付を受給しない場合に、その家族への負担軽減が、ともするとほとんどなされないことになりかねない、という懸念も存在する。

　日本では2015年度に介護保険制度改正が実施される。主な改正内容は、①要支援の者に対する訪問介護・通所介護を、従来の全国一律基準に基づく予防給付から、市町村の地域支援事業（財源は介護保険）へと移行する、②特別養護老人ホームへの新規入所を原則として要介護3以上の者に限定する、③低所得者の1号保険料の軽減を拡充する一方で、一定以上の所得のある者の利用者負担を従来の1割から2割へと引き上げる、④低所得の施設利用者の食費・居住費を補てんする「補足給付」の要件に資産等を追加する、である〔厚生労働省（2014）〕。ここにおいて、①は、軽度の介護を要する者について、自治体が運営する介護扶助で対応するというドイツの制度設計に近くなることを意味すると思われる。また、地域支援事業の中には、認知症施策の推進も含まれており〔厚生労働省老健局総務課（2014）P.7〕、認知症への対応を、市町村の事情に応じて多様化しようとしている。かたや、ドイツは認知症への対応を、これまで要介護度0とされていた者についても介護保険の枠内で（医療保険とも協力しながら）積極的に行おうとしており、その点で両国の方向性は対照的であると思われる。

【注】
1）なお、これは公的介護保険の加入者数である。ドイツでは民間医療保険加入者は民間介護保険への加入が義務付けられており、民間介護保険の加入者数は2012年12月末日時点で約953万人である。
2）但し、ザクセン州のみ労使折半ではなく、子のない場合は使用者0.675％、被用者1.925％、子のある場合は使用者0.675％、被用者1.675％という負担割合である。
3）要介護度ⅠとⅡについては半年ごと、要介護度Ⅲについては四半期ごとに、介護専門職が訪問して家族による介護の質を点検し、必要に応じて助言を行う。
4）たとえば要介護度Ⅰ・Ⅱ・Ⅲの居宅サービス給付の限度額は従来それぞれ月額€384・€921・€1432であったものが、段階的に引き上げられ、2012年1月1日以降は€450・€1100・€1550とされた。
5）最初の給付調整は2014年に実施され、翌2015年から適用される。
6）このアシスタントは特に資格を必要とせず、簡単な実習を受講するだけでよいとされた。これにより非専門職介護が公認されたとも指摘される（小椰2012、50）。
7）このことは、公的保険の不足分を税財源の介護扶助ではなく民間保険で補うという、（CDU/CSUや

FDP が提案してきた）自助努力重視の姿勢の表面化とも捉えられる。
8）脳卒中などが原因で一時的に身体的な制限を抱える者が、この給付の対象者として想定されている。

【参考文献】
・小梛治宣（2012）「ドイツにおける介護保険改革の新たな動向」『週刊社会保障』第 2683 号。
・厚生労働省老健局総務課（2014）「介護保険制度の改正について（地域包括ケアシステムの構築関連）」。
・厚生労働省（2014）「地域における医療及び介護の総合的な確保を推進するための関係法律の整備等に関する法律の概要」。
・週刊社会保障（2009）「ドイツが日本参考に改革」『週刊社会保障』第 2518 号。
・田中耕太郎（2008）「ドイツにおける高齢者ケアの新たな展開」『健保連海外医療保障』第 79 号。
・田中耕太郎（2011）「ドイツにおける介護保険と介護サービスの現状と課題」『健保連海外医療保障』第 89 号。
・土田武史（2006）「介護保険の展開と新政権の課題」『海外社会保障研究』第 155 号。
・土田武史（2012）「ドイツの介護保険改革」『健保連海外医療保障』第 94 号。
・松本勝明（2007）『ドイツ社会保障論Ⅲ―介護保険―』信山社。
・森周子（2014）「メルケル政権下の介護保険制度改革の動向」『海外社会保障研究』第 186 号。
・BMG (2013) "Bericht des Expertenbeirats zur konkreten Ausgestaltung des neuen Pflegebedürftigkeitsbegriffs" : BMG.
・BMG (2014a) "Zahlen und Fakten zur Pflegeversicherung" http://www.bmg.bund.de/pflege/zahlen-und-fakten-zur-pflegeversicherung.html（2014 年 12 月 13 日）
・BMG (2014b) "Das erste Pflegestärkungsgesetz": BMG.
・BMG (2014c) "Das zweite Pflegestärkungsgesetz" : BMG.
・CDU/CSU/FDP (2009) "Wachstum. Bildung. Zusammenhalt" : CDU/CSU/FDP.
・CDU/CSU/SPD (2005) "Gemeinsam für Deutschland. Mit Mut und Menschlichkeit" : CDU/CSU/SPD.

Column

生活に必要な活動と社会参加を支援する「訪問リハビリテーション」

一般社団法人　日本訪問リハビリテーション協会　会長　宮田昌司

　介護保険施行より15年が経過した今、「訪問リハビリテーション」サービスについて振り返ると同時に今後の展望について述べる。

【訪問リハビリテーションとは】
　介護保険下で、訪問リハビリテーション（以下訪問リハ）とは「要介護状態の者に対し、居宅においてその心身の機能維持回復を図り、日常生活の自立を助けるために行なわれる理学療法、作業療法その他、必要なリハビリテーション」とされ、医師の指示の下に理学療法士、作業療法士、言語聴覚士が行うサービスである。
　また、医療機関（老人保健施設を含む）からの提供だけでなく訪問看護ステーションから訪問看護の一環として提供される理学療法士等の訪問サービスも内容的には同等であると考えられる。

【訪問リハの目的と特性】
　訪問リハの目的は2つに集約される。日常生活活動の維持・向上と社会参加への支援である。心身機能の回復も重要な目的だが、実生活に反映しなければ意味をなさない。
　訪問という意味は、各療法士が赴くという意味もあるが、生活場面で行う療法、そして生活場面であらわれる成果も含まれている。つまり、生活場面において「心身機能を改善させる」ということだけなく、「今ある心身機能を使って、よりよく生活してもらう（生活へ適応させる）」、「生活環境を調整する（生活を行いやすくする）」、またリハビリテーションの視点から多職種へ協働を促すことなどが主な役割である。

　以上のように「機能訓練を直接提供する」というような一義的な特徴ではなく、生活機能向上に反映する様々な方法を模索し、適切な生活の術を見出すサービスといえる。
　このように訪問リハは「訓練の出前」、医療機関における「外来訓練の代替物」ではなく、障害があっても生活をしやすくする動作の指導や地域社会への参加方法の提案を生活に密着し行うことなのである。
　振り返ると、介護保険施行初期には、最も活用されないサービスであるといわれていた。それは、初期にはサービスそのものが少なく、供給量が提供できなかった事があげられる。また、その後徐々にサービス提供量は増えてきた現在においても、依然としてケアプランの中で役割を十分に発揮できていないのではないかと考えている。
　これは、先に述べたように訪問リハサービスの提供内容や有効な利用方法に関して、利用者をはじめ関連職種においても十分な理解が進んでいないような話をいまなお、耳にするためである。
　今後は、このような反省から、訪問リハに関する認知度の向上や他サービスとの有機的な協力関係を築くなどの取り組みを改めて行い、地域ケアで真に必要なサービスであると、すべての方に感じてもらうために協会を挙げて努力していく所存である。

介護保険の改革を

一般社団法人　日本慢性期医療協会　会長　武久洋三

　このままゆくと介護保険自体が立ち行かなくなるだろう。まず要介護認定等の事務費に無駄が多いし、仕組み自体が複雑である。申し訳ないが、いかにも官僚が作ったという、責任がどこにあるのかはっきりしない認定方式。利用者にいろいろ承認をとったり、どんな些細な事故でも市町村に報告せよ、など、かなりがんじがらめな制度である。また居宅サービスに至っては、ニーズが不確かなままに、一部の要望で次々に類似のサービスができてしまっている。

　要するに介護保険のサービスは、入所以外は訪問、通所、ショートの３つのパターンしかないにもかかわらず、この本に書いている介護関連の事業協会の多いこと多いこと。私は最良の居宅サービスは小規模多機能型居宅介護や複合型サービスだと思っているが、今の所、収支的には全くペイしない現状がある。新しく個別のサービス事業所を認めるより、既存の単一サービスに３つの居宅サービスの併設を寛容に認めて、総合在宅支援センターの役割を有床診療所も含め、推進するほうが理にかなう。

　さて、医療の後に介護があり、介護の後に医療が必要なように、医療の支えのない介護はないと言ってよい。地域包括ケアシステムも医療の支えがあってはじめて成立するものである。折りしも病院に地域包括ケア病棟が誕生した。これまで漫然と入院していた患者にどんどんと在宅復帰を迫る今回の改定は、新しい時代の到来である。このままいくと、介護保険のみならず、医療保険も立ち行かなくなる。その意味で2014年４月の診療報酬改定は、誠に当を得たものであった。急性期病床といわれる病床に実はとっくに急性期の治療を終わった慢性期の患者が群をなして入院することのできる特定除外のような、前世紀の遺物のようなものが一掃された。その手法は、在宅復帰率の適用である。かくして慢性期病床や介護施設、在宅へと滞りにたまった便秘のような社会的入院患者が溢れてくる。こうなると、介護の世界に医療のまだまだ必要な患者がどんどん送られてくる。急性期の糞づまりが解消されれば、後は慢性期医療のレベルが問われる。

　現在でも急性期病院から医原性身体環境破壊を受けた患者や急性期の医師の治せなかった患者が山のように慢性期に入院している。今までより、より早く症状を改善させて在宅に向けての努力が要請されている。

　介護保険に医療処置を含むのか、介護保険下での医療処置は医療保険でまかなうのか、保険局と老健局が綱引きしてはいけないが、要するに私たちは、厚労省予算の効率化に協力しなければならない。そういう視点でいえば、公的介護保険を扱っているにもかかわらず、莫大な利益を上げている企業の存在が許容されていることは、理解できない。

　ニーズはあっても効率的でない地域には近寄りもしないという身勝手な企業には、不効率な過疎地での居宅サービスを義務づけるなど公平な政策が望まれる。公平・中立・自助・共助・公助の世界に株主に利益を還元させる企業の参入は未来永劫か。

介護保険への薬剤師の関わり

日本薬剤師会

介護保険制度がスタートして15年が経過した。

介護保険導入の検討にあたり、公的介護保険制度を提言した老人保健審議会では、薬剤師が行う「要介護者への訪問薬剤管理指導」が介護保険になじむものであるのかと指摘する声もあった。しかし、介護を必要とする高齢者の大半が薬を服用していること、高齢者の生活機能への影響が薬剤の使用や副作用に起因して生じる可能性もあることなど、介護保険における薬剤師の参画は不可欠であることから、薬剤師が行う居宅療養管理指導に対する介護報酬（居宅療養管理指導費）が創設された。薬局は「指定居宅療養管理指導事業者」として指定を受けることとなり、2013年度現在で全国44,045薬局が同事業者として指定を受けている。

団塊の世代が75歳以上の後期高齢者になる2025年を見据えて見直された医療計画の作成指針では、「在宅医療」の項目が立てられ、薬剤師による在宅医療への積極的な参画が求められている。

日本薬剤師会では、2010年度より地域薬剤師会を実施主体とする行動計画「在宅療養推進アクションプラン」を策定し、在宅患者に過不足なく居宅療養管理指導を提供できる地域体制の整備、在宅業務の質の向上、在宅チーム医療の一員として多職種との連携推進――等に取り組んでいる。同プランでは、地域薬剤師会が地域内の薬局に対する調査を行い、在宅業務対応状況を把握し、その結果に基づいて在宅業務応需薬局リストを作成するなど、地域の医師会や介護施設等へ、在宅医療における薬剤師業務の理解促進を図り、薬剤師が地域のチーム医療に参画するための道筋を示している（図）。

地域医療介護総合確保法、在宅医療・介護連携推進事業等による職種連携のための環境整備も進んでおり、薬局・薬剤師は今後より一層多職種と連携し地域包括ケアシステムの実現に取り組んでいきたい。

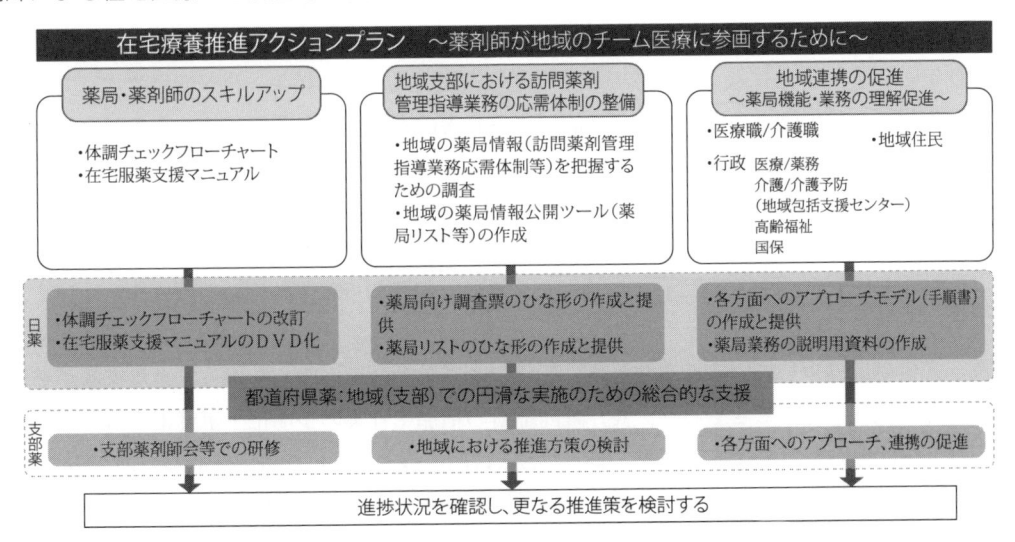

在宅療養推進アクションプラン ～薬剤師が地域のチーム医療に参画するために～		
薬局・薬剤師のスキルアップ	地域支部における訪問薬剤管理指導業務の応需体制の整備	地域連携の促進 ～薬局機能・業務の理解促進～
・体調チェックフローチャート ・在宅服薬支援マニュアル	・地域の薬局情報（訪問薬剤管理指導業務応需体制等）を把握するための調査 ・地域の薬局情報公開ツール（薬局リスト等）の作成	・医療職/介護職　・地域住民 ・行政　医療/薬務 　　　　介護/介護予防 　　　　（地域包括支援センター） 　　　　高齢福祉 　　　　国保
日薬： ・体調チェックフローチャートの改訂 ・在宅服薬支援マニュアルのDVD化	・薬局向け調査票のひな形の作成と提供 ・薬局リストのひな形の作成と提供	・各方面へのアプローチモデル（手順書）の作成と提供 ・薬局業務の説明用資料の作成
都道府県薬：地域（支部）での円滑な実施のための総合的な支援		
支部薬： ・支部薬剤師会等での研修	・地域における推進方策の検討	・各方面へのアプローチ、連携の促進
進捗状況を確認し、更なる推進策を検討する		

第15章 韓国の介護保険

森　詩恵（大阪経済大学経済学部教授）

はじめに

　韓国は他の先進諸国と同様に少子・高齢化が進行し、その速度は他の国々よりも非常に速いという点が特徴である。近年の出生率の推移をみると、合計特殊出生率は1980年以降2.1を下回る状況で[1]、1970年の4.5から2013年の1.19まで低下している。一方、高齢化率の推移をみると、2000年の7.2%から2012年には11.8%となり、高齢社会が目前に迫っている。高齢化社会から高齢社会への移行期間をみれば、高齢化率が14%に達すると予想されるのは2018年で、高齢化率7%から14%への所要年数は18年と推計されており、世界で最も高齢化の速度が速いといわれた日本の所要年数の24年よりもさらに早くなる予測である[2]。

　このような少子・高齢化が進展する韓国において、その大きな課題の一つである高齢者の介護問題への対応策として、2007年4月に「老人長期療養保険法」（日本でいう「介護保険法」）が成立・公布され、2008年7月に実施された。そこで、本章では、この老人長期療養保険制度について、その導入背景を振り返り、制度の仕組みを概観したうえで、その現状と課題を明らかにする。

1. 老人長期療養保険制度の創設背景とその過程

（1）新しい高齢者介護保障システムの必要性

　韓国で新しい高齢者介護保障システムが必要とされた要因については、金貞任によれば、「①高齢化の急速な増加により認知症や麻痺などの要介護高齢者が高齢者の14.8%を占め、2007年72万人から2020年には114万人になり、家族のみで介護は困難、②少子・核家族化が進行する一方、要介護期間の長期化と女性の職場進出の増加で家族による介護の限界、③介護を目的とする要介護高齢者の長期入院による高齢者の医療費用が健康保険診療費の2001年17.8%から2006年25.9%まで増加、④生活保護層以外の中間階層のサービス利用は全額自己負担であり、その費用が毎月100〜250万ウォンと重いこと」（原文ママ）と説明〔金（2013）pp.143-144〕し、その他には⑤介護施設の供給不足と不均衡[3]、も含まれよう。「はじめに」でも述べたように、韓国の少子高齢化の速度は非常に速く、世帯構成をみても「ひとり暮らし」と「夫婦のみ」の世帯が増加する一方で、「夫婦＋未婚子女」や「三世代家族」の世帯は減少している。そのため、それまで高齢者介護の中心を担ってきた家族がその機能を果たせない状況となってきており、要介護高齢者の増加や介護の長期化・重度化からも家族にかかる負担は非常に重いものとなっている。また、老人長期療養保険制度が導入される以前から、1981年に制定された老人福祉法においても介護サービスは提供されてきたが、そのサービス不足から病院での社会的入院が問題となり、医療保険財政を圧迫するという社会保障制度全体の財政問題も抱えて

いたのである。

（2）社会保険方式による制度の導入

　このような社会・経済的要因から新しい高齢者の介護保障システムの必要性が求められ、2007年4月に「老人長期療養保険法」の制定・公布に至る。韓国において高齢者の介護問題に対し「社会経済的な成熟度から見て、より早い時点で制度を導入し、今後の本格的な高齢社会に備えた環境の制度と制度内容の拡充を段階的に進めていく戦略を選択した」[4]点は非常に興味深い。老人長期療養保険制度の創設過程については次節で述べるが、ここで確認しておくべきことは、高齢化社会へ突入したばかりの韓国でなぜ社会保険方式の老人長期療養保険制度を創設することになったのかということである。その答えの一つは、「大統領のトップダウン」「大統領のイニシアティブ」によるものである。この点については、徐東敏・近藤克則の「韓国の制度が日本と異なる形になった3つの要因」において、その答えを紐解く記述がみられる〔徐・近藤（2009）pp.86-87〕[5]。ここでいう「3つの要因」とは、①社会経済的成熟度の違いによる差、②国内的要因による差、③日本の制度に対する評価による差、である。そして、この「②国内的要因による差」において、日本との違いは韓国の政治体制が5年任期制の大統領制であることが無視できない点であるとし、「公的老人療養保障制度」を導入するという盧武鉉大統領の選挙公約とイニシアティブが、その後の制度導入論議が進められた重要な要因として考えられる。

　さらに、もう一つ社会保険方式の制度を創設するに至る要因について、「③日本の制度に対する評価による差」[6]において述べられていることが参考になろう。つまり、「韓国政府は、老人長期保険制度を設計する段階でドイツやオーストラリアなどの海外の介護保障制度も研究」したが、「最も注目し、最も多くの情報を集めたのは、日本の介護保険制度について」であり、その理由は「日本の介護保険制度が海外の介護保障制度のうち、社会保険方式として直近に成立した制度であり、2006年の制度改革過程を通じて有用な情報を提供していたから」とされる。また、「韓国の関連する社会保障制度が日本の制度と類似していることも大きく、韓国から見れば日本の介護保険は、先行する一種の『社会実験』であり、それが韓国の新しい社会保険制度の設計過程に直接的、間接的に影響を与えたことは明らかである」。以上のことから、老人長期療養保険制度が創設される実際の過程では、「大統領の選挙公約やトップダウン・イニシアティブ」がその導入のきっかけとして非常に大きな影響を与え、社会保険方式による制度の導入を選択した要因には、韓国と社会保障制度が類似する日本やドイツ等の介護保険制度研究の成果であるといえよう。

（3）老人長期療養保険制度の創設過程

　韓国で新しい高齢者介護保障システムが公式に議論されはじめたのは、1999年10月に保健福祉部が発表した「老人保健福祉中長期発展計画推進」であり、この年は高齢化率が6.9％と韓国が高齢化社会への入り口にさしかかった時期であった。そして、保健福祉部に設置された老人長期療養保護政策企画団が2001年2月に「老人長期療養保護総合対策方案書」を報告、金大中大統領は同年8月の光復節の慶祝辞で「老人療養保険制度の導入」を提唱した。その後、新しい高齢者介護保障システムの創設に向けて本格的な取り組みを始めたのは盧武鉉政権下で、2003年3月には「公的老人療養保障推進企画団」が設置され、2004年2月には「公的老人療養保障体制開発研究書」がまとめられた。さらに同年3月には「公的老人療養保障制度実行委員会」と「実務企画団」が設置され、7月には実行委員会より「老人療養保障制度の試案」が提示された。そして、2005年2月には老人療養保障制

度最終案が報告され、第1次・第2次モデル事業が実施されたのち、2007年4月に「老人長期療養保険法」が成立・公布、2008年7月から実施された。

2．老人長期療養保険制度の仕組み

（1）老人長期療養保険制度の目的とねらい

　新しく導入された老人長期療養保険制度の基本目標は、①要介護が必要な全ての高齢者を対象とする「普遍的な体制」、②サービス選択と利用が保障される「利用者中心」のサービス体系、③介護市場に民間事業者も参与する「多様な主体による参与と供給」、④20歳以上の「社会的連帯」による介護保険財源の確保と介護の社会化[7]、としてまとめられる。このような基本目標のもと、老人長期療養保険法第1条では、制度の目的を「高齢や老人性疾患によって日常生活を一人で遂行し難い高齢者等に提供する身体活動または家事支援等の長期療養給付に関する事項を規定し、老後の健康増進及び生活安定を図り、その家族の負担を減らすことで国民の生活の質の向上を図る」ことと定義している。

　ここで一つ確認しておくべきことは、この老人長期療養保険制度のねらいについてである。この点については先行研究ではあまり明確にふれられていないが、善友徳が的確に説明しているので、少し長くなるが引用しておこう〔善（2009）p.3〕。

　　「この制度（老人長期療養保険制度）が志向している本来の目的がなんなのかについて考えてみれば、あやふやな面がある。例えば、ドイツの場合はケア費用が原因で貧困に転落したり、これに伴う公的扶助費用増大による地方財政悪化からの脱出、日本の場合は医療機関内社会的入院による健康保険財政悪化からの脱出というようなはっきりした目的がある。一方、韓国の場合は両国で提示している導入目的とはかけ離れており、明らかに提示されていないということである。ドイツは、上記療養保険制度導入の目的を達成されたと分析されているが、日本ではそうでないと指摘されている。本稿の筆者は、この制度を通じて得ようとする一次目的を家族ケア（family care）の社会的支援を通じて社会費用（social costs）におこうとする。ここで家族ケア（family care）の支援には所得水準に応じた経済的負担の軽減と精神的負担の軽減を通じて家族解体の予防が内在されている点でみることができる」（下線は筆者が加筆）

　以上のように、老人長期療養保険制度自体の目的はあいまいでこれまで明示されていなかったが、制度の目的はなにかと考えれば、家族ケア（family care）の支援によって経済的負担および精神的負担の軽減を通じて家族解体の予防が可能となる点であろう。この点は、老人長期療養保険法第1条において、「家族の負担を減らす」と明記されていることからもみてとれよう。

（2）老人長期療養保険制度の仕組み

　社会保険方式の老人長期療養保険制度における保険者は、保健福祉家族部が監督・指導を行う準政府機関で、これまで医療保険関連事務を行っていた国民健康保険公団である。この国民健康保険公団が保険者として位置づけられた背景には、財政格差が激しい市町村間の保険料格差問題を解決する点や市町村の福祉行政の歴史が浅い点からである[8]。老人長期療養保険制度は医療保険制度を利用しているため、被保険者は20歳以上の国民健康保険（韓国の医療保険制度はこの一つである）の被保

者で、介護保険料は医療保険料に上乗せして徴収される。そしてサービス受給対象者は、介護等級判定を受けた65歳以上の高齢者（65歳未満の者は認知症、脳血管疾患など施行令で定める老人性疾患の場合のみ）で、軽度者と若年障害者は適用除外となっている。日本の介護保険制度の被保険者が40歳以上という点と比べると、老人長期療養保険制度における被保険者の範囲は広く、それは介護保険料を徴収する対象者が多いことを意味する。一方で、サービス受給対象者は、日本と同じく主に65歳以上となっており、その受給できる範囲も中重度の要介護状態の者となっているため、日本よりもそのサービス受給対象者の範囲は狭いといえる。このように、老人長期療養保険制度では、被保険者とサービス受給対象者の範囲は一致していない。

　老人長期療養保険制度からサービスを利用するためには、介護等級の認定を受けることが必要である。まず介護等級の判定を受けるため、受付窓口である国民健康保健公団老人長期療養保険運営センターに、本人または代理人（家族、親族、利害関係者、社会福祉専担公務員、市長・郡守・区長が指定する者）が申請する。申請後、国民健康保険公団職員が申請者の自宅を訪問して認定調査を実施し、その内容をもとに一次判定が行われる。そして、その一次判定結果を長期療養等級判定委員会に通知し、医師の意見書を勘案しながら委員会が二次判定を行う[9]。国民健康保険公団は審査結果を申請者に送付する際に、1～3等級に該当する場合には長期療養認定書（介護等級や有効期間等を記載）と標準長期療養利用計画書（標準ケアプラン）を送付する。韓国ではケアマネジャーは存在せず、標準ケアプランは国民健康保険公団の職員が作成している。介護等級認定者やその家族は、標準ケアプランを参考にしながら、利用する介護サービスやその提供機関である長期療養機関（介護保険指定事業所）を自ら選択し、契約することでサービス利用が可能となる。

　介護等級は1等級～3等級の3区分で、1等級（最重度：認定点数が95点以上）が「心身の機能障害により日常生活において全面介助を要する者（例：寝たきり状態、食事等が1人で出来ない者）」、2等級（重度：認定点数が75点以上95点未満）が「心身の機能障害により日常生活において相当部分の介助を要する者（例：1人で座って、部屋の中を移動することができるもの（準寝たきり状態））、3等級（中重度：認定点数が51点以上75点未満）が「心身の機能障害により日常生活において部分的介助を要する者（例：歩行器を利用し、近い距離の移動がやっとできる状態）」とされる。そして、日本と同様に介護等級に応じて利用限度額が設けられており、その限度額を超えた場合は全額自己負担となる。

　保険給付は、①在宅サービス、②施設サービス、③特別現金給付から構成される。在宅サービスには、訪問介護、訪問入浴、訪問看護、デイ・ナイトサービス、ショートステイ、福祉用具の貸与及び販売がある。施設サービスには、老人療養施設（老人専門療養施設を含む）、老人療養共同生活家庭（グループホーム）がある。そして、特別現金給付には、家族療養費、特例療養費、療養病院療養費がある。家族療養費とは介護サービス受給者が顕著に不便な地域（島・へき地）に居住したり、身体・精神等の大統領令が定める事由で家族等から介護サービスを受けなければならない場合に現金を支給するものである。特例療養費とは、受給者が長期療養機関ではない施設等で在宅・施設給付に相当する保険給付を受けた場合に大統領令で定める基準によってその費用の一部を現金支給するものである。そして、療養病院療養費とは、受給者が老人福祉法上の老人専門病院または医療法上の療養病院に入院した場合に大統領令で定める基準によってその費用の一部を現金で支給するものである（現在、その施行は保留されている）。1等級および2等級は在宅・施設の両サービスが利用可能で、3等級は在宅サービスと認知症高齢者のみ施設入所が可能、そして、2012年7月から4等級（等級外）の認知症高齢者が3等級となり在宅サービスの利用が可能となった。

介護保険財政は、介護保険料が60％（在宅サービスが65％）、国庫負担が20％、利用者負担が20％（在宅サービスが15％）[10]で構成されており、国庫負担における国と自治体の負担割合は明確にされていない。

3. 老人長期療養保険制度の現状と課題

老人長期療養保険制度導入の背景とその仕組みを踏まえたうえで、現在の老人長期療養保険制度の現状とその課題をみてみよう。制度に関してはサービス利用者の増加やサービス利用による状態の維持・改善、支援体制の確立や雇用創出効果などのプラス評価をする一方で、制度運営に関しての問題点も明確になりつつある。

まず、サービス利用の現状をみてみよう。2014年上半期（6月末現在）[11]の介護等級認定の申請者は70万9308人であり、高齢者人口の11.2％を占める。そのうち、認定者は39万3927人（認定率71.0％）で2013年末と比べると4.1％増加し、65歳以上の高齢者人口に占める割合は6.2％である。2013年に介護等級の認定点数を53点から51点に引き下げた認定基準緩和政策や後期高齢者人口の増加などから、65歳以上の高齢者人口に占める認定者の割合は5.4％（2009年）から6.2％（2013年）へ上昇した。また、2014年6月末現在の認定率を地域別にみると、ソウルが81.6％で最も高く、全北（全羅北道）が56.7％と最も低くなっている。

2013年末のサービス利用者数は39万9591人で、2009年末の29万1389人と比べると5年間で10万8202人増加し、増加率は37.1％である。また認定者を介護等級の内訳でみると、2014年6月の認定者総数39万3927人のうち、最も多いのは介護等級3（中度）の28万4721人（72.3％）、ついで介護等級2（重度）の7万1998人（18.3％）、そして介護等級1（最重度）の3万7208人（9％）である。

2013年末における年間総介護給付費（患者負担＋国庫負担金）は3兆5234億ウォンで、2009年末の1兆9718億ウォンと比べると78.7％増となっている。また、受給者一人当たりの月平均給付費は99万6714ウォンで、2009年末の95万2163ウォンと比べると4.7％増となっている。サービス種別でみてみると、2009年から2013年まで一貫して在宅サービスにおいて最も給付費が多いのは「訪問介護」で79.0％（2013年度末）、施設サービスでは「高齢者療護施設」が79.1％（2013年末）を占めている。

以上のように、年々、サービス利用者数の増加によってその費用も増加してきたが、介護サービス利用可能な認定者は、その介護の状態がおおむね中重度で、軽度者はその対象から除外されているため、対象範囲の狭さが問題となっている。そのため、これまで日常生活遂行能力はあるが、認知症などの精神的問題によって在宅生活が困難な者に対しては介護等級の等級外になってしまうという問題

表15-1

	2009	2010	2011	2012	2013	2014.6
高齢者人口（65歳以上）	5,286,383	5,448,984	5,644,758	5,921,977	6,192,762	633,5294
申請者	522,293	622,346	617,081	643,409	685,852	709308
判定者（等級内＋等級外）	390,530	465,777	478,446	495,445	535,328	554,781
認定者	286,907	315,994	324,412	341,788	378,493	393,927
（判定対比認定率）	(73.5％)	(67.8％)	(67.8％)	(69.0％)	(70.7％)	(71.0％)
高齢者人口対比認定率	5.4％	5.8％	5.7％	5.8％	6.1％	6.2％

出典：国民健康保険公団「2013老人長期療養保険統計年報」及び国民健康保険公団『2014年上半期老人長期療養保険主要統計』、より引用。

があったが、2012年7月からは4等級（等級外）の認知症高齢者が3等級となって、在宅サービスの利用が可能となっている。しかし、それでも大部分の軽度者はサービスを利用することができない。サービス利用対象者の範囲拡大は、保険料の引き上げなどと結びついているため国民的合意を得ることが重要であるといえよう。また、低所得者における利用者負担の過重を軽減するため、これまで利用者負担軽減の対象者範囲（これまでは基礎生活受給者は無料、医療扶助受給権者は50％軽減であったが、その他の低所得層は対象ではなかった）を2009年1月から徐々に拡大を実施している[12]。

　次に介護保険料の賦課についてみると、2013年末では長期療養保険賦課総額は2兆5421億ウォンで、そのうち医療保険の職域保険加入者からの保険料が2兆748億ウォン、地域保険加入者からの保険料が4673億ウォンと、職域保険加入者の保険料割合が81.6％を占めている。保険料の収納率は全体で98.7％となっており、職域保険加入者の保険料収納率は99.4％、地域保険加入者の保険料収納率は95.3％で、一人当たりの月額平均保険料は2516ウォンであった。

　徐東敏・近藤克則が述べるように、「韓国の老人長期保険制度は、軽度者の認定の急増による保険財政の逼迫などの日本の経験を踏まえて、給付を抑えるために要介護認定を重度者に限定し保険料収入を増やすために被保険者を全年齢に拡大」したり、「ケアマネジャー資格制度にかかる費用と効果に対する疑問から、その資格制度の導入を見送った」など、日本の介護保険制度における問題点を踏襲しないよう工夫されていた〔徐・近藤（2009）p.87〕。それでもなお、老人長期療養保険制度も日本の介護保険制度と同様に、サービス利用者の増加に伴って介護保険料が上昇し、その財政の増加・維持が問題となっている現状である。

　そして、2014年6月末現在の長期療養機関（介護保険指定事業所）及び人材の現状をみると、長期療養機関総数は1万6046ヵ所で、うち在宅サービスの長期療養機関は1万1280ヵ所、施設サービスの長期療養機関は4766ヵ所である。介護にかかわる専門人材の状況（2014年6月末現在）をみると、専門職総数は28万2223人で、その内訳は療養保護士が25万7897人（2009年末比30.5％増）、看護師（看護助手を含む）が1万488人（2009年末比50.5％増）、社会福祉士9859人（2009年末比99.4％増）である。

　以上のように、長期療養機関や介護にかかわる専門職は増加しているが、療養保護士や長期療養機関のサービス水準の確保・格差という問題に対して、良質な専門職の養成とその専門性の確保が課題としてあげられる。療養保護士に関しては教育機関の乱立や十分に教育を受けていない人材を多く輩出することによるサービスの質の低下が問題となっていたため、長期療養機関従事者の専門性向上のための教育強化、優秀長期療養要員の養成及び専門性確保のための制度改善を検討することとなった。具体的には、2010年3月に教育機関開設の要件を申告制から指定制へ変更し、市道知事が療養保護士教育機関の地域別分布や療養保護士の需要を考慮し、教育機関を指定することとなった[13]。また、教育機関の開設基準や設立要件を強化し、教育機関の不正行為に対する行政処分を強化した。そして、療養保護士1級と2級の資格区分を廃止し資格取得の試験を導入したが、教育課程上の問題（教育時間の不足と教育内容の不備）などの問題も残されている。

おわりに

　本章では、韓国の老人長期療養保険制度の導入背景を把握し、その創設過程や仕組みを説明したうえで、介護サービス利用者や長期療養機関、その費用のおける現状と課題について明らかにした。こ

こで得られた結論を以下にまとめておこう。

　まず、韓国では少子高齢化の進展のもと介護施設やサービスの供給量不足や不均衡、家族の介護機能の限界・過重な負担、医療保険制度の費用増加などによって、新しい高齢者介護保障システムが必要とされ、2007年4月に老人長期療養保険制度が創設された。また、必要とされた新しい高齢者介護保障システムを社会保険方式で運営することとなった背景には、「大統領のトップダウン」「大統領のイニシアティブ」が非常に大きな影響を与え、韓国と社会保障制度の内容が類似している日本に注目し、また介護保険制度を導入しているドイツなどの研究成果からであるといえよう。そして、老人長期療養保険制度の特徴として理解すべきは、老人長期療養保険法第1条の目的において「家族の負担を減らす」と明記されていることからも読みとれるように、家族ケア（family care）の支援によって、家族の経済的・精神的負担の軽減を通じて家族解体の予防が可能となることを視野に入れている点である。

　さらに、老人長期療養保険制度の現状とその課題をみてみると、介護等級の認定者やサービス利用者は年々増加しているため、当然であるが介護給付費も上昇し、それに伴って介護保険料も上昇している。老人長期療養保険制度において介護サービスを利用するためには、介護保険料を支払い制度へ加入することだけでなく、利用者負担も支払う必要がある。現在でも利用者負担の減免政策が施行されているにもかかわらず、費用負担者の経済的負担感は依然として続いており、今後もその支援策が必要であろう。一方で、介護サービス利用者から軽度者は除外され、そのサービス対象範囲が狭いことも問題となっており、その対象範囲の拡大を進めることになれば、さらに介護給付費が増大することも予測される。この状況からみても、日本の介護保険制度の仕組みを研究して作り上げた韓国の老人長期療養保険制度も、それぞれの社会経済状況は違っていても、サービス利用と保険料・利用者負担、そして介護報酬と施設経営・サービスの質がリンクしているという制度の根本的な問題は同じで、そのシステム自体に問題を抱えているということができる。そのため、今後、高齢化率のさらなる上昇が予測されているなか、適正規模の国庫支援金確保などの安定的な収入財源確保が必要であり、財政をどのように安定化させ維持させるかが、老人長期療養保険制度における大きな課題であるといえよう。

【注】

1）金明中〔2014：1-3〕、を参照のこと。
2）金恵媛〔2010：283-284〕、を参照のこと。
3）「⑤介護施設の供給不足と不均衡」という課題を解決するために、「保険方式の導入を通じて財源を確保し、民間の参加を誘導して施設供給を拡大したいという動機があった」と、韓国政府が制度の導入を急いだ背景を述べている（徐東敏・近藤克則〔2009：81〕）。
4）徐東敏・近藤克則〔2009：86〕、より引用。
5）この点については、金道勲〔2007〕においても、「介護保険制度の導入過程に注目すべきもう一つの点は大統領の関心の高さであった。・・・（中略）・・・例えば、公式的な議論も大統領への報告からスタートし、当該制度の導入を発表したのも大統領であった」との記述がある。
6）徐東敏・近藤克則〔2009：86-87〕、を参照のこと。
7）金貞任〔2014：144〕、より引用。
8）金貞任〔2009：69〕及び〔2014：144〕、を参照のこと。
9）長期療養等級判定委員会は、国民健康保険公団の老人長期療養保険運営センター（市町村単位）に設置され、委員は委員長を含む15名で保健、医療、福祉経験者等で構成されている。
10）利用者負担については、生活保護法による受給者は利用者負担金の免除、医療扶助受給権者・天災地変等で保健福祉家族部長官が認定する者は利用者負担を50％免除する。
11）2009年～2013年の数値は国民健康保険公団「2013老人長期療養保険統計年報」、2014年6月

現在の数値は国民健康保険公団『2014年上半期老人長期療養保険主要統計』、より引用。
12) 2009年1月には難病性疾患患者、4月からは慢性疾患患者、7月からはその他の低所得層等の利用者負担50％軽減が実施される。
13) 朴仁淑〔2011:179〕、を参照のこと。

【参考・引用文献】
・金恵媛「日・韓比較」『平成22年度第7回高齢者の生活と意識に関する国際比較調査結果』内閣府、2010年。
・金成垣・山本克弥「韓国の社会と社会保障制度」『海外社会保障研究』No169、2009年。
・金貞任「韓国」『世界の介護事情』（鬼崎信好・増田雅暢・伊奈川秀和編著）中央法規、2002年。
・金貞任「韓国の介護保険制度の導入」『保健の科学』第47巻第8号、2005年。
・金貞任「韓国の介護保険制度」『海外社会保障研究』No.167、2009年。
・金貞任「韓国の介護保障」『世界の介護保障』（増田雅暢編著）法律文化社、2014年。
・金道勲「韓国介護保険制度の内容と構造に関する考察」日本福祉大学プロジェクト21世紀COEプログラム福祉社会開発の政策科学形成へのアジア拠点・ワーキングペーパー、2007年。
・金明中「韓国における高齢化の進展と介護保険制度の導入」『ニッセイ研究所REPORT』2009年。
・金明中「韓国における少子化の原因とその対策－『低出産・高齢化社会基本計画』の成果と今後のあり方－」『ニッセイ基礎研REPORT』、2014年。
・徐東敏・近藤克則「韓国の老人長期療養保険制度の成立背景と特徴－日韓比較の視点から」『社会政策』（社会政策学会誌）第1巻第3号、2009年。
・孫珉澋「施行4年目を迎える韓国介護保険－その現状と課題―」『社会福祉学研究科篇社会科学研究科篇』第40号、佛教大学大学院、2013年。
・朴仁淑「韓国における在宅介護サービスの現状と療養保護士養成の課題」『立命館産業社会論集』第47巻第2号、2011年。
・増田雅暢「特集 日韓介護保険徹底比較 日本の経験を生かした慎重な制度設計（コメント）」『月刊介護保険』No.136、法研、2007年。
・増田雅暢「韓国における介護保険制度の創設（第1回）韓国における介護保険制度創設の検討経緯」『月刊福祉』90（13）、全国社会福祉協議会、2007年。
・増田雅暢「韓国における介護保険制度の創設（第2回）韓国の介護保険制度の概要」『月刊福祉』91（1）、全国社会福祉協議会、2008年。
・増田雅暢「韓国における介護保険制度の創設（第3回）韓国の介護保険制度の今後の課題」『月刊福祉』91（2）、全国社会福祉協議会、2008年。
・増田雅暢「韓国介護保険制度の施行状況」『月刊介護保険』No.156、法研、2009年。
・宮城好郎・宣賢奎「韓国の介護保険制度に関する研究」『岩手県立大学社会福祉学部紀要』第9巻第1・2合併号、2007年。
・森詩恵・藤澤宏樹「韓国介護保険制度の創設とその現状」『大阪経大論集』第61巻第2号、2010年。
・山路憲夫「韓国『老人長期療養保険』と日本の介護保険との比較」『白梅学園大学・短期大学紀要』45、2009年。
・林春植・宣賢奎・住居広士編著『韓国の介護保険制度の創設と展開―介護保障の国際的視点―』ミネルヴァ書房、2010年。

【外国語引用・参考文献】
・Duk Sunwoo 'The Present situation and problems of the long-term care insurance in South Korea: from comparative perspectives between South Korea and Japan' Japanese Journal of Social Security Policy, Vol.9, No.1, March 2012.
・善友徳「韓国長期療養保険法とケアマネジメント」（노인장기요양보험과 케어매니지먼트）韓国保健社会研究院、2009年。
・イ・ユンギョン「老人長期療養保険認知症特殊グレードモデルの開発と今後の政策の方向」（이윤경「노인장기요양보험 치매특별등급 모형 개발 및 향후 정책방향」）『健康保障政策』第13巻第1号、2014年、pp.68-84。
・オム・キウク「認知症高齢者対応型長期療養施設のサービス専門性強化方案」（엄기욱「치매노인 대응형 장기요양시설의 서비스 전문성 강화 방안」）『健康保障政策』第13巻第1号、2014年、pp.85-107。
・国民健康保険公団『2014年上半期老人長期療養保険主要統計」（2014년 상반기노인장기요양보험 주요통계）、2014年。

Column

当事者団体からのメッセージ
「認知症の人が安心して暮らせる日本社会を」

公益社団法人　認知症の人と家族の会　　副代表理事　勝田登志子

「認知症になったとしても、介護する側になったとしても人としての尊厳が守られ日々の暮らしが安穏に続けられなければならない。認知症の人と家族の会は、ともに励ましあい助けあって、人として実りある人生を送るとともに、認知症になっても安心して暮らせる社会の実現を希求すること」、これが家族の会の理念です。

今年、設立35年を迎えますが、1県1支部で2014年沖縄県支部が誕生してようやく全国の輪が繋がりました。この35年「家族介護から社会介護へ」と発信し続けて、ようやく15年前に介護保険制度が創設されました。

しかし、3年ごとの見直しの度に改悪され、5回目の今回は医療も介護も「在宅」の流れが強化されてきています。何よりも許せないのは、要支援が介護給付から地域支援事業に移行されることです。家族の会は設立以来はじめて「安心できる介護保険」の署名活動を行いました。8万8000筆は会員1万1000名の会員が家族や周りの人たちに訴えた結果です。改悪法案は通りましたが、「よし！これからも頑張るぞ！」という気持ちが大きくなりました。なぜなら、この署名行動を通して、多くの市民や団体と大きな輪が出来たからです。

2015年4月からの介護報酬改定はマイナス2.27％に決まりました。これはアベコベです。介護や医療で働く人たちが誇りを持って、将来の生活設計が描けるような待遇でなければ、介護の質は高まりません。私たちはサービスを受ける側としても、提供する側の待遇をよくするように運動を続けています。また「平和でなければ介護はできない」という立場から戦争への道に突き進もうとし「積極的平和主義」などという安倍内閣には賛成できません。

一方、認知症の人はますます増え2025年には現在の462万人から700万人になるとされています。軽度認知障害の人も含めるとゆうに1000万人を超えます。国は新しい国家戦略として「新オレンジプラン」を発表しましたが、目新しいものはなく在宅への流れを強化するものでしかありません。

認知症は早期発見、早期ケアで重度化を防ぐことができます。今回の介護保険改悪の内容は、要支援1・2のうち6割の方々が利用している、通所介護と訪問介護を地域支援事業に移行しようとしています。認知症の初期ケアは専門職のケアが大切です。そのことが重度化を防ぎます。公的な介護サービスが保障された上にボランティアの活躍が期待されます。認知症があっても安心して暮らせる社会こそ、真の「地域包括ケア」と言えると思います。今回の介護保険の改悪は私たちの思いとは真逆であり撤回すべきです。

ＡＤＩ（国際アルツハイマー病協会）では「認知症を忘れないで！」を統一スローガンにして地球規模での認知症への対応を打ち出しています。その思いを受けて2017年に日本で国際会議を開催することを決定し準備に入りました。国際的にも日本の取り組みが注目されていますが、本当に認知症の人が安心して暮らせる日本社会をつくるためにも、しっかり声を上げ続けていきます。ご一緒にがんばりましょう！

自由な自己決定の積み重ねこそが尊厳ある生活の基礎

社団法人　お泊りデイサービス協会　代表理事　藤田英明

　いよいよ2015年という、介護・医療関係者にとって1つの節目の年を迎えました。

　介護保険制度制定時（1997年12月17日）において、「2015年の高齢者介護〜高齢者の尊厳を支えるケアの確立に向けて〜」という一つの大きな我が国の国家としての目標が定められました。

　その内容については下記厚生労働省ホームページから是非ご覧いただきたいと思います。

http://www.mhlw.go.jp/topics/kaigo/kentou/15kourei/3.html

　2015年、私たち介護事業者はこの当時に定められた目標を達成できているか否かをきちんとこのタイミングで点検しなくてはなりません。

　私は、これまでこの「2015年の高齢者介護〜高齢者の尊厳を支えるケアの確立に向けて〜」の中に出てくる1つ1つの項目や課題、在るべき姿等を、「達成すべき目標」として定め介護保険事業に取り組んでまいりました。

　達成できたこともあれば、達成できていないこともありますし、介護保険法の改正によって変わったことも多々あります。

　しかしながら、介護保険法施行時（2000年）からまったく変わることのない大きなテーマがあります。

　それは、「可能な限り在宅で暮らすことを目指す」ということです。

　在宅生活とは、自分自身が主人公である世界で生活するということです。

・朝は何時に起きるか。
・何を食べるか。
・どこに買い物に行き何を買うか。
・誰といつ会うか。
等々……

　在宅生活とは、単純に自宅で生命が維持されているということではなく、「自分らしい生活を続ける」ことができるということなのです。

　何気ない日常生活における「自由な自己決定の積み重ね」こそが「尊厳ある生活」のベースであり、私たちが目指すべき高齢者介護の姿はそこにあるのだと思います。

　2015年4月には改正介護保険法が施行されます。

　その改正内容がどのようなものであれ、また、介護報酬がどのように設定されたとしても、私たち介護事業者は、「可能な限り住み慣れた環境の中で、それまでと変わらない生活を続け、最期までその人らしい人生を送ることができるようにする」ための方法を考え出していかなくてはなりません。

　そのためには、常に変化を自ら求め続けていくこと、イノベーティブに思考すること、変革を恐れないこと、世界を視野に入れておくこと、現状を打ち破ること、新しい価値を生み出すこと、リスクをとること、今に満足しないこと、未来をつくる意識をなくさないことが非常に大切です。

　時には立ち止まることも大事ですが、意識は常に未来志向にしておきましょう。

　私たち介護事業者・従事者の現在の活動が、未来の日本を形作っているという共通認識をもって歩を進めていきましょう。

第16章

台湾の介護保険制度案をめぐる議論と課題

荘　秀美（台湾東呉大学人文社会学部ソーシャルワーク学科教授）

はじめに

　台湾では、高齢化率は1993年に7％に達し、高齢化社会に転じ、それ以降も持続的に上昇し、2013年末までに11.5％に達している〔衛生福利部（2014）〕。人口高齢化現象は、高齢者介護が台湾の新たな、重大な社会的課題になっていると言われ、急速な人口高齢化の波に対応する安定的な施策の整備が望まれるが、実際には予想通りにはいかず、多くの難題が続出している。

　高齢者福祉に関する施策はこの20年間で大きく変化してきた。介護サービス供給の民間導入、コミュニティ・ケアの主流化などが重視されるようになった〔荘秀美（2008a）；荘秀美（2008b）〕。高齢者のための介護サービスの整備を図るため、2007年に『長期介護十ヵ年計画』の介護サービス施策計画が提出され、2016年までの10年間に総事業費800億元規模の膨大な予算が投入されることになった〔行政院衛生署（2007）〕。

　ところが、2008年5月の政党交替（政権交代）で介護対策も変化を余儀なくされた。その背景は、介護サービスの推進や介護体制の構築において、最も大きな政策課題は、介護そのものというよりも増大し続ける介護費用とそこから生じる財政負担の問題である。介護保障システムの確立のための財源についての方策として、「老人介護サービス推進法案（1998）」の中で既に介護保険方式の導入が提起され、介護保険制度の創設に曙光が兆した。「老人介護三ヵ年計画（2002）」において、介護財政制度の整備が示唆された。そこで、介護に必要な費用を税金のみで賄うことには制限があると意識され、介護保険制度導入が意図されるようになった。加えて、『長期介護十ヵ年計画』のような新しいシステムの構築は財政難につながり、介護に必要な費用を税金のみで賄うことが困難となり、長期介護保険制度を構築して介護財源を確保することが構想されるようになった〔陳惠姿ほか（2009）〕。それ以来、長期介護保険制度の構築が全国的にも注目される課題となり、社会保険方式に基づく介護保険に関しては、「なぜ社会保険か」、「なぜ社会保険方式が適用されるか」など様々な問題が問われている〔杜秀秀（2013）〕。

　現段階では、長期介護保険関連法案作成の準備の最中にはあるが、介護問題への対策は、財源だけではなく、介護保険という社会保険方式で解決すべきかどうかも、十分に煮詰められていない状況である。本文では、『長期介護保険制度』[1]の導入に向けて、それに関連する法案構想の形成、および現在における制度案の議論点を検討することを通じて、台湾における高齢者介護体制構築の動向について考察していきたい。

1. 統合的介護システム構築の展開

　2000年以降の台湾の介護システム構築の展開は図16-1に示した段階に展開してきている。大雑把に言えば、1990年代からの分岐した介護システムは、『長期介護十ヵ年計画』を皮切りに、統合化し、介護サービス資源の整備段階に入った。そして、介護保険制度の導入が構想されたが、統一的な法制が存在していないため、『長期介護サービス法』の制定は異論が多いにもかかわらず、介護保険制度の基礎的な法案として、先行を余儀なくされた。その後は介護保険法制の立法段階に入っていく〔莊秀美（2013a）; 莊秀美（2013b）〕。

図16-1　台湾の介護保険システム構築の展開段階
介護保険制度の構築に向けて：関連の政策企画や制度構築（2007～）

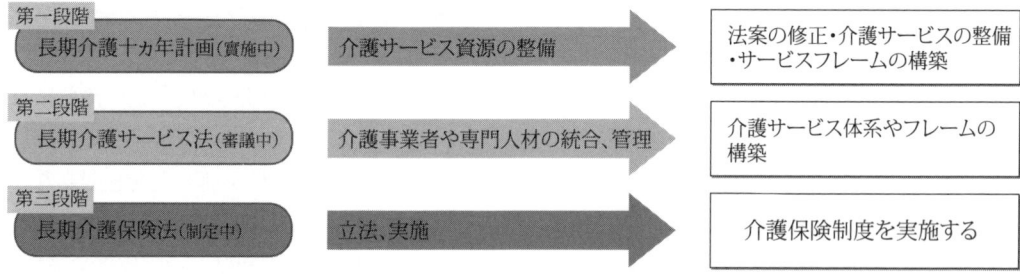

第一段階	長期介護十ヵ年計画（實施中）	→	介護サービス資源の整備	→	法案の修正・介護サービスの整備・サービスフレームの構築
第二段階	長期介護サービス法（審議中）	→	介護事業者や専門人材の統合、管理	→	介護サービス体系やフレームの構築
第三段階	長期介護保険法（制定中）	→	立法、実施	→	介護保険制度を実施する

出典：莊秀美（2013b）。長照雙法，將能共譜安老之樂章嗎？―從「長期照護服務法」草案與日本介護保險制度論之―。

　2000年代以降推進されてきた多くの介護サービス関連施策のなかで、介護施策の方向性を具体的に示す画期的なものは2007年に実施し始めた『長期介護十ヵ年計画』である。2006年9月に、『2015年経済発展ビジョン』の一環である「大温暖社会福祉関連方案：第一期三年突進計画（2007-2009）」の基幹計画として、「長期介護十ヵ年計画（十ヵ年計画）」が2007年3月に提出され、介護サービスシステムの見直しとして、日本やイギリスなど先進国の介護サービス体制構築の経験を参考にして制定されたものである。そこでは、2007年から2016年までの十年間で、介護関連施策整備に817億元という膨大な経費が投入され、また整備すべき必要な介護サービスの提供量も改めて計画された。『長期介護十ヵ年計画』の具体策には、介護基盤整備計画の目標値が定められ、在宅サービス、デイサービスなどの地域型福祉サービスの提供を通じて、高齢者が自宅で持続的に自立して生活できるように支援しようとし、「トータルな介護サービス体制を構築し、心身障害者が適切な介護サービスを利用できることを保障し、独立的生活能力を増進し、生活の質を向上させ、尊厳や自立を保たせること」を基本目標としている〔行政院衛生署（2007）〕。サービスの対象に関しては、急激な人口高齢化、制限のある資源開発、および緊迫した介護サービスの推進に配慮し、高齢者（要介護かつ一人暮らしの状況にある）の他に、心身障害による早期老化、および過疎地域の要介護高齢者のニーズをも配慮し、55～64歳の山地原住民、および50～64歳の心身障害者をそのサービス対象とする。サービス対象の要介護人数は、2007年時点では24万5511

表16-1　介護基盤整備計画目標

目標値	2007年	2009年	2015年
訪問介護	20,000人	54,000人	105,000人
デイサービス	2,600人	15,000	112,000人
認知症老人介護ユニットケア	20ヵ所	60ヵ所	180ヵ所
短期介護及びリハビリ	4,000人	12,000人	36,000人
ホームヘルパー育成	4,700人	12,000人	23,000人

出典：行政院衛生署（2007）『我國長期照顧十年計畫―大溫暖社會福利套案之旗艦計畫（核定本）』。

人であり、2010年になると27万324人、2015年には32万7185人に増加し、そして2020年に39万8130人に達すると予測されている。サービス内容としては、日常生活活動を支援するサービスとして、訪問介護、デイサービス、家庭委託介護などが含まれている。また、要介護者の心身機能を維持し、改善するために、訪問看護、訪問リハビリなども入っている。在宅サービスや施設サービスの介護サービスの整備目標値は、表16-1に示したとおりである〔行政院衛生署（2007）〕。

2．介護政策の法制化

（1）『長期介護サービス法』の登場

　現実には、介護に必要な費用を税金のみで賄うことが困難になった。2008年5月の大統領選挙で当選された馬総統は、選挙中に提出した「4年以内に介護保険制度を実施すること」という政見を実現するために、就任した時点で介護保険制度導入の意図を表し、新たな高齢者介護システムに関する具体策を検討する専門委員会を召集した〔荘秀美（2013b）〕。それ以降は、介護保険制度一色の流れになり、政府は法案の作成準備、具体的な実施検討の作業に入ってきた。2008年末から行政院経済建設委員会[2]が主導する介護保険法制定関連研究が行われ、『長期介護十ヵ年計画』の実施状況を検討しながら、ドイツ、日本および韓国などの経験を参考にし、恒久的な介護システムの創設を目指して、介護保険制度の構築が本格的に検討された〔陳惠姿ほか（2009）〕。翌年、「長期介護保険制度の企画成果や構想」〔行政院衛生署、内政部、行政院経済建設委員会（2009）〕が発表され、介護保障の制度運用には社会保険方式が適切であり、介護保険制度の導入にお墨付きを与えたかたちになった。

　しかしながら、介護サービスシステムが未だ整備されていないままで介護保険制度を実施することは、制度のかたちだけに止まり、実質的な介護サービス改善には無駄であるという厳しい批判が湧き出し、介護保険制度推進に向けた合意形成は難航し、ブレーキをかけられざるをえなかった〔内政部社區發展雜誌社（2013：3）〕。一方、介護サービスを必要とする者は、高齢化社会から生じた大勢の高齢者の他、一部の生活する上で不自由である障害者にも必要である。しかしながら、高齢者と障害者との介護ニーズはもともと異なっている。関連法制においても『老人福祉法』、『身心障害者権益保障法』、『精神衛生法』、『長期介護十ヵ年計画』、『外国人介護者雇用基準』などの介護関連法案に規定されている介護サービス利用資格、サービス給付基準、サービス提供施設の設備基準などはそれぞれ異なっており、介護サービス提供システムが統合されておらず、サービス資源が分散している状況が存在しているため、『長期介護サービス法』を制定し、介護提供システムを統合し、次の段階の「介護保険法」の基礎法案になるという提案が打ち出されている〔周怡君、荘秀美（2014b）〕。

（2）『長期介護サービス法』の概要と問題点

　上述した背景の中で、行政院が『長期介護サービス法』を起草し、2011年3月に初めて立法院に提出した。
　『長期介護サービス法（草案）』の規定事項は、概ね以下のようである。
　①介護サービスや介護体制に関する事項。
　②介護人員の管理に関する事項。
　③介護事業者（施設）の管理に関する事項。
　④介護サービス利用者の権益保障に関する事項。

⑤処罰に関する事項。

しかしながら、主に医療視点に基づいた『長期介護サービス法（草案）』は社会福祉団体に大きく批判され、合意を得られず、その推進も中止を余儀なくされた〔内政部社區發展雜誌社（2013）〕。民間団体がそれぞれの望ましい『長期介護サービス法』を起草し、合わせて 14 のバージョンも提案されていた〔莊秀美（2013a）〕。その後、2 年余りにわたり、公聴、調整などを経て、2014 年 1 月 8 日に立法院審議で二次審査を可決された。今後、三次審査を通れば法案が成立する。

第二次審査案の内容に対して、以下の問題点が指摘されている〔周怡君、莊秀美（2014b）〕。

①相変わらず医療の観点に大いに偏っていること。『医療法』に規制されている医療サービス提供者監督モデルを、そのまま従来社会福祉システムに属している介護施設に当てはめることは、必ず社会福祉団体に抵抗感を招くと思われる。医療システムと社会福祉システムを統合する役割を果たすことはできるのかと大きく疑われている。

②如何に運営している高齢者介護施設や障害者介護施設を統合するのか。

③如何に高齢者と障害者との介護認定システムを統合するのか。

④法規制の対象として、「国軍退除役官兵輔導委員会」[3] が管轄する「栄誉国民の家」[4] を除外していることは、全国民介護を整備する制度構築には不十分であることを示している〔鍾秉正（2013）〕。

⑤介護ニーズ認定システムに関しては明確でないこと。介護ニーズ把握には限界があるが、如何に介護ニーズを満足させる合理的な介護サービスを給付することは明らかにしていない。

⑥介護事業者の指導監督に関して規制を明確していないこと。如何に介護事業者を有効に監督管理するかはなお不明である。

特に、介護事業者監督管理（第 4 章第 14 条〜第 30 条）に関して、なお明確でない点が多い〔周怡君、莊秀美（2014b）〕。

（1）ケアモデルによって、既存の多種類の施設を 4 つだけの類型に分けることは適切ではないこと。『長期介護サービス法』第 4 章第 14 条によれば、介護施設はそのサービス内容によって、居宅式、コミュニティ式、宿泊式、及び総合類という 4 つの類型に分けられている。ただし、既に運営している施設は、前述したように、それぞれのサービス対象のニーズが違っているし、それぞれの法制に規定され、その資格や給付の基準が異なっている。以上の 4 類型は包括に統合することはできない。

（2）介護の質の監督に関して、明確に規定していないこと。『長期介護サービス法』第 29 条によれば、介護事業者の評価、指導、監督、検査などは管轄機関が行われること。ただし、介護事業者の評価、指導、監督、検査などは県、市が責任をもっている現状とは変っていないし、現状では評価の基準は統一していない。長期介護サービス法は、それに関して明確にしていない。

（3）介護認定者事業者や介護サービス事業者の区分を明確に規定していないこと。『長期介護サービス法』第 7 条によれば、介護認定は基本的に長期介護センターか、県（市）が行うこと。また、専門団体に委託することができる。ただし、委託に関する規定は明確にしていない。また、介護認定者や介護提供者が同一者であれば、中立性を失う恐れがある。

介護事業者に関する規制には、何が必要であるか。『長期介護サービス法』第 12 条によれば、介護サービス提供人員は、介護事業者に登録し、またその事業者の所属する管轄機関に審査されなければ、サービスを提供することはできない。第 28 条によれば、介護事業者が、登録してある介護サービス提供人員を指導監督し、そのサービス提供に関する記録をする必要がある。この点からみれば、介護事業者は、介護サービス提供の役割だけではなく、サービス人員の管理役割もある。それに関する規制に

ついて明らかにしないと、多くの問題が生じやすい〔莊秀美、周怡君（2013）；莊秀美、賴明俊、周怡君（2013）〕。『長期介護サービス法』には、介護事業者の役割、類型、また政府の監督管理の役割に関して、明確にすべきである。それらに関しては、第２次修正案の段階では依然として欠けている〔周怡君、莊秀美（2014a）；周怡君、莊秀美（2014b）〕。

3．介護保険法の骨子案

現在では、『長期介護サービス法』が可決審査の最中にあると同時に、『長期介護保険法』の制定が集中的に検討されている。以下では、長期介護保険制度の骨子案を分析することとする〔黃美娜（2009）；李玉春等（2009）；李玉春（2012a）；李玉春（2012b）；李玉春ほか（2013）〕。

（1）保険者

介護保険制度には、被保険者、財政構成、事業指定などは実施されている国民健康保険制度と一致していることを考慮している。さらに、行政面、財政面及び事務面が窓口を一元化しているという組織緊縮の流れも踏まえて、新たな介護保険局を設置せず、国民健康保険局（衛生福祉部に属する）を介護保険制度の保険者（運営主体）とする。

保険者である国民健康保険局は介護保険の財務、認定システム、保険料の計算、徴収、改革などの構造面の事務を取り扱い、そのうえで、地方（県市）の衛生局が介護認定、介護サービス給付などのケアマネジメント関係事務、および介護事業者の指定、監督などの関係事務を支援する制度となっている。

（2）被保険者

原則としては全国民が対象となるとされている。要介護状態は年齢に限らず、誰でもその可能性がある。全国民加入のメリットは、国民健康保険と合わせることで、社会保険のリスク分担原則にマッチするし、年齢差別を避けることもできる。若者の加入意欲が低いという懸念もないわけではないが、これまでの意識調査によれば、若者の支持率は７割以上を超えていることから見れば、特に行き詰まることはないと思われる。また、障害者にとっては、従来の障害者福祉で対応するサービスは現状の通り継続されていくため、二重保障でむしろそれが望ましいことであると思われる。

（3）保険給付

介護保険は要介護状態にある被保険者に対し保険給付が行われる。その場合、要介護状態にあるかどうか、その介護の必要の程度を確認するため、被保険者は要介護認定などを申請しなければならない。介護認定の申請を受ける県市は、申請した被保険者の心身状況に関してアセスメントをする。この介護認定に関する事務は「長期介護管理センター」が取り扱う。ちなみに、『長期介護十ヵ年計画』ではケアマネジメントを強化し、各県市で「長期介護管理センター」を設置し、ケアマネジメントの執行機関として、要介護老人やその家族のケアサービスの窓口にした。中心業務は、ニーズアセスメント（要介護認定）、サービスの資格の確認、ケアプランの制定、ケアサービスの連携、ケアの質の監督、および要介護者の定期訪問などである。「長期介護管理センター」にはケアマネージャーが設置され、ケアマネジメントの業務を担当し、ケアサービスの連携、ケアプランの制定などの重要な役割を担っ

ている。将来、「長期介護管理センター」はおそらく介護保険制度の介護認定機関になる。

　介護給付は、要介護認定によって常時介護が必要とされた要介護者に対して、介護の必要の程度に応じて介護サービスが提供される。介護給付は介護サービスが主であるが、現金給付の条件も議論されている。給付の種類は施設介護サービス、デイサービス、在宅介護サービス（訪問介護、訪問看護、訪問リハビリテーションなど）、介護者支援サービス（短期入所サービス）、及び住宅改修費、移送サービス、福祉用具購入費補助などである。

（4）財源構成

　財源に関しては、保険料（90％）と利用者負担費（10％）で賄う。保険料のうち、被保険者、保険機関及び公費（政府）の分担割合は、国民健康保険制度の割合に従う予定で、被保険者の類別によってそれぞれの割合が異なっている。表16-2は台湾の国民健康保険制度の財源構成である〔中央健康保険署（2014）〕。

（5）事業者及び施設

　保険給付は、原則として国民健康保険局の指定を受けた事業者や施設からサービスを受ける場合に行われる。事業者及び施設は、公営と民間経営とも可能である。2007年1月、「老人福祉法」が改定され、法に制定された福祉サービスの基盤整備をするために、民間部門と連携し、高齢者福祉を推進すると明示されている。『長期介護十ヵ年計画』においては民間活力路線が明らかであるが、非営利を前提として、在宅介護サービス、デイサービス、などの介護サービスを充実させていくことがわかる〔荘秀美（2008a）；荘秀美（2008b）〕。将来、介護保険制度において営利法人の参入を認めるかについては、現段階では反対の意見が多い。

表16-2　台湾の国民健康保険制度における保険料の財源構成（2013年1月以降）

被保険者の類別			負担割合(%)		
			被保険者	所属機関、雇用主（企業）	政府
第1類	公務員	本人とその家族	30	70	0
	公務員、職業軍人	本人とその家族	30	70	0
	私立学校の教職員	本人とその家族	30	35	35
	公、民営事業者、機関などの職員	本人とその家族	30	60	10
	雇用主	本人とその家族	100	0	0
	自営業者	本人とその家族	100	0	0
	専門職業及び技術人員	本人とその家族	100	0	0
第2類	職業組合の会員	本人とその家族	60	0	40
	外国人船員	本人とその家族	60	0	40
第3類	農民、漁民、水利会会員	本人とその家族	30	0	70
第4類	現役軍人（義務役軍人）	本人	0	0	100
	軍事学校の学生など	本人	0	0	100
	代替役の軍人	本人	0	0	100
	矯正機関の収容者	本人	0	0	100
第5類	低所得の家庭	家族メンバー	0	0	100
第6類	退役軍人及びその家族メンバー	本人	0	0	100
		家族	30	0	70
	特別行政区の住民	本人とその家族	60	0	40

出典：中央健康保険署（2014）。《2013-2014 全民健康保険簡介——健保財源》。http://www.nhi.gov.tw/webdata/webdata.aspx?menu=17&menu_id=659&WD_ID=897&webdata_id=4521。

4. 介護保険制度案に関する問題点

　上述した新しい介護保険制度案の課題を大別にすれば、システム整合と財源確保、介護職の人材確保や資質向上、そしてそれらによる介護サービスの質の保証から国民的介護福祉権利の保障などを制度的に如何にビルトインするかにあると思われる。本稿では紙数の限界もあって、簡略に述べたい。

（1）『長期介護サービス法』と『長期介護保険法』との統合が前提

　上述したように、現段階では、「長期介護サービス法（草案）」の第二次修正案の内容に関しては、様々な問題点が指摘されている。主に、(1)高齢者と障害者との介護ニーズ認定システムの構築が急がれていること。(2)障害者介護ニーズを規定している様々な関連規制を「長期介護サービス法（草案）」にスムースに統合し、整合性の取れた体制にしていかなければならないこと。

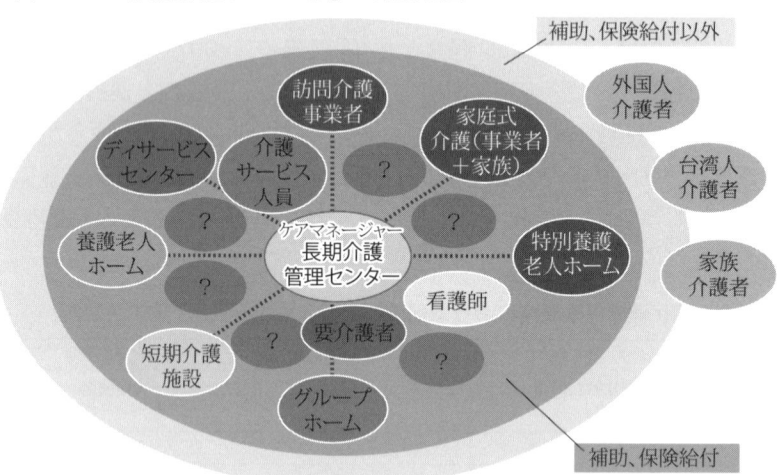

図16-2　『長期介護サービス法』の規制範囲

出典：荘秀美（2013b）。評什麼？憑什麼？長期照護服務法需要規範些什麼？
注：「？」は、将来の同法の補助対象項目を示すが、今後詳細は明らかとなる。

　また、『長期介護サービス法』は、介護サービスの要介護認定およびサービス提供の基準を規定することを目的とするものであり、その規制対象は制度補助のサービス項目（将来実施する長期介護保険制度の給付項目を含む）及び私費で購入する介護サービスを含める。図16-2に示したように、前者は介護保険制度の給付体制に制約することができるが、後者に対して、『長期介護サービス法』は十分な拘束力を持つかどうかは疑わしい［荘秀美（2013b）］。

　最後に、長期介護保険制度の基礎法案としての『長期介護サービス法』のあり方について以下の問題が問われる。
　①『長期介護サービス法』は先進であろうか。
　②『長期介護サービス法』は必要であろうか。
　③『長期介護サービス法』の成立は『長期介護保険法』の実施にはプラスなのか。

　『長期介護サービス法』が規制する事項（要介護認定、事業者の監督管理、人員資格など）は、図16-3に示したように、『長期介護保険法』において一括して給付基準を合わせて制定され、介護保険

事業者を規制できるので、介護サービス資源の整備には大きく役に立つのではないかと思われる。

（2）財源確保の安定性が厳しい

まず、一番大きな問題は、企業にどの程度の割合を負担させるかは難問である。表16-2 (p.211)に示したように、利用者負担を除いた費用を被保険者、雇用者および公費（政府）で国民健康保険制度に規定した一定の割合を設定しているが、長期介護保険制度は国民健康保険制度とはその本質、給付内容などはもともと異なっているので、保険料の負担割合を同一にすることは適当であろうか。

また、国民健康保険制度に設定した保険料分担割合に従うならば、被保険者が民間企業雇用者の

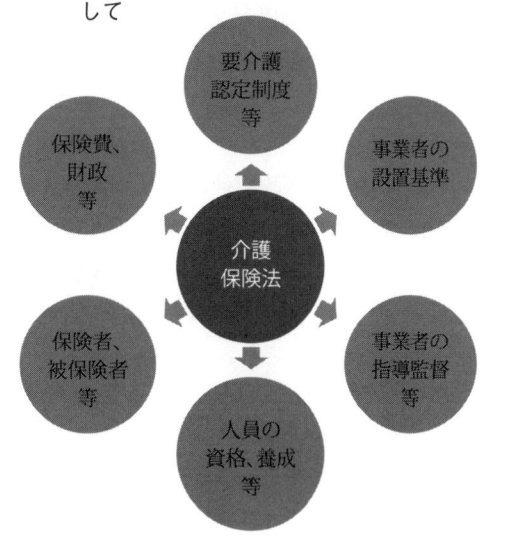

図16-3 「長期介護保険法」の位置や規制内容に関して

出典：筆者作成。

場合、企業が保険料の60％を納付する。被保険者が国家公務員（軍人などを含む）の場合、所属機関が保険料の70％を納付するが、所属機関は公務機関であり、結局その保険料は税金で賄われることになる。そうすると、社会保険といいつつ、公費の負担が大きくなる。また、財政方式が被保険者の身分によって画然と区別されている場合もある。公費負担は社会全体で必要な費用を支え合うという理念に基づいており、社会保障制度の通常の仕組みであるかもしれない。しかし、それは低所得者のためならば認められるが、所属機関の違いで差異をつけるのは不平等である。逆にいえば、政府はその責任を企業に転嫁させることになり、国の責任は極めて限定的なものに変質する。社会連帯の理念のもとに設計されている介護保険制度は、国に責任を負わせるのではなく、責任から撤退させることを合理化した社会保険であるといえる〔荘秀美（2014）〕。

現段階では企業はまだ介護保険制度に関して何の了承もしておらず、特に企業の負担が増えることから、企業の合意を得ることは難航することが予測される。なお、多くの高齢者福祉の民営化推進関連法令の中には民間の参入が強調されている。しかしながら、そこでいう「民間」には営利団体の企業は想定されていない。こうして、企業に負担、企業に参入禁止という両面刃で企業に対応することは納得させられるのか〔荘秀美（2014）〕。

（3）ケアマネジメントの機能強化が基本

被保険者の自主的な選択、かつ自立支援を保障する理念によれば、高齢者のニーズやサービス提供を把握しながら、適切なサービス利用を継続的に確保することは必要であり、ケアマネジメント手法の制度化が求められるケアマネジメントシステムの構築は1990年代後期から福祉、医療が協働して推進しており、2005年に福祉側面と医療側面のアセスメント機関を統合し、「長期介護管理センター」として成立した。「長期介護管理センター」にはケアマネージャーが設置され、介護アセスメント、サービスの調整が主な業務である。ケアマネージャーは「長期ケア管理センター」の中心人物であり、ソーシャルワーカー、看護師、職能治療師（OT）、物理治療師（PT）、医者、栄養師、薬剤師などの資格や介護関連職を2年以上の経歴を有する者が担当すると設定されているが、まだまだ人手が足りない状況であり、また、現実には以下の問題が存在している〔荘秀美等（2009）；荘秀美（2013a）；黄玫娟、荘秀美、

林郁舒（2014）］。

①チームワークの協働がスムースではないこと。ケアマネジメントシステムにはチームアプローチが理想とされながらも、実際には業務責任制であるため、各ケアマネージャーが単独でアセスメントする場合が多い。要するに、ケアマネージャー間の協働が欠けている懸念もあるといわざるをえない。

②サービス支援及び政策執行能力が低いこと。

③専門背景が多様化であるため、その養成や訓練の背景が異なっており、アセスメントの結果は一致せず、サービス計画の内容にも格差が大きい。アセスメントにも偏りが見られる。

④ケアマネージャーの身分編成は臨時人員であり、労働条件が不安定で、離職率が高く、職務経験の蓄積には不利である。

（4）介護職の人材確保や資質向上が難問

　介護サービスの推進には、専門人材は最も基本的なもので、その担い手として、ケアマネージャー、ソーシャルワーカー、ケアワーカーなどの専門職があげられているが、専門職の不足は、今後の介護保険サービスの増進の最も大きな障害であると見られている〔荘秀美（2013）〕。まず、ソーシャルワーカーに関しては、介護保険制度の実施開始時点（2016年）において、ソーシャルワーカー（介護関連のみ）3000人、ケアマネージャー1600人、ケアワーカー6600人の養成が必要である〔陳惠姿ほか（2009）〕。ただし、問題は量だけではないと思われる〔荘秀美,2013c〕。『介護体制構築三ヵ年先導計画（2000）』、『長期介護十ヵ年計画』などの関連施策は、「居宅で老いをむかえる（aging in place）」を強調しながら、訪問介護、デイサービスなどの地域型福祉サービスの提供を通じて、高齢者が自宅で持続的に自立して生活できるように支援しようとコミュニティ・ケアの理念を実践することを目標としている。ただし実際には、ソーシャルワーカーが必ずしもコミュニティワークにそれほど関わっているわけではない。荘秀美等（2009）が台湾の現場ソーシャルワーカーを対象にし、その業務実態、業務評価（重要度、自己評価など）を調査したが、台湾のソーシャルワーカーは主に個別援助業務を執行している。また、その業務認知において、その実施度、重要度及び自己評価は、どちらも個別援助業務の平均値が最も高く、次に集団援助業務、地域援助業務との順になっている。個別援助中心の業務をし、集団及び地域援助は相対的におろそかにしていることから、今後、地域ケアを重視する介護保険制度の実施を考える際には、ソーシャルワーカーのコミュニティワーク能力向上が不可欠である。

　また、これまでには、ケアワーカーは140時間ほどのトレーニングの課程を修了することにより勤務が可能となるが、何よりも人手不足の問題が続いてきている。その主な問題は以下のようである。

①修了後の勤務選択として病院に就職すること。

②離職率が高いこと。

③若者の加入が少ないこと。

④老人サービス関連学科の養成体制がまだ不安定な状態であること。

⑤外国人介護者に大きく依存すること。

　特に、現状では介護には外国人介護者が不可欠な存在である。家庭内に住み込む外国人介護者が増加する一方であり、2011年6月までには19万3337人に達している。それに対して、2008年末までには、台湾籍のホームヘルパーはわずか2万5028人であり、外国人介護者の13％しか占めていない。外国人介護者は、介護職の外側の位置にある補充役ではなく、台湾の主な介護を担っているマンパワーである。それにもかかわらず、上述した『長期介護サービス法』における介護マンパワー政策は未だ

明らかではない。介護マンパワーに関する条文はただ二つしかない〔陳正芬, 2013〕。介護職は様々であるが、統一的に取り扱うことは不適当である。介護職の登録制を制定するが、詳細な説明はない。そして、研修の必要性だけを提出しているが、研修に関すること（研修機関、研修方法、課程内容、研修時間）には言及していなかった。外国人介護者に関して、どう対応するのか言及がなかった。

結びに代えて──新介護システムの展望

現在では、台湾政府は長期介護保険制度関連法案の作成準備、具体的な実施検討作業の最中にあるが、新たな介護財源の創設に向けて、国会審議に邁進する段階に入る予定である。『長期介護保険制度』の導入を間近に控えて、それは今後の台湾の高齢者福祉政策体系の中軸になることは間違いないと考えられている。

『長期介護保険制度』の導入は 2008 年馬政権の公約の一部であり、2008 年に実施することは既に破られた。2 回目に公約した 2016 年に実施することは、上述した様々な難問でその見通しが困難であろうと思われる。

【注】
1）台湾では『長期照顧保険制度』（long-term care insurance）というが、日本語では『長期介護保険制度』にする。
2）2014 年 1 月から「国家発展委員会」に変わった。
3）退役軍人の就学、就職、医療サービス、老後生活支援、介護などの事務を取り扱う専門的行政機関である。最初は、戦後大陸から移ってきた兵士の生活保障を推進するため設置された政府部門であったが、現在は退役兵士の生活保障、就労の媒介などのサービスを提供する行政機関である。
4）退役軍人やその遺族のための養護老人ホームや特別養護老人ホーム。

【参考文献】
中国語文献
・內政部社區發展雜誌社（2013）「社論：完善照顧體系，俾利建構長照制度」『社區發展』，141:1-5。
・行政院經濟建設委員會、行政院衛生署、內政部、行政院勞工委員會、行政院原住民族委員會、行政院國軍退除役官兵委員會（2009）『長期照護保險規劃報告』。瀏覽日期：2015 年 3 月 1 日，取自國家發展委員會網頁資料『長期照護保險規劃報告』http://www.ndc.gov.tw/m1.aspx?sNo=0012835#.VPMfLjAVGUk。
・行政院衛生署（2007）『我國長期照顧十年計畫－大溫暖社會福利套案之旗艦計畫（核定本）』。
・衛生福利部（2014）『103 年衛生福利統計指標』。瀏覽日期：2014 年 10 月 30 日，取自衛生福利部統計處網頁資料 http://www.mohw.gov.tw/cht/DOS/Statistic_P.aspx?f_list_no=312&fod_list_no=2220&doc_no=43390。
・中央健康保險署（2014）『2013-2014 全民健康保險簡介──健保財源』。瀏覽日期：2014 年 11 月 10 日，取自衛生福利部中央健康保險署網頁資料『認識健保署──健保財源』http://www.nhi.gov.tw/webdata/webdata.aspx?menu=17&menu_id=659&WD_ID=897&webdata_id=4521。
・李玉春等（2009）『長期照護保險法制給付方式及給付項目之評估』。臺北：行政院經濟建設委員會委託報告。計畫編號：No.（98）024.807）。
・李玉春（2012a）「長期照護保險之規劃與展望」，『挑戰 2025 超高齡社會』研討會。內政部社會福利工作人員研習中心主辦，弘光科技大學銀髮族全人健康照顧管理中心承辦。
・李玉春（2012b）「長照保險與長照服務法規劃」，『2012 年社會福利與社工發展研討會』，中華民國社工師公會聯合會主辦。

- 李玉春、林麗嬋、吳肖琪、鄭文輝、傅立葉與衛生署長期照護保險籌備小組（2013）「台灣長期照護保險之規劃與展望」,『社區發展』,141:30-41。
- 杜秀秀（2013）「長期照顧政策模型的發展——稅賦制、保險制之比較分析」『社區發展』,142：293-303。
- 陳惠姿、莊秀美、翟文英、許銘能、鄧世雄、蔡芳文（2009）『長期照護保險法制服務提供及服務人力之評估』報告書。經建會委託研究（案號：97121604-7）。
- 黃美娜（2009）「長期照護政策與立法趨勢」『日本福址學制發展現況暨照顧服務個案研討會』大會手冊。南開大學主辦。
- 周怡君、莊秀美（2014a）「德國照護保險中的國家監督管理」『臺大社會工作學刊』,29：199-242。
- 莊秀美等（2009）「台灣社會工作人員的工作認知與工作滿意狀況之研究（台灣におけるソーシャルワーカーの業務実態と仕事への満足感に関する研究）」報告書 『地域福祉計画・介護システム開発を通じた東アジア型福祉社会モデルの構築に関する研究』子計畫（2006.04.01〜2009.03.31,研究代表者：日本福祉大学社会福祉学部野口定久教授）,日本文部科学省平成18年度（2006年度）基盤研究（A）科学研究費補助金（三年計画）。
- 陳正芬（2013） 雙軌分立的長期照顧體系：照顧服務員國籍與品質的抉擇叉路。『長期照顧安老在台灣——台灣需要的【長期照護服務法】』研討會。社團法人台灣銀髮族總會主辦。
- 莊秀美（2013a） 評什麼？憑什麼？長期照護服務法需要規範些什麼？。『長期照顧安老在台灣——台灣需要的【長期照護服務法】』研討會。
- 莊秀美（2013b） 長照雙法,將能共譜安老之樂章嗎？——從「長期照護服務法」草案與日本介護保險制度之——台灣社會福利總盟『社福論壇』第五回專題演講,社團法人台灣社會福利總盟主辦,於日本交流協會台北事務所文化廳（2013年6月5日）
- 莊秀美、周怡君（2013）「日德與台灣長照保險的國家監督管理制度比較分析」 東吳大學社會學系「社會政策教師專業社群」系列專題演講,於東吳大學第二教研大樓D0813勉齋研討室『專題報告』。（2013年6月4日）
- 莊秀美、賴明俊、周怡君（2013）『長期照護保險制度之監察體系建構研究』研究報告書（精簡版）。研究題目：長期照護保險制度之監察體系建構研究。行政院國家科學委員會補助專題研究計畫（一般型研究計畫-個別型）（民國99年度）。計畫編號：NSC 99-2410-H-031-059-MY2。
- 鍾秉正（2013）「長照主管機關與機構之整合—國軍退除役官兵輔導委員會」『長期照顧安老在台灣——台灣需要的【長期照護服務法】』研討會。社團法人台灣銀髮族總會主辦。

日本語文献

- 莊秀美（2008a）「台湾における地域福祉の新たな展開——『コミュニティ・ケア・サービス・ステーション』の運営状況を中心に——（特別演講）」,日本福祉大学。
- 莊秀美（2008b）「台湾における高齢者介護サービス供給の民間参入に関する課題分析」『東アジア研究』6, pp.93-106,山口大学東アジア研究科。
- 莊秀美（2013c）「台湾における介護職の確保に求められるもの——介護保険体制の構築に向けて」九州大学社会学・地域福祉社会学研究室研究会,九州大学社会学・地域福祉社会学主催,於九州大学社会学・地域福祉社会学演習室（2013年9月11日）。
- 莊秀美（2014）「介護保障と社会連帯：台湾の介護保険制度の構築をめぐって」 シンポジウム『社会的支援と連帯』——日本社会分析学会第128回研究例会及び海外学術交流会,台湾東吳大学外双溪キャンパス国際会議場。東吳大学人文社会学院、東吳大学ソーシャルワーク学科、日本社会分析学会、台北富邦銀行公益慈善基金会主催。（2014年12月13日）
- 莊秀美、李佳儒、黃玫娟（2012）「地域型福祉発展趨勢に対応したソーシャルワーク専門職の養成と課題——ソーシャルワーカーの業務実態調査に基づいて——」『やまぐち地域社会研究』,第9号,pp.87-98。山口地域社会学会。
- 周怡君、莊秀美（2014b）「台湾における「長期介護サービス法」草案（第2次修正案）に関する課題——介護サービス事業者の監督を中心に——」『西日本社会学会』第72回大会自由報告,2014年5月11日,西南学院大学。
- 黃玫娟、莊秀美、林郁舒（2014）「台湾におけるケアマネージャーの業務の現状と養成の課題——教育背景の違いが業務執行に与える影響に焦点をあてて——」『西日本社会学会』第72回大会自由報告,2014年5月11日,西南学院大学。

資料

介護保険制度　概要

■介護保険料段階（第6期、第1号被保険者）

保険料段階		保険料
区分	本人・世帯の収入・所得	
新第1段階	被保護世帯、世帯全員市町村民税非課税等	基準額×0.3
新第2段階	世帯全員が市町村民税非課税 かつ年金収入等80万円〜120万円	基準額×0.5
新第3段階	世帯全員が市町村民税非課税 かつ年金収入等120万円超	基準額×0.7
新第4段階	本人が市町村民税非課税 かつ年金収入等80万円以下	基準額×0.9
新第5段階	本人が市町村民税非課税	基準額×1
新第6段階	市町村民税本人課税 かつ基準所得金額190万円未満	基準額×1.2
新第7段階	市町村民税本人課税 かつ基準所得金額190万円未満	基準額×1.3
新第8段階	市町村民税本人課税 かつ基準所得金額190万円以上	基準額×1.5
新第9段階	市町村民税本人課税 かつ基準所得金額190万円以上	基準額×1.7

完全実施は消費税率10％への引き上げ時（2017年4月）を予定している。
新第1段階のみ、2015年4月に0.45、2017年4月に0.3に変更。

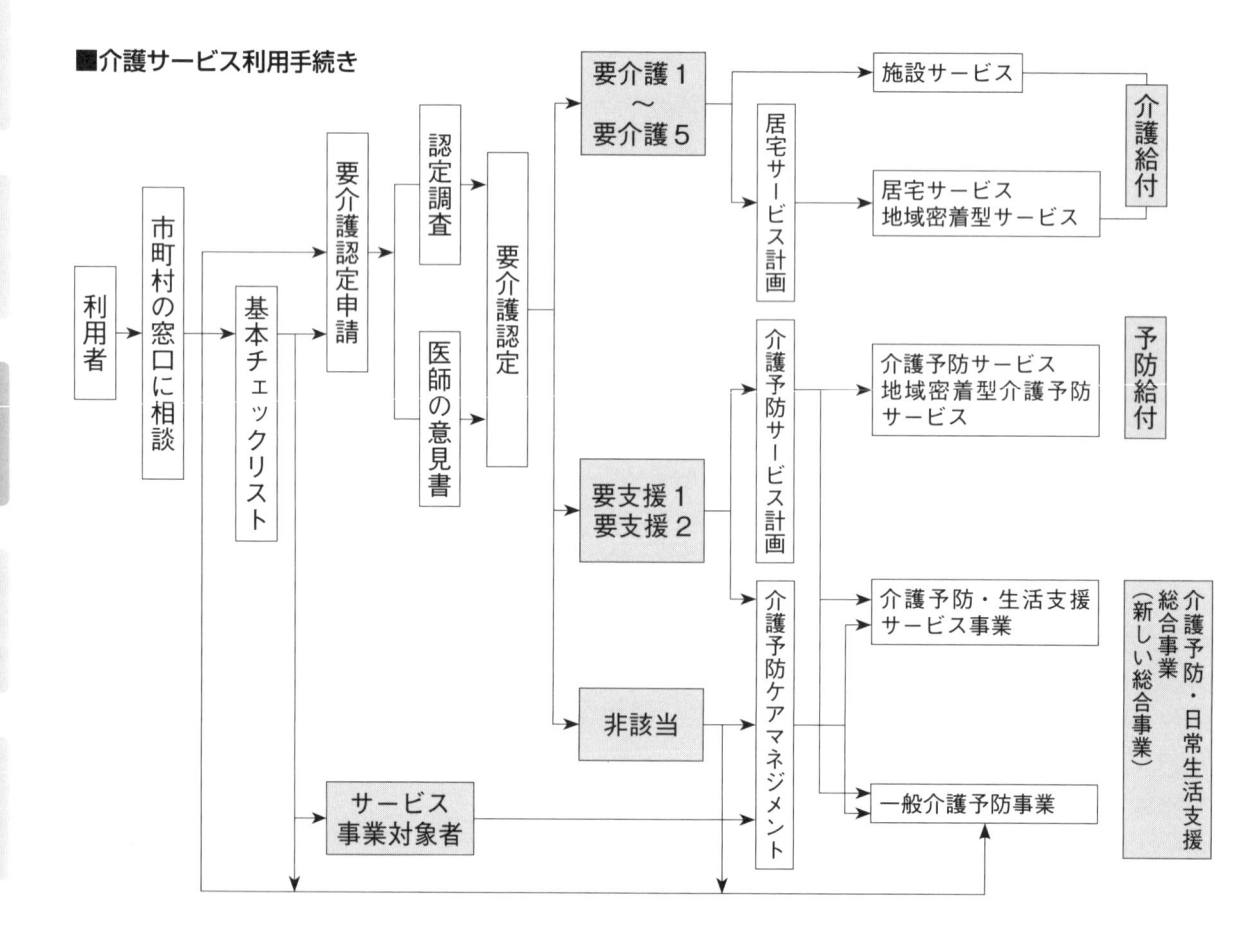

■介護サービス利用手続き

■介護保険制度のしくみ

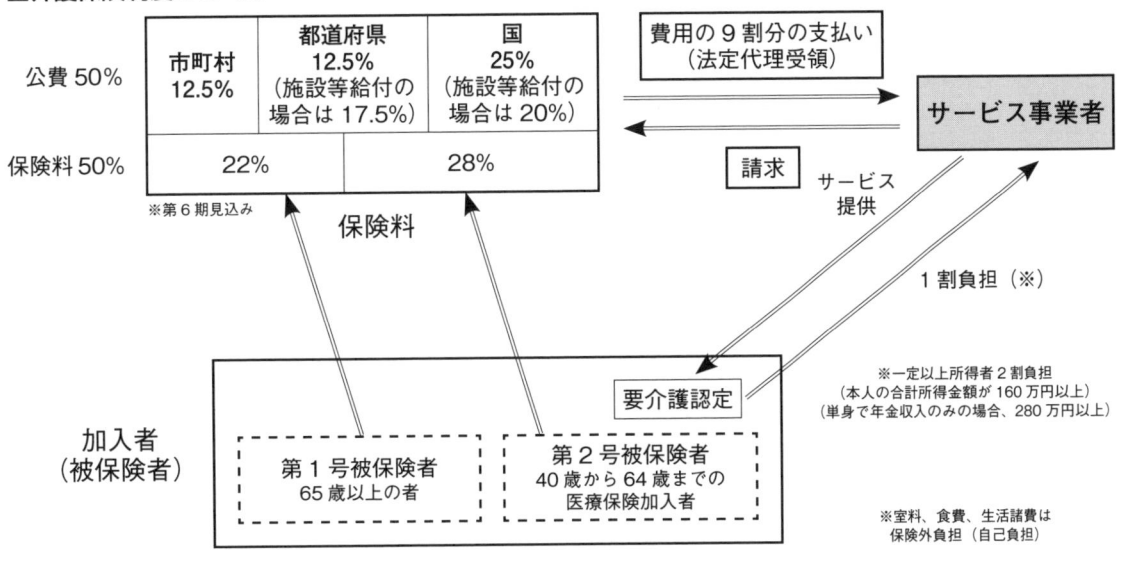

	市町村 12.5%	都道府県 12.5%（施設等給付の場合は17.5%）	国 25%（施設等給付の場合は20%）
公費50%			
保険料50%		22%	28%

※第6期見込み

保険料

加入者（被保険者）
- 第1号被保険者 65歳以上の者
- 第2号被保険者 40歳から64歳までの医療保険加入者

要介護認定

サービス事業者
- 費用の9割分の支払い（法定代理受領）
- 請求
- サービス提供
- 1割負担（※）

※一定以上所得者2割負担（本人の合計所得金額が160万円以上）（単身で年金収入のみの場合、280万円以上）

※室料、食費、生活諸費は保険外負担（自己負担）

■介護サービスの種類

サービス名	介護給付	予防給付	
訪問介護	○	○	居宅
訪問入浴介護	○	○	
訪問介護	○	※	
訪問リハビリテーション	○	○	
居宅療養管理指導	○	○	
通所介護	○	※	
通所リハビリテーション	○	○	
短期入所生活介護	○	○	
短期入所療養介護	○	○	
特定施設入居者生活介護	○	○	
福祉用具貸与	○	○	
特定福祉用具販売	○	○	
住宅改修	○	○	
定期巡回・随時対応サービス	○	—	地域密着型
夜間対応型訪問介護	○	—	
認知症対応型通所介護	○	○	
小規模多機能型居宅介護	○	○	
認知症対応型共同生活介護	○	○	
地域密着型特定施設入居者生活介護	○	—	
地域密着型介護老人福祉施設入居者生活介護	○	—	
複合型サービス	○	—	
居宅介護支援 介護予防支援	○	○	マネジメント
介護老人福祉施設	○	—	施設
介護老人保健施設	○	—	
介護療養型医療施設	○	—	

※介護予防・生活支援サービス事業の訪問型サービス、通所型サービスへ移行（実施は平成29年4月まで猶予可能）

■区分支給限度基準額

要支援・要介護度	区分支給限度基準額
要支援1（社会的支援を要する状態）	5,003単位／月
要支援2（社会的支援を要する状態）	10,473単位／月
要介護1（部分的な介護を要する状態）	16,692単位／月
要介護2（軽度の介護を要する状態）	19,616単位／月
要介護3（中度等の介護を要する状態）	26,931単位／月
要介護4（重度の介護を要する状態）	30,806単位／月
要介護5（最重度の介護を要する状態）	36,065単位／月

2014年4月時点

・公的介護保険制度の現状と今後の役割（2014年厚生労働省老健局総務課）を参考に作成。
・さらに、全国介護保険担当課長会議資料（2014年7月、11月、2015年3月）等を参考に2015年4月以降施行予定の内容に修正した。

介護保険制度　年表

- 1993 年

2月01日	社会保障制度審議会社会保障将来像委員会「社会保障の理念等の見直しについて（第1次報告）」
4月01日	老人福祉施設、身体障害者更生援護施設入所措置権町村移譲
4月06日	臨時行政改革推進審議会中間報告
4月14日	福祉人材確保指針（旧）告知
5月06日	福祉用具の研究開発及び普及の促進に関する法律公布
6月17日	生活者優先の長寿福祉システム研究会報告書「参加型の長寿福祉社会に向けて」
12月15日	中央社会福祉審議会老人福祉専門分科会「老人福祉施策において当面構ずべき措置について」

- 1994 年

2月03日	国民福祉税構想発表
3月28日	高齢社会福祉ビジョン懇談会「21世紀福祉ビジョン‐少子・高齢社会に向けて」報告
6月01日	高齢者介護対策本部設置
6月26日	高齢者、障害者等が円滑に利用できる特定建築物の建築の促進に関する法律（ハートビル法）公布（9月施行）
9月08日	社会保障審議会「社会保障将来像委員会第2次報告」
10月21日	「民間事業者による福祉用具賃貸及び在宅入浴サービスガイドライン」局長通知：
12月13日	高齢者介護・自立支援システム研究会報告書「新たな高齢者介護システムの構築を目指して」
12月18日	高齢者保健福祉推進10か年戦略の見直しについて（新ゴールドプラン策定）
12月25日	「地方分権の推進に関する大綱」閣議決定

- 1995 年

1月01日	ドイツ介護保険制度保険料徴収開始
3月09日	シルバーサービス振興会「シルバーサービス振興長期構想」報告書
4月01日	**老人保健福祉審議会最終報告「新たな介護保険制度の創設について」**／ドイツ介護保険制度在宅給付開始
5月19日	地方分権推進法公布（7月施行）
6月23日	「長寿社会対応住宅設計指針」建設省住宅局長通達
7月04日	社会保障制度審議会勧告「社会保障体制の再構築－安心して暮らせる21世紀の社会を目指して－」
7月26日	**老人保健福祉審議会第1次中間報告「新たな高齢者介護システムの確立について」**
11月15日	高齢社会対策基本法公布（12月施行）

- 1996 年

1月31日	**老人保健福祉審議会第二次報告「新たな高齢者介護制度について」**
3月13日	**与党福祉プロジェクトチーム「丹羽試案」（介護保障確立に向けての基本的な考え方）与党合意**
4月01日	らい予防法廃止
4月22日	**老人保健福祉審議会最終報告「高齢者介護保険制度の創設について」**
4月26日	**与党福祉プロジェクトチーム「介護保険制度の試案作成にあたっての基本的視点」**
5月13日	局長通達「民間事業者による在宅配食サービスのガイドラインについて」
5月15日	**厚生省高齢者介護対策本部「介護保険制度試案と参考資料」**
6月06日	**介護保険制度案大綱、老人保健福祉審議会等に諮問**
6月10日	**老人保健福祉審議会「介護保険制度案大綱について」（答申）**
6月11日	**社会保障制度審議会「介護保険制度の制定について」（答申）**
6月17日	**介護保険制度創設に関する与党合意**
6月25日	**与党介護保険制度の創設に関するワーキングチーム設置**
7月01日	ドイツ介護保険制度施設給付開始
7月05日	高齢社会対策大綱」閣議決定（長寿社会対策大綱廃止）
9月19日	**自由民主党、社会民主党、新党さきがけ「介護保険法要綱案に係る修正事項与党合意」**／全国市長会・全国町村会が了承
10月31日	**3党政策協議による合意**
11月19日	社会保障関係審議会会長会議「社会保障構造改革の方向（中間のまとめ）」
11月29日	**介護保険関連3法案国会提出**／厚生省「**第1号保険料の軽減措置について**」
12月13日	**介護保険関連3法案衆議院本会議趣旨説明、同日衆議院厚生委員会付託**
12月17日	**介護保険関連3法案衆議院厚生委員会提案理由説明**

- 1997 年

1月16日	「シルバーマークに関する国の関与の廃止」（局長通知）
4月01日	消費税5%に引上げ

6月18日	小学校及び中学校の教諭の普通免許状授与に係る教育職員免許法の特例等に関する法律公布（1998年4月施行）介護等の体験の義務付け
11月25日	社会福祉事業等の在り方に関する検討会「社会福祉の基礎構造改革について・主な論点」
11月11日	社会保障制度審議会小委員会「平成7年勧告後の状況変化に対応した社会保障の在り方について」
12月17日	**介護保険法公布（2000年4月施行）**／「民間事業者による日帰り介護（デイサービス）事業指針及び短期入所生活介護（ショートステイ）事業指針について」局長通知
12月26日	**厚生省「介護保険法の施行について」（依命通知）**
●1998年	
3月23日	**医療保険福祉審議会老人保健福祉部会、介護支援専門員厚生省令答申**
3月25日	特定非営利活動促進法公布（12月施行）
3月31日	「規制緩和新3か年計画」閣議決定
6月03日	**全国市長会「介護保険に関する決議と要望」**
6月17日	中央社会福祉審議会社会福祉構造改革分科会「社会福祉基礎構造改革について（中間まとめ）」
6月19日	厚生省「有料老人ホームのあり方に関する検討会報告書」
7月31日	**全国町村会「介護保険制度に関する緊急要望」**／「らい予防法」違憲国家賠償請求訴訟第1次提訴（熊本地裁）
9月30日	**全市区町村で要介護認定試行（高齢者介護サービス体制整備支援事業）**
10月09日	年金審議会「国民年金・厚生年金保険制度改正に関する意見」
11月04日	全国在宅サービス事業協会発足
11月09日	医療保険福祉審議制度企画部会「高齢者医療保険制度の在り方に関する意見書」
11月17日	**福祉自治体ユニット、家族介護への介護保険適用反対の要請書国へ提出**
11月27日	**健康保険組合連合会「介護保険制度の施行に伴う要望書」**
12月04日	1998年度国民生活白書、介護離職10万1千人と記述
12月08日	中央社会福祉審議会社会福祉構造改革分科会社会福祉基礎構造改革を進めるに当たって（追加意見）
12月09日	**医療保険福祉審議会老人保健福祉部会「介護保険制度政令案」答申**
●1999年	
2月26日	経済戦略会議「日本経済再生への戦略」（最終報告）
4月01日	特例許可老人病院新規許可廃止
4月15日	厚生省「社会福祉事業法一部改正法案大綱
4月19日	**医療保険福祉審議会老人保健福祉部会「保険給付を円滑に実施するための基本指針」「介護認定基準」答申**
4月21日	厚生省社会福祉法人の経営に関する検討会、社会福祉法人会計に財務諸表導入を提言
5月28日	**厚生省老人保健福祉局介護保険制度施行準備室長「介護保険に関する一連のマスコミ報道について」**／福祉自治体ユニット、介護保険の予定通り実施アピール発表
6月09日	**全国市長会「介護保険制度に関する決議」**／育児休業、介護休業等育児又は家族介護を行う労働者の福祉に関する法律（育児・介護休業法）題名改正
6月10日	**全国町村会「介護保険制度に関する緊急要望」**
6月14日	**医療保険福祉審議会「介護報酬設定等の考え方（案）」**
6月17日	**社会保障制度審議会、介護保険2000年4月実施を求める会長談話**
7月02日	**厚生省、介護報酬骨格案提示**
7月16日	地方分権の推進を図るための関係法律の整備等に関する法律公布（2000年4月施行）
7月26日	**厚生省、第1号保険料全国調査中間集計発表**
9月20日	**医療保健福祉審議会「家族介護に関する答申」**
10月01日	**要介護認定申請受付開始 地域権利擁護事業（福祉サービス利用援助事業）開始**
10月29日	保険料徴収半年延期等与党3党政策合意
11月05日	「介護保険法の円滑な実施に向けて」（特別対策）
11月09日	**指定都市市長会議「介護保険に関する緊急意見書」**
11月11日	**全国市長会「介護保険特別対策抗議決議」**
11月15日	**医療保健福祉審議会座長談話（政府特別対策への抗議声明）**
12月01日	今後5か年間の高齢者保健福祉施策の方向（ゴールドプラン21策定）（2004年終了）
12月08日	民法の一部を改正する法律 公布（2000年4月施行）
12月08日	任意後見契約に関する法律 公布（2000年4月施行）
12月14日	行政改革推進本部「規制改革第2次見解」
●2000年	
2月17日	「社会福祉法人会計基準の制定について」局長通知
4月01日	介護予防・生活支援事業スタート／**介護保険法施行**／**介護保険サービス開始（1号保険料徴収延期）**／有料老人ホーム関係事務、都道府県知事自治事務に移行／今後5か年間の高齢者保健福祉施策の方向～ゴールドプラン21スタート

5月12日	**第1期（2000〜2002年）介護保険事業計画スタート** / 高年齢者等の雇用の安定等に関する法律の一部を改正する法律（高年齢者雇用安定法改正）公布（10月施行）／消費者契約法公布（2001年4月施行）
6月07日	社会福祉の増進のための社会福祉事業法等の一部を改正する等の法律公布・施行
6月21日	高齢者、身体障害者等の公共交通機関を利用した移動等の円滑化の促進に関する法律（交通バリアフリー法）公布
9月27日	生活支援ハウス（高齢者生活福祉センター）運営事業実施要綱」局長通知
10月01日	**第1号介護保険料の徴収開始（半額）**
10月27日	社会保障構造のあり方について考える有識者会議「21世紀に向けての社会保障」（最終報告）
12月01日	「社会福祉法人の認可について」局長通知

●2001年

1月01日	老人医療費一部自己負担原則1割化
1月06日	中央省庁再編統合
3月01日	特例許可老人病院廃止
3月07日	身体拘束ゼロ作戦推進会議「身体拘束ゼロへの手引き」
3月30日	政府・与党社会保障改革協議会「社会保障改革大綱」「規制改革推進3か年計画」閣議決定
4月01日	総合規制改革会議設置　年金資金運用基金発足
4月06日	高齢者の居住の安定確保に関する法律（高齢者住まい法）公布（8月施行）
5月22日	世界保健機構総会「国際生活機能分類」承認
10月01日	**第1号介護保険料の全額徴収開始**
11月16日	育児・介護休業法改正
12月28日	「高齢社会対策大綱」閣議決定

●2002年

3月28日	厚生労働省福祉サービスにおける危機管理に関する検討会「福祉サービスにおける危機管理（リスクマネジメント）に関する取組み指針〜利用者の笑顔と満足を求めて」
7月18日	「有料老人ホームの設置運営標準指導指針について」局長通知
7月31日	厚生労働省、平成12年度国民医療費発表、介護保険制度導入で前年度比1.9％減

●2003年

3月31日	介護力強化病院廃止
4月01日	**介護報酬改定（マイナス2.3％）／第2期（2003〜2005年）介護保険事業計画スタート** / 介護予防・地域支え合い事業（介護予防・生活支援事業を改訂）／支援費制度開始
5月30日	個人情報の保護に関する法律公布（2005年4月全面施行）
6月01日	**高齢者介護研究会報告書「2015年の高齢者介護〜高齢者の尊厳を支えるケアの確立に向けて〜」**
6月16日	社会保障審議会「今後の社会保障改革の方向性に関する意見〜21世紀の社会保障の実現に向けて」（意見書）
10月01日	独立行政法人福祉医療機構発足

●2004年

1月08日	**厚生労働省介護制度改革本部設置**
3月19日	「規制改革・民間開放推進3か年計画」閣議決定
3月31日	総合規制改革会議廃止
4月01日	**介護予防・地域支援事業再編・施行**
6月01日	高年齢者等の雇用の安定等に関する法律（高年齢者雇用安定法）改正、2004年12月、2005年4月、2006年4月の3段階にわたり施行
8月03日	規制改革・民間開放推進会議「中間とりまとめ」
12月08日	育児・介護休業法改正公布（2005年4月施行）
12月10日	発達障害者支援法公布（2005年4月施行）
12月22日	**厚生労働省「介護保険制度改革の全体像〜持続可能な介護保険制度の構築」**
12月24日	厚生省『痴呆』に替わる用語に関する検討会「痴呆」を「認知症」変更勧告

●2005年

3月24日	「在宅におけるＡＬＳ以外の療養患者・障害者に対するたんの吸引等の取扱いについて」局長通知
4月01日	認知症サポーター100万人キャラバン開始（2014年9月末現在、サポーター数5,344,979人）／地域における公的介護施設等の計画的な整備等の促進に関する法律（基盤整備促進法）公布・施行　地域介護・福祉空間整備等交付金　創設／措置費用全額市町村負担に移行
7月11日	国土交通省「ユニバーサルデザイン政策大綱」策定
6月01日	**介護保険法改正（新予防給付、地域密着型サービスの導入、痴呆から認知症へ呼称変更、地域包括支援センター、介護支援専門員更新制、介護）**
10月01日	**介護保険施設等の居住費、食費の自己負担化実施（一部、前倒し実施）** / 障害者自立支援法公布（2006年4月、10月施行）

11月01日	高齢者虐待の防止、高齢者の養護者に対する支援等に関する法律（高齢者虐待防止法）成立（2006年4月施行）
12月01日	医療制度改革大綱

● 2006年

3月31日	規制改革・民間開放推進3か年計画（再改定）」閣議決定
4月01日	**改正介護保険法施行（全面実施）老人福祉法改正／介護報酬改定（マイナス2.4％）／第3期（2006～2008年）介護保険事業計画スタート／介護職員基礎研修課程創設（2009年より訪問介護員3級有資格者は介護報酬算定外となる）**
6月01日	高齢者、障害者等の移動等の円滑化の促進に関する法律（バリアフリー新法）成立　高齢者の医療の確保に関する法律（後期高齢者医療制度の創設）（2008年4月開始）
10月01日	**要支援1～要介護1までの福祉用具レンタル利用品目制限の実施**
12月01日	**コムスン介護報酬不正請求で立ち入り検査**

● 2007年

5月21日	**介護保険制度の被保険者・受給者範囲に関する有識者会議「介護保険制度の被保険者・受給者範囲に関する中間報告」**
8月28日	社会福祉事業に従事する者の確保を図るための措置に関する基本的な指針
12月01日	社会福祉士及び介護士福祉法改正（定義、業務内容、資格取得方法等の見直し）

● 2008年

5月28日	**介護保険法改正（介護保険法及び老人福祉法の一部を改正する法律公布）（業務管理体制整備の義務化、立ち入り調査権の創設（事業者規制の強化））** ／介護従事者等の人材確保のための介護従事者等の処遇改善に関する法律公布、施行
7月01日	日・インドネシア経済連携協定　外国人看護師・介護福祉士候補者の受入れを実施
12月01日	日・フィリピン経済連携協定　外国人看護師・介護福祉士候補者の受入れを実施

● 2009年

4月01日	**改正介護保険法施行／介護報酬改定（プラス3.0％）／第4期（2009～2011年）介護保険事業計画スタート**
5月20日	高齢者の居住の安定確保に関する法律の一部を改正する法律成立（2010年5月施行）
5月22日	地域包括ケア研究会報告書「地域包括ケア研究会報告書～今後の検討のための論点整理」公表
7月01日	育児休業、介護休業等育児又は家族介護を行う労働者の福祉に関する法律及び雇用保険法の一部を改正する法律（2010年6月施行）
9月09日	障害者自立支援法　廃止決定
10月01日	**要介護認定方法の見直し**

● 2010年

4月01日	「特別養護老人ホームにおけるたんの吸引等の取扱いについて」局長通知
5月22日	高齢者の医療の確保に関する法律の一部改正（医療保険制度の安定的運営を図るための国民健康保険法等の一部を改正する法律）公布、施行
8月01日	地域支援事業実施要綱改正
12月03日	障がい者制度改革推進本部等における検討を踏まえて障害保健福祉施策を見直すまでの間において障害者等の地域生活を支援するための関係法律の整備に関する法律

● 2011年

4月28日	**高齢者の居住の安定確保に関する法律等の一部を改正する法律公布（10月施行）（地域包括ケアの推進、地域密着型サービスの追加、財政安定化基金の一部取り崩し、介護予防・日常生活支援総合事業の導入等の創設）**
6月22日	**介護保険法改正（介護サービスの基盤強化のための介護保険法等の一部を改正する法律）／老人福祉法改正／社会福祉士及び介護福祉士法の一部改正（介護福祉士、一定の教育を受けた介護職員等による痰の吸引等の実施が可能に介護福祉士の資格取得方法の見直しにかかる改正規定の施行を延期）**
7月27日	**社会福祉法人会計基準の制定について（2012年4月より適用）**

● 2012年

4月01日	**改正介護保険法施行／第5期（2012～2014年）介護保険事業計画スタート／介護報酬改定（プラス1.2％、実質マイナス0.8％）**
6月01日	認知症施策検討プロジェクトチーム報告書「今後の認知症施策の方向性について」公表／日・ベトナム経済連携協定　外国人看護師・介護福祉士候補者の受入れを実施
6月27日	地域社会における共生の実現に向けて新たな障害保健福祉施策を講ずるための関係法律の整備に関する法律公布（2013年4月施行）
8月22日	社会保障制度改革推進法公布・施行
9月05日	「認知症施策推進5か年計画（オレンジプラン）」策定／高年齢者等の雇用の安定等に関する法律の一部を改正する法律
9月07日	高齢社会対策大綱閣議決定

介護保険制度　参考文献

●2013年		
1月23日	規制改革会議設置	
3月29日	厚生労働省「有料老人ホーム設置運営標準指導指針」改正	
4月01日	障害者の日常生活及び社会生活を総合的に支援するための法律（障害者総合支援法）施行	
12月13日	持続可能な社会保障制度の確立を図るための改革の推進に関する法律（プログラム法）公布・施行	
●2014年		
4月01日	**介護報酬改定（プラス0.63%、消費税率8%にともなう見直し）**	
5月29日	「『社会福祉法人の認可について』の一部改正について」局長通知	
5月30日	健康・医療戦略推進法　公布・施行	
5月30日	難病の患者に対する医療等に関する法律　公布(2015年1月施行)	
6月25日	**介護保険法改正（予防給付と地域支援事業の見直し、利用者負担、特養入所対象者等の見直し）**／地域における医療及び介護の総合的な確保を推進するための関係法律の整備等に関する法律(医療介護総合確保推進法)公布（順次施行）	
6月27日	介護・障害福祉従事者の人材確保のための介護・障害福祉従事者の処遇改善に関する法律公布・施行	
7月04日	社会福祉法人の在り方等に関する検討会報告書「社会福祉法人制度の在り方について」	
7月22日	健康・医療戦略　閣議決定	
●2015年		
4月01日	**改正介護保険法施行予定／介護報酬改定予定／第6期（2015～2017年）介護保険事業計画スタート予定**	

介護保険制度　参考文献

国会図書館蔵書検索ページより「件名：介護保険」「分類記号：EG(社会保障)」「出版年：1995年から2014年」を検索条件として検索し、検索結果から研究報告書、自治体刊行物（介護保険事業計画、報告書等）制度解説、資格関連テキスト等を除いた226件を掲載した。
（検索日：2014年10月5日）

■公的介護保険のすべて：不安なき老後への福祉革命
　　監修：岡本祐三　朝日カルチャーセンター
　　　　　　　　　　　　　　　　1995年7月　4-900722-16-2

■「公的介護保険」を考える
　　芝田英昭　かもがわ出版
　　　　　　　　　　　　　　　　1995年10月　4-87699-204-5

■詳説公的介護保険：5兆円市場の徹底分析と、そのビジネス戦略
　　日経ヘルスビジネス編　日経BP社
　　　　　　　　　　　　　　　　1995年11月　4-8222-1161-4

■公的介護保険に異議あり：もう一つの提案
　　里見賢治ほか　ミネルヴァ書房
　　　　　　　　　　　　　　　　1996年3月　4-623-02630-2

■公的介護保険制度の今日的視点
　　西川克己編著　小林出版
　　　　　　　　　　　　　　　　1996年4月　4-87596-017-4

■社会保障の保険主義化と「公的介護保険」
　　相沢与一　あけび書房
　　　　　　　　　　　　　　　　1996年5月　4-900423-96-3

■幸齢社会への挑戦：「公的介護保険」で幸せになれますか
　　芝田英昭編著　かもがわ出版
　　　　　　　　　　　　　　　　1996年8月　4-87699-265-7

■介護革命：老後を待ち遠しくする公的介護保険システム
　　京極高宣　ベネッセコーポレーション
　　　　　　　　　　　　　　　　1996年12月　4-8288-1786-7

■介護保険と自治体負担：公的介護保険制度の課題と提言　市町村からの緊急提言
　　高齢者介護制度研究会編　東京市町村自治調査会
　　　　　　　　　　　　　　　　1997年1月　4-8028-4806-4

■「介護保険」のすべて：社会保障再編成の幕明け
　　宮武剛著ほか　保健同人社
　　　　　　　　　　　　　　　　1997年4月　4-8327-0204-1

■そこが知りたい公的介護保険：老後はどのように変わるのか
　　斎藤義彦　ミネルヴァ書房
　　　　　　　　　　　　　　　　1997年4月　4-623-02727-9

■介護保険：その実像と問題点
　　伊藤周平　青木書店
　　　　　　　　　　　　　　　　1997年5月　4-250-97017-5

■医療と介護：いま、何が問われているか
　　相野谷安孝　同時代社
　　　　　　　　　　　　　　　　1997年5月　4-88683-369-1

■介護保険の戦略：21世紀型社会保障のあり方
　　京極高宣　中央法規出版
　　　　　　　　　　　　　　　　1997年6月　4-8058-1604-X

■公的介護保険に異議あり：もう一つの提案
　　里見賢治ほか　ミネルヴァ書房
　　　　　　　　　　　　　　　　1997年6月　4-623-02799-6

■あなたの老後は安心ですか：公的介護保険制度と老いの安心学
　　宮内博一　海竜社
　　　　　　　　　　　　　　　　1997年7月　4 7593 0509-2

■「介護保険」とどう向き合うか
　　江東・医療と福祉を考える会編　樹花舎
　　　　　　　　　　　　　　　　1997年7月　4-7952-5035-9

■これでいいのか介護保険
　　現場から公的介護保障を考える会他　エイデル研究所
　　　　　　　　　　　　　　　　1997年8月　4-87168-251-X

■介護保険：福祉の市民化
　　栃本一三郎　家の光協会
　　　　　　　　　　　　　　　　1997年9月　4-259-53867-5

■これが介護保険だ！
　　五十嵐芳樹著ほか　WAVE出版
　　　　　　　　　　　　　　　　1998年1月　4-87290-017-0

■欠陥だらけの介護保険
　　伊藤周平　かもがわ出版
　　　　　　　　　　　　　　　　1998年2月　4-87699-371-8

■介護保険と市町村の役割：市町村への緊急提言：あなたのまち介護のデザイン
　　東京市町村自治調査ほか編著　中央法規出版
　　　　　　　　　　　　　　　　1998年3月　4-8058-1675-9

- 介護保険と看護の課題：行政と民間サービスの連携のために
  高崎絹子　日本看護協会出版会
  　　　　　　　　　　　　　1998年5月　4-8180-0626-2
- 公的介護保険への経営戦略：21世紀の施設・社協のあり方を求めて
  三浦文夫監修ほか　中央法規出版
  　　　　　　　　　　　　　1998年5月　4-8058-1698-8
- 高齢社会福祉と地域計画：介護保険制度と新地域社会システム
  小坂善治郎　中央法規出版
  　　　　　　　　　　　　　1998年5月　4-8058-1707-0
- 真の公的介護保障めざして：福祉現場から具体的に考える
  日本福祉大学社会福祉学会 編　あけび書房
  　　　　　　　　　　　　　1998年6月　4-87154-011-1
- 介護保険・施設への緊急提言
  メディス出版部編　メディス出版部
  　　　　　　　　　　　　　1998年9月　4-944165-07-2
- ここまで分かった介護保険：平成10年夏
  月刊GPnet編集部 編　厚生科学研究所
  　　　　　　　　　　　　　1998年9月　4-905690-42-0
- 介護保険とケアマネジメント
  白澤政和　中央法規出版
  　　　　　　　　　　　　　1998年9月　4-8058-1682-1
- どうなるどうする介護保険：地域でできる介護保険へのとりくみ
  福祉倶楽部 ほか　萌文社
  　　　　　　　　　　　　　1998年11月　4-938631-81-4
- 介護保険と医療施設サービスの戦略
  平松一夫　医歯薬出版
  　　　　　　　　　　　　　1998年11月　4-263-23181-3
- これが介護保険時代の生きる道：利用者の権利擁護システムの構築
  岡本祐三 ほか 監修　日総研出版
  　　　　　　　　　　　　　1998年12月　4-89014-333-5
- 介護保険総点検：現行制度はこう変わる
  川村匡由　ミネルヴァ書房
  　　　　　　　　　　　　　1998年12月　4-623-02950-6
- 介護保険・このまま実施でいいのでしょうか：老人ホーム施設長1000人の本音
  老人ホーム施設長アンケートよびかけ人会議編　萌文社
  　　　　　　　　　　　　　1998年12月　4-938631-86-5
- 介護保険をどう改善させるか：緊急出版：国へ、県へ、市町村へ！
  中央社会保障推進協議会編　あけび書房
  　　　　　　　　　　　　　1999年3月　4-87154-017-0
- 介護保険と在宅サービス：ショートステイを中心として
  全国介護保険実務研究会 編著　大成出版社
  　　　　　　　　　　　　　1999年5月　4-8028-4821-8
- 介護保険とケアマネジメントの実際：21世紀の介護
  東京大学医学部附属病院医療社会福祉部編　金原出版
  　　　　　　　　　　　　　1999年5月　4-307-70152-6
- 介護保険と暮らしのデザイン：市民がつくる地域と福祉
  NO! 寝たきりキャンペーン委員会 編　医学書院
  　　　　　　　　　　　　　1999年6月　4-260-33001-2
- 医療と介護保険の境界：「介護保険」で適切な医療と介護は提供されるのか
  地域医療研究会＋介護の社会化を進める1万人市民委員会 編著　雲母書房
  　　　　　　　　　　　　　1999年6月　4-87672-077-0
- 介護保険制度と介護支援サービス：高齢社会に対応する
  藤林慶子　一橋出版
  　　　　　　　　　　　　　1999年6月　4-8348-0042-3
- 介護保険あなたの暮らしはこう変わる：三つの町のシミュレーション
  鈴木祐司　社会保険研究所
  　　　　　　　　　　　　　1999年6月　4-7894-7910-2

- 介護保険がやってきた：ケア現場の見方と使い方
  三好春樹 編著　雲母書房
  　　　　　　　　　　　　　1999年7月　4-87672-074-6
- 介護保険と福祉施設サービスの戦略
  平松一夫　医歯薬出版
  　　　　　　　　　　　　　1999年7月　4-263-23209-7
- NPOが描く福祉地図：介護保険とこれからの地域社会
  さわやか福祉財団監修 長寿社会文化協会編　ぎょうせい
  　　　　　　　　　　　　　1999年8月　4-324-05497-5
- 出直せ！介護保険
  伊藤周平　自治体研究
  　　　　　　　　　　　　　1999年8月　4-88037-290-0
- 介護を生きる：高齢者福祉20年の現場から
  岩本久人　工作舎
  　　　　　　　　　　　　　1999年8月　4-87502-315-4
- 介護保険でこう変わる、ヘルパーのしごと
  日本介護福祉士会 監修 石橋真二ほか　中央法規出版
  　　　　　　　　　　　　　1999年8月　4-8058-1689-9
- 介護保険と地域福祉実践
  日本地域福祉研究所監修 大橋謙策ほか編　東洋堂企画出版社
  　　　　　　　　　　　　　1999年8月　4-924706-81-7
- どうなるどうする介護保険：国際高齢者年と介護保険続
  福祉倶楽部 福井典子 編：井上英夫 ほか　萌文社
  　　　　　　　　　　　　　1999年8月　4-938631-97-0
- ここが問題！介護保険：日本共産党の緊急提案
  日本共産党中央委員会出版局
  　　　　　　　　　　　　　1999年8月　4-530-01516-5
- 介護福祉研究に学ぶ：介護保険のために
  岡山県介護福祉研究会 中国四国介護福祉学会 日本ケアワーク研究会 編　大学教育出版
  　　　　　　　　　　　　　1999年9月　4-88730-367-X
- 介護保険を活かす経営：新しい社会福祉法人のあり方
  小室明子 長谷憲明　ブックマン社
  　　　　　　　　　　　　　1999年9月　4-89308-371-6
- 介護保険と障害者
  障全協 編　全国障害者問題研究会出版部
  　　　　　　　　　　　　　1999年10月　4-88134-263-0
- 介護保険こうすればラクになる！
  浅井登美子 著；田中章二 監修　WAVE出版
  　　　　　　　　　　　　　1999年10月　4-87290-055-3
- 介護保険は何を変えるのか
  池田省三　公人の友社
  　　　　　　　　　　　　　1999年10月　4-87555-342-0
- 介護支援サービスと介護保険
  百瀬孝ほか 編著　建帛社
  　　　　　　　　　　　　　1999年10月　4-7679-3547-4
- 介護保険と人権：これからの介護保障のために
  加藤薗子 編著　かもがわ出版
  　　　　　　　　　　　　　1999年11月　4-87699-492-7
- 超少子高齢社会と介護保険
  岩渕勝好　中央法規出版
  　　　　　　　　　　　　　1999年11月　4-8058-4228-8
- 介護保険をどうする：市長からの「改革」提言
  土屋正忠　日本経済新聞社
  　　　　　　　　　　　　　1999年11月　4-532-16322-6
- 介護保険・何がどう変わるか
  春山満　講談社
  　　　　　　　　　　　　　1999年12月　4-06-149484-8
- 体あたり介護保険：市民政治家が国会で考えたこと
  石毛えい子　アトリエ・レクラム
  　　　　　　　　　　　　　2000年1月　4-7684-8831-5
- はじめての介護：実践介護から介護保険まで
  大森英雄ほか　ローカス
  　　　　　　　　　　　　　2000年1月　4-89814-070-X
- ザ・介護：何が求められ、どうかわるか
  日本医学交流協会ほか 共著　ジャムセア共済
  　　　　　　　　　　　　　2000年1月　4-900971-14-6

介護保険制度　参考文献

■介護認定調査・正しい受け方・行い方
　武久洋三　メディス出版部
　　　　　　　　　　　2000年1月　4-944165-13-7

■介護保険と福祉ビジネス：神奈川県の実践から見えてきたもの
　かながわ福祉サービス振興会 編　中央法規出版
　　　　　　　　　　　2000年2月　4-8058-1855-7

■介護保険110番：あなたならどうする？：介護保険制度で変わる新しい生活
　岡本優　法政出版
　　　　　　　　　　　2000年2月　4-89441-168-7

■介護保険で福祉が消える：福祉をなくさないための介護保険の修正提言
　伊藤周平　かもがわ出版
　　　　　　　　　　　2000年3月　4-87699-504-4

■しっかりしてよ！介護保険
　伊藤真美　草思社
　　　　　　　　　　　2000年3月　4-7942-0959-2

■ドイツ介護保険と地域福祉の実際：社会福祉士が体験した社会保険方式下のミュンヘン
　岡崎仁史　中央法規出版
　　　　　　　　　　　2000年3月　4-8058-1776-3

■介護保険と病医院経営対策
　山林良夫　中央経済社
　　　　　　　　　　　2000年3月　4-502-35354-X

■介護保険とホームヘルパー：ホームヘルプ労働の原点を見つめ直す
　石田一紀 ほか著　萌文社
　　　　　　　　　　　2000年3月　4-89491-006-3

■転ばぬ先の介護保険
　朝日新聞社会部ほか　朝日新聞社
　　　　　　　　　　　2000年3月　4-02-257477-1

■介護保険で拓く高齢社会
　樋口恵子 編　ミネルヴァ書房
　　　　　　　　　　　2000年3月　4-623-03242-6

■介護保険の教室：「自立」と「支え合い」の新秩序
　岡本祐三　PHP研究所
　　　　　　　　　　　2000年4月　4-569-61064-1

■これが介護保険だ！
　五十嵐芳樹 著ほか　WAVE出版
　　　　　　　　　　　2000年4月　4-87290-075-8

■痴呆老人と介護保険：問題点と改善への提言
　石倉康次ほか編著　クリエイツかもがわ
　　　　　　　　　　　2000年4月　4-87699-507-9

■介護保険と医療保険改革
　二木立　勁草書房
　　　　　　　　　　　2000年4月　4-326-75044-8

■介護保険のサービス情報
　NHK福祉番組取材班 編　旬報社
　　　　　　　　　　　2000年5月　4-8451-0639-6

■介護保険制度とリハビリテーション：21世紀の介護・医療の「鍵」を探る
　千野直一 監修 ほか　日本医療企画
　　　　　　　　　　　2000年5月　4-89041-420-7

■専門家が教える介護保険を賢く使うコツ：老親介護で困らないために
　日本訪問看護振興財団 編　中央法規出版
　　　　　　　　　　　2000年5月　4-8058-1918-9

■顔が見える介護保険：NPOの介護事業戦略
　佐藤義夫　光芒社
　　　　　　　　　　　2000年6月　4-89542-175-9

■21世紀の高齢化社会を生きぬくために：介護保険を考える
　筒井大八　近代文芸社
　　　　　　　　　　　2000年6月　4-7733-6664-8

■ケアハウスと介護保険
　有馬良建　医歯薬出版
　　　　　　　　　　　2000年6月　4-263-23242-9

■介護保険と社会福祉：福祉・医療はどう変わるのか
　伊藤周平　ミネルヴァ書房
　　　　　　　　　　　2000年7月　4-623-03177-2

■「介護保険」のすべて：社会保障再編成の幕明け
　宮武剛　保健同人社
　　　　　　　　　　　2000年7月　4-8327-0238-6

■おばあちゃんの介護保険
　石田光広 企画構成 ほか　公人の友社
　　　　　　　　　　　2000年7月　4-87555-294-7

■新・介護保険総点検：各制度はこう変わった
　川村匡由　ミネルヴァ書房
　　　　　　　　　　　2000年7月　4-623-03266-3

■得する年金・介護保険の基礎常識
　川村匡由　実業之日本社
　　　　　　　　　　　2000年7月　4-408-10400-0

■検証！介護保険現状を斬る!!
　メディス出版部 編ほか　メディス出版
　　　　　　　　　　　2000年8月　4-944165-17-X

■介護保険最前線：日独の介護現場の取材から
　斎藤義彦　ミネルヴァ書房
　　　　　　　　　　　2000年8月　4-623-03260-4

■介護保険施設の経営戦略：その理論と実践
　三浦文夫 監修 ほか　中央法規出版
　　　　　　　　　　　2000年8月　4-8058-1954-5

■介護保険とボランティア
　巡静一　かもがわ出版
　　　　　　　　　　　2000年8月　4-87699-537-0

■介護保険と病医院経営
　介護保険研究会計人グループ 編　ぎょうせい
　　　　　　　　　　　2000年9月　4-324-06268-4

■介護保険制度と福祉経営：措置から契約へ
　矢野聡ほか編著　ミネルヴァ書房
　　　　　　　　　　　2000年9月　4-623-03217-5

■検証介護保険
　伊藤周平　青木書店
　　　　　　　　　　　2000年10月　4-250-20037-X

■介護保険施設の運営管理と主要課題
　山口昇編　東京法令出版
　　　　　　　　　　　2000年10月　4-8090-4025-9

■介護保険制度・ゴールドプラン21
　山崎泰彦 編　東京法令出版
　　　　　　　　　　　2000年10月　4-8090-4021-6

■介護の現場で何が起きているのか
　生井久美子　朝日新聞社
　　　　　　　　　　　2000年10月　4-02-257472-0

■福祉が変われば経済が変わる：介護保険制度の正しい考え方
　岡本祐三 田中滋　東洋経済新報社
　　　　　　　　　　　2000年11月　4-492-70066-8

■介護保険とシルバーサービス：福祉産業としての可能性と限界
　川村匡由　ミネルヴァ書房
　　　　　　　　　　　2000年11月　4-623-03261-2

■介護保険の処方箋：事例からみた介護保険活用集
　淀川キリスト教病院医療社会事業部 編著　プリメド社
　　　　　　　　　　　2000年11月　4-938866-15-3

■世界の社会福祉と日本の介護保険
　堺園子　赤石書店
　　　　　　　　　　　2000年12月　4-7503-1351-3

■介護保険のトラブルと悩みを解決する本
　中山賢介　エール出版
　　　　　　　　　　　2000年12月　4-7539-2007-0

■介護保険と住民運動
　中西啓之ほか　新日本出版社
　　　　　　　　　　　2000年12月　4-406-02773-4

■共に生きる介護：みんなの介護保険
　中西茂　筒井書房
　　　　　　　　　　　2001年1月　4-88720-311-X

■使ってみた介護保険：利用のための知恵袋
　安宅温　ミネルヴァ書房
　　　　　　　　　　　　2001年3月　4-623-03372-4

■介護保険課
　介護保険実務研究会　ぎょうせい
　　　　　　　　　　　　2001年3月　4-324-06452-0

■あすは我が身の介護保険
　沖藤典子　新潮社
　　　　　　　　　　　　2001年4月　4-10-331007-3

■介護革命：制度の検証と課題分析
　岩渕勝好　中央法規出版
　　　　　　　　　　　　2001年4月　4-8058-4332-2

■自治体現場からみた介護保険：分権時代の高齢者福祉改革
　鏡諭　東京法令出版
　　　　　　　　　　　　2001年4月　4-8090-4029-1

■介護保険不幸のカラクリ
　門野晴子　講談社
　　　　　　　　　　　　2001年4月　4-06-272071-X

■ホームヘルパー消滅の危機：このままでは介護保険は崩壊…
　ヘルスケア総合政策研究所 企画・調査分析・編　日本医療企画
　　　　　　　　　　　　2001年5月　4-89041-454-1

■これからどうする！介護と医療
　小池晃　新日本出版社
　　　　　　　　　　　　2001年5月　4-406-02814-5

■介護保険とリハビリテーション
　千葉直一ほか　金原出版
　　　　　　　　　　　　2001年6月　4-307-75003-9

■介護保険を問いなおす
　伊藤周平　筑摩書房
　　　　　　　　　　　　2001年6月　4-480-05897-4

■介護保険・ケアマネジメントの技
　横田滋　インターメディカル
　　　　　　　　　　　　2001年6月　4-900828-14-9

■ケアマネジャー609人の証言：介護保険を変えよう
　よりよい介護をめざすケアマネジャーの会編　桐書房
　　　　　　　　　　　　2001年7月　4-87647-524-5

■介護保険はNPOで：サポートハウス年輪の挑戦
　安岡厚子　ブックマン社
　　　　　　　　　　　　2001年9月　4-89308-441-0

■高齢者医療と介護の将来像を提言する：画期的シミュレーション提言：「構造改革」に対置する，真の医療・介護改革へのプログラム
　伊藤周平 ほか 著　あけび書房
　　　　　　　　　　　　2001年9月　4-87154-031-6

■介護保険を告発する
　伊藤周平 監修・著ほか　萌文社
　　　　　　　　　　　　2001年9月　4-89491-027-6

■地域でとりくむみんなで育てる介護保険
　樋口恵子 編　ミネルヴァ書房
　　　　　　　　　　　　2001年9月　4-623-03537-9

■6人のケアマネージャーと介護保険：日本の介護が見えてきた！
　植田美津江　KTC中央出版
　　　　　　　　　　　　2001年10月　4-87758-227-4

■母に語る福祉，そして介護保険
　山田修平　ワン・ライン
　　　　　　　　　　　　2001年11月　4-948756-12-1

■介護保険と聴覚障害者：コミュニケーション支援からみた課題と改善への提言
　全国手話通訳問題研究会 企画・編集　クリエイツかもがわ
　　　　　　　　　　　　2001年11月　4-87699-628-8

■介護保険の限界
　相野谷安孝 ほか編　大月書店
　　　　　　　　　　　　2001年11月　4-272-36037-X

■介護サービス論：ケアの基準化と家族介護のゆくえ
　筒井孝子　有斐閣
　　　　　　　　　　　　2001年11月　4-641-07645-6

■21世紀初頭の医療と介護：幻想の「抜本改革」を超えて
　二木立　勁草書房
　　　　　　　　　　　　2001年11月　4-326-75045-6

■介護保障の課題と展望
　三友雅夫監修ほか　中央法規出版
　　　　　　　　　　　　2002年2月　4-8058-2166-3

■定点観測から「介護保険」を問う：Out look 2002：最期まで希望がかなう地域ケア
　地域ケアネットワーク・こむ 編　筒井書房
　　　　　　　　　　　　2002年2月　4-88720-355-1

■高齢者介護と自立支援：介護保険のめざすもの
　大森彌 編著　ミネルヴァ書房
　　　　　　　　　　　　2002年3月　4-623-03503-4

■地域福祉と介護保険
　豊田謙二ほか編　ナカニシヤ出版
　　　　　　　　　　　　2002年3月　4-88848-676-X

■ケアマネジメント：社会資源の活用と介護支援サービス
　百瀬孝ほか共著　建帛社
　　　　　　　　　　　　2002年4月　4-7679-3322-6

■介護保険見直しの焦点は何か：緊急提案：実態をふまえ，具体的に提案する
　中央社会保障推進協議会監修ほか　あけび書房
　　　　　　　　　　　　2002年6月　4-87154-038-3

■介護保険制度下の高齢者支援：リハビリテーションと健康・福祉・介護
　小西博喜ほか編著　八千代出版
　　　　　　　　　　　　2002年7月　4-8429-1248-0

■介護保険と契約：「契約」で読み解く居宅サービス運用
　赤沼康弘ほか監修　日本加除出版
　　　　　　　　　　　　2002年8月　4-7894-2588-6

■結びあう家庭介護：心かよう医療・看護・介護の地域ネットワークづくり
　早川裕子　教育史料出版会
　　　　　　　　　　　　2002年9月　4-87652-419-X

■介護保険はどう見直すべきか
　増子忠道　大月書店
　　　　　　　　　　　　2002年9月　4-272-36041-8

■住民による介護・医療のセーフティネット
　神野直彦ほか編著　東洋経済新報社
　　　　　　　　　　　　2002年10月　4-492-70087-0

■京極高宣著作集. 第4巻（介護保険）
　京極高宣　中央法規出版
　　　　　　　　2002年12月　4-8058-2324-04-8058-2320-8 (set)

■介護保険：地域格差を考える
　中井清美　岩波書店
　　　　　　　　　　　　2003年1月　4-00-430820-1

■ドキュメント介護保険：北九州市の挑戦
　鈴木祐司　中央法規出版
　　　　　　　　　　　　2003年2月　4-8058-2335-6

■現代社会福祉の諸問題：介護保険の現状と財政を中心に
　坂本忠次 編著　晃洋書房
　　　　　　　　　　　　2003年5月　4-7710-1455-8

■介護保険見直しの争点：政策過程からみえる今後の課題
　増田雅暢　法律文化社
　　　　　　　　　　　　2003年7月　4-589-02681-3

■介護保険法と老人ホーム：利用者の権利と行政・施設の職員の責任
　高野範城　創風社
　　　　　　　　　　　　2003年8月　4-88352-078-1

■介護系NPOの最前線：全国トップ16の実像
　田中尚輝ほか　ミネルヴァ書房
　　　　　　　　　　　　2003年10月　4-623-03889-0

■疑問あり！介護保険統合論：どこへ行く支援費制度
　井上泰司ほか執筆　かもがわ出版
　　　　　　　　　　　　2004年4月　4-87699-810-8

■高齢社会のケアサイエンス：老いと介護のセイフティネット
　筒井孝子　中央法規出版
　　　　　　　　　　　　2004年6月　4-8058-2467-0

介護保険制度　参考文献

■医療介護とは何か：医療と介護の共同保険時代
　日本ケアワーク研究所監修　住居広士　金原出版
　　　　　　　　　　　　　　2004年6月　4-307-70177-1

■これからの介護保険を考える：制度改正にあたっての政策論と福祉援助技術論
　結城康博　本の泉社
　　　　　　　　　　　　　　2004年10月　4-88023867-8

■介護保険見直しへの提言：5年目の課題と展望
　増田雅暢　法研
　　　　　　　　　　　　　　2004年10月　4-87954-502-3

■「さぬき」からケアの風：介護保険とNPOの協働
　日本ケアシステム協会編　兼間道子ほか著　筒井書房
　　　　　　　　　　　　　　2004年10月　4-88720-454-X

■改革提言介護保険：高齢者・障害者の権利保障に向けて
　伊藤周平　青木書店
　　　　　　　　　　　　　　2004年12月　4-250-20434-0

■介護保険制度の評価：高齢者・家族の視点から
　杉澤秀博　ほか　三和書籍
　　　　　　　　　　　　　　2005年1月　4-916037-72-3

■介護保険転換期：新制度のしくみとドイツ制度の現状
　東京都高齢者研究・福祉振興財団編　東京都高齢者研究・福祉振興財団
　　　　　　　　　　　　　　2005年1月　4-902042-15-0

■介護保険見直しと介護予防サービス
　イニシア企画編集部編著　イニシア
　　　　　　　　　　　　　　2005年2月　4-901436-43-0

■京都の介護現場から提言する：介護保険5年目の見直しに向けて
　京都府保険医協会介護保険対策委員会企画・編集　かもがわ出版
　　　　　　　　　　　　　　2005年2月　4-87699-857-4

■介護保険施設の経営マネジメント：その理念と実践手法
　村田正子　中央法規出版
　　　　　　　　　　　　　　2005年2月　4-8058-2532-4

■介護保険改革と障害者グランドデザイン：新しい社会保障の考え方
　京極高宣　中央法規出版
　　　　　　　　　　　　　　2005年3月　4-8058-2578-2

■国民皆介護：介護保険制度の改革
　京極高宣　北隆館
　　　　　　　　　　　　　　2005年3月　4-8326-0817-7

■介護保険と21世紀型地域福祉：地方から築く介護の経済学
　山田誠 編著　ミネルヴァ書房
　　　　　　　　　　　　　　2005年4月　4-623-04310-X

■介護保険見直しの要点と対応のしかた
　朝日健二　ほか　桐書房
　　　　　　　　　　　　　　2005年5月　4-87647-666-7

■「介護予防」のそこが知りたい！
　鏡諭 編著　ぎょうせい
　　　　　　　　　　　　　　2005年7月　4-324-07519-0

■自治体の介護保険制度改革：その対応と運営
　介護保険実務研究会 編　ぎょうせい
　　　　　　　　　　　　　　2005年8月　4-324-07666-9

■高口光子の介護保険施設における看護介護のリーダー論
　高口光子 ほか　医歯薬出版
　　　　　　　　　　　　　　2005年8月　4-263-71924-7

■介護保険分析：小樽市5年間のデータから介護予防を考える
　伊藤春樹ほか　筒井書房
　　　　　　　　　　　　　　2005年10月　4-88720-489-2

■国民皆介護：障害者自立支援法の成立
　京極高宣　北隆館
　　　　　　　　　　　　　　2005年10月　4-8326-0822-3

■「改正」介護保険と社会保障改革
　伊藤周平　山吹書店
　　　　　　　　　　　　　　2005年12月　4-88116-085-0

■介護予防の戦略と実践
　竹内孝仁　年友企画
　　　　　　　　　　　　　　2006年2月　4-8230-5160-2

■健康長寿社会を支える保健・医療・福祉
　吉本光一　福井県立大学
　　　　　　　　　　　　　　2006年3月　4-903496-01-5

■少子化時代の福祉と教育：介護保険制度改正・社会参加・教育改革
　金貞任ほか　圭文社
　　　　　　　　　　　　　　2006年3月　4-87446-062-3

■おかしいよ！改正介護保険
　市民福祉情報オフィス・ハスカップ 編　現代書館
　　　　　　　　　　　　　　2006年3月　4-7684-3456-8

■介護保険の経済と財政：新時代の介護保険のあり方
　坂本忠次ほか　勁草書房
　　　　　　　　　　　　　　2006年5月　4-326-70054-8

■介護保険の再出発：医療を変える・福祉も変わる
　宮武剛　保健同人社
　　　　　　　　　　　　　　2006年7月　4-8327-0317-X

■薬剤師と介護保険
　木村隆次 監修　エルゼビア・ジャパン
　　　　　　　　　　　　　　2006年9月　4-86034-576-2

■ここが変わった！介護の現場
　三上博至　エクスメディア
　　　　　　　　　　　　　　2006年12月　4-87283-704-5

■介護保険における介護サービスの標準化と専門性
　住居広士　大学教育出版
　　　　　　　　　　　　　　2007年2月　978-4-88730-736-0

■介護保険制度の総合的研究
　二木立　勁草書房
　　　　　　　　　　　　　　2007年2月　978-4-326-70056-1

■介護予防と機能訓練指導員：柔道整復師の新たな取り組み
　小坂善治郎ほか　医療科学社
　　　　　　　　　　　　　　2007年4月　978-4-86003-368-2

■学べばわかる介護福祉
　西口初江 編著　八千代出版
　　　　　　　　　　　　　　2007年5月　978-4-8429-1428-2

■これでいいのか介護保険：ホームヘルパー・夏子は吠える
　石原夏子　ストーク
　　　　　　　　　　　　　　2007年5月　978-4-434-10622-4

■親が75歳になったら読む本：子どもは、親の介護を引き受けなければならないのか
　林千世子　本の泉社
　　　　　　　　　　　　　　2007年8月　978-4-7807-0334-4

■介護保険制度の政策過程：日本・ドイツ・ルクセンブルク国際共同研究
　和田勝 編　東洋経済新報社
　　　　　　　　　　　　　　2007年9月　978-4-492-70120-1

■高口光子のはじめてのケアリーダー編
　高口光子 ほか　医歯薬出版
　　　　　　　　　　　　　　2007年11月　978-4-263-71935-0

■介護
　唐鎌直義 編　工藤浩司ほか著　旬報社
　　　　　　　　　　　　　　2008年1月　978-4-8451-1048-3

■生活支援のための福祉用具と住宅改修：介護保険の活用と実践
　和田光一　ほか　ミネルヴァ書房
　　　　　　　　　　　　　　2008年2月　978-4-623-04095-7

■21世紀の介護保険政策集：政党を中心に
　松井圭三　ほか　大学教育出版
　　　　　　　　　　　　　　2008年4月　978-4-88730-839-8

■現代日本の介護保険改革
　森詩恵　法律文化社
　　　　　　　　　　　　　　2008年4月　978-4-589-03083-2

■すぐに役立つ介護保険と成年後見のしくみと手続き
　若林美佳 監修　三修社
　　　　　　　　　　　　　　2008年7月　978-4-384-04182-8

■提言・こうあってほしい介護保険
　認知症の人と家族の会 編　クリエイツかもがわ
　　　　　　　　　　　　　　2008年9月　978-4-86342-010-6

■介護施設で暮らす人々・人間模様：相談員現場からのリポート
　山田須美子　文芸社
　　　　　　　　　　　　　2009年2月　978-4-286-06301-0

■よくみえる！医療・介護のはなし
　大野大平ほか　セールス手帖社保険FPS研究所
　　　　　　　　　　　　　2009年3月　978-4-86254-068-3

■訪問介護の現場から：介護サービス利用者の声を聞いてホームヘルパーに何ができるのか？：生きた福祉制度実現のために
　百合澤節子　文芸社
　　　　　　　　　　　　　2009年5月　978-4-286-06498-7

■介護リーダーの超技法
　高口光子　雲母書房
　　　　　　　　　　　　　2009年7月　978-4-87672-260-0

■介護の値段：老後を生き抜くコスト
　結城康博　毎日新聞社
　　　　　　　　　　　　　2009年12月　978-4-620-31963-6

■介護保険は老いを守るか
　沖藤典子　岩波書店
　　　　　　　　　　　　　2010年2月　978-4-00-431231-4

■総括・介護保険の10年：2012年改正の論点
　鏡諭編　介護保険原点の会著　公人の友社
　　　　　　　　　　　　　2010年4月　978-4-87555-566-7

■物語介護保険：いのちの尊厳のための70のドラマ．上
　大熊由紀子　岩波書店
　　　　　　　　　　　　　2010年4月　978-4-00-025307-9

■韓国介護保険制度の創設と展開：介護保障の国際的視点
　林春植ほか　ミネルヴァ書房
　　　　　　　　　　　　　2010年6月　978-4-623-05716-0

■介護施設と法令遵守
　伊藤重夫ほか　ぎょうせい
　　　　　　　　　　　　　2010年8月　978-4-324-08699-5

■物語介護保険：いのちの尊厳のための70のドラマ．下
　大熊由紀子　岩波書店
　　　　　　　　　　　　　2010年8月　978-4-00-025308-6

■介護保険の意味論：制度の本質から介護保険のこれからを考える
　堤修三　中央法規出版
　　　　　　　　　　　　　2010年10月　978-4-8058-3383-4

■提言・要介護認定廃止：「家族の会の提言」をめぐって
　認知症の人と家族の会　編　クリエイツかもがわ
　　　　　　　　　　　　　2010年12月　978-4-86342-058-8

■「介護保険制度」のあるべき姿：利用者主体のケアマネジメントをもとに
　白澤政和　筒井書房
　　　　　　　　　　　　　2011年2月　978-4-88720-628-1

■介護保険論：福祉の解体と再生
　池田省三　中央法規出版
　　　　　　　　　　　　　2011年3月　978-4-8058-3442-8

■認知症の「私」が考えること感じること：高齢者介護施設の現実と希望
　村田光男　けやき出版
　　　　　　　　　　　　　2011年5月　978-4-87751-440-2

■日本の介護システム：政策決定過程と現場ニーズの分析
　結城康博　岩波書店
　　　　　　　　　　　　　2011年6月　978-4-00-024281-3

■よくみえる！医療・先進医療・介護のはなし
　大野大平ほか　セールス手帖社保険FPS研究所
　　　　　　　　　　　　　2011年7月　978-4-86254-131-4

■上野先生、勝手に死なれちゃ困ります：僕らの介護不安に答えてください
　上野千鶴子ほか　光文社
　　　　　　　　　　　　　2011年10月　978-4-334-03647-8

■介護保険の謎：疎外とシステムを越えて
　野坂きみ子　柏艪舎
　　　　　　　　　　　　　2011年11月　978-4-434-16207-7

■ドイツと日本「介護」の力と危機：介護保険制度改革とその挑戦
　斎藤義彦　ミネルヴァ書房
　　　　　　　　　　　　　2012年2月　978-4-623-06095-5

■介護保険給付データ分析：もう1つの介護行政
　平野隆之編著　中央法規出版
　　　　　　　　　　　　　2012年10月　978-4-8058-3596-8

■やりなおし介護保険：制度を生まれ変わらせる20の方法
　増子忠道　筑摩書房
　　　　　　　　　　　　　2013年1月　978-4-480-86426-0

■おひとりさまでも最期まで在宅：平穏に生きて死ぬための医療と在宅ケア
　中澤まゆみ　築地書館
　　　　　　　　　　　　　2013年3月　978-4-8067-1455-2

■あの介護施設にはなぜ人が集まるのか：サービスを感動に変える18の物語
　糠谷和弘　編著　PHP研究所
　　　　　　　　　　　　　2013年6月　978-4-569-81215-1

■2025年介護保険は使えない？：今なら間にあう老後を守るためにできること
　大阪社保協介護保険対策委員会編　日本機関紙出版センター
　　　　　　　　　　　　　2013年7月　978-4-88900-886-9

■介護保険再点検：制度実施10年の評価と2050年のグランドデザイン
　川村匡由　ミネルヴァ書房
　　　　　　　　　　　　　2014年1月　978-4-623-06232-4

■いのちの格差を是正する：人権としての医療・介護保障めざす提言
　全日本民主医療機関連合会　新日本出版
　　　　　　　　　　　　　2014年3月　978-4-406-05784-4

■高齢者介護サービス論：過去・現在・未来に向けて
　鬼崎信好　中央法規出版
　　　　　　　　　　　　　2014年4月　978-4-8058-5028-2

■介護保険サービス苦情の構造：苦情を活かせばサービスが変わる
　倉田康路　学文社
　　　　　　　　　　　　　2014年4月　978-4-7620-2457-3

■介護経営黒字化の極意
　杢野暉尚　幻冬舎メディアコンサルティング
　　　　　　　　　　　　　2014年4月　978-4-344-97034-2

■安倍政権の医療・介護戦略を問う：その危険な狙い、そして真の改革への対案
　芝田英昭編著　あけび書房
　　　　　　　　　　　　　2014年6月　978-4-87154-128-2

■医療・介護問題を読み解く
　池上直己　日本経済新聞出版社
　　　　　　　　　　　　　2014年6月　978-4-532-11311-7

■よくみえる！医療・介護のはなし
　山田静江　セールス手帖社保険FPS研究所
　　　　　　　　　　　　　2014年8月　978-4-86254-176-5

■もっと変わる！介護保険
　小竹雅子　岩波書店
　　　　　　　　　　　　　2014年8月　978-4-00-270907-9

■介護施設の人材育成・仕事・賃金：70歳雇用と生涯現役の仕組みづくり
　松田憲二　産労総合研究所出版部経営書院
　　　　　　　　　　　　　2014年8月　978-4-86326-178-5

■リーダーの役割を果たす：福祉・介護の職場改善
　大坪信喜　実務教育出版
　　　　　　　　　　　　　2014年9月　978-4-7889-1079-9

介護保険制度　統計

	トピックス	概況	調査名等	実施者：URL
1 介護保険財政	第1号保険料（第5期 2012年〜2014年）	全国平均4,972円（第4期は4,160円）。最高6,680円（新潟県関川村）	第5期計画期間における介護保険の第1号保険料について	厚生労働省 http://www.mhlw.go.jp/stf/houdou/2r98520000026sdd.html
	第1号被保険者の保険料収納状況	2012年度の保険料収納状況は、調定額1兆7,682億円、収納額1兆7,411億円、収納率98.5%。特別徴収の収納額累計は1兆5,599億円、収納率100.0%、普通徴収の収納額累計は1,811億円、収納率87.0%。(平成23年度は、特別徴収100.0%、普通徴収85.6%)	平成24年度介護保険事業状況報告	厚生労働省 http://www.mhlw.go.jp/topics/kaigo/osirase/jigyo/12/index.html
	介護給付（介護給付・予防給付）費	2012年度累計8,128,346百万円（居宅サービス、地域密着型サービス、施設サービス、高額介護サービス費、高額医療合算介護サービス費、特定入所者介護サービス費の合計）	平成24年度介護保険事業状況報告	厚生労働省 http://www.mhlw.go.jp/topics/kaigo/osirase/jigyo/12/index.html
2 被保険者・サービス利用者等の動向	第1号被保険者数（2012年度末時点））	3,094万人（うち、前期高齢者は1,574万人、後期高齢者1,520万人）。前年対比116万人（3.9%）増。 2000年度末と比べると852万人（38.0%）増。	平成24年度介護保険事業状況報告	厚生労働省 http://www.mhlw.go.jp/topics/kaigo/osirase/jigyo/12/index.html
	要支援・要介護者数（認定者数）（2012年度末時点）	561万人（うち、第1号被保険者は546万人、第2号被保険者は15万人）。前年対比、第1号被保険者は31万人（6.0%）増、第2号被保険者は0.2万人（1.4%）減。 2000年度末認定者数256.2万人に比べ305万人（119%）増。	平成24年度介護保険事業状況報告	厚生労働省 http://www.mhlw.go.jp/topics/kaigo/osirase/jigyo/12/index.html
	第1号被保険者に占める認定者の割合（2012年度末時点）	全国平均17.6%。都道府県別にみると長崎県（22.3%）、和歌山県（21.8%）、徳島県（21.0%）が高く、埼玉県（13.7%）、千葉県（14.2%）、茨城県（14.5%）などが低い。	平成24年度介護保険事業状況報告	厚生労働省 http://www.mhlw.go.jp/topics/kaigo/osirase/jigyo/12/index.html
	介護が必要になった原因	1位脳血管疾患、2位認知症、3位高齢による衰弱	平成25年国民生活基礎調査	厚生労働省 http://www.mhlw.go.jp/toukei/saikin/hw/k-tyosa/k-tyosa13/dl/05.pdf
	要支援・要介護区分別認定者数（2012年度末時点）	2012年度累計4,055万人（延人月）、うち第1号被保険者3,932万人、第2号被保険者数124万人。1か月平均、338万人、前年対比19万人（5.9%）増。 2000年度の1か月平均124万人と比べると214万人増。	平成24年度介護保険事業状況報告	厚生労働省 http://www.mhlw.go.jp/topics/kaigo/osirase/jigyo/12/index.html
	施設介護サービス受給者数（2012年度累計）	2012年度累計1,049万人。1か月平均、介護老人福祉施設47万人、介護老人保健施設34万人、介護療養型医療施設7万人、総数87.4万人。 2000年度の1か月平均60.4万人と比べると27万人（44.7%）増。	平成24年度介護保険事業状況報告	厚生労働省 http://www.mhlw.go.jp/topics/kaigo/osirase/jigyo/12/index.html
	特別養護老人ホーム申込者数	約52.4万人。うち、要介護4及び5で在宅の入所申込者は、約8.7万人。（2014年3月集計）	特別養護老人ホーム入所申し込みの状況	厚生労働省 http://www.mhlw.go.jp/stf/houdou/0000041418.html
	認知症高齢者数	全国の65歳以上の高齢者における認知症有病率は15%と推定され、推定有病者数は2010年時点で約439万人、2012年時点で462万人と算出された。認知症になる可能性がある軽度認知障害（MCI）の高齢者も約400万人いると推計。	厚生労働科学研究費補助金（認知症対策総合研究事業）総合研究報告書「都市部における認知症有病率と認知症の生活機能障害への対応」	研究班代表者・朝田隆（筑波大学教授） http://www.tsukuba-psychiatry.com/wp-content/uploads/2013/06/H24Report_Part1.pdf
	身元不明・行方不明認知症高齢者数	身元不明者35人（2014年5月末日現在）行方不明5,201人（2013年度） うち発見4,646人、未発見132人	行方不明になった認知症の人等に関する調査結果	厚生労働省 http://www.mhlw.go.jp/file/04-Houdouhappyou-12304500-Roukenkyoku-Ninchishougyakutaiboushitaisakusuishinshitsu/1_1.pdf
	介護を受けたい場所	「自宅で介護してほしい」34.9%、「病院などの医療機関に入院したい」20.0%、「介護老人福祉施設に入所したい」19.2%、「介護老人保健施設を利用したい」11.8%。 平成14年度調査では「自宅で介護してほしい（ホームヘルプサービス等各種在宅サービスも活用）」が43.3%と最も高かった。	平成24年度高齢者の健康に関する意識調査	内閣府 http://www8.cao.go.jp/kourei/ishiki/h24/sougou/gaiyo/pdf/kekka_2.pdf

	トピックス	概況	調査名等	実施者：URL
	人生の最終段階を過ごしたい場所	一般国民が「認知症が進行し、身の回りの手助けが必要で、かなり衰弱が進んできた場合」に希望する療養場所は介護施設 59.2%、医療機関 26.8%、居宅 11.8%	人生の最終段階における医療に関する意識調査報告書	終末期医療に関する意識調査等検討会 http://www.mhlw.go.jp/bunya/iryou/zaitaku/dl/h260425-02.pdf
	死亡場所	2013 年の死亡者数 1,268,436 人。死亡場所の内訳は、病院・診療所 77.8%、介護老人保健施設 1.9%、老人ホーム 5.3%、自宅 12.9%、その他 2.2%。 2000 年の死亡場所内訳は病院・診療所 81.0%、介護老人保健施設 0.5%、老人ホーム 1.9%、自宅 13.9%、その他 2.8%。	平成 25 年 (2013) 人口動態統計	厚生労働省 http://www.e-stat.go.jp/SG1/estat/List.do?lid=000001108740 （表 5-5.5-6）
	貯蓄の増減	平成 25 年の貯蓄現在高は、前年と比べて「貯蓄が減った」は 41.3% となっている。年齢別にみると「65 歳以上」では、「減った」が 43.9%、「増えた」が 6.1%、「変わらない」が 32.8%。減額理由は「日常の生活費への支出」が 73.2%。	平成 25 年国民生活基礎調査	厚生労働省 http://www.mhlw.go.jp/toukei/saikin/hw/k-tyosa/k-tyosa13/dl/03.pdf
	介護扶助人員	平成 26 年 10 月　高齢者世帯数 761,593 人（前年同月 719,398 人）、平成 26 年 10 月　介護扶助人員 312,876 人（前年同月 291,869 人）	被保護者調査	厚生労働省 http://www.mhlw.go.jp/toukei/saikin/hw/hihogosya/m2014/10.html
3 介護保険サービス事業者の動向	介護サービス請求事業所数	受給者総数（名寄せ後）は、介護予防サービスでは 1099.1 千人、介護サービスでは 3853.5 千人。 請求事業所総数 188,007、単位数 77,389,291 千単位、費用額 790,201 百万円（平成 26 年 8 月審査分）	介護給付費実態調査（月報）	厚生労働省 http://www.mhlw.go.jp/toukei/list/45-1b.html
	事業別収支	収支差率は、介護老人福祉施設 8.7%（2011 年対比 -0.6 ポイント）、介護療養型医療施設 8.2%（同 -1.5 ポイント）、介護老人保健施設 5.6%（同 -4.3 ポイント）、訪問介護 7.4%（同じ +2.3 ポイント）、通所介護 10.6%（同 -1.0 ポイント）、居宅介護支援 -1.0%（同 +1.6 ポイント）	平成 26 年介護事業経営実態調査	厚生労働省 http://www.mhlw.go.jp/toukei/saikin/hw/kaigo/jittai11/index.html
	指定取消・停止処分	2000 年度から 2012 年度の指定取消・停止処分は合計 1,288 事業所。2012 年度は効力停止 57 事業所、取り消し 63 事業所	全国介護保険・高齢者保健福祉担当課長会議資料（平成 26 年 2 月 25 日）	厚生労働省 http://www.mhlw.go.jp/file/05-Shingikai-12301000-Roukenkyoku-Soumuka/0000038308.pdf
4 介護保険サービス従事者の動向	施設・事業所あたり常勤換算従事者数	居宅サービス事業所の 1 事業所当たりの常勤換算従事者数は、訪問介護が 7.9 人、通所介護が 8.6 人。介護保険施設の 1 施設当たり常勤換算従事者数は、介護老人福祉施設が 47.1 人、介護老人保健施設が 53.7 人、介護療養型医療施設が 34.5 人。（2013 年 10 月 1 日現在）	平成 25 年介護サービス施設・事業所調査	厚生労働省 http://www.mhlw.go.jp/toukei/saikin/hw/kaigo/service13/index.html
	入職、離職	2013 年 1 年間の労働移動者を主要な産業別にみると、医療, 福祉の入職者は 105 万人、離職者は 91 万人（入職、離職ともに卸売・小売、宿泊・飲食に次いで第 3 位）。入職超過率 2.3 ポイント。	平成 25 年雇用動向調査	厚生労働省 http://www.mhlw.go.jp/toukei/itiran/roudou/koyou/doukou/14-2/index.html
	訪問介護員、介護職員の採用率、離職率	2012 年 10 月～ 2013 年 9 月 1 年間の採用率 21.7%（前年 23.3%）、離職率 16.6%（前年 17.0%）。従業員の過不足は「大いに不足」「不足」を合わせると 25.5%、「適当」は 43.0%。	平成 25 年度介護労働実態調査	（公財）介護労働安定センター http://www.kaigo-center.or.jp/report/pdf/h25_chousa_kekka.pdf
	職員採用が困難である原因	「賃金が低い」が 55.4%、「仕事がきつい（身体的・精神的）」が 48.6%、「社会的評価が低い」が 34.7%。	平成 25 年度介護労働実態調査	（公財）介護労働安定センター http://www.kaigo-center.or.jp/report/pdf/h25_chousa_kekka.pdf
	介護労働を選んだ理由、辞めた理由	現在の仕事を選んだ理由は「働きがいのある仕事だと思った」54.0%、「今後もニーズが高まる仕事」36.9%、「資格・技能が活かせる」36.9%。 直前の介護の仕事をやめた理由は「職場の人間関係に問題があった」24.7%、「法人や施設・事業所の理念や運営のあり方に不満があった」23.3%、「他に良い仕事・職場があった」18.6%。	平成 25 年度介護労働実態調査	（公財）介護労働安定センター http://www.kaigo-center.or.jp/report/pdf/h25_chousa_kekka.pdf
	給与	2013 年 9 月、介護職の平均給与額（月給）は介護職（常勤）で 276,940 円（前年比 7,180 円増）	平成 25 年度介護従事者処遇状況等調査結果	厚生労働省 http://www.mhlw.go.jp/toukei/saikin/hw/kaigo/jyujisya/14/index.html

	トピックス	概況	調査名等	実施者：URL
5 介護者の動向	同居の主な介護者と要介護者の続柄	「同居」の主な介護者の要介護者等との続柄は「配偶者」が26.2％、「子」が21.8％、「子の配偶者」が11.2％。	平成25年国民生活基礎調査	厚生労働省 http://www.mhlw.go.jp/toukei/saikin/hw/k-tyosa/k-tyosa13/dl/05.pdf
	同居の主な介護者の介護時間	全体では「必要な時に手を貸す程度」が42.0％、「ほとんど終日」が25.2％。要介護3以上になると「ほとんど終日」の割合が高くなり、要介護5の場合は56.1％に達する。	平成25年国民生活基礎調査	厚生労働省 http://www.mhlw.go.jp/toukei/saikin/hw/k-tyosa/k-tyosa13/dl/05.pdf
	介護休業制度の利用状況	2013年度介護休業を取得した者がいた事業所の割合は1.4％（2012年度1.4％）。 仕事と介護の両立支援を目的とした職場環境の整備について、現在取り組んでいる事業所の割合は57.3％。	平成25年雇用均等基本調査	厚生労働省 http://www.mhlw.go.jp/toukei/list/dl/71-25r-03.pdf
	介護離職者	2013年度、介護を理由として離職した者がいた事業所の割合は2.0％。	平成25年雇用均等基本調査	厚生労働省 http://www.mhlw.go.jp/toukei/list/dl/71-25r-03.pdf
6 権利擁護	苦情相談	2013年度相談件数6,128件、受付223件（前年比、相談17件減、受付18件増）。2000年度は相談件数2,838件、受付件数300件。	苦情相談・受付累計件数	国民健康保険中央会 http://www.kokuho.or.jp/statistics/st_kujou_H25.html
	成年後見関係申し立て件数	2013年1月から12月までの成年後見関係事件（後見開始、保佐開始、補助開始及び任意後見監督人選任事件）の申立件数は合計で34,548件。 2000年4月～2001年3月の申立件数は合計で9,007件。	成年後見関係事件の概況－平成25年1月～12月	最高裁判所事務総局家庭局 http://www.courts.go.jp/vcms_lf/20140801koukengaikyou_h25.pdf
	日常生活自立支援事業契約件数	2013年度末時点の実利用者数43,632人（前年対比2,912増）。平成25年度新規契約11,513件（うち、認知症高齢者等59.0％）	日常生活自立支援事業の実施状況	全国社会福祉協議会 http://www.zcwvc.net/調査-研究報告/日常生活自立支援事業/平成25年度/
	高齢者虐待	2013年度養介護施設従事者等による虐待判断件数221件（前年対比42.6％増）、相談・通報件数962件（前年対比30.7％増）。 養護者による虐待判断件数15,731件（前年対比3.5％増）、相談・通報件数23,843件（前年対比6.2％増）。	平成25年度 高齢者虐待の防止、高齢者の養護者に対する支援等に関する法律に基づく対応状況等に関する調査結果	厚生労働省 http://www.mhlw.go.jp/stf/houdou/0000072782.html

最終アクセス：2015年2月18日

政党アンケート

政党アンケート

　介護保険白書編集委員会では、本編集企画の一環として、介護保険制度に関する評価と今後の課題について、各政党のご見解も内外に広くご紹介したく、アンケートを企画しました。概要は下記の通りです。

　なお、回答に記載されたとおり原文のまま掲載しております。

1　実施主体：介護保険白書編集委員会
2　調査時期：2015年1月～2月（2015年1月9日発送、2015年2月10日締切）
3　調査の実施方法：質問紙によるアンケート調査
4　調査対象：国会（衆議院・参議院）に議席を有する政党（11政党）
5　回答のあった政党と略号：（本文中には以下の略号を使用させていただきました）　自由民主党（自）、民主党（民）、公明党（公）、日本共産党（共）、次世代の党（次）、社会民主党（社）、沖縄社会大衆党（沖）
6　回答いただけなかった政党：（本文中には記載しておりません）　維新の党、生活の党と山本太郎となかまたち、日本を元気にする会、新党改革

　※掲載順は衆参両院の議席順（2015年1月7日現在）です。

問1　現行の介護保険制度に関する評価についておたずねします。

①介護保険制度が導入されたことについて、貴党はどのように評価をされていますか。

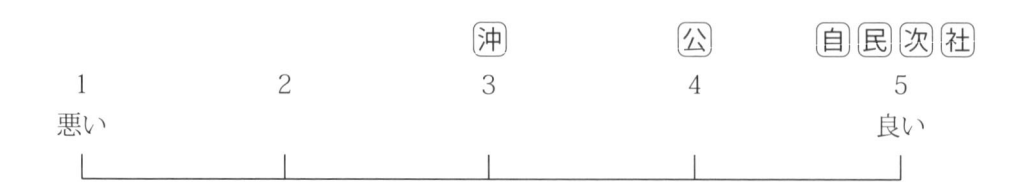

	1	2	3	4	5
	悪い		沖	公	自民次社 良い

共：選択できません。公的介護制度の創設は国民の要求であり、制度の導入後、介護サービスの総量は増え、ホームヘルプやデイサービス、特養ホームなどが要介護者の暮らしを支える役割を果たしています。同時に、歴代政権の社会保障費削減路線のもと、負担増や"介護とりあげ"の改悪が繰り返されてきた結果、低所得者が必要なサービスを受けられず、家族の介護負担も解消されないなど深刻な状況も続いています。介護保険をめぐっては、問題点や課題の多面的な検証・評価が必要であり、一律に「良い」「悪い」を数値化して評価することは、適切ではないと考えます。

②現行制度における介護サービスのあり方について、貴党はどのように評価をされていますか。

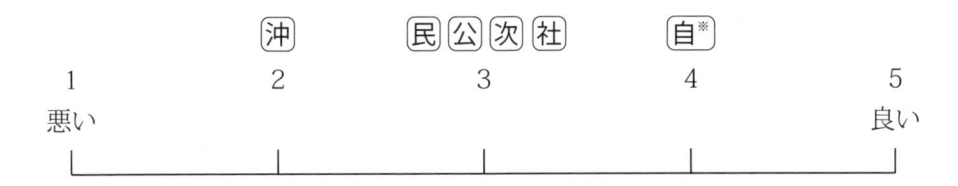

```
           沖        民公次社      自※
  1         2         3           4         5
 悪い                                        良い
```

自※：現行制度を評価しているが、今後も不断の見直しは必要。
共：選択できません。現行の介護サービスをめぐっては、高すぎる利用料負担や要介護度による利用抑制の仕組みのために必要なサービスが受けられないという問題が起こっています。低すぎる介護報酬を原因とする深刻な人手不足のために、サービス提供が滞る事態も深刻化しています。同時に、そうした不合理な制度や報酬体系のもとでも多くの介護従事者が献身的に奮闘し、利用者の暮らしと権利を支えている状況もあります。こうした状況を、一律に「良い」「悪い」を数値化することによって評価することは適切ではないと考えます。

③現行制度における被保険者の保険料の水準について、貴党はどのように評価をされていますか。

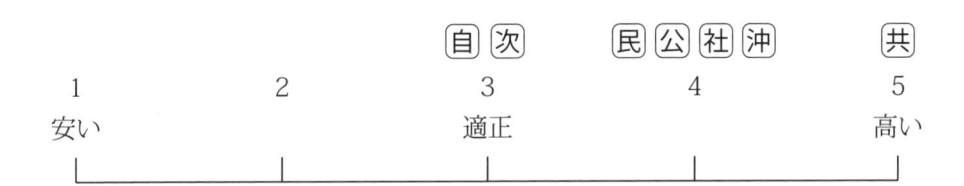

```
                    自次     民公社沖    共
  1         2         3         4         5
 安い                適正                 高い
```

④現行制度における1割の利用料負担（居住費、食費を除く）について、貴党はどのように評価をされていますか。

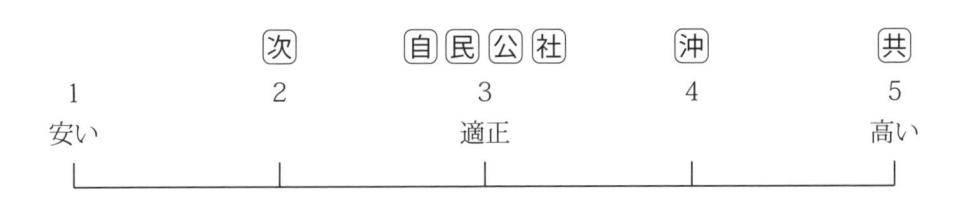

```
           次      自民公社      沖        共
  1         2         3         4         5
 安い                適正                 高い
```

問2　介護保険制度の今後の方向性についておたずねします。

①被保険者の1割の利用料負担（居住費、食費を除く）について、貴党は今後どうあるべきだとお考えですか。

1. 引き下げるべき	2. 妥当	3. 引き上げるべき
共 沖	自※ 民 公 次 社	

自※：一定以上の所得の方には1割以上のご負担をお願いしたところ。

②現行制度の被保険者は40歳以上とされていますが、今後の被保険者の範囲について、貴党はどのようにお考えですか。

1. 65歳以上にするなど縮小すべきだ	2. 40歳以上の現行のままでいい	3. 20歳以上にするなど拡大すべきだ
	民 社	次

自：※様々な議論があり引き続き検討。
公：（該当ありません）
共：選択できません。若年世代への負担増の押しつけのために、「介護保険と障害者福祉の統合」の名で介護保険料の徴収年齢を引き下げる改悪には反対です。同時に、国庫負担割合の引き上げや給付の抜本的充実をはかったうえで、将来の公的介護制度の対象をどうするのかについては、国民的な議論も踏まえて再検討をする余地があると考えています。現行制度を前提に"何歳からが適当か"を回答することは困難です。
沖：NA（回答できません。）

③今後の介護職に対する処遇改善、特に賃金のあり方について、貴党はどのようにお考えですか。

1	保険料を引き上げて改善を図るべきだ	
2	保険料は引き上げずに、税財源（処遇改善交付金など）を投入して改善を図るべきだ	民 共 社 沖
3	保険料の引き上げと、税財源（処遇改善交付金など）を併用して改善を図るべきだ	
4	事業者の自助努力に委ねるべきで、保険料や税財源を投入する必要はない	次※
5	介護職の賃金は現状の水準で妥当である	
6	介護職の賃金は現状でも高いので、引き下げるべきだ	

自：介護人材確保対策として介護職員の処遇改善は重要。27年度介護報酬改定で処遇改善加算を拡充することとしている。
公：（該当ありません）
次※：事業者の自助努力に委ねるべきで、保険料や税財源を投入する必要はない。

問3 介護保険制度については、「2025年問題」と呼ばれる高齢者のさらなる増加をにらんで、利用者負担の２割負担への引き上げや地域包括ケアの導入、被保険者年齢の引き下げなども検討されています。介護保険制度に関して今後の課題だと思われる点について、貴党のお考えをお聞かせください。（2400字以内で、文章で記述をお願いいたします）

■自由民主党

　介護保険制度は、1997年に国会で法律が成立し、2000年4月からスタートしています。本年2015年で、制度創設から15年を迎えようとしていますが、この間、介護サービスの利用者は約3倍以上に増加し、サービスも着実に拡大してきており、国民の皆様にとって、なくてはならない制度として定着してきていると考えています。

　一方で、介護保険制度創設後15年近くが経過し、我が国の人口構造はさらに大きく変化しており、特に要介護状態となる方が増える75歳以上の高齢者も急速に増えています。このような中、介護保険制度を状態に応じて安心してご利用いただくためには、必要な在宅・施設サービスを確保するための施策を講じるとともに、介護サービスの重点化など介護保険制度を次代に受け継ぐための不断の見直しを行うことが重要と考えています。

　2012年に約1500万人であった75歳以上高齢者は、2025年には約2200万人になると推計され、特に都市部を中心に急速に増加するものと見込まれております。そうした中、高齢者ができる限り住み慣れた地域で安心して暮らせるようにするためには、地域包括ケアシステムの構築を推進していくことが重要です。平成26年度介護保険法改正においても、地域包括ケアシステムの構築に向けて、市町村の地域支援事業を充実させ、医療・介護連携の推進、認知症施策の推進などを行うこととしています。

　また、高齢化が進展する中で、介護保険制度の持続可能性を確保していくためには、給付の重点化・効率化や費用負担の公平化を進めることも必要です。こうした観点から、平成26年度介護保険法改正において、相対的に負担能力のある一定以上の所得の方には２割の負担をお願いするとともに、低所得の高齢者の方の保険料負担については消費税財源を活用して負担軽減を強化するなど、負担能力に応じてご負担いただく仕組みとする見直しも行っています。

　さらに、2025年には介護人材が250万人必要と言われており、介護人材の安定的な確保及び質の確保も重要です。平成27年度からは、都道府県に設置されている医療介護総合確保基金を活用して介護人材の確保のための施策を推進します。あわせて、介護職員の処遇改善を推進するため、平成27年度介護報酬改定においても賃金改善のための介護職員処遇改善加算の拡充を行うことと

しています。

今後も、これまで行った制度改正等の実施状況や効果を検証し、必要に応じて見直しを行うとともに、これまで議論となっていて結論を得ていない課題についても引き続き検討を行っていく必要があると考えます。

なお、被保険者の範囲の拡大については、様々な議論があり、将来に向けて引き続き検討していく必要があると考えています。

今後も、国民の皆様が安心して生活していただけるよう、介護保険制度をよりよい制度としていくべく努めてまいります。

■民主党 ......

(1) 今後の介護保険サービス改革の視点

2025年に団塊の世代が全員75才以上になった時、働きながらでは親の介護を担えず、仕事を辞めざるを得ない介護離職が急増する事態を見越して、介護体制を再検討すべきです。介護保険改革は、市町村を中心とした制度運営側といった供給サイドの立場からではなく、利用者や家族といった需要側に配慮した制度設計でなければなりません。また、都市部と地方の人口分布、介護基盤の整備状況の違いを踏まえ、街づくりと介護体制の整備を同時に行うべきです。

(2) 介護保険サービスの改善

高齢化の進展に伴い、要介護度の重度化を遅らせ、できるだけ長く地域で暮らせるようにする、また、介護する家族の負担を軽減し、仕事と介護の両立を支援する視点での改革が求められています。

政府は、2015年4月から要支援認定者に対する訪問介護、通所介護を段階的に市町村に移管することにしています。無資格のボランティアに従来と同じ水準の訪問介護・通所介護サービスを担わせるには無理があります。

要支援に認定されている方の半分近くが軽い認知症であり介護保険サービスを利用しながら、なんとか地域で暮らしていること、また、仕事と介護の両立には介護保険サービスの活用が不可欠であることを考慮すれば、介護保険と同じ質のサービスが保障されない市町村事業に移行すべきではありません。政府が進める所謂「要支援切り」は、症状の重篤化の予防、施設から居宅への流れに反しているだけでなく、介護離職を増やすことにつながります。

また、介護保険給付の抑制、自己負担の引上げについては、「真に余裕のある利用者」に限定すべきです。介護のケアプラン策定にあたっては、独居仕様、老老介護仕様、介護離職防止仕様など、個別事情を十分配慮したものに再構築すべきです。

(3) 介護従事者の処遇改善

介護人材を確保するため、介護報酬をプラス改定し、介護従事者等の賃金を引き上げるべきです。一方で、政府は、平成27年度介護報酬改定において、報酬を2.27％引き下げることを決定しました。物価高を勘案すれば、過去最大幅の引き下げです。報酬の引き下げには、以下の重大な問題があります。

社会保障の充実と安定のため、2014年4月に消費税が5％から8％に引き上げられました。にもかかわらず、サービスの低下を招く介護報酬の引き下げを行うことは、消費税増税の目的に反し、

国民の理解に反するものです。

　介護職員の給与は他の職種に比べて約10万円低く、そのために離職者が絶えません。2015年1月時点で、介護関係職種の有効求人倍率は2.62倍と全職業の1.10倍を大きく上回っており、介護分野は著しい人手不足の状況にあります。職員の給与を引き上げることができるよう、介護報酬を引き上げることが必要不可欠です。しかし、報酬を引き下げることにより、事業者の経営を強く圧迫して、収支の剰余が縮小し、職員の給与を引き上げるどころか、カットせざるを得なくなってしまいます。報酬の引き下げは、安倍総理が一般業種の賃上げを推進していることと矛盾します。

　職員不足により、既に介護施設が一部閉鎖されたり、在宅サービスを提供できない事業所が出ていますが、報酬引き下げにより、介護分野での人材確保がさらに困難になり、利用者や家族の暮らしを壊しかねません。また、介護離職の増大、家族介護を担う女性等の負担増大などが引き起こされ、安倍総理が主張する女性の活躍と真逆の結果を生み出すことになります。報酬の引き下げにより、社会コストの増加、経済活動の阻害など、わが国の社会全体に悪影響を及ぼしかねません。

（4）外国人技能実習制度の介護職への対象拡大

　厚生労働省の検討会は2015年1月、外国人技能実習制度を見直し、介護分野でも外国人技能実習生を受け入れるとりまとめを行いました。とりまとめでは、日本語能力の要件を課すものの、1年目は「基本的な日本語を理解することができる」N4レベルで良いとされています。そのため、日本語能力が不十分なことが原因で、介護される高齢者とトラブルを起こしたり、事故を起こしてしまうことが危惧されます。

　また、介護分野で外国人を受け入れれば、介護職員の低い処遇が定着し、ますます人材が集まらなくなるという悪循環に陥りかねません。介護職員の処遇を改善することこそが、介護分野で人材を確保するための最善策です。

■ **公明党**

　介護保険法は2000年に施行され、その後、15年がたとうとしています。要介護の認定を受けている方や制度を利用されている方は大きく増加し、またニーズに合わせてサービス内容も充実させてきました。介護保険制度は、現在、介護が必要となった高齢者やそのご家族の日常生活を支える社会保障制度として着実に定着してきていると考えております。（問1①、②）

　このような介護サービスの財源の1つである介護保険料については、要介護者の方などのために必要なサービスを確保するためには、適切な水準を確保しなければなりません。一方で、高齢者の介護保険料は市町村民税の課税状況に応じて保険料を段階的に設定するなど負担能力に応じたものとしています。また、平成27年4月からは、低所得の高齢者を対象とする公費負担による新たな保険料軽減制度も開始する予定です。この仕組みは、平成29年4月に完全実施する予定です。（問1③、④）

　我が国は、今後も高齢化が急速に進展していき、2025年には、65歳以上の高齢者は約3700万人、人口の約3割を占めると言われております。また、家族の形態としても、一人暮らし世帯や夫婦のみ世帯が増加していくと考えられています。そうした中で、高齢者の方が、住み慣れた地域で自分らしい暮らしを続けることができるよう、医療、介護、予防、住まい、生活支援が一体的に提供される地域包括ケアシステムを構築していくことは非常に重要です。

公明党は、平成25年12月に「地域包括ケアシステム推進本部」（本部長：桝屋敬悟議員、事務局長：興水恵一議員）を設置し、地方議員も含め活発な意見交換を行ってきました。地域包括ケアシステムを全国的に構築するための課題や問題点も把握しながら、積極的な取組を進めているところです。一方、少子高齢化が進展する中でも介護保険制度を将来世代に確実に受け継ぐためには、地域包括ケアシステムの構築を推進して安心できる地域づくりを進めるだけでなく、給付の重点化・効率化や費用負担の公平化を図ることも必要です。年齢に関わらず負担能力のある方には負担して頂くという考え方に基づき、平成26年に成立した医療介護総合確保推進法に基づく介護保険制度の改正を行いました。（問2①）

加えて、今後、増加する介護サービスを安定的に提供していくためには、さらなるサービスの担い手の確保が重要と考えます。こうした観点から、介護職員の処遇改善は喫緊の課題と考えています。平成27年度介護報酬改定においては、処遇改善のための加算を拡充することとしており、この加算を実効あるものとして、介護職員の処遇の改善に確実に結びつくようにしていくべきと考えています。（問2③）

今後も、介護保険制度が国民の皆様に安心を与えられる制度であるよう、また、何よりも持続可能な制度とするため不断の見直しを行うべきと考えています。その際には、各方面の関係者のご意見を聴きながら、幅広く検討していく必要があると考えております。例えば、制度の安定化のために被保険者年齢を引き下げてはどうか、といった論点については、様々な議論があり、将来に向けて引き続き検討していくべき課題と考えています。（問2②）

介護保険制度が、介護を必要とする高齢者やそのご家族にとって、適切なサービスを提供してくれる仕組みであり続けるよう、公明党としても議論を続けていく考えです。

■日本共産党

現役世代の介護離職が毎年10万人にのぼり、「独居老人」「老老介護世帯」も急増しています。国の施策で病院を出され、介護施設にも入れない高齢者が「お泊りデイサービス」などの脱法施設を利用したり、ホームレス用の宿泊施設を転々とするなど、メディアが「介護難民」「老人漂流社会」と呼ぶ深刻な状況も広がっています。2025年の高齢化のピークに向け、介護の制度と基盤の建て直しが急務です。ところが、安倍政権は、医療・介護を中心とした社会保障費の「自然増」の削減をかかげ、▽介護現場の人手不足や介護事業所の経営悪化を加速する介護報酬の削減、▽要支援者の保険給付外し、▽特養入所の「要介護3」以上の限定、▽利用料の2割負担の導入、▽施設の食費・居住費に対する「補足給付」の縮小など、公的介護サービスの対象を限定し、利用者に負担増を押しつける改悪を連打しています。これでは、「介護崩壊」が起こりかねません。

日本共産党は、公的介護給付を切り縮める制度改悪に反対し、いまや日本社会の大問題となっている「介護の危機」を打開するため、介護・福祉制度の再建・充実をすすめます。

●介護・福祉労働者の労働条件改善、介護報酬の増額——提供体制を強化する

介護・福祉の提供体制を強化するには、労働条件の抜本的改善、担い手の育成・確保が不可欠です。安倍政権がねらう介護報酬の大幅削減に反対し、国庫負担割合の引き上げや利用料減免などとあわせながら、介護報酬の抜本的な増額・底上げを求めます。

介護報酬を引き上げながら、事業所の雇用管理や法令順守をはかり、正規化・常勤化の促進、サー

ビス残業の根絶、長時間労働の是正を進めます。介護職の人員配置基準を改善します。

「外国人技能実習制度」の介護分野への拡大など、介護の質を二の次にし、安い労働力に置き換えることをねらった"外国人介護職の活用"に反対します。介護職の社会的地位向上に逆行するあらゆる改悪に反対し、介護労働の専門性の確保とそれを正当に評価する処遇改善をはかることで、介護分野への入職意欲を高め、人材確保を前進させます。

保険料・利用料の引き上げに連動させることなく、緊急かつ確実に介護・福祉労働者の賃金アップを図るため、介護報酬とは別枠の、国費の直接投入による賃金引き上げの仕組みを創設します。

●**特養ホームの待機者をゼロに**──国策転換で「介護難民」を解消します

特養ホームの待機者が、施設整備数を超えて増え続ける根底には、低所得・貧困な高齢者の急増があります。「介護難民」を解消するには、特養ホームの抜本的な増設に舵を切るしかありません。廃止された国庫補助の復活、都市部での用地取得への支援を進め、国の責任で特養ホームの抜本的増設を図ることを提案します。「介護難民」の引き金となっている、病院や老人保健施設からの"追い出し"政策を中止します。小規模多機能型施設、グループホームなどの多様な施設についても基盤整備を進め、食費や部屋代への公的補助など、低所得者が利用できるよう改善をすすめます。

●**サービスとりあげ中止、利用料・保険料減免**──「必要な介護が保障される制度」に

要支援者・軽度者の在宅サービス利用を制限する改悪を中止し、必要な給付を保障する制度に改革します。

2割負担導入や「補足給付」縮小をやめさせ、低所得者の利用料を減額・免除する制度をつくり、経済的な理由で介護を受けられない人をなくします。国として実効性のある保険料の減免制度をつくります。

サービスの利用が増えたり、介護職の労働条件を改善すれば、ただちに保険料・利用料の負担増に跳ね返るという現行制度の根本矛盾を解決するため、介護保険の国庫負担割合をただちに10％引き上げ、将来的には国庫負担50％（公費負担75％）に引き上げることを提案します。その財源は、国民生活にも日本経済にも大打撃となる消費税ではなく、▽富裕層や大企業への優遇をあらため、「能力に応じた負担」の原則をつらぬく税制改革、▽大企業の内部留保の一部を活用し、国民の所得増をはかる経済改革で税収をふやす──という「消費税に頼らない別の道」で確保します。

●**貧困・病気・孤立など高齢者の困難を解決する福祉・医療体制を構築します**

「介護の危機」を打開するには、介護保険の改善にとどまらず、さまざまな制度・施策を総動員することが必要です。

虐待、貧困、社会的孤立など「処遇困難」の高齢者の救済は本来、老人福祉法にもとづく自治体の仕事です。ところが、介護保険導入後、福祉事務所や保健所、養護老人ホームなど自治体の措置福祉の機能は弱体化され、"介護保険任せ"にされてきました。
自治体の福祉職を増員し、介護保険や民間では対応しきれない困難のある人を自治体が直接救済して、支援や介護を提供する体制を再構築します。その拠点として地域包括支援センターを老人福祉法に位置づけ、人員・体制をつくります。養護老人ホームに財政支援を行い、機能を回復・拡充させます。

軽費老人ホームの増設、「地域優良賃貸住宅」の拡充など、低所得で身寄りのない高齢者に住まいを確保する住宅福祉を進めます。

地域で高齢者を支えるボランティアやNPO、民生委員や自治会、社会福祉協議会などに、要支援者サービスを"肩代わり"させる改悪を中止し、地域のコミュニティを支える社会的資源と位置づけ、連携促進、財政的な支援、後継者づくりへの協力などを推進します。

介護型療養病床を存続させ、医療的ケアを必要とする要介護者の貴重な"受け皿"として強化・拡充をはかります。在宅医療を担う診療所や訪問看護に対する報酬を改善し、在宅生活を支える拠点として公的支援を強めます。

認知症の早期発見・診断、初期の相談と家族への支援から、終末期のケア・看取りまで、切れ目なく治療と支援を行う、医療・保健・福祉の連携体制の構築をすすめます。

■次世代の党　回答なし

■社会民主党 ……………………………………………………………………………………

介護労働が報われる社会を

2000年4月に介護保険制度がスタートし、介護認定者は218万人から564万人(2013年度)に、総費用は3.6兆円から9.4兆円と大きく伸び、介護保険は広く国民に浸透してきた。家庭内の問題とされてきた介護を社会全体で支える公的制度に整えた意義は大きい。

しかし、その一方で、特別養護老人ホームの待機者は52万人、孤独死、高齢者虐待、介護殺人、さらには家族介護のための離職や子どもが勉学を断念するケースが増えており、介護問題はさらに深刻化している。介護保険施設等の基盤の拡充、介護労働者の確保と処遇改善も依然として解消していない。2015年度からの介護報酬引き下げは介護現場に大打撃を与えかねない。撤回し介護労働が報われる社会を目指すべきだ。

「2025年問題」に総力を

日本人口のボリュームゾーン「団塊の世代」が75歳以上になり、医療・介護のリスクが高くなる「2025年問題」が目前に迫っている。未曾有の局面であり、国、自治体、国民、企業など社会が総力を挙げて取り組まなければならない。

昨年、成立した「地域医療介護推進法」(与党賛成、全野党反対)は、2025年を目途に医療と介護を一体的に扱いながら制度の効率化と持続性を図るとして大ナタが振るわれた。しかし、財源抑制が優先され、国民にとっては負担増とサービスの縮小という非常に厳しい内容で課題が山積している。

「介護の社会化」の確認を

「地域医療介護推進法」の土台である「社会保障制度改革推進法」(2012年)は、「自助、共助、公助」というあいまいな概念で公的な責任を弱めている。「国民の自立」「家族相互及び国民相互の助け合い」は強調するが、消費税率引き上げとセットのはずだった「社会保障制度の機能強化」は出て来ない。制度創設時の「介護の社会化」「自己決定・自己選択」が変節しないよう理念の再確認が必要だ。この間の介護給付費適正化や同居家族がいる利用者の生活援助の制限等も理念に反していないか検証すべきだ。

まず在宅高齢者の介護実態調査を

今回、最も大きな改定は、要支援者向けの「訪問介護」と「通所介護」を国の予防給付からはず

し市町村に移行する点だ。この二つのサービスは在宅生活を支える柱で、働く世代の遠距離介護や別居介護も支えている。国は、NPOやボランティア等が多様な主体となり多様なサービスを提供できると言うがコスト削減に他ならない。市町村独自の事業となるため、市町村の財源や取り組む姿勢、地域の基盤等によって地域間格差も広がる。認知症高齢者の多くが要支援サービスを利用しており、早期発見・早期対応の認知症ケアに支障が出ないかも心配だ。

そもそも在宅高齢者の介護について本格的な実態調査は行われたことがない。事業計画の策定を機に市町村が実態調査に取り組み、利用者、家族、事業者等、現場の声を十分に拾い上げ、本当に必要で役に立つものは何か、問題解決の担い手としてふさわしいのは誰か、基盤整備等を点検して欲しい。国はそのデータに基づいて国民が納得できる在宅介護の方向を設計すべきだ。

所得保障の仕組みを

今年8月から「一定以上の所得」のある人の介護保険利用料が1割から2割になる。厚労省は2割負担でも生活に余裕があるラインと説明をしてきたが、その算定根拠の誤りが国会審議で明らかになった。検討し直すべきだ。

介護保険料は、2000年度で月約2900円（全国平均の基準額）、現在4972円、2015年度で5550円程度、2025年は8200円程度の見通しで、国民年金、国民健康保険料の増加率と比べても際立つ。消費税は増税、経済が良くなっても年金額は目減りし物価は上がり、可処分所得は減少していく。医療・介護の保険料と利用料負担、税負担等の総合的な点検と年金の最低保障機能を強化することが喫緊の課題だ。所得によって必要な社会保障サービスが利用できないという事態をなくさなければならない。

財源不足の穴埋めとして被保険者を20歳以上にまで引き下げる案は、若者にツケを回すことになるため反対。また、現行の介護保険制度に障害者福祉が統合されれば、障害者福祉が著しく低下しかねない危険性がある。

地域包括ケアシステムの課題

国は「地域包括ケアシステム」の構築を「2025年問題」に立ち向かう目玉としている。医療と介護の連携、介護予防や健康増進、高齢者の住まいの確保、地域住民による生活支援サービスの実施、コミュニティサービスの育成など幅広い領域への取り組みは重要であるが、問題はその方向性と実現性だ。

すでに、国から介護保険施設の伸びの抑制や一般病床の機能分化、入院期間の短縮、病床数の抑制について厳しい目標が示されているが、在宅医療を担う医師・看護師の確保、往診や訪問看護体制等が追いつけないのが現状だ。地域の基幹病院を軸に、住民、関係機関、行政を巻き込み成果を上げている実践例は極わずかしかない。構築の見通しは未知数に近く、逆に医療・介護・福祉削減の道具に使われれば、住民の生活が脅かされかねない危険性もあり、ここは要注意だ。

また、他分野にわたる課題に市町村の介護保険担当課のみで対応することは難しい。組織を横断した関連部局による新しい体制が不可欠だ。医療と介護の連携の調整役となる地域包括支援センターの機能強化も急務だ。住民が参加する地域の生活支援サービス等の組織づくりは、生活の豊かさとして住民の自主的な活動を支える仕組みが作れるかどうかが鍵となる。

これからも介護保険制度は"走りながら考え"続けなければならない。見直しのたびに制度は複雑になり、難解な用語が増え、使い勝手がわるくなっている。当事者を置き去りに走ってはいないか。

〝介護地獄〟をなくし、高齢者の暮らしを守る身近な制度として、国民の期待を裏切らないよう国も自治体も政党も心してかからなければならない。

■沖縄社会大衆党

　世界に類を見ない高齢社会を迎え、少子化のますますの進行が見込まれる現在、お年寄りの福祉はもとより、母子・父子家庭の支援、障害者の自立と支援等を含めた福祉政策をなお一層充実させ、施設の整備や診療体制の強化、各種制度の活用や手当の拡充を促進することが重要である。

　にもかかわらず、政府は今般、介護報酬を９年ぶりに引き下げ、大幅なマイナス改定とした。介護職員処遇改善加算を拡充するとはいえ、介護報酬本体の引き下げは、介護事業者の経営状況を悪化させ、介護職員の削減や現場のモチベーション低下、事業者の撤退などを引き起こすおそれがある。その結果、介護サービスの質が下がり、介護の現場が崩壊しかねないと懸念されている。

　ところが財務省は、介護報酬の引き下げにとどまらず、今後、現行の介護保険がカバーしている範囲を抜本的に見直して軽度の要介護者に対する生活介護を保険給付から外すことや、利用者負担を引き上げることも示唆している。

　高齢者福祉の制度を将来にわたって持続可能なものとしていくことは必要である。しかしながら、制度を維持するためという理由で必要なサービスを削ってしまっては、とてもこれからの高齢社会を乗り切ることはできない。社会保障予算の削減は、介護サービスの低下、介護が受けられない介護難民を生み出すなど、社会保障制度を根底から揺さぶるものである。社会保障制度の財源は、消費税の増税論議ではなく、道路特定財源を見直し、一般財源化し、特別会計や独立法人の見直し等、各省庁の無駄遣いを無くすなどして財源の確保を図るべきである。

　近年、政府は「地域包括ケアシステム」を社会保障制度改革プログラム法や医療介護総合確保促進法上に位置づけ、推進を図っている。これがそれぞれの地域の独自性を生かすものとしてうまく機能するのであればよいが、地域の名を借りた国による押し付けや、予算削減の手段となるようでは意味がない。

　沖縄県は独自の風土と文化を有し、「ユイマール」という互助の精神と共同体意識、共生・共働の思想を脈々と受け継いでいる。国が示している、「地域の実情に応じて、高齢者が、可能な限り、住み慣れた地域でその有する能力に応じ自立した日常生活を営むことができるよう、医療、介護、介護予防、住まい及び自立した日常生活の支援が包括的に確保される体制」は、沖縄県ではある意味で以前から行われてきたことである。国の画一化された制度を点検し、地域の独自性や特色を生かした社会保障制度の拡充を目指すべきである。

〈各政党に送付したアンケート用紙〉

> エピローグとしての座談会

15年を振り返り2025年を展望する

介護保険白書編集委員会

桑本（司会）：本書冒頭で介護保険の設計と導入に直接関わった方にも加わっていただいた座談会を掲載し、コラムにおいても、各界から多角的な視点で「介護保険15年」への評価や意見をいただきました。

また、15年間の制度改定の経過をたどるとともに、昨年6月に成立した「医療介護総合確保推進法」、介護分野での「地域包括ケアシステム」、本年4月からの大幅な介護保険制度改定の問題、さらに、「市場化」の問題、介護労働、家族介護の実態や課題、利用者の人権、権利擁護問題にも焦点をあて、各論文において分析・評価を論述していただきました。

その上で、エピローグに本書編集委員による座談会は、屋上屋だと思われるかもしれませんが、私たちもこの編集に関わるなかで、いかに介護問題の裾野が広く、問題がますます深化しているかを改めて認識しました。

全体的な評価や深めるべき問題・課題の整理、さらに、いわゆる「2025年問題」への対応の方向、展望などについて考えてみる必要を感じました。

そもそも介護保険制度は、賛成、反対、議論不足、時期尚早等のさまざまな議論が交錯する中で、半ば強引に導入されました。私たちも編集に携わった者として、この15年を振り返り、介護問題が多少とも解決される方向に向かったのか、あるいは、まだまだ道途上で先が見えないのか等についてまず話し合ってみたいと思います。

功績は「介護の社会化」、しかし…

芝田：私もこの白書の論文を書くに当たって、改めていろいろな文献を読んでみました。

そこで感じたことですが、1980年代から90年代の初頭頃までは、介護自殺、殺人、あるいは介護離職などが事件として取り上げられても、必ずしも社会的な問題として語られてはいませんでした。それが、90年代半ばから、将来の超高齢化社会を見据えた時に、介護問題の社会的解決が必要だという議論がさまざまな方面から出てきました。そして、社会的入院の解決という課題もあり、ドイツの介護保険も参考にして5つ目の社会保険として介護保険制度を作ろうじゃないかという方向へ議論が進み、結果として介護問題が個人的な問題から社会的に解決すべき課題、つまり「介護の社会化」が図られた、この点が特筆すべきことだと私は考えます。

ただし、「介護の社会化」は図られたけれども、この15年間を振り返った時に、本当に介護問題が解決に向かったかというとそうではない。特に、今回の第6期の改定は問題です。

第2期から第5期までの改定を見ると、思っ

ていた以上に嵩（かさ）んできた介護費用をどう削るかが改定の主眼でした。つまり、総額としての"国民介護費"をどう削るかということで、要介護認定のシステムを変えたり、要介護度を低いところに位置付けたり、訪問介護の時間を刻むなどで"国民介護費"をいかに削るかという改定が行われてきました。

「要支援はずし」は介護保険崩壊の端緒？

それでも2006年までは、要支援に対するサービスを充実して、要介護者を増やさない、少なくしようという方向付けがありました。つまり、要支援者に対するサービスの充実によって介護費用全体を抑えるという方向でした。

実は、要支援に対するサービスは日本にしかありません。本書でも紹介されているドイツ、韓国、台湾（導入予定）も要支援に対するサービスはない。そういう意味では、要支援段階からのサービスによって、要介護状態を予防するという日本の介護保険制度の非常に重要な要素を今回の改定で外すという方向に踏み切ったこと、これは介護保険崩壊の端緒になるのではないかと思います。

結果は「残念な15年」

初めに「介護の社会化」が、介護保険制度の功績だったと言いました。ところが、15年目の改定は、家族で、地域で、ボランティアで助け合ってくださいという方向、相互扶助の復活です。これは当初の理念とは全く違うものです。公費負担率の引き上げや医療保険のようなサービスの現物給付化、ケアプランの見直しと現場のケアワーカーの裁量権の拡大などが前向きに検討され、少しでも盛り込まれれば、姿は変わっていたと思います。そういう意味では、非常に残念な15年間だったのかな、という感想です。

桑本：本書伊藤論文では「介護の社会化は虚構の理念」と断じていますが、芝田さんは「残念な15年」という感想で、少し穏やかですね。

「介護の社会化」は徐々に後退

濱畑：私は、ずっと要介護高齢者の生存権保障という観点でこの制度を見てきました。生存権を保障するための支援をどう組み立てるかが介護保険の命題ではなかったかと思います。

2000年の発足当時には、「介護の社会化」という方向に沿った機運やそれなりの努力があったと思います。例えば、多様な供給主体の参入という形で、サービス供給体制の抜本的な拡大という展開が図られた。もちろん「市場化でいいのか」という批判はありましたが、措置費時代に比べて供給量全体が飛躍的に増大したことは確かです。また、利用料についても、自己負担がなかった人たちも1割の負担を求められるという問題点の一方で、一定以上の所得階層では、負担が軽減されたというメリットがあったと思います。いうならば功罪併せ持つ制度として出発しました。

その意味では、いかにして功を厚くし、罪を薄くするかという努力こそ図られるべきであり、その拠って立つ視点が生存権保障だと思います。

しかし、以降の数次の改定の中で、「介護の社会化」は徐々に後退し、いつの間にか家族介護を支援するという位置付けに置き換えられてきました。そして、今日では、相互扶助とか、自助、互助、共助が基本で、公助は最後だという形になり、その端的な表明が今回の改正だと思います。そこでは、生存権保障はもとより、制度が自ら掲げた「介護の社会化」という標榜も手放してしまったと思われます。

生存権保障の構築が必要

では、どうするか。自助の強調をベースに民

間保険の活用ということになります。実は、民間保険の活用という構想自体は介護保険が始まる時にすでにあった。しかし、この15年間ではさほど急速には進展していません。生命文化保険センターによると、2013年の民間介護保険加入世帯率は14％強、その内容は要介護状態になった時の現金給付が基本です。ある意味、公的介護保険でかなりの部分をカバーできていたからだと思います。金融庁が「保険会社が直接提供しないなら」という条件付きで現物給付も認める方向を固めており、今後はおそらく現金給付にとどまらず、それらも含め、急激な拡大に向かうと思います。

公的介護保険では、保険料は所得によって違うものの、給付するサービスは基本的には平等でした。公的サービスが先細りになり、民間保険との抱き合せという形になれば、まさに「介護の沙汰は金次第」ということになります。

もう一度、生存権保障という視点から制度全体を見直す必要があります。

桑本：介護保険制度の創設が議論され始めた頃、私は運動を作る立場にいました。その頃、私も「保険あって介護なし」とか、「介護の沙汰は金次第」という警句を使ったことを覚えています。

本書冒頭の座談会の中で、廣末利弥さんが「3つの逸脱と約束違反」ということを指摘されています。

介護の社会化という創設の理念の後退、給付内容や要件を勝手に変えるという約束違反、生活の全てを対象とすべき社会福祉の原理原則からの逸脱という指摘ですが、非常に分かりやすく表現していただいていると思いました。

「持続可能性」論が後退の理由付け

矢部：その問題への理由付けが、いわゆる「持続可能性」です。

つまり、その収支から、「これでは成り立たない、このままでは制度崩壊する」と突き付けられ、選択を迫られれば、国民は半信半疑でも受容せざるを得ない。政党アンケートでも、自民・公明の政権与党は「持続可能性の確保のために不断の見直しが必要」と述べているように、あらかじめ「いつまでも同じではない」と言っているわけです。問題は、どんな方向での「不断の見直し」を行うかということです。

社会保険は、公的な財源を投入して成り立つわけですから、国の負担率を25％に据え置いたまま、「このままでは持続できない」からと国民負担の引上げ、給付の引下げという枠の中でしかやろうとしないところが問題です。

桑本：つまり、逸脱や約束違反を是正していくためには、座談会の中で横山壽一さんが強調された国の負担を増やすという「政治の決断、英断」が求められるということですね。

あまりに複雑怪奇な仕組み

矢部：それともう一つ重要なことは、この制度がきわめて複雑怪奇で、国民が理解できないまま、15年が経過したということです。そのため、当事者である高齢者も具体的な形で問題点や改善要求を提起できない。コラムの中にも「介護報酬の算定があまりに複雑すぎる」という指摘がありましたが、とにかく仕組みがわからないために国民が声を出せない、口を挟めない。そのうえに、「持続可能性」、「効率化」、「自立支援」、「自己決定」とかの用語解説が必要なキーワードが乱舞すると、いっそう意見が言えなくなる。あげくには、「その人らしい」生き方を支えるなどの抽象的な言葉が現場では独り歩きしています。

直視すべき高齢者の貧困

吉田：寄せられたコラムの一つで、「おむつ代の節約のために半分に切って使っている」、「ヘ

ルパーの利用が増やせず、ペットボトルに蓄尿している」等の現実が紹介されていました。そのまま人権問題に繋がるような話で、「尊厳の保持」という目的はどこへ行ったのかと思わざるを得ません。

しかも、それらは決してレアケースではないと思います。介護保険制度によって、高齢者が長寿を喜ぶ社会に向かったかというと、残念ながら15年経ってもそうなっていないということを、もっと引きつけて考えなければならないと感じました。

根底には貧困の問題があります。年金が減る一方で、介護保険の利用者負担や保険料は上がり、経済的な要因から必要なサービス自体が受けられないという矛盾です。この矛盾を解決する制度設計が図られないと、15年前のような介護地獄が再燃しかねないという懸念を持ちます。

スティグマ解消には効果

柴崎：私は、15年前と比べて、介護に関わる家族の意識や対応がどう変わったかということを考えてきました。

介護保険が始まって、介護という言葉自体が国民の中に定着し、昔のようにヘルパーさんが家に来られるのは困るとか、近所に知られたくないから家の遠くで車を止めてくれ、とかいうのはなくなったと思うのです。その意味では介護保険によって、介護におけるある種のスティグマ的なものが解消し、家族の助けにはなったと思います。

同時に、15年前と比べて家族の構成メンバーが減り、女性も働きに出て、家族の中での介護の担い手もさらに減っています。高齢者のみ世帯も増えてきています。介護サービスの利用が広がり、定着しつつある中で、介護に関わる家族の有り様も変わってきていると思います。そんな変化の中で、「地域包括ケア」の流れを受け止めるだけの家族の力があるのか。多分、ないですよね。

先程、矢部さんから「複雑すぎる」という話が出ましたが、新たに「地域包括ケア」という言葉が登場し、地域密着型でもいろんなサービスができました。複合型、定期巡回、随時対応とか言われても、利用する側は言葉を覚えるのすらやっとです。

介護保険ができた時、走りながら考えると言われていました。走りながら、いろいろなものを微調整してサービスの種類を増やし、加算制度もいろいろ設けました。しかし、増改築を繰り返した旅館のように複雑な建物になってしまい、わかりにくくなっています。

地域包括ケアも、育つのを待つ間に、家族も地域も疲弊してしまうのではないかという気がします。

大学でも「ヤングケア」問題が深刻に

濱畑：介護の担い手というと、最近は、「ヤングケア」というのがあります。私の大学の学生の中でも、「おばあちゃんの面倒を見るので、今日は休みます」という学生が出始めています。欠席すると単位が取れませんから、卒業延期や退学にもつながってくる。将来の若い、社会の担い手の芽を摘み取るところまで、介護問題は深刻化して学校現場での課題にもなってきています。

矢部：1999年の新聞記事で介護離職10万人とあり、いまも介護離職年間約10万人と報道されています。加えて今の話のような「ヤングケア」の問題が新しく出てきました。特養ホーム待機者も増え続けて52万人。ということは、介護保険が始まって以降、よくなった面も率直にみなければなりませんが、15年前よりもむしろ深刻化している問題もある。

これらの問題点を、厚労省などは介護保険の

介護不安解消に向かう気配がない

桑本：3年前の東京都の調査で、「将来、仕事と介護の両立に不安を感じている」労働者が全体の8割以上にのぼるという結果も出ています。それに加えて介護休学・介護離学という新たな問題も登場している。つまり、介護保険制度が始まって15年経っても高齢者本人や家族が抱える介護不安は、解消に向かう気配がないということですね。こうした角度からの分析は、今回の「白書」の中では直接的には取り上げていない問題ですが、大きな課題です。

私は、はじめに「介護問題の裾野は広く、しかも問題がますます深化している」と言いましたが、それは、介護保険制度の現在や将来が利用者への直接的なサービスの内容や権利保障のあり方にとどまらず、国民生活のあらゆる領域に影を落とすということでもあります。その影が明るい影か暗い影かを実証的に検証しつつ、改善策をまとめる努力が必要だと思います。

介護保険制度によって、介護サービスの利用が一般化し、全体の供給量も増大したものの、家族の介護負担からの解放、老後の介護不安の緩和・解消、介護の社会問題化の機運は進まず、むしろ大きく外れつつあるという認識は共通しているように思います。その点を前提に、テーマを改善課題や良くする展望に舵を切りたいと思います。

まず、今回の大改定の問題ですが、介護報酬の2.27％引下げ、要支援サービスの一部廃止、特養ホーム利用者を要介護度3以上に限定、一定所得以上階層の利用料2割への引き上げ、そして「地域包括ケアシステム」の構築──これらの改定は、介護保険の「持続可能性の確保」につながるでしょうか。

「持続可能性の確保」にならない

芝田：結論から先に言えば、本末転倒で「持続可能性の確保」にはならないと思います。

今度の改定で要支援サービスの一部を切り捨てるのは「介護予防」から撤退するということです。要介護状態になる人が増え、最終的には介護保険費用は膨らみます。「持続可能性を確保」しようという改定だとはどうしても思えません。

そもそも、介護保険制度自体が長期的な展望に立って、介護問題の解決を本当に考えて、導入されたというよりも、当時を振り返れば、社会的入院によって、病院に高齢者が滞留して国民医療費が膨れ上がるのをいかに削るかということに狙いがありました。そして、一時的には高齢者医療費は減少しました。しかし、数年したら今度は医療も介護も、両方が膨らみました。すでに、家族介護や国民同士での助け合いで介護問題は解決できないことが明白であるにもかかわらず、財政のひっ迫を理由に報酬を削り、サービスを縮小するしかない、というのは、明らかに政治の失敗、行政の失策です。発想の大転換を行わない限り、もはや長期的展望を持った「持続可能性の確保」はできないと思います。

桑本：冒頭の座談会で、佐藤信人さんが「介護保険は要介護の人に特化した形にシンプル化して、重点的に給付する。軽い人は地域福祉で支えていく」等の転換を提起されていました。

また、森周子さんの論文で紹介されていますが、ドイツの介護保険は「部分保険」で、重度の人だけが対象。軽度の人は自治体の介護扶助で対応するという形です。森さんは、日本での今度の改定で要支援を市町村の地域支援事業に移すのは、「ドイツの制度設計に近くなる」とも述べています。地域支援事業──ゆくゆくは「地

域包括ケア」に包含されると思いますが—での公的責任性が前提ですが、将来的には検討されるべき方向ではないでしょうか。

今回の改定で「応益＋応能負担」が持ち込まれた

芝田：将来展望という点は置くとして、今度の改定は、今の政府の言葉を使えば、やはり「重点化と効率化」です。

重点化は要介護度の高い人に絞り込み、効率化は、非効率な部分は削るということですから、結果的には重度者には一定サービスは行うけれども、それ以外は切り捨てるということを言ったようなものです。実際に改定は、そういう流れで行われていきます。

それと、今回の改定で注意すべきことは、この間の「応益負担」に加えて、「一定所得以上の人の利用料2割」という「応能負担」を持ち込んだ点です。つまり、高齢者は弱者だけじゃない。所得のある高齢者は応分の負担をしろということです。補足給付の見直しも同様です。

多くの人は「応益負担ではなく応能負担に」と主張しています。そのことも利用しながら、可能な限り取り立てるために、「応能」を持ち出した。しかも高額所得者ではなく「一定所得以上」ですから、一定であればその線をいくらでも低くできる。これが非常に気になっているところです。

「高額所得者から多く取る」という形の是非は？

桑本：創設時、平たく言えば「貧乏でも金持ちでも商品の値段は同じだ」、「普遍性には不可欠」という理屈を金科玉条に掲げて、利用料一律1割負担が持ち込まれた。いま、それすらも投げ捨ててきたわけですが、私は、保険料も利用料も累進性をもっと大きくする、つまり応能負担を徹底することが必要だと思っています。その意味では、誰が見ても高額所得者と思われる階層からは多く取るという方向は、合意形成できないでしょうか。

矢部：現行の1号被保険料の所得段階別徴収基準では高額所得者の保険料は標準の1.5倍から2倍程度が上限ですね。どんな大金持ちでも、標準保険料が5000円とすると最高額が1万円程度です。この不平等性がなぜもっと問題にされないのか、ずっと不思議に思っています。高額所得者の上限設定を廃止し、低所得者の保険料の適正化、利用料の応能負担化が必要です。

「重点化」についてですが、民間の介護事業者は、敏感に今後の動向を見ています。次の改定では、おそらく要介護1、2度は介護保険から全部切り捨てられるだろう、今回の改定はその前哨戦とみて戦略を組み立てようとしています。

国庫負担25％でいいのか

芝田：確かに利用料、保険料の問題はあると思いますが、もっと根底には公費負担の問題がある。この保険は、今はほとんどが「介護保険」と言いますが、当初は「公的介護保険」と言われていました。「公的」を冠した制度が25％の国庫負担でいいのかという問題をまず検討する必要があります。

それをしないで、保険料や利用料で「取れる人を高くしろ」論が先行すると、極論ですが、ドイツは公費ゼロだから、日本もゼロでという議論になる可能性がありますから、「公的」という場合の公費負担のあり方をしっかり検討する必要があります。現在の国25％、地方25％、公費全体50％というのもそれほど大きな根拠があるわけではありません。

桑本：公費50％で1号が22％、2号が28％という現在の比率を、公費75にすれば1号も

2号も軽くできる。その上で累進性を強くすれば、低所得者の負担を大幅に軽減できる。そういう具体的な検討を重ねることは重要ですね。

地域包括ケアシステム構想をどう見る

桑本：さて、公費負担を現状のまま据え置いて、2025年を迎えるとなると、保険料だけでも耐え難いものになります。そこで、政府が2025年問題への処方箋とし打ち出したのが、「地域包括ケアシステムの構築」。自助と互助をコアにしながら、あまり金をかけずに地域の中で支え合う形を作るというのが政府の意図だと思います。

しかし、一方、「地域包括ケアシステムの構築」は介護保険制度の閉塞的現状を打ち破って、地域で介護問題に立ち向かう力や運動を作る上で、素材の一つになりうるのではないか、とも思いました。

今後への展望的なことも含めてみなさんの評価はいかがでしょうか。

本質は公的責任の棚上げ

芝田：「地域包括ケアシステム」の本質は、介護に対する国の責任を棚上げして、最終的には地域と家族に丸投することだと私は見ています。「川上から川下へ」というのは、病院から施設へ、施設から在宅へ、そして家族へ流すということで、いうならば「地域包括ケア」という名目で、家族の相互扶助に依存せざるを得ない方向に持ってくということです。

さらに、「地域包括ケア」の最終形は、介護施設をなくすということではないかと思います。政府は施設よりも在宅が安くつくと考えているようですが、在宅中心の「地域包括ケア」を本気でやろうとすれば、絶対に安上がりになりません。介護職員がコールを受けながら施設の中で対応するのと、地域の中を車やバイク、自転車を使って24時間の巡回対応をするのと比べれば、施設の方がずっと効率的です。移動距離が違いますから。

ですから、在宅介護にシフトして費用を減らすにはケアする側の「ボランティア化」が必須条件です。そのために、ボランティアの有効活用や「生きがい」の名のもとに元気な高齢者に役割を与えようなどと言っています。

私は、施設は必要だと思います。在宅でいたいという人もいれば、施設に入りたいという人もいます。その選択の幅を狭めることをしてはなりません。

矢部：「地域包括ケアシステム」の中では、住み慣れた所での早目の住み替えの推進等の住宅対策があげられています。その目玉が「サービス付高齢者住宅」ですが、業者の賃貸価格一覧表などを見ると、月額7万円位のものもありますが、月額40万円など高額なものも多い。

だとすれば、低所得者には、家賃補助制度で入居を保障することが必要です。

地域包括ケアについては国が考えているイメージと、国民が求めているものとは同床異夢なのではないでしょうか。

「地域医療」を地域の病院や開業医が住民に密着して、健康状態を把握してくれる医療とイメージするように、「地域包括ケア」も非常にいいと受け止める。ところが、厚生労働省が考えるのは、要するに住民が介護に勤労奉仕するようなイメージです。しかし、住民は厚労省がそんなこと本気で言っていると思っていません。もし、そのことが現実になり、町内会なんかで、回覧が回ってきて初めて「とんでもない」と言うかもしれませんが。そういう意味では同床異夢だと思うのです。

「地域包括ケア」に打開策の可能性

桑本：鶴田禎人論文では、公的賃貸住宅・家賃補助の整備など、低所得者対策の重要性を指摘

しつつ、住民や医療・介護関係者が「自治体と連携しながら、高齢者のニーズに基づいた地域包括ケアの構築に積極的に取り組んでいく必要がある」と述べています。

私は、地域ケア会議で地域の専門家集団や住民の集まりが政策立案まで入り込めるかもしれない、というのに少しワクワクします。もとより構成の民主性と住民参加の保障、情報公開が不可欠ですが。

濱畑：私も、この「地域包括ケア」の中に、ある種の打開策があるような気がします。地域の多様な人たちが介護問題を議論し合える素地ができることは、かなり大きな意味を持つと思う。

介護保険が始まってからNPO法人がかなり参入しましたが、中には、公的な、いわゆる社会福祉法人が担ってこなかったような介護問題を地域の中から発掘するなどの積極的な活動を行うところも沢山ある。そういう人たちも含めて地域の介護問題に向き合って話し合い、実践することで多様な人たちが価値観を共有し合うきっかけになるのではないかとも思います。

もちろん簡単ではないでしょう。ただ、介護問題は、介護保険が始まる時もそうでしたが、国民共通の課題です。それが、いったん制度ができ上がって、後は政治と行政の問題ということになってしまうと、どうしてもお任せ的になってしまう。それが、「この地域の介護をどうするのか」ということを共通の話題にする場ができて、地域の民主主義が機能していくようになれば、大きな変化のきっかけになる。そこでまとまった要求や政策は、自治体も国もかんたんに無視できなくなる。これらの形を地道に作り上げていくことが遠回りのようで実は早道なのかなって考えたりもします。

大都市では困難も

芝田：隣近所との付き合いが残るところと東京のような大都市とでは、「地域」といっても随分様相が違います。隣に住んでいる人が誰かも分からない地域で、地域包括支援センターが「介護について話し合いましょう」と呼びかけて、果たして集まってくるでしょうか。特に本当に問題を抱えた人が参加し、意見が言えるのか。地域共同体のようなものがしっかり残っているところはまだしも、そうでないところは、多分、切り捨てられると思います。

それでも地域包括支援センターは形を作る責任があるから、地域の有力者を軸にして、「地域で考えた」とせざるを得ない。それが、「みんなで決めました。みんなでやりましょう」となった時が怖い。もちろん無視できることではないので、それらの点も踏まえて対応をつくる必要があると思います。

濱畑：住民の相互扶助で助け合いなさいと、地域や団地の自治会単位で進めようとした地域があります。

ところが高齢化率がかなり高い地域では、いわば地域ぐるみの老老介護ですから、共倒れ的状況になってきた。そして、丸投げされた地域ボスが音を上げた。自治体は、地域ボスが音を上げたときの怖さを無視できない。自治体の首長は直接選挙ですから。首長が交替する可能性もある。とことんやってみるということが必要だと思います。

「施設か在宅か」ではない

柴崎：「地域包括ケア」自体は悪いことではないと思います。地域で、地域の人たちを支えていきましょうということは合意できると思いますが、もうちょっと中身はシンプルにしてもいいのかなと思います。

それと、先ほどもありましたが「施設か在宅か」ではないと思います。施設には自由な生活がない、在宅はその人らしい生活ができるなど

と言われ、施設は駄目、やはり在宅でという流れですが、「地域包括ケア」のブランチにも介護施設があるわけですから、私はいい特養は増えていって欲しいと思っています。どっちかを選ぶというよりは、いいものは育ててその地域に合ったやり方をしていくというのが本当の地域包括ケアなんじゃないかなと思います。

安易に土俵に乗っては危険

吉田：国の言う「地域包括ケアシステム」は、「お金はこれだけ、この枠内で制度を守るために工夫してください」ということでしょう。安易にその土俵に乗ったらダメだと思います。やはり、国の予算をどこに配分するかという政治の問題を突き詰める必要があります。

国民が本当に豊かに生きられる社会を作るために投資すること、国の予算配分を大きく社会福祉や医療など、社会保障にかじを切り替えることが、実は経済的にも豊かな国になっていくと思います。

医療ではいま、医療費が膨らまないように、健診で予防を強化しようと国自身が力を入れています。健診受診者に１万円の懸賞金を出すという自治体もあります。ところが介護では逆に予防を介護保険から外し、市町村が行う事業にしました。

介護にかける費用は、国民を介護不安から解放して、国全体が活力を取り戻していくための経費です。認知症の方が安心して暮らせるための地域作りも欠かせない課題ですが、「地域の方、お願いね」だけでは進まないと思います。

本書を今後の介護保障運動の一助に

桑本：「地域包括ケアシステム」を中心に、その評価や今後の課題等について意見を伺いましたが、政府と国民の双方にとって、これは「諸刃の剣」かな、というのが私の感想です。一致しない点もありましたが、政府がスケルトンを示し、肉付けは自治体に委ねるという方向のもとで、地域の高齢者の実態と介護問題をていねいに取り上げ、骨組みの変更、さらには財源という土台の見直しも視野に入れた運動が求められるという点は共通しています。

「2025年問題」のターゲットは、10年後に75歳以上になる高齢者、いわゆる団塊の世代です。これから10年、この年代の人たちが、自らの介護問題、介護不安も引き寄せて、地域の中で「安心の老後と介護」を積極的に求めていくことも必要です。年金者組合等の高齢者の団体や組織が、その音頭を取られることも期待したいと思います。

この「白書」の発刊も、今回限りではなく、少なくとも介護保険制度の改定毎、3年に一度の発刊をめざし、その中では今後の「地域づくり」の実践、運動も取り上げたいと思います。

最後に、本書冒頭の座談会に貴重な時間をさいてご参加いただいた各氏、論文のご執筆をご快諾いただいた各氏、コラムにご意見をお寄せいただいた各団体の方々、一斉地方選挙を目前とした業務繁多な中で、不躾な「アンケート」に真摯なご回答をお寄せいただいた諸政党に深くお礼を申し上げます。

さらに、本「白書」の発刊をお引き受けいただいた「本の泉社」の比留川洋社長、並びに木下竣介氏にも厚くお礼申し上げます。

皆様のご協力によって介護保険制度施行15年にあたり、わが国で初めてとなる「介護保険白書」の発刊が実現できました。重ねて深甚の謝辞を申し上げるとともに、本書が今後の介護保障運動の一助となることを祈念するものです。

介護保険白書編集委員

芝田 英昭（しばた ひであき）
1958 年生まれ。金沢大学大学院人間社会環境研究科博士後期課程単位取得退学。博士（社会学）。立命館大学産業社会学部教授などを経て、現在、立教大学コミュニティ福祉学部教授。専門：社会保障論。著書：『安倍政権の医療・介護戦略を問う』（あけび書房 2014）、『国民を切り捨てる「社会保障と税の一体改革」の本音』（自治体研究社 2012）ほか。

桑本 文幸（くわもと ふみゆき）
1949 年生まれ。日本社会事業大学卒業。1974 年日本社会福祉労働組合（現・全国福祉保育労働組合）に専従書記として入職。その後、同労組の東京、全国の書記長、副委員長、全国労働組合総連合の幹事等歴任。著書：『日本の福祉はどこへ行くのか』（共著 かもがわ出版 1995）、『新しい福祉時代をつくる』（共著 かもがわ出版 1998）ほか。

柴崎 祐美（しばさき ますみ）
日本女子大学大学院人間社会研究科社会福祉学専攻博士課程前期修了。社会福祉学修士。社会福祉士。（株）日本総合研究所、医療経済研究機構、（公財）日本訪問看護財団を経て、現在、立教大学コミュニティ福祉学部助教。専門：高齢者福祉。著書：『個室・ユニットケアで介護が変わる』（中央法規出版 2003）ほか。

濱畑 芳和（はまばた よしかず）
1976 年生まれ。龍谷大学大学院法学研究科博士後期課程単位取得退学。修士（法学）立正大学社会福祉学部准教授。専門：社会保障法学・権利擁護論。著書：『安倍政権の医療・介護戦略を問う』（共著 あけび書房 2014）、『常態化する失業と労働・社会保障―危機下における法規制の課題』（共著 日本評論社 2014）ほか。

矢部 広明（やべ ひろあき）
1938 年生まれ。日本社会事業大学卒業。1966 年東京都入職。1990 年～埼玉大学、白梅学園短期大学、東横学園女子短期大学等非常勤講師。2000 年日本福祉教育専門学校社会福祉士養成科専任講師。2004 年同学科長。現：近畿大学豊岡短期大学部社会福祉士通信課程非常勤講師、全国老人福祉問題研究会本部運営委員。

吉田 満（よしだ みつる）
1966 年生まれ。立命館大学産業社会学部社会学研究科前期課程中退。1994 年東大阪医療生協入協（現、医療生協かわち野）。2010 年日本生協連医療部会入職（現、医療福祉生協連）。2012 年同特命課長（新規医療福祉生協設立支援担当、奈良県医療福祉生協専務理事代行）。2014 年同事業部課長（現職）。

介護保険白書
―施行15年の検証と2025年への展望

2015年4月10日　初版第1刷発行	
編　者	介護保険白書編集委員会
発行者	比留川 洋
発行所	株式会社 本の泉社
	〒113-0033 東京都文京区本郷2-25-6
	TEL.03-5800-8494　FAX.03-5800-5353
	http://www.honnoizumi.co.jp
DTP	木椋 隆夫
印　刷	音羽印刷 株式会社
製　本	株式会社 村上製本

©Nursing Insurance White Paper Editorial Committee　2015 Printed in Japan
乱丁本・落丁本はお取り替えいたします。
ISBN978-4-7807-1203-2 C0236